Kuranda Baan Baa Mildura Walgett Ballarat Uluru Narooma Baradine Coonamble Bellata
Warren Benalla Eumungerie Bingarra Caboolture Katoomba Molong Caloundra Jundha
Canberra Bodalla Kata Tjuta Narrabri Boggabri Warracknaeal Bondi Booligal Mungindi
Brewarrina Woollahra Bulahdelah Cooma Bundarra Goondiwindi Collarenebri Moonta Tocumwa
Coonabarabran Mareeba Condobolin Murgon Coolabah Wagga Wagga Guyra Coopernook Trangie
Cootamundra Kurri Kurri Yulara Dubbo Gilgandra Murwillumbah Echuca Galah Mullumbimby

Kerang Narrandera
Junee Mittagong
Mooloolaba
Toowoomba Nhill
Kapunda Walcha
Mudgee Narromine
Cunnamulla Nyngan
Eungella
Noarlunga
Tumbarumba
Nambour
Quirindi

自由行
乐游全球 ……5

澳大利亚

恋上高雅的褐色
大地、清澈的蓝色海
洋和亲切可爱的笑脸

实业之日本社海外版编辑部◎编著
张文颖　张楠　黄叶清◎译

北京·旅游教育出版社

澳大利亚 Australia

CONTENTS

澳大利亚的概况
- 大陆指南 …… 8
- 基础知识 …… 10
- 旅行指导 …… 12
- 针对不同目的的参考旅行计划 …… 14

环游澳大利亚 …… 16
- 世界遗产之旅 …… 16
- 拜访红酒之乡 …… 20
- 野生宝库的主人们 …… 24
- 欢迎来到华丽世界 …… 26
- 澳大利亚各地的赌场 …… 28

悉尼 …… 31
- 悉尼的概貌 …… 32
- 市内交通 …… 36
- 享受悉尼10大关键词 …… 46
- 悉尼的逛法 …… 48
- 12小时快速观光 …… 51
- 旅行指导 …… 52
- 观光地 …… 66
- 在歌剧院里静静地欣赏 …… 68
- 精品旅游景点 …… 70
  - 岩石区/环形码头/马丁广场 …… 70
  - 达令港/海德公园/中央车站 …… 74
  - 国王十字/双湾 …… 78
  - 牛津街/帕丁顿 …… 79
  - 北悉尼 …… 79
  - 邦迪 …… 80
  - 曼利 …… 82
  - 蓝山地区 …… 84
  - 中央海岸 …… 85
- 购物中心 …… 86
- 逛逛自由市场吧 …… 88
- 购物 …… 90
- 品牌商店 …… 96
- 美食广场 …… 98
- 餐厅 …… 100
- 观景餐厅与咖啡厅 …… 110
- 夜总会 …… 112
- 酒店 …… 114

凯恩斯 …… 123
- 凯恩斯的概貌 …… 124
- 游览观光基本知识 …… 128
- 旅行指导 …… 129
- 体育运动 …… 130
- 精品旅游景点 …… 132

库兰达 …… 136
- 购物 …… 138
- 餐厅 …… 141
- 酒店 …… 144

大堡礁 …… 148
- 旅行计划 …… 150
- 登岛捷径 …… 151
- 蜥蜴岛 …… 152
- 格林岛/菲茨罗伊岛 …… 153
- 邓克岛/贝达拉岛 …… 154
- 海门岛 …… 155
- 白日梦岛/南莫尔岛/长岛 …… 156
- 汉弥尔顿岛 …… 157
- 林德曼岛/布兰普顿岛 …… 158
- 大凯佩尔岛 …… 159
- 赫伦岛 …… 160
- 玛斯格烈普夫人岛/伊莉特夫人岛 …… 161
- 水上运动 …… 162

布里斯班 …… 163
- 布里斯班的概貌 …… 164
- 游览观光基本知识 …… 167
- 旅行指导 …… 168
- 精品旅游景点 …… 170
- 推荐体验景点 …… 174

可剪切便携版
剪切方便、范围超大的城市地图
悉尼中心地区（正面）
悉尼广域地图/墨尔本（反面）

精品旅游景点	235
购物	238
餐厅	239
酒店	240
阿利斯·斯普林斯近郊	241
乌卢鲁-卡塔·楚塔国家公园	243
概况和交通	244
登山之旅	245
旅游攻略	246
艾尔斯岩度假村	248

购物	176
餐厅	178
酒店	180

黄金海岸 …… 183

黄金海岸的概貌	184
游览观光基本知识	188
旅行指导	190
精品旅游景点	192
运动和活动	194
华纳兄弟电影世界	196
澳大利亚荒野奇观	199
梦幻世界	200
海洋世界	202
疯狂水世界	204
购物	206
餐厅	210
夜总会	213
酒店	214
在黄金海岸舒适逗留	218

达尔文市 …… 249

达尔文市的概貌	250
旅行指导	253
精品旅游景点	255
购物	257
餐厅	258
酒店	260
卡卡杜国家公园	262
凯瑟琳溪谷	266
利奇菲尔德国家公园	268

墨尔本 …… 269

墨尔本的概貌	270
畅游墨尔本的10大关键词	276

阳光海岸 …… 221

阳光海岸的概貌	222
精品旅游景点	224
购物	226
餐厅	227
酒店	229

阿利斯·斯普林斯 …… 231

阿利斯·斯普林斯的概貌	232

墨尔本游览路线	278
游览观光基本知识	280
旅行指导	281
街道	286
体育运动	290
艺术活动	291
精品旅游景点	292

菲利普岛 …… 297
大洋路 …… 298
巴拉瑞德和本迪戈 …… 299
购物 …… 300
餐厅 …… 302
夜总会 …… 304
酒店 …… 305

堪培拉 …… 309
堪培拉的概貌 …… 310
精品旅游景点 …… 313
购物 …… 315
餐厅 …… 316
酒店 …… 318

阿德莱德 …… 319
阿德莱德的概貌 …… 320
游览观光基本知识/旅行指导 …… 324
巴罗萨河谷 …… 326
袋鼠岛 …… 328
精品旅游景点 …… 331
购物 …… 333
餐厅 …… 335
酒店 …… 337

珀斯 …… 339
珀斯的概貌 …… 340
游览观光基本知识/旅行指导 …… 346
精品旅游景点 …… 347
弗里曼特尔 …… 350
罗特内斯特岛 …… 351
西澳大利亚自然风光 …… 352
购物 …… 354
餐厅 …… 355

酒店 …… 357

塔斯马尼亚 …… 359
塔斯马尼亚的概貌 …… 360
霍巴特的概貌 …… 362
精品旅游景点 …… 364
购物 …… 367
餐厅 …… 368
酒店 …… 369
塔斯马尼亚北部的城市 …… 370

旅行信息[中国篇] …… 371
旅行计划 …… 372
旅行方式研究 …… 374
研究出发日期一览表 …… 376
护照的办理 …… 378
签证的办理 …… 378
酒店选择 …… 380
货币与兑换 …… 382
手机的使用 …… 384
电话与邮件 …… 385
相关证件和资料 …… 386
行李打包 …… 387
旅行会话 …… 388
机场指南 …… 398

旅行信息[澳大利亚篇] …… 403
入境事宜 …… 404
归国指导 …… 406
国内交通 …… 408
酒店生活 …… 418
用餐建议 …… 420
购物建议 …… 422
节庆活动 …… 424
事故预防 …… 426
医疗救护 …… 428
澳大利亚的历史 …… 430
原住民的文化 …… 432
精品景点索引 …… 434
最新信息追踪 …… 437

私房信息
时尚码头 …… 77
生命救援队出生在邦迪 …… 80
伯肯赫德波恩特奥特莱斯购物中心 …… 97
热带雨林巡游 …… 137
大堡礁潜水地 …… 150
骑着出租自行车随意旅行 …… 173

流行先锋正在南下 …………… 193	
史努比恶鬼过山车 …………… 198	
同海豚亲近的海豚之旅 ……… 203	
在泳池中看电影 ……………… 205	
阿利斯·斯普林斯文化之旅 … 237	
阿利斯·斯普林斯沙漠公园 … 242	
旅行纪念——"登顶证书" …… 244	
东经131° ……………………… 248	
鳄鱼主题公园 ………………… 256	
克莱德尔山 …………………… 370	

真心导游
从初学者到高手都能尽兴而归 …… 131
乘坐浪漫的冈朵拉船旅行 ………… 225
飘散着咖啡浓香的科斯林街 ……… 280

街角一瞥
卡斯尔雷街 ……………………………… 73
凯恩斯购物中心 ……………………… 140
巴拉瑞德和本迪戈 ………………… 299

本书的使用方法

●**货币记号**
A$是澳元符号 1澳元约为6.5元人民币（2012年11月7日）

●**地图记号**

H …酒店	✈ …机场
R …餐厅	✚ …医院
☕ …咖啡厅	⛪ …基督教堂
S …商店	卍 …佛教寺院
N …夜总会	③⑤₄ …街道号码
✉ …邮局	▨ …商业街
P …停车场	ⓘ …旅游资讯站
🚏 …巴士站	⛳ …高尔夫球场
🏫 …学校	▲ …山
	—— 铁路

●这个颜色的建筑是酒店
●这个颜色的建筑是购物中心
●这个颜色的建筑是主要旅游景点

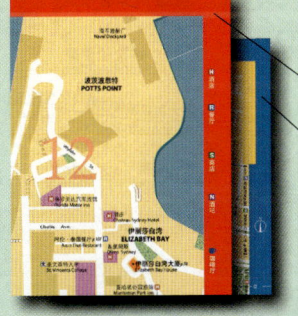

卷首的剪切地图，红框的是正面，蓝框的是反面。

剪切地图周围为红框的是正面，蓝框的是反面。各个旅游景点和商店的信息请参看内文。

● 剪切地图-13、p.58-A
指这个地方在红框正面地图的13区里，而且在58页地图的A区里也有标志。

● 剪切地图-30、p.285-D
指这里在蓝框反面地图的30区里，而且在285页D区里也有标志。

★餐厅介绍部分的预算（用S标记）是以一个人吃午餐和晚餐的费用为标准的。

★酒店介绍部分的各种住宿费用，是按照标准级别淡季非节假日的正规客房收费（含税）登载的。酒店住宿税的收取是新南威尔士州10%，北领地5%。

★介绍商店、餐厅和酒店等部标记的"V、M、D、A、J"是指可以使用的信用卡种类。V=VISA、M=Master、D=Diners、A=American Express、J=JCB。

★在澳大利亚，圣诞节和复活节前的星期五是全国假日。旅游景点和商店、餐厅等一般都有固定休息日，也有不休息的，或只在上述两个假期休息的地方。

★费用、营业、固定休息日、电话号码、交通工具时刻表等收录在这本书里的资料，均取材于当地。预计在取材之后信息会有所变动，所以请提前了解一下。关于一些重要事项，请在旅行时向酒店接待员或当地的旅游咨询处确认。

★本书中的"旅行指导"部分（如p.52）内容，仅为部分行程示例，不一定适合中国游客选择，建议想选择当地旅游团行程的读者行前确定相关信息，选择中文服务的行程会比较方便。

★本书中数据后的"~"，表示"……起"，如"20澳元~"，表示"20澳元起"。

★本书中所有出现的地图插图，均为原版图书插图，书中不再一一标出。

★为确保更多信息量，本书采用上述符号表示各类旅游信息。为使读者更直接地获取澳大利亚旅游信息，本书保留了部分英文单词，以及音译地名。

澳大利亚的概况
大陆指南

在被太平洋和印度洋环绕着的南半球，横卧着巨大而稳重的澳大利亚大陆。它为6个州和2个特别区，每个地区都拥有独一无二的神韵。中心地带自东向西沿海岸线，是昆士兰州、新南威尔士州和维多利亚州，这三个州里居住的人口达到了全部人口的75%以上。

西澳州 (Western Australia)
首府：珀斯　人口：205万人　面积：2 522 500平方公里

西澳州约占大陆面积1/3。它幅员辽阔，不同地区的气候状况也大不相同，旅行时可要注意哟。州首府珀斯一年中任何时候去都没问题，只是5～8月份降雨比较多。相反，北部地区12～翌年2月份是雨季。这里虽然没有大城市，但处处散落着独具情调的小城镇，一边漫步，一边欣赏它们各自的风情，也会很有意思的。内陆地区有许多国家公园。另外，如果打算去纳拉伯平原等郊外的话，四驱车是必不可少的装备。

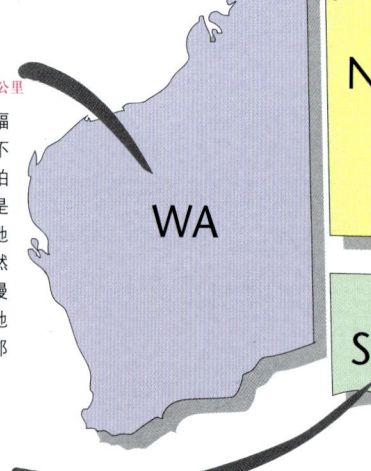

南澳州 (South Australia)
首府：阿德莱德　人口：155万人　面积：984 000平方公里

南澳州离南极最近，所以从南方吹来的风十分凉爽。首府阿德莱德是个挺大的城市，但城市郊外的风景更加迷人。一踏入郊区，呈现在你眼前的便是葡萄园点缀下的美丽的田园风光。阿德莱德近郊有很多葡萄酒酿造厂，说不定你的旅行会成为品尝红酒之旅的。南澳州内陆有作为蛋白石的采掘地闻名于世的库伯佩迪 (Coober Pedy)。此外，建议喜欢动物的朋友去坎加鲁岛一游。这里还有爱惜自然环境的生态旅游，让你只用眼睛观赏便能舒畅充实度过旅行时光。

塔斯马尼亚州 (Tasmania)
首府：霍巴特　人口：49万人　面积：68 000平方公里

荷兰探险家阿贝尔·塔斯曼1642年涉足此地，这是欧洲人第一次踏上这片土地，因此，他的名字便成了这个岛的名字。人们一般换乘飞机或者乘坐墨尔本出发的定期渡轮登岛。因该岛离南极较近，所以冬天极其寒冷。但是，也只有在这里能接触到"塔斯马尼亚魔鬼"（袋獾）等岛上特有的动物。而且，虽说这个州是个岛屿，但是它的面积可不像小型离岛那样，一定要好好感受一下它的辽阔才行啊!

北领地 (Northern Territory)
首府：达尔文　　人口：22万人　　面积：1 346 200平方公里

　　以拥有世界最大独体岩石乌卢鲁而著名的北部区，还没有被正式设立为州。那里大部分是被称为未开垦地的广袤荒原。土著民族约占全部人口的1/4。他们居住在保护区里。现在它作为旅游景点备受瞩目。最初，乌卢鲁是他们的圣地。首府达尔文曾是第二次世界大战的战场。那里的战争博物馆保留了与日本交战时的相关文物和资料。

昆士兰州 (Queensland)
首府：布里斯班　　人口：418万人　　面积：1 727 200平方公里

　　如果你喜欢大堡礁、冲浪乐园等地的水上运动的话，就一定听说过这个地方。正如昆士兰的别名"阳光国度"所诠释的一样，它是一个被美丽海洋和灿烂阳光眷顾的州。即使在相当于当地冬季的8月，街上也如盛夏时一样，阳光灿烂，鲜花烂漫、人声鼎沸，热闹非凡。首府布里斯班是澳大利亚继悉尼和墨尔本之后的第三大城市。从这里出发去以海上度假胜地而闻名的黄金海岸不过80公里的路程。

新南威尔士州 (New South Wales)
首府：悉尼　　人口：689万人　　面积：801 600平方公里

　　有"澳大利亚大门"之称的悉尼是新南威尔士州的首府，是全国拥有人口最多的州。大城市集中在海岸线上，各种产业繁盛。受港口之惠顾，悉尼成为澳大利亚的经济中心。这个州终年气候宜人，任何时候都适合旅游。南澳州不愧是"澳大利亚的发祥地"。州里有历史渊源厚重的博物馆和美术馆等丰富的旅游景点，当地开发的各种游览和娱乐活动也很吸引人。夏天可以尽情享受海水浴和水上运动，冬季可滑雪。此外，悉尼郊外还有任何时候都能骑马和兜风的地方。市内有面向中国游客发行的免费杂志，这样一来，大家就能用汉语搜集信息了。

首都特别区(ACT)
Australia Capital Territory
首府：堪培拉　　人口：33万人　　面积：2 400平方公里

　　堪培拉是为了创立首都依计划建设而成的。首都特别区是1909年从新南威尔士州割让部分土地，设计建设的特别地区。到那里后，你一定能充分领略都市和自然相调和的和谐美。

维多利亚州 (Victoria)
首府：墨尔本　　人口：520万人　　面积：227 600平方公里

　　维多利亚州的开垦始于1834年，其发展大多是依靠1850年以后流行的淘金热。那时，以英国、欧洲为首，美国、亚洲各地的人们涌入这里。因此，墨尔本还残留着英式的房屋布局，近郊的巴拉腊特有再现当时原貌的小镇。有时间的话，建议租车去阿德莱德兜兜风。这附近素有"大洋路"之称，是个拥有优美海岸线的地方。

澳大利亚的概况
基础知识

大地、海、都市、动物……旅行的开始要先从了解充满魅力的澳大利亚概况做起。切实掌握基本信息，顺利地度过这美好的时光吧！

国名·国旗

国家的正式名称，是澳大利亚联邦（Commonwealth of Australia），来源于意义为"南大陆"的拉丁语"Terra Ausutralis"。因为是英联邦的成员国，所以国旗的左上方搭配着英国的国旗图案。下面的大星星是七角星，表示6个州和特别区（北领地和首都区）。右侧零星散布的星星是南十字星。

政　治

澳大利亚的政体，是以英国国王（女王）为元首的君主立宪制。联邦议会是澳大利亚的最高立法机构，由女王（澳总督为其代表）、众议院和参议院组成。议会实行普选。联邦政府由众议院多数党或政党联盟组成，该党领袖任总理，各部部长由总理任命。各州有自己的议会、政府、州督和州总理。

经　济

一直以来，澳大利亚的产业，主要以澳洲本土肉类和羊毛等畜牧业，以及农业和渔业等产业为主，同时还有电气、化学产业及黄金、钻石、蛋白石等采矿业。矿物、金属资源丰富。此外，还加大了旅游业的建设力度，在主要城市都设立了州旅游局。

人种·社会

澳大利亚的总人口约2129万人（2008年）。其中，英格兰人和爱尔兰人约占80%。它容纳了来自世界各国的移民，从拉丁、斯拉夫、阿拉伯、亚洲、波利尼西亚等地迁移而来的人很多。土著居民（Aborigines）仅占总人口的2%。这些移民互帮互助，形成了一个多民族的国家。

地势·国土

澳大利亚拥有约770万平方公里的广袤土地，最高点是坐落于东南部的柯西阿斯科山。其实它的海拔并不高，仅2228米。澳大利亚自然景色优美，北部保留着2000多公里的大堡礁和丛林，还有中西部荒凉的未开垦地等形形色色的地表形态；一半以上的人口聚集在新南威尔士州和维多利亚州。

动　物

　　澳大利亚的特有动物，有袋鼠、考拉、袋熊、负鼠等有袋目动物。它们的腹部都有个袋子，可在里面育儿。据说现已灭绝的塔斯马尼亚狼有个别名叫袋狼。与动物的接触是澳大利亚独有的情趣（参见p.24）。

首　都

　　澳大利亚摆脱英国殖民地的身份，实现了独立，而将首都定于何地却引起了纷争，是悉尼还是墨尔本？经过激烈拉锯战的结果，是将首都定在位于两地之间的堪培拉（参见p.309）。因为它是后来按计划建设的城市，所以街市布局井然有序，自然环境也都是人工设计完成的。除国会议事堂和最高检察院等掌管国家行政的机关之外，堪培拉大学、澳大利亚国立大学和国家研究中心等科研单位也被设在这里。

语　言

　　澳大利亚是作为英国殖民地兴起的。通用语言是英语，当然是英式英语。发音和措辞使用独特的澳式英语（参见p.389）。因居住着其他民族的关系，也有使用意大利语、希腊语、汉语及阿拉伯语的人们。据说曾经有200多个土著民族词语应用于地名。

历　史

　　以前新几内亚和澳大利亚大陆相接。土著民族（Aborigines）是从新几内亚迁移而来的。之后，经历了殖民地化、白澳政策和近代化，走到了现在（参见p.430）。

宗　教

　　澳大利亚没有国教，但70%的人口信仰基督教（天主教、英国国教）。18世纪末迁移而来的开拓者在各地建设教堂。之后，通过移民，引入了犹太教、伊斯兰教、摩门教、佛教和印度教等其他宗教。同时，原住民的信仰和文化中所蕴涵的深刻的精神实质也并未被抹去。

文　化

　　从绝对宽广的土地和低密度人口中产生的文化有着它的独特之处，安静闲适的国民特性让你感受到澳大利亚宽广的胸怀。这个不同人种完美融合的多民族国家，无比珍惜地守护着土著民族的文化。

澳大利亚的概况
旅 行 指 导

对于他国的情况，知道一些又似乎不是很清楚。"澳大利亚是个什么样的国家呢？"带着这个问题，我们要先确认好基本信息，再做旅行的准备。

时差·夏时制
　　幅员辽阔的澳大利亚国内存在着时差。东部、中部和西部为3个时区，相邻的时区分别相差30分钟。譬如，悉尼是正午12:00的话，北领地的达尔文是11:30，西澳州的珀斯是11:00。它与中国的时差按东部时区算的话是2小时。北京是12:00的话悉尼是下午2:00。
　　此外，从10月的最后一个星期日到3月的第一个星期日，南部各州均实施夏时制，时间要早一个小时（参见p.13）。

服装·气温
　　因澳大利亚地处南半球，四季与中国恰恰相反。冬天只需一件薄衬衣，盛夏要穿羽绒服去，所以一定要注意哟。此外，北领地即使冬天也很暖和，轻装上阵即可。内陆和南部到了夜晚会降温，所以即使夏天也要穿上外套。
　　逛街的话，便装出行就可以了，但是计划去高级餐厅和剧院的话，男士要准备夹克衫和领带；女性要穿正式的裙装。

插座是三脚插头

电压·插座
　　澳大利亚的电压是50赫兹、240/250伏。插座是三脚插头，可以使用中国的电器制品。

信息收集
　　到达澳大利亚之后，首先要去地方的信息中心。在那里能获知各种在中国听不到的信息，如哪里有价格非常便宜的住处和最新活动等。还能得到刊载游览、餐厅和商店信息的免费手册，手册附有地图，而且还为游客解答疑问。

饮用水
　　自来水安全，可直接饮用，但因为是硬质水，所以谈不上好喝。逛街时带上超市里卖的矿泉水比较好。

澳元汇率
1澳元=6.5元人民币
（2012年11月7日汇率）

各城市各月份平均气温（℃）

城市	气温	1月	2月	3月	4月	5月	6月	7月	8月	9月	10月	11月	12月
悉尼	最高	26	26	25	22	19	17	16	18	20	22	24	25
	最低	19	19	18	15	12	9	8	9	11	14	16	17
墨尔本	最高	26	26	24	20	17	14	13	15	17	20	22	24
	最低	14	14	13	11	8	7	6	7	8	9	11	13
布里斯班	最高	29	29	28	26	23	21	20	22	24	26	28	29
	最低	21	21	19	17	13	11	10	10	13	16	18	20
凯恩斯	最高	31	31	30	29	27	26	26	27	28	29	31	32
	最低	24	24	24	22	20	18	17	17	19	20	22	23
达尔文	最高	32	32	33	33	33	31	31	32	33	34	34	33
	最低	25	25	25	24	23	21	20	21	23	25	26	26
阿利斯·斯普林斯	最高	36	35	32	28	23	20	19	22	26	31	34	36
	最低	21	21	17	13	9	5	4	6	10	15	18	20
珀斯	最高	30	30	29	26	22	19	18	18	20	22	25	27
	最低	18	19	17	14	12	10	9	9	10	12	14	16

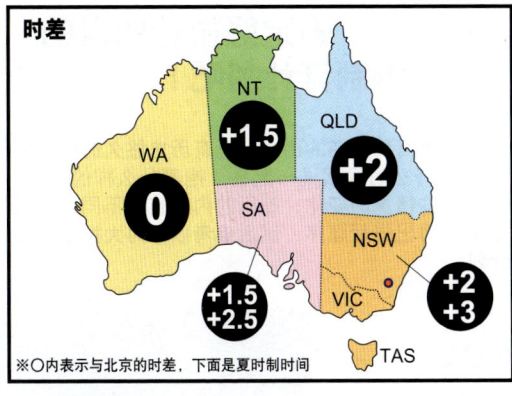

时差

※〇内表示与北京的时差，下面是夏时制时间

当地发行的免费外语信息杂志很多，这些杂志放在酒店和旅游服务中心等处。

货币兑换

在机场、酒店都能兑换货币，但这些地方的手续费要比银行高，也有星期六、日营业的兑换所。但还是尽量在出发前兑换好比较妥当。

上班时间

澳大利亚大部的公司是一周休息两天，也不怎么加班，由此可见澳洲人乐于享受的人生观。

银行

一般而言，银行的营业时间是星期一到星期四9:30~16:00，星期五是9:30~17:00。星期六、日和假期休息。机场内也有针对飞机起落时间营业的银行。

澳大利亚星期日和节日不营业的商店很多。千万要避免好不容易赶去却遇到店门紧闭，让自己失望的情况哟。

商店和餐厅

在游客较多的都市地区，终年不休息的地方比较多，但基本上超市和本地商店在星期日都是休息的。商店的营业时间，是周一至周五9:00~17:30，星期六是9:30~16:00。一周内有一天是晚间购物日，营业至21:00左右。餐厅的营业时间大多在10:00~22:00。

小费

澳大利亚没有付小费的习惯，所以基本上没有给服务生小费的必要，但如果遇到需要拜托特别服务的情况，心怀感谢之意付给服务生小费也未尝不可。

举止与习惯

举止方面没有特别的规定，但随意丢弃垃圾，不看场合地喧哗等违背常识的行为还是要杜绝，谨记行为是人格的表现。

在酒店，哪怕是离开自己房间一步的地方都属于公共场所，所以穿着睡衣闲逛是不礼貌的。此外，要习惯使用"thank you"和"excuse me"等简单用语。

在赌场一掷千金

澳大利亚所有州都设有政府公认的赌场。与自动赌博机和轮盘赌的游戏中心大不相同。建议看看就好。

澳大利亚的概况
针对不同目的的参考旅行计划

确定好旅行的目的再制订计划吧！

澳大利亚有美丽的大海和雄伟的山脉，还有历史悠久的街市等很多值得游览的地方。什么时候跟谁一起去，抱着什么样的目的，打算逗留多久，随着这些情况的变化，旅行的内容也会不同。所以最好对确定要去的地方排出先后顺序，然后参考以下为大家提供的路线制订出旅行计划。

澳大利亚东海岸的精华

对于初次出行的人，推荐旅行期间采取选择几个城市的周游型计划。绕着悉尼、墨尔本、黄金海岸和澳大利亚东部逛一圈，怎么样呢？欣赏欣赏悉尼的歌剧院、海港大桥、岩石区，逛逛墨尔本英伦风情的街市，再去黄金海岸的沙滩玩玩……即使是短期旅行，也能充分享受澳洲风格的景色和美食。

邂逅珍稀动物之旅

对在布里斯班和凯恩斯这两个城市，推荐邂逅澳洲特有动物的计划。接触布里斯班孤松考拉保护推荐区的考拉和袋鼠，夜间在斯普林布鲁克国立公园欣赏萤火虫。夏季的话还可以观看鲸喷水。去凯恩斯看看野生袋鼠和鸭嘴兽，参加可以给小袋鼠喂食的探险旅行，去热带鱼和海龟生活的弗兰克兰群岛，感受无人岛的情趣，都很有趣。

两个城市的美食之旅

悉尼和墨尔本是两个可以让你品尝到各种食物的世界级美食都市。酷爱美食的朋友一定要去体验一下。去悉尼吃海味和牛肉，在墨尔本不仅能品尝到越南菜、中国菜和意大利菜，还能吃到世界各国你所喜欢的菜肴。千万不能错过悉尼的游轮餐厅和墨尔本的移动餐厅哦！还可以去墨尔本郊外的亚拉河谷看看，参观那里的红酒酿造厂，品尝红酒。

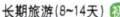
短期 短期旅游(4~7天) 长期 长期旅游(8~14天) 初次 第一次去澳大利亚旅游的人 多次 多次旅游过的人 家庭 家庭旅游 情侣 情侣出游 个人 单独

六大人气城市之旅

巡游6大城市的贪婪计划。从西澳州最大的城市珀斯开始，沿着墨尔本、悉尼、黄金海岸、布里斯班、凯恩斯和东海沿岸城市的路线一路北上，游遍这6个人气都市。在各个城市尽情游览和购物，若时间有余的话，也可去郊外看看。

因为战线较长，所以大家都想使用便宜的机票和巴士月票以节省交通费用。各个城市之间会有温差，所以一定要留心增减衣服哦。

世界遗产之旅

用10天时间高效率地巡游6大世界遗产的计划。首先，建议去黄金海岸的拉明顿国家公园。完成悉尼歌剧院的市内观光之后，去郊外的蓝山公园看看。攀登乌卢鲁，去奥尔加山散步是内陆地区观光的精粹。去凯恩斯，在漂浮于大堡礁之上的绿岛打发时间，然后去热带雨林层层包围中的世界遗产地库兰达。虽然走的地方多，但旅途很充实！

憧憬的铁路之旅

如喜欢坐火车的话，可乘坐连接达尔文和阿德莱德的"汉"号铁路线（The Ghan）上行驶的火车纵穿澳大利亚大陆，或者乘坐横断贯通悉尼和珀斯的印度洋·太平洋路线（Indian Pacific）的火车，这个主意不错吧？在舒适的卧铺列车上便能享受到透过车窗看到的美景和豪华美食。途中可能会遇到长时间停车的情况，在那期间，可以体验一下为滞留游客设计的游轮观光、直升机游览和沙漠探险。去感受一下素有"未开垦地"之称的边境地带的氛围吧！

环游澳大利亚

世界遗产之旅

自然的奥秘

　　广阔的澳大利亚大陆上散落着数目繁多的世界遗产。包括2004年认定的墨尔本皇家展览馆大楼和卡尔顿园林，2007年的悉尼歌剧院，现在，共17个地区注册成为世界遗产。可以说它们都是不可多得的人文遗迹和地球恩赐的美丽的自然资源，人类须悉心保护这些大家共同拥有的财富。

大蓝山地区
(Great Bluemountains Area)
（2000年，自然遗产） MAP **p.65-C**
●新南威尔士州（悉尼以西约100公里）

　　雄伟景色绵延不断的山岳地带。繁茂的桉树覆盖下的雄伟山脉和美丽溪谷、瀑布纵横交错。这里也是多种动植物的宝库。桉树蒸发出的水滴在阳光照射下熠熠生辉，蓝色云霞旖旎缭绕，由此得来大蓝山这个名字。源于原住民传说，三姐妹奇岩是大蓝山地区著名的景点，它是天然形成的岩石。

波奴鲁鲁国家公园（班古鲁·班古鲁山脉）
(Purnululu National Park<Bungle Bungle>)
（2003，自然遗产） MAP **p.6-B**
●西澳州（达尔文西南方向约1070公里）

　　坐落于金伯利高原的秘境，深埋于褐色大地之下，展现着条纹图案地层的神秘奇岩群。原住民文化在2万多年以前就兴盛起来，但它的存在被世人所知，是在20~30年以前。

弗雷泽岛
(Fraser Island)
（1992年，自然遗产） MAP **p.149-F**
●昆士兰州（布里斯班以北约70公里）

　　弗雷泽岛全长120公里、最宽处25公里，总面积1660平方公里的广阔沙丘，东南方向刮来的海风每年将沙丘向西北方向移动数米。从4万多年前开始，沙粒的沉积形成了世界最大的沙丘岛——弗雷泽岛。到了19世纪，自然破坏加剧，通过世界遗产的注册，珍稀鸟类和鲸等生物又一次活跃起来。现在，它正在慢慢变身，成为环保和游览共享的生态度假胜地。尽管如此，也只能说它的伤疤刚刚开始恢复。

豪勋爵岛

(Lord Howe Island)
(1982年,自然遗产) MAP **p.7-L**
●新南威尔士州(悉尼东北方向770公里)

以美丽景观和岛屿形态的特异自然环境闻名的豪勋爵岛,由28个岛组成。经确认,岛上有包括74个固有物种在内的219种植物,濒临灭绝的豪勋爵秧鸡科鸟类,可列在案的就有129种。它与世界最南端的珊瑚礁遥相呼应,很早以前就成了自然保护的对象。为了便于保护,建筑物均建成一层,规定一家只能拥有一辆车,岛上居民的生活也都贯穿着自然保护的理念。

塔斯马尼亚原始国家公园

(Tasmanian Wilderness)
(1982年、1989年,复合遗产) MAP **p.7-K**
●塔斯马尼亚(霍巴特以北约100公里)

这里保留了被冰川侵蚀成U字形的摇篮山和澳大利亚最深湖泊圣克莱尔湖等珍贵的自然遗产。但是,因为人为的破坏,塔斯马尼亚虎和袋狼惨遭灭绝。这些需要人类认真反省。因为这里综合保存了以袋獾为主的塔斯马尼亚岛固有物种和太古时代就繁茂丛生的珍贵冷温带雨林,保留了伴随着该岛的兴衰而生存下来的原住民的足迹,所以被认定为复合世界遗产。

环游澳大利亚

卡卡杜国家公园

(KaKadu National Park)
(1981年、1987年、1992年,复合遗产)
MAP **p.265-B**
●北领地(达尔文东南约250公里)

总面积2万平方公里,是澳大利亚最大的国立公园。流经公园的4条河流汇入海湾的河口地带,是红树林繁盛的潮浸区。在断崖层等变化万千的环境中生长着数目繁多的野生动植物。公园里保留了土著民族卡卡杜生活的重要资料和约5000幅岩石画。卡卡杜公园这个名字也是取自于卡卡杜民族。它作为讲述自然和文化共生历史的存在,被注册为复合遗产。

环游澳大利亚

大堡礁
(Great Barrier Reef)
(1981年，自然遗产)　MAP p.7-D、149-D
●昆士兰州（凯恩斯、汤斯维尔、道格拉斯港、邦德堡是离那里最近的城市）

　　全世界潜水者的向往之地——大堡礁。即使没有玩过潜水的人也应该听过大堡礁无穷的美丽吧！北从毗邻巴布亚·新几内亚的托雷斯海峡为起点，往南一直到格拉德斯通洋面，是长达2000公里的世界最大的珊瑚礁地带。它的面积大概与日本国土相当，有35万平方公里。不计大小有600个岛散布其中。从高空看去，沿着岛棚，珊瑚呈S形。那里是种类丰富的热带鱼和世界上最大的砗磲、海龟游玩的乐园。同太古时代一样，珊瑚礁上有350多种珊瑚生生不息。大自然留下这么一片美丽的大海，真是人类的一大课题。

澳大利亚冈瓦纳雨林
(Gondwana Rainforests of Auatralia)
(1987年、1994年，自然遗产)　MAP p.7-H
●新南威尔士州、昆士兰州（布里斯班以南90公里）

　　该雨林包括50个国家公园和保护区在内的广阔地区，是通过注册世界遗产免遭被砍伐厄运的代表性雨林。在温带、亚热带雨林中形成的森林里，有从冈瓦纳古大陆时代就生长的山毛榉、石灰纪时代残存的蕨类、地衣类及大无花果树等170多种濒临灭绝的植物群。珍稀鸟类、考拉等生息于此地。从太古时代起，这里就一直在为人类孕育着丰富的自然环境。

威兰德拉湖区
(Willandra Lakes Region)
(1981年，复合遗产)　MAP p.7-K
●新南威尔士州（悉尼以西约750公里）

　　它是人类考古学上最重要的遗迹。于26 000年前发现女性骸骨引起一场大轰动，之后又发现了28 000~30000年前的男性骸骨和35 000多年前的人骨。这些都不断地改写着人类的历史。给它冠以湖的名字，是因为早在新生代第四纪，这里是旧杻果湖。现在，这里是让人联想不到湖区的干燥沙漠地带。经常可以看到蜥蜴等爬行类动物。

皇家展览馆和卡尔顿园林
(The Royal Exhibition & Carlton Gardens)
(2004年，文化遗产)　MAP p.282-F
●维多利亚州（墨尔本市街）

　　皇家展览馆（The Royal Exhibition），是1880年为举办墨尔本博览会建造的澳大利亚第一个欧式建筑。它是墨尔本博物馆（p.295）的一部分，吸收了拜占庭、罗马、伦巴第风格及意大利文艺复兴时期的建筑样式。馆内收藏有大量的文物。环绕在它周围26公顷的卡尔顿园林，随着四季的变化改变着容颜，是供墨尔本市民休闲的场所。

昆士兰热带湿地
(Wet Tropics of Queeenslands)
(1988年，自然遗产)　MAP p.7-C
●昆士兰州（凯恩斯以北约250公里）

　　这里号称澳大利亚最大规模的热带雨林带。它之所以被认定为世界遗产，是因为该地区的原始森林面积急剧减少到了原来的1/4。然而，以丹特里河为中心拓展开来的原始森林仍是生物的宝库。这里生存着包括濒临灭绝的83种生物在内的483种珍稀植物和25种以上的珍贵动物，生物种类多于欧洲和亚洲大陆的总和。

乌卢鲁-卡塔·楚塔国家公园

(Uluru-Kata Tjuta National Park)
(1987年、1994年，复合遗产) MAP **p.6-F、p.245**
●北领地（阿利斯·斯普林斯西南方向340公里）

这个国家公园包括世界最大的独体岩石乌卢鲁（艾尔斯巨岩）和被称为卡塔·楚塔的奥加尔山。周长9公里、海拔340米的乌卢鲁拥有"大地之母"的威仪，真可谓是"地球的肚脐"或者澳大利亚的心脏。它也是原住民的圣地，到现在洞窟里还保留着许多原住民的壁画。它的深邃无不震撼着每一个观赏者。

鲨鱼湾

(Shark Bay)
(1991年，自然遗产) MAP **p.6-E**
●西澳大利亚州（珀斯北部西北方向约650公里）

包括鲨鱼湾和海岸线在内的大约220万平方公里的地区，是澳大利亚最大的自然保护区。与"鲨鱼湾"这个名字正好相反，这个地区水浅、平静，是近万只人鱼等濒临灭绝的海洋生物的避难所。它不仅是座头鲸的回游地和海龟们的产卵场所，还是最大鱼类鲸鲨出没的地方，在鲨鱼湾，还能与野生海豚嬉戏。

赫德岛和麦当劳群岛

(Heard Ialand &Mcdonalds Ialands)
(1997年，自然遗产)
●海外领土（珀斯西南方向4100公里）

浮游在南大洋赫德岛和麦当劳群岛上的比克本山的岩浆活动，即使在万年积雪和冰河覆盖的岛上都大放异彩。因为处在这种环境中，连外来动植物都没有进入过，人类就更不用说了。1987年，政府为了保护岛屿设立了严格的限制措施。如此人迹罕至的自然环境，整个地球都很罕见。王企鹅和海豹栖息的小岛，至今向世人展示着太古时代地球的仪容。

悉尼歌剧院

(Sydney Opera House)
(2007年，文化遗产) MAP **剪切地图-6、p.57-C**
●新南威尔士州（悉尼市街）

它是代表20世纪的近代建筑物，由建筑家约恩·乌松设计，历经14个春秋，于1973年竣工。模仿悉尼湾海角、游艇帆和贝壳的形象建成的美丽外观，同悉尼海港大桥成为整个澳大利亚的标志。一年中能举行3000次以上的活动，有200万游客到访。

哺乳类动物化石区 MAP **p.7-K**

(Australian Fossil Mammal)
(1994年，自然遗产) ●南澳大利亚州、昆士兰州（维多利亚洞穴：墨尔本西北方向约400公里、里弗斯利化石群：凯恩斯以西约780公里）

注册成为世界遗产的是位于大陆东南部的维多利亚洞穴和北部的里弗斯利化石群。维多利亚洞穴，收藏着相当于狮子祖先的肉食类野兽的近乎完整的骨骼化石，还有有袋类、爬行类、鸟类的化石，是至今发现的考古学上的宝库。在里弗斯利地区，发现了在现在的大陆形态形成以前，即在森林茂密、湖泊清澈的冈瓦纳古大陆时期的动物化石，这里也因此备受瞩目。

麦夸里岛

(Macquarie Island)
(1997年，自然遗产)
●海外领土（霍巴特东南方向1500公里）

位于塔斯马尼亚岛和南极大陆中间的麦夸里岛，呈南北34公里、东西最宽处5公里的细长形状。地壳的地幔喷气孔直达海面，是个拒人于千里之外的远海孤岛。然而，20世纪初，为了牟取暴利，人们大肆捕捉企鹅，因此，很早以前这个岛就被指定为塔斯马尼亚州的野生生物保护区，现在，这里是企鹅、海鸟和象海豹嬉戏的一大乐园。

环游澳大利亚

拜访

红酒之乡

澳大利亚红酒的历史

澳大利亚的红酒制作,始于英国移民的18世纪末。它的开始就是移民船带来的一棵树苗。那以后,在西北部、亨特谷开始了真正的葡萄栽培,顿时,全国上下掀起了生产红酒的热潮,热到几乎在澳大利亚国内没有不生产红酒的州。现在,澳大利亚是与法国、意大利、德国并驾齐驱的少数著名红酒生产国。澳大利亚红酒,比起它长年累月的窖藏,里面有很多刚酿造好的新鲜物质才是它的特色。收获期比北半球早半年,夏季上市的萨玛·奴沃(Summer Nuvar)很受欢迎,在收获季节——秋季的3~4月,各地都会举办红酒节。

明媚阳光沐浴下的葡萄

精心酿造而成的红酒的味道很特别

蒙特尔角
(CAPE MENTELLE)
西澳州玛格丽特河产

玫瑰山庄园(ROSEMOUNT)
新南威尔士州亨特谷产

成熟的葡萄压弯了枝头

幽静的葡萄园一望无垠

单手端着红酒，享受幸福时刻

亚尔达拉酒庄（Chateau Yaldara Estate）（巴罗莎谷）干红

霍顿勃艮第干白
(Houghton White Burgundy)
产于西澳州天鹅谷

卢文村1993赤霞珠（优质葡萄的一个品种）葡萄酒(LEEUWIN ESTATE 1993 Cabernet Sauvignon)
产于西澳州玛格丽特河

96山度富·华帝露
(SANDALFORD Verdelho)
产于西澳州玛格丽特河

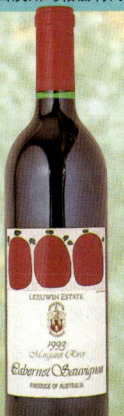

彼得莱曼
(PETER LENMANN)
产于南澳州巴罗莎谷

环游澳大利亚

悉尼周边

引人入胜
聚焦葡萄酒酿造厂

亨特谷
（Hunter Valley）

澳大利亚最早的葡萄酒酿造厂

从悉尼出发，开车去那里大约需要两个半小时，是澳大利亚代表性的葡萄酒产地。从家庭式作坊到大型葡萄酒公司，有大小80多个葡萄酒酿造厂。开展试饮和销售的地方不少，也有兼营餐厅的葡萄酒厂。有从悉尼到这里的1日游。

MAP p.65-B

麦克威廉姆山快乐庄园
（McWilliam's Mount Pleasant Estate）

澳大利亚葡萄酒的有名制造商

亨特谷最早的葡萄酒酿造厂。每天的11:00开始参观工厂，而且在2~3月的收获期还能在工厂参观葡萄酒酿造过程（周日休息）。工厂里设有餐厅。

- Mcdonalds Rd.,Pokolbin ☎02-4998-7505
- 10:00~16:30、工厂参观11:00开始
- 复活节前的星期五、圣诞节

在吧台轻松享受美味

寻找与葡萄酒相配的奶酪

亨特谷奶酪公司
（Hunter Valley Cheese Company）

在薄饼上抹上喜食的奶酪会更美味哦。放在外面桌子上的奶酪拼盘可以随便吃。这里不仅有葡萄酒工厂，还有手工果酱店。

- McGuigans Winery, Mcdonalds Rd.
- ☎02-4998-7744 9:00~17:30
- 复活节前的星期五、圣诞节、圣诞节的次日

真是琳琅满目

品酒

品酒会激活您的五个感官哟。那么，今年的成果会如何呢？

将酒倒进酒杯里后，首先看酒的颜色，然后摇摇酒杯，闻闻它的香味，将酒含在口中在舌头上翻转，品尝酒的味道。葡萄酒即使不喝也能从盛装的容器里溢出醇香，剩一点儿也没关系。在试饮下一种酒的时候要先用准备好的水漱漱口，这样容易辨别味道。

亨格福德高地
（Hungerford Hill）

独创标签是它的特色

这个酒厂以前是个教堂。就连标签都带给人不俗的感觉，很时尚。可以带着食物进品酒间，一边吃着午餐一边品酒。

- 1 broke Rd., Pokolbin ☎02-4998-7666
- 10:00~17:00
- 复活节前的星期五、圣诞节

品酒室和白葡萄酒（23澳元/瓶）

"白肉鱼"的好搭档——口感好的白葡萄酒 25澳元/瓶

巴罗萨河谷
(Barossa Valley)

阿德莱德周边

以占国内市场 50% 以上份额而自豪的葡萄酒产地

从阿德莱德东北方向约55公里的林多克（Lyndoch）继续向前延伸30公里，坐落着大约50多个葡萄酒酿造厂。1836年德国人移民到这里，揭开了葡萄酒生产的序幕。这里保留了很多开拓时代的历史建筑物。

参见p.326~327　MAP p.7-K、325-B

意气相投的朋友会聚一堂，把酒言欢，心情自然舒畅。

天鹅河谷
(Swan Valley)

珀斯周边

西澳州最大的葡萄酒酿造厂

距离珀斯大约30分钟车程的天鹅谷作为西澳州最早的葡萄酒生产地久负盛名。它也是西澳州最大的酿酒地带，大约50%葡萄酒都在这里生产。环绕天鹅河参观葡萄酒厂也是一种旅行。

MAP p.350-B

墨尔本周边

亚拉河谷
(Yarra Valley)

蔓延在亚拉河一带的葡萄酒酿造厂

距离墨尔本大约一小时车程的亚拉河谷作为优秀的葡萄酒生产地声名远扬，享誉国际。这里有山峦层叠的高原度假胜地，很多酒厂都兼营餐厅，向游客提供自制红酒和食物，兜风的途中驻足片刻也未尝不是一件美事。

MAP p.7-K

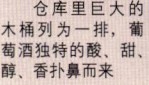

仓库里巨大的木桶列为一排，葡萄酒独特的酸、甜、醇、香扑鼻而来

玛格丽特河
(Margaret River)

在适合酿造葡萄酒的气候中造出高品质

位于珀斯南部约230公里的玛格丽特河，冬季降水丰富，夏季干燥，拥有酿造葡萄酒得天独厚的气候条件，所以，人们从1960年后半年开始酿酒。这里的酿酒历史虽短，但酿造出了不少高品质的葡萄酒，因此声名远扬。此外，美丽的自然环境也是那里的看点之一哦。

MAP p.6-I

古尔本谷
(Goulburn Valley)

淘金热时期开始的酿酒地

这个酒厂位于墨尔本以北约130公里，大概需要2小时的车程。它从19世纪的淘金热时期开始便是葡萄酒生产地，拥有繁荣的历史。以前是红葡萄酒有名，最近白葡萄酒的名气也高了起来。开展试饮和销售的酒厂也有不少。

MAP p.7-K

环游澳大利亚　拜访红酒之乡

环游澳大利亚

想遇见！想发现！

野生宝库的主角们！

动物

欢迎来到野生王国

澳大利亚大陆生活着地球上无与伦比的动物群。自由讴歌大自然的动物们不仅惹人怜爱，更体现了生物进化的过程。

考拉（koala）
被人们爱称为活玩偶的考拉，体长80厘米。夜行动物，一生的大部分时间都在树上度过。

黑天鹅（black swan）
流经珀斯的天鹅河里生活着许多黑色的天鹅。黑天鹅作为西澳州的州鸟深受市民喜爱。

袋鼠（kangaroo）
袋鼠是用肚子上的袋子育儿的澳大利亚代表性动物。后脚发达，轻轻一下就能跳出10米。

澳洲野犬（dingo）
原住民的祖先移居澳大利亚的时候从亚洲带来的狗野生化之后，就变成了现在的野犬。这种狗牙齿锋利、食肉、性格暴躁。

小袋鼠（wallaby）
小袋鼠是种类超过50种的袋鼠类动物里体型最小的。真是格外讨人喜欢。

澳洲鸵鸟（emu）
翅膀退化无法在空中飞行的澳洲鸵鸟是仅次于鸵鸟的世界第二大鸟。它能以超过40公里的时速穿梭于原野之中。

毛鼻袋熊（wombat）
毛鼻袋熊也是小体型的有袋类动物，可以说是考拉的亲戚。与它的矮胖身材相称，袋熊性情温顺。在土壤里打洞生活。

仙企鹅（fairy penguin）
体长30厘米，又称小企鹅。黄昏时从海里返回沙滩的企鹅列队是菲利普岛的特色。

鳄鱼（crocodile）
鳄鱼生长在卡卡杜国家公园北部一带的水域里。有体长5米多的凶猛海鳄和长约3米的温顺淡水鳄两种。

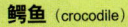

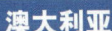

澳大利亚 主要动物园

● **塔朗加动物园**（悉尼）　p.55-D
在这里能看到很多澳大利亚的原产动物。无论袋鼠还是红袋鼠、灰袋鼠和爬树袋鼠，种类齐全。鹦鹉的种类之多也是这个动物园的特色之一。

● **澳大利亚世界生物公园**（悉尼）
在模仿亚热带雨林建成的巨大笼子里一边欣赏鸟儿一边散步，还可与放养的袋鼠和鸵鸟嬉戏。

● **孤松考拉保护区**（布里斯班）
它是1927年建成的世界最大、最早的考拉保护区。100多只考拉按年龄和性别的不同分别饲养和观察。

● **艾玛公园动物园**（布里斯班）
园内的考拉、袋鼠、小袋鼠和毛鼻袋熊等动物个个神气活现。你可以近在咫尺地观察、触摸它们。

● **皇家墨尔本动物园**（墨尔本）
重现布什岛原貌的区域里放养着袋鼠和鸵鸟等动物，还有会爬树的岩袋鼠。

● **特宾比拉自然保护区**（堪培拉）
在自然保护区不多的堪培拉近郊。这里是很有价值的地方。考拉、袋鼠等动物大多在自然状态下受到保护。

● **绿岛自然保护区**（阿德莱德）
这里可在广阔的土地上慢慢地与动物对话，也可不用排队抱着考拉拍照。这里还有少见的澳洲野犬饲养场。

● **珀斯动物园**（珀斯）
在澳大利亚丛林里漫步，除考拉和鸵鸟外，还能看到小袋鼠和有袋类动物毛鼻袋熊。

● **波诺隆野生动物公园**（霍巴特）
波诺隆是"大自然的朋友"的意思。这里有塔斯马尼亚魔鬼（袋獾）。该园保护受伤的动物并从事将它们放生的工作。

环游澳大利亚

植物

欢迎来到华丽世界

澳大利亚广阔的土地上生长着为其增添色彩的种类繁多的野生植物。无论是干燥地带的野花、野草还是热带的兰花，它们都以夺人眼球的美争芳斗艳。

袋鼠爪
（kangaroo paw）[西澳州州花]
这种花长着长长的花茎。花茎的末端有个小爪子。爪子的形状很像袋鼠的前脚，故而得名。

库克敦兰花
（cooktown orchid）[昆士兰州州花]
附生兰花的一种，2月~6月开花，开花时优雅的紫色花紧簇枝头。

塔斯马尼亚蓝胶
（tasmanian blue gum）
[塔斯马尼亚州州花]
正如其别名"蓝桉"所诠释的，它是桉树的一种，开着一簇簇的花。

特洛皮
（waratah）[新南威尔士州州花]
它是自生于澳大利亚东部越南山的龙眼科植物，形状与菊花相似，开鲜红色的花。

金合欢
（golden wattle）[国花]
它是代表澳大利亚的金合欢科植物。9月~11月开花，花朵多为黄、白两色。

斯图尔特沙漠豌豆
（sturt's desert pea）
[南澳州州花]
生长繁育于沙漠中的豆科植物。是让人一见难忘的中央沙漠地带特产品种。

想遇见！想发现！
野生宝库的主角们！

粉欧石楠
（pink herth）[维多利亚州州花]
这种植物在澳大利亚东南部随处可见。是高约50厘米的小灌木。花在枝头开成5瓣，形似吊钟。

斯特尔特沙漠玫瑰
（sturt's desert rose）[北领地代表花]
它自生在北领地的沙漠中，又叫"沙漠玫瑰"，几乎整整一年都开花。

澳大利亚
主要植物园

● **皇家植物园（悉尼）**
这里汇集了来自世界各国、超过4000种的植物，不同季节的花烂漫盛开。如果想散步的话，去北端的海角驻足眺望，便能望到杰克逊港的美丽景色。

● **卧龙岗植物（卧龙岗）**
在总面积27万平方米的地域中，汇集了从热带雨林植物到蓝桉、仙人掌等各种各样的树木和花卉，但它最大的魅力却是没有一处店铺的朴素与宁静。

● **女王花园（塔斯维尔）**
园内兰花和热带植物烂漫开放，七彩鹦鹉飞来飞去。这里能感受到热带雨林的氛围，周末有很多家庭聚在这里，让这里热闹非凡。

● **植物园（罗克汉普顿）**
国内除了水鸟嬉戏的墨里环礁湖（Murry Lagoon），还有日本园林和免费参观的动物园，现在是市民的休闲场所。

● **植物园（布里斯班）**
20万平方米的园里，九重葛和木槿等亚热带植物茂密葱郁。可以骑上出租的自行车在园里转转。

● **库萨山植物（布里斯班）**
位于小丘陵之上的植物园里，热带植物繁茂丛生。从园内的展望台能望到城区的景象。夜景尤其美妙。

● **布里斯班森林公园（布里斯班）**
地处布里斯班市郊的公园，是个占地达265平方米的大森林公园。在这里你可以尽情享受漫步丛林、露营和观察野鸟的乐趣。

● **植物园（达尔文）**
总面积34万平方米的园里，热带、亚热带植物郁郁葱葱，感觉如同置身于密林中似的。各色各异的兰花尤其曼妙。

● **皇家植物园（墨尔本）**
它于1845年开园。占地大约40万平方米，荟萃19世纪英国造园艺术的精华建造而成。大约汇集了世界上1.2万种植物，除此之外，还有50多种野鸟生息于此。

● **国家植物园（堪培拉）**
铺展在黑山山脚下的植物园占地40万平方米。园内设有热带雨林、金合欢林和蓝桉林三条参观路线，约45分钟到1个半小时的时间即可逛完。

● **大温室（阿德莱德）**
大温室，是1999年为庆祝澳大利亚建国200周年而建的玻璃温室，在南半球，它的规模最大。内部有最新科技设施，创造出了适合热带雨林带生长的环境。

● **植物园（阿德莱德）**
位于北特拉斯东部，占地16万平方米。这里除有澳大利亚原产树种和世界各国的植物外，还收藏培育睡莲，很有名。

● **国王公园（珀斯）**
它是一座占地400万平方米，有植物园、园林、游览步行路的自然公园。从8月~11月，成群的野生花卉竞相开放、争芳斗艳。

● **皇家塔斯马尼亚植物园**
在重现塔斯马尼亚森林的弗恩屋（Fern House）内能够看到塔斯马尼亚独有的植物。1987年，通过与姐妹城市烧津市的合作，开放了日本园林。

阿德莱德植物园内的大温室

澳大利亚各地的赌场

整装出战!!

赌场=拉斯韦加斯的想法已经过时了。在澳大利亚的每个城市，都能看到赌场。赌场是政府公认的场所，每一个都具有优雅奢华的氛围。在这个适合盛装打扮的成人赌场里彻夜狂欢吧！在这里试试你的运气。

供成人享受的地道的娱乐场所

玻璃半圆形屋顶是标记

星城
(Star City) —— 悉尼

这个赌场于1997年在达令港开业。同时开设五星级餐厅和酒吧，娱乐活动也多种多样，因此，这里盛况不断，热闹非凡。赌场里有210台游戏桌，1500台自动赌博机，还有给初玩者教授游戏玩法的服务，所以，第一次去的人也不用担心啦。

MAP ●剪切地图-13、**p.54-E** ✉80 Pyrmont St., Pyrmont Bay ☎02-9777-9000 🕐24小时 休无

索菲特礁石赌场
(Sofitel Reef Casino) —— 凯恩斯

赌场位于凯恩斯市中心。它的标志是加在酒店屋顶上的玻璃圆顶。在这里可以一边欣赏外面的美景，一边玩扑克牌、巴卡拉和自动赌博机。因为里面有适应不同水平的服务，所以第一次去的人也能放心玩。

MAP p.133-F ✉35-41 Wharf St. ☎07-4030-8888 🕐9:00～次日3:00（星期五、星期六为次日5:00）休圣诞节

阿德莱德赌场
(Adelaide Casino) —— 阿德莱德

19世纪20年代建成的旧阿德莱德车站的2、3层现已变成了赌场。这里检查客人的衣着，穿牛仔裤、运动鞋是不允许进入的。这里充满了时尚的欧洲气息，所以应尽量打扮得时髦儿一点再去。它是绅士、名媛聚集的娱乐场所。

MAP p.330-C ✉North Terrce ☎08-8212-2811 🕐10:00～次日4:00（星期六、星期日至次日6:00）休复活节前的星期五、圣诞节

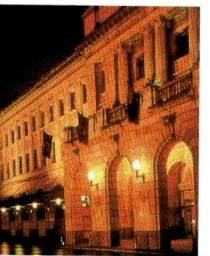

洋溢着高雅气息的建筑物

康拉德国际珍宝赌场
(Conrad International Treasury Casino) 布里斯班

这家赌场的前身是财政部大楼的石头建筑，厚重之感油然而生。它是昆士兰州最大的赌场，是布里斯班最具代表性的娱乐场所。三层楼上共有78多台游戏桌和1300多台游戏机。在这里，你可以享受到一个豪华、正宗的赌场。黄金海岸还有连锁的丘辟特赌场（参照p.192）。

从它厚重的建筑外观上可感受到一种威严

MAP p.171-E
William St.
07-3306-8888
24小时
休 复活节、澳新联合军团日、圣诞节

对初学者的重要建议

主要是游戏前掌握游戏的大致规则。这样一来，即使不懂方法，看别人玩儿几次也能明白个八九分。

在初玩者中大受欢迎的是操作简单而又能感受到游戏氛围的自动赌博机。但赢的概率很低。

桌台游戏需要与发牌者斗智，所以还是先从简单的游戏开始吧！

珀斯贝斯伍德洲际酒店与赌场
(Intercontinental Perth Burswood & Casino) 珀斯

它是世界屈指可数的赌场，又是个酒店和高尔夫球场、商品展览中心一应俱全的高级度假村。除桌台外还有机器游戏和叠纸牌游戏，可以根据自己的预算享受不同的游戏。那里还有中文的游戏说明，所以大家能尽情放心地玩儿。不过要注意哦，穿着牛仔裤是进不去的。

MAP p.345-H
Great Eastren Hwy.
08-9362-7777
24小时
休 复活节、澳新联合军团日、圣诞节

它位于高级度假地，可要正装出席哦

去澳大利亚最大的赌场挑战一下吧！

皇家娱乐中心
(Crown Entertainment Complex) 墨尔本

一年有1500万人登门的澳大利亚最大赌场，规模很大，有350台游戏桌和2500台游戏机。在近代化的建筑里，酒店、购物拱廊和餐厅等一应俱全。里面还有靠游戏在住宿和用餐上获得特别优惠的节目。

MAP ●剪切地图-40、**p.284-J**
8 Whiteman St., Southbank　03-9292-8888　24小时
休 复活节、澳新联合军团日、圣诞节

环游澳大利亚

29

环游澳大利亚

CASINO 去赌场世界看看吧

更好享受赌场的秘诀

在澳大利亚，过了 18 岁才允许进赌场。虽然对于服装的要求比较宽松，但尽量避免便装比较好。

赌场的游戏大致为两种：一种是自动赌博机，是一个人就可以玩儿的游戏。另一种是像扑克、黑杰克等桌台游戏那样好几个人玩儿的游戏。

感觉与弹球盘相似的自动赌博机又简单又好玩，但比较有意思的还是桌台游戏。正是发牌者和玩家之间的策略对决让你体会到赌场的妙趣。

与发牌者之间的交流，因为不需要对话，所以，即使不怎么会英语也没关系。有时候也会遇到不理解游戏说明的情况，但是玩着玩着就会逐渐明白，所以完全不用着急。

为避免玩到最后头脑过热，当觉察到的时候已是囊中羞涩，建议预先定好自己的标准，要注意在确定好的额度范围内游戏哟。

黑杰克

黑杰克，是扑克游戏的代表。如果玩家手上持有牌的总牌数比发牌者的牌数更接近 21 的话就算赢。那时候，你将得到与赌金相同比例的奖金。虽然倍数低，但适合长时间游戏。

扑克

扑克在中国也是很受欢迎的牌类游戏，但种类和规则不大相同，所以必须记住澳大利亚扑克游戏的规则。玩扑克时，跟其他玩家的对决要多于跟发牌者的对决，所以要注意观察玩家的表情变化哦。

掌握一些最基本的游戏方法吧

轮盘赌

这个游戏的规则是在发牌者说"不能再赌了"这句话之前，在 0 到 36 之间，按数字在隔开的桌子上放上筹码，然后预测投入轮盘机轮子的球会落到哪个数字。

基诺

这个游戏是从 80 个数字中随机抽取 20 个数字，看这 20 个数字里能猜中几个。如果猜中的数字不同，奖金也会不一样。一般大家都喜欢先在专用纸上记下数字，然后再试着玩玩儿。

悉尼的概貌
(Outline of Sydney)

悉尼，是拥有美丽海湾的澳大利亚最大城市。海港绿波荡漾的水面上漂着白色的游艇，清爽的空气弥漫在整个城市里。

城市概况

悉尼坐落在澳大利亚东部沿岸，是澳大利亚最大的城市。人口约430万，是澳大利亚的经济中心，也是这个国家历史最悠久的城市。

悉尼具有无限的魅力。以算得上世界三大美港之一的悉尼港（Sydney Harbour）为首，高层建筑和繁茂绿色兼有的马丁广场（Martin Place），南半球屈指可数夜店成行的娱乐街"国王十字"（Kings Cross），漂亮的房屋鳞次栉比的高级住宅街双湾（Double Bay），可以享受海水浴的邦迪海滩（Bondi Beach）和曼利（Manly）云云。在这里能一睹拥有多彩面孔的城市风光。在曾经满是岩石的荒野岩石区，1788年最早来自英国的士兵和移民住到了这里。接下来，他们在210年的岁月里发展以牧羊业为主的产业。现在这里已经发展成为澳大利亚最具代表性的大城市。城市中心高层建筑并驾齐驱，各国企业集中于此，作为经济、文化的中心释放着活力。通过公元2000年举办20世纪最后一届奥运会，这里发生了很大变化，而且现在仍在继续改变着。

自然和气候

悉尼同中国北方城市一样四季分明，然而，即使是12月~翌年2月的夏季，白天最高气温也不过是26℃。冬季白天的最高气温也有18℃，一年中温差并不大。因此，可以说悉尼是气候温暖舒适，适合旅游的城市。不过，一天中会有所谓"一日见四季"的早晚与白天之间的温差，所以即使是夏天，也应该准备薄一点的长袖T恤和夹克。而且每月的下雨天比较多，出门时带上雨具是最保险的。

搜罗信息

去拥有多彩面孔的千变万化的大城市悉尼，出发之前，你一定想把该城市的最新信息弄清楚吧！那就先去旅游咨询站了解一些信息吧！在当天的活动和最新娱乐场所里，也许能找到意想不到的乐趣哦。悉尼市内有不少旅游咨询站，大家就根据自己的行程做定夺吧！本书地图中，咨询站的标志是i字形的符号。

※各旅游咨询站的信息可于"精品旅游景点"部分找到。

城市结构

悉尼大致可以分为8个区域。

首先是包围悉尼湾的、保留着古老街区的岩石区和可乘坐渡轮的环形码头,然后是标志性建筑悉尼歌剧院。那一带是悉尼旅游的中心区。吹着海风慢慢散步,心情畅快无比。海港观光船也是一大看点。

商务区的休闲广场——马丁广场和绿树繁茂的海德公园周边,是能称得上城市的市内中心区。这里高层大楼排列有序,一流名品店、百货商店和购物中心汇集,一边仰望悉尼塔,一边欣赏橱窗里的商品,真是一件乐事。

从达令港到唐人街的路上,可不能错过海港赌场、悉尼水族馆、IMAX影院(IMAX Theater)、湾畔节日市场这些游乐场所。

欢乐街"国王十字"是个霓虹灯长明的不夜城。中心的达令赫斯特路上,除酒吧和餐馆外,还有成行的迪斯科舞厅等娱乐场所。你一定想在这里体验一下悉尼的夜生活。贝斯沃特街一带散落着不少时尚咖啡厅和餐厅。

从海德公园南端一直往东南方向是牛津街和面朝住宅街的帕丁顿。这里时尚专卖店和民族风情的餐厅鳞次栉比,独具特色。帕丁顿是众所周知的同性恋者的聚集地,也是年轻人文化的发祥地。

悉尼屈指可数的高级住宅区——双湾一带,有很多景色秀丽的时尚咖啡厅和高级餐馆,可以一边散步一边感受它高贵的气氛。

与悉尼湾隔岸相望的是北悉尼。要么开车穿行海港大桥,要么乘坐渡轮过去。从对岸远眺悉尼歌剧院和悉尼市街,景观也很美,可以看到一个与繁华中心区风情别样的娴静地带。

郊外处处都是个性独特且景色秀美的旅游胜地,有美丽的邦迪、曼利等海滩,还有雄伟的蓝山皇家公园和葡萄酒酿造厂聚集的亨特谷等。

达令港沿岸的湾畔节日市场游客云集

双湾停泊着很多私家快艇

从悉尼塔瞭望到的悉尼市街

年轻人云集的邦迪海滩

悉尼历史年表

1770年 英国海军上校詹姆斯库克登上博特尼湾。

1786年 英国政府决定在博特尼湾建设流放殖民地。

1788年 海军上校阿瑟菲利普率领第一次开拓团进入,成为最早的移民团。

1850年 创设悉尼大学。

1851年 在巴瑟斯特发现金矿。淘金热开始。

1855年 开通悉尼—帕拉马塔的铁路。

1858年 开通悉尼—墨尔本—阿德莱德的电信网。

1901年 澳大利亚联邦成立。设墨尔本为临时首都。

1932年 海港大桥竣工。

1942年 日军进攻悉尼。

1973年 悉尼歌剧院竣工。

2000年 举办悉尼奥运会。

2007年 悉尼歌剧院注册成为世界文化遗产。

悉尼金斯福德·史密斯国际机场
(Sydney Kingsford Smith Airport)

澳大利亚空中大门的悉尼金斯福德·史密斯国际机场。它是国际航线的主要起落点，也是飞往国内主要城市的航空据点。悉尼—凯恩斯大概需要3小时；悉尼—墨尔本约需要1小时15分；悉尼—布里斯班约需1小时15分。

这个机场与它的所在地有些因缘，又被称为福神机场。金斯福德·史密斯这个名称取自一个飞行员的名字。这个飞行员便是20世纪初成功飞行加利福尼亚—布里斯班的太平洋航线的人。这个机场在悉尼市南10公里处，航程约需20分钟。

从中国到悉尼

从中国到悉尼，上海浦东国际机场有东方航空公司、中国国航和澳洲航空公司运行的直飞航班，需11小时左右；北京首都国际机场有中国国航运行的直飞航班，约需11小时40分钟；广州新白云国际机场有南方航空运行的直飞航班，约需9个半小时。

直飞航班价格比较高，游客也可考虑转机航线。如果在北京，可选择马来西亚航空、国泰航空、泰国国际航空、新加坡航空运营的航班，经由吉隆坡、香港、曼谷、新加坡等地前往悉尼。转机所需的时间比较长。

转机航线航班较多，而且费用比较合理，如能有效利用，也很方便。不过，请游客注意：转机比较浪费时间。

在金斯福德·史密斯国际机场，到达，在机场1层；出发，在2层。兑换处在到达、出发的两个大厅都有。旅游咨询站和国际线转国内线的服务台在一层到达大厅。

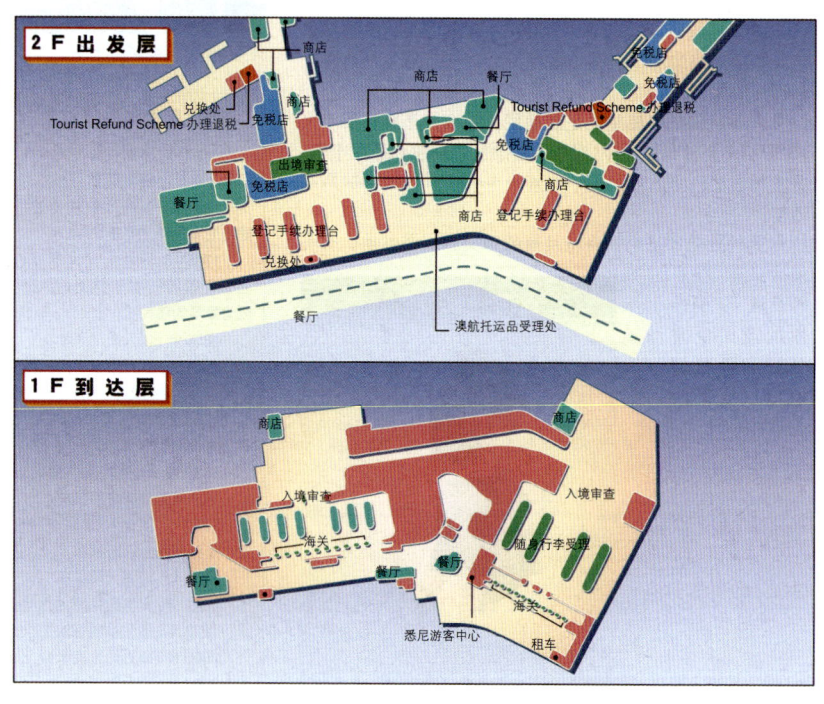

机场至市内的交通

从机场去市内的方法有巴士、电车、出租车和租车等。乘坐巴士的话,要预先弄清乘坐方法、费用及运行时间,且需要提前准备好澳元现金。

▶ 金斯福德·史密斯巴士运输

悉尼私营公司运行的5~6人乘坐的小巴士就能将你送到悉尼市区或者去往的目的地。不需要预约,无论个人还是团体都能随意乘坐。这个巴士运输公司是悉尼机场始发的区间巴士运输中规模最大的,大约间隔15分钟就发一趟,所以不必担心会长时间等车。乘车点在机场"到达"大厅的出口前,要按照到达的先后顺序乘车,座位坐满就发车。

说是巴士,其实是辆小型面包车。车身上有大字写的"KTS SYDNEY AIRPORTER"的文字标记。

回国时也可以乘坐,提前一天预约的话,巴士公司还可以专门去下榻的酒店接客人。

▶ 机场快轨

它是连接悉尼金斯福德·史密斯机场和悉尼市内的铁路路线。因为它最省时间,所以乘坐的人很多。列车每隔10分钟发一次,从国际线航站楼到中央车站约需13分钟。这条线路经过国际线航站楼、国内线航站楼和中央车站,绕行博物馆车站、圣詹姆斯车站、环形码头车站和温耶德车站后,再回到中央车站。该线路经由主要旅游景点地且绕行市中心一周,所以从机场去市内就不用多说了,在车内进行市内观光也很方便。还开设了从中央车站到郊外的铁路,但要注意需要从下车的地方步行去目的地。

▶ 出租车

行李多的话打车较为方便。乘坐点就在"到达"航站楼的正门口。到市中心约需20分钟,堵车的时候大概需要30分钟。费用标准不等,到"马丁广场"和"国王十字"附近15~25澳元。

▶ 租车

如果旅游期间用车比较频繁的话,可在机场租车。在到达大厅有艾比斯(Avis)、赫兹(Hertz)等6家租车公司的柜台。一些柜台5:00就开始营业。

国际线转国内线

悉尼金斯福德·史密斯机场的航站楼分为国际线和国内线两个站。它们之间相隔约2公里,乘坐机场连接铁路的机场线比较方便,费用5澳元。

间隔10~20分钟一辆的FAC区间公共汽车免费。也可利用澳洲航空的无缝公车(seamless bus)。另外,区间公车T-Bus是单程A$5.50。

金斯福德·史密斯巴士运输
(Kingsford Smith Transport)
费用:单程14澳元
运行时间:5:00~20:00
发车间隔:15分钟
预约:KST
☎02-9666-9988

机场快轨
(Airport Link)
费用:单程到达中央车站14.80澳元
运行时间:5:00~24:00
发车间隔:15分钟
咨询:Transport Infoline
☎13-1500(6:00~22:00,仅限市内)

由自己开、关车门

市内交通

2 悉尼歌剧院

5 海德公园

悉尼探索巴士
(Sydney Explorer)

S 一日券，成人39澳元、儿童19澳元；两日券，成人70澳元、儿童35澳元，通用于邦迪探索巴士

※家庭票可供2名大人和4~16岁的儿童乘坐，人数不限。一日券，97澳元；两日券，175澳元

开 8:40~19:20
末班车：17:20，环形码头发车
发车间隔：约20分钟
■ Infoline
☎ 13-1500（6:00~22:00，仅限市内）

12 新南威尔士州州立美术馆

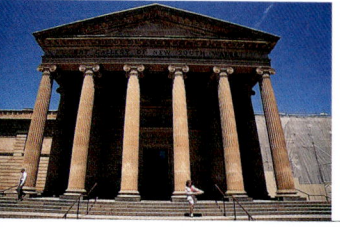

● 乘坐悉尼探索巴士在市内观光很舒适

在红色车身上用白字写着"Sydney Explorer"的观光巴士，是悉尼旅游不可缺少的交通工具，乘坐它可以周游市内26个主要旅游景点。"红"线路全长26公里。这条从环形码头到歌剧院、国王十字、波茨波恩特和达令港的线路上，几乎网罗了所有知名景点。所以，等你掌握了城市整体布局和区域位置关系后再去吧！如果是短期滞留的旅客，乘坐这趟车能快速有效地完成观光。

始发站在环形码头，首发时间是8:40。最后一趟是17:20，19:13再返回环形码头。约间隔20分钟发一次车，绕行一周大概需要2小时。

线路

1. 悉尼湾/环形码头 (Sydney Cove/Circular Quay)
2. 悉尼歌剧院 (Sydney Opera House)
3. 迈尔森角/卢纳公园 (Milsons Point/Luna Park)
   经由悉尼海港大桥去往悉尼中心区
4. 皇家植物园/悉尼博物馆 (Botanic Gardens/Museum of Sydney)
5. 海德公园营房/希斯特里克·麦夸里街
   (Hyde Park Barracks/Historic Macquarie St.)
6. 澳大利亚博物馆 (Australian Museum)
7. 东悉尼 (East Sydney)
8. 国王十字 (Kings Cross)
9. 伊丽莎白海湾之家/艾尔·阿拉美因喷泉
   (Elizabeth Bay House/El Alamein Fountain)
10. 伍尔卢莫卢湾 (Woolloomooloo Bay)
11. 麦夸里夫人座椅 (Mrs. Macquarie's Chair)
12. 新南威尔士州州立美术馆 (Art Gallery of NSW)
13. 温耶德车站 (Wynyard Station)
14. 维多利亚女王大厦 (Queen Victoria Building)
15. 澳新联合军团战争纪念馆/世界广场
    (Anzac War Memorial/World Square)
16. 中央车站/艾迪大道 (Central Station/Eddy Ave.)
17. 唐人街 (Chinatown)
18. 发电站博物馆 (Powerhouse Museum)
19. 悉尼鱼市场 (Sydney Fish Market)
20. 星城 (Star City)
21. 国家海事博物馆 (National Maritime Museum)
22. 悉尼会展及展览中心 (Sydney Convention & Exhibition Center)
23. 中国园林 (IMAX Chinese Garden/Imax Theatre)
24. 悉尼水族馆/悉尼野生世界
    (Sydney Aquarium/Sydney Wildlife World)
25. 乘客终点站 (Passenger Terminal)
26. 岩石区 (The Rocks)
27. 悉尼游客中心/阿盖尔隧道 (Sydney Visitor Centre/Argyle Cut)

悉尼探索巴士

● 购票方式是……

车票有两种：一种是一天中可以任意乘坐的一日票；一种是通用于邦迪和海湾探索巴士的两日内可任意乘坐的双日双人票。无论哪种票都可以随上随下，可以中途下车仔细参观你喜欢的景点，很不错吧！

车票不但可以在乘车时直接从司机那儿买，还能从环形码头和温耶德车站的信息中心购买。这里基本上没有补缴超站乘车费的规定，所以尽量提前确定好目的地再买票。

在信息中心不仅能买票，还能拿到线路图和时刻表，很方便。

红色线路的标记是红色车身

邦迪探索巴士

海岸线行驶线路

邦迪探索巴士
(Bondi Explorer)
💰 成人 39 澳元、儿童 19 澳元（1 日任意乘车票）
※ 家庭票 97 澳元，可供 2 名大人和 4~16 岁的儿童乘坐，人数不限
🕐 8:45~18:00
末班车：16:15、环形码头发
发车间隔：约 30 分钟
📞 Infoline
☎ 13-1500（6:00~22:00、仅限市内）

🔴 行驶在悉尼郊外

蓝色车身是这种一天内可任意乘坐的观光巴士的标志。线路以海岸线为主，全长 30 公里。大概花两个小时，就能从市中心经由国王十字，再从双湾、玫瑰湾和沿杰克逊港的海湾地区北上，穿过邦迪海滩，驶过牛津街，最后回到市区。

线路

1. 悉尼湾/环形码头 (Sydney Cove / Circular Quay)
2. 伍尔卢莫卢湾 (Woolloomooloo Bay)
3. 国王十字 (Kings Cross)
4. 十字架顶 (Top of Kings Cross)
5. 拉什卡特斯湾 (Rushcutters Bay)
6. 双湾 (Double Bay)
7. 玫瑰湾码头 (Rose Bay Wharf)
8. 玫瑰湾女修道院 (Rose Bay Convent)
9. 沃克卢斯湾 (Vaucluse Bay)
10. 屈臣氏湾 (Watsons Bay)
11. 南岬公园 (The Gap Park)
12. 邦迪海滩 (Bondi Beach)
13. 勃朗特海滩 (Bronte Beach)
14. 库吉海滩 (Coogee Beach)
15. 皇家兰德赛马场 (Royal Randwick Racecourse)
16. 福克斯影城/悉尼板球场和悉尼足球场 (Fox Studios / Sydney Cricket Ground & Sydney Football Stadium)
17. 牛津街 (Oxford Street)
18. 海德公园 (Hyde Park)
19. 马丁广场 (Martin Place)

CHECK 使用车票的高招

悉尼探索巴士和邦迪探索巴士的车票通用于以上两条路线。2 日通票（Two Day Combined Ticket）可在 8 日内间隔使用。在蓝色区域内，一般巴士都可乘坐。说到车票，倒是有特别提供折扣的设施，所以一定要去信息中心拿一本信息册好好看看。

12 邦迪海滩

市内巴士

公交车售票处

● 将市内区域网格化

被刷成蓝色和白色的穿行于市内各个地方的悉尼巴士，大约有300条线路，像网格一样几乎覆盖了市内所有区域。乘坐前，最重要的就是确认连接自己所在地和目的地的路线号。最好弄一张线路图。

巴士的正面写着三位数的路线号和主要车站，所以务必先确认好是否是去往自己目的地的车再上。不过，还要注意即使是相同的目的地，路线号不同的话，中途路线也会发生变化。

● 乘坐方法简单

悉尼巴士车站的标志是黄色的牌子。上面标有该站所在地、线路号和运行时刻。但是，也有只有黄色牌子而无字的车站，所以你要坐的车开过来的时候应该向司机挥手示意。一定要注意错过的话车就开走了。

乘车时从车的前门上车，费用也是预付的。告诉司机目的地之后再付费。比较让人放心的办法，是耐心向司机问清楚是否在自己的目的地停车。

● 车费合算

费用按区间收取，1~2个区间1.90澳元，感觉很便宜。比如从环形码头到国王十字，或者从公园街到牛津街，就按照最小区间的费用收取。

如果滞留期间乘坐机会比较多的话，还有较为合算的联票。此外，还有面向长期滞留者的定期票，可以根据乘坐次数购买。

● 下车方便

下车时按下车按钮告诉司机你要下车。如果车上没有广播的话，可须注意不要坐过站哦。不挤的话尽量靠近前面的驾驶席，到站后告诉司机就行，而且正面窗前也好确认路过的站名。

巴士（BUS）
Ⓢ 1~2区间 1.90澳元
3~5区间 3.20澳元
6~9区间 4.20澳元
10~15区间 5.00澳元
16~21区间 6.10澳元
🕐 5:00~24:00
Infoline
☎ 13-1500（6:00~22:00，仅限市内）

路线图和时刻表的取得

路线图在旅游咨询站和报亭就能买到。从下边写的两个信息中心不仅能买到路线图和时刻表，还能买到联票和定期票。

● 环形码头
(Circular Quay)
🕐 7:00~19:00（星期六、日 8:30~17:00）
📍 2Cnr.Loftus & Alfred Sts.

● 温耶德
(Wynard)
🕐 7:30~18:30
Infoline
☎ 13-1500（6:00~22:00，仅限市内）

用联票自如乘车

一张票可用10次的市内巴士专用联票。无有效期限，最多可节省30%，是张合算的车票哦。市内巴士的线路网划为27个区，车费根据上车车站到目的地之间的距离而定。车票按照不同的区间数为不同的颜色，1~2区间是蓝色，3~5区间是棕色，按照这种情况共为5种。

从2区的车站坐到5区的车站共计4区，所以要使用棕色的联票。仅在市内转的话，只要蓝色的就够了。不清楚乘坐区间的时候，只要告诉司机你的上下车地点，便可只付这段路程的费用。

把车票插进自动检票机之后会出来一张印有路线号、日期和时间的车票。

联票能从信息中心或者沿巴士线路的报摊（Newsagent）买到。

联票 Travelten		
种类	区间	费用
蓝色	1~2	A$15.20
棕色	3~5	A$25.60
红色	6~9	A$33.60
绿色	10~15	A$40.00
橙色	16	A$48.80

市内电车（城铁）

城铁
(City Rail)
- 🚆 1区间单程3.20澳元、往返6.40澳元
- 🕐 5:00~深夜
- 📧 Infoline
- ☎ 13-1500（6:00~22:00，仅限市内）

＊机场市内专线要收取设施费，相对来说比较贵。

任何车站的站台都有记录电车发车时刻和路过站的布告牌。大站是电子布告牌，一眼就能看到下趟车的去向。为了不坐错线路，一定要确认好布告牌哦。

夜间乘车须确保安全
城铁的治安方面虽然问题较少，但夜间乘车时需确保安全是最重要的。乘车时选择车身侧面亮着蓝色灯的车。蓝色灯表示车里有司机或者乘务员。

插入车票进入检票口

🔴 电车（城铁）

连通市内与郊区的双层列车。市内路线是环形的，分别在市政厅、温耶德、环形码头、圣詹姆斯、博物馆、中央车站6个车站停车。这部分环形路被称为"城市环线"，在地下绕行。所有线路均通过的站是市政厅、中央车站和雷德芬3站，但有长途列车出发到达的中央车站比较混杂，所以在市政厅换乘较为方便。共有10条线路。说的是城市环线，其实不是环形的，所以坐过站的话可就被拉到郊区去了，一定要警惕哦。去郊区的话，须先确认车往哪儿开。悉尼机场到市区之间也开通了新线路，方便了许多。

从环形码头出发

🔴 买票方法

城铁的车票可以在自动售票机或者人工售票窗口买到。虽然自动售票机的普及率很高，但有些车站还是要在人工窗口买票。

用自动售票机买票的时候，首先按目的地按钮，然后选择人数及单程（Single）还是往返（return），最后按下购票按钮。这样金额便会显示出来，把钱投进去票就出来了。到窗口买票，直接告诉售票员目的地和单程还是往返就能买到票。费用按照区间收取，最低费用是单程3.20澳元，往返6.40澳元。费用的标准是从市政厅到邦迪章克申单程3.40澳元。

自动售票机操作简单

🔴 方便又划算的车票

城铁销售折扣票和各种定期票，能有效利用的话，真是既方便又便宜。

城市漏斗（City Hopper）
可以任意乘坐悉尼中心区域的巴士和城铁。9:00之前乘车的话，成人每人8.00澳元，超过9:00是5.60澳元。

非高峰时段使用的车票（Off-Peak Return）
只能在平日9:00以后和星期六、日及节日使用。被称为非高峰时间运行的折扣车票。区间的最低费用是往返

4.40澳元,比通常的费用便宜30%以上。

7日铁路通（7 Day Rail Pass）
7天内有效的定期车票。

机动通行票（Flexipass）
1个月到1年之间有效的车票,适合长期逗留的人。这种票在自动售票机上买不到,要去人工窗口购买。

海德公园旁边的圣詹姆斯车站

悉尼郊区电车

去往市中心、海滨和亨特地区

去往蓝山

Suburban Lines
- Northern Line
- North Shore & Western Line（虚线线路只在活动时期运行）
- Airport & East Hills Lines
- Eastern Suburbs & Illawara Line
- Cumberland Line
- Bankstown Line
- Light Rail
- Carlingford Line
- South Line
- Inner West

主要车站：Richmond（里士满）、East Richmond、Clarendon、Windsor、Mulgrave、Vineyard、Riverstone、Schofields、Quakers Hill、Marayong、Blacktown、Seven Hills、Toongabbie、Pendle Hill、Wentworthville、Westmead、Parramatta、Harris Park、Merrylands、Guildford、Yennora、Fairfield、Canley Vale、Cabramatta、Warwick Farm、Liverpool（利物浦）、Casula、Glenfield、Macquarie Fields、Ingleburn、Minto、Leumeach、Campbelltown（坎贝尔敦）、Macarthur

Penrith（潘里斯）、Kingswood、Werrington、St Marys、Mount Druitt、Rooty Hill、Doonside

Carlingford、Telopea、Dundas、Rydalmere、Camellia、Rosehill、Clyde、Granville、Auburn、Lidcombe、Flemington、Homebush、Strathfield、Burwood、Croydon、Ashfield、Summer Hill、Lewisham、Petersham、Stanmore、Newtown、Macdonaldtown

Olympic Park、North Strathfield、Concord West、Lilyfield

Berala、Regents Park、Sefton、Chester Hill、Leightonfield、Villawood、Carramar

Cheltenham、Epping、Eastwood、Denistone、West Ryde、Meadowbank、Rhodes

Hornsby、Normanhurst、Thornleigh、Pennant Hills、Beecroft、Asquith、Mount Colah、Mount Kuring-gai、Berowra

Waitara、Wahroonga、Warrawee、Turramurra、Pymble、Gordon、Killara、Lindfield、Roseville、Chatswood、Artarmon、St Leonards、Wollstonecraft、Waverton、North Sydney（北悉尼）、Milsons Point、Circular Quay（环形码头）、Wynyard（温耶德）、Town Hall（市政厅）、Central（中央车站）

Star City、Wentworth Park、Gateway、博物馆、St James、Museum、Kings Cross、Edgecliff、Bondi Junction（邦迪章克申）

Redfern、Erskineville、St. Peters、Sydenham、Mascot、Domestic Airport、International Airport、Wolli Creek、Arncliffe、Banksia、Rockdale、Kogarah、Carlton、Allawah、Hurstville、Penshurst、Mortdale、Oatley、Como、Jannali、Sutherland（萨瑟兰）、Loftus、Engadine、Heathcote、Waterfall

Brrong、Yogoona、Punchbowl、Wiley Park、Lakemba、Belmore、Campsie、Canterbury、Hurlstone Park、Dulwich Hill、Marrickville、Tempe

Holsworthy、East Hills、Panania、Revesby、Padstow、Riverwood、Narwee、Beverly Hills、Kingsgrove、Bexley North、Bardwell Park、Turrella

Kirrawee、Gymea、Miranda、Caringbah、Woolooware、Cronulla

去往南部高地

去往南部海岸线

渡轮

上班的代步工具也能用于观光

悉尼渡轮
(Sydney Ferrys)
- 根据路线而定
- 5:40~24:00（各季节不同）
- Infoline
- 13-1500（6:00~22:00、仅限市内）

悉尼旅游的精粹

乘坐载着上班族和学生的悉尼湾的渡轮作为悉尼旅游的精粹大受欢迎。环形码头的2~6号码头是渡轮的出发站。

2~5号码头是州内运输（State Transit）运营的悉尼渡轮（Sydney Ferrys）。去往塔朗加动物园的轮船从2号码头出发。3号码头是去往曼利的，4号码头是去往北悉尼和莫斯曼的，5号码头是去往达令港的。从6号码头出航的主要是库克船长的海港观光游轮等各类观光船。

方便又实惠的车票

渡轮联票

一张票可以用10次的渡轮专用联票，费用因航线的不同而不尽相同，但无论哪条航线都能减少37%的费用。无有效期，是非常适合喜欢坐船旅行者的船票。这种票在环形码头和曼利的售票亭就能买到。

内港 Inner Harbour	ZONE1 33.50澳元 ZONE2 35.60澳元
曼利渡轮 Manly Ferry	48.10澳元
巴拉玛打河渡轮服务 Parramatta Service	54.30澳元
喷气猫 Jet Cat	67.80澳元

动物园通票（Zoo Pass）

该票通用于往返于塔朗加动物园的渡轮和从轮船停靠地到动物园正门的巴士，以及动物园门票和空中缆车的车票。费用是成人48澳元，儿童23.50澳元。

购票方法

各码头都设有自动售票机，4号码头前还有售票亭。入口是自动检票口，把票插进去就能进站了。除环形码头和曼利外，其他站只有小检票口，所以要在环形码头核算船票。

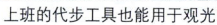
环形码头的售票处

航路和费用（平日）

名称	费用	所需时间	发船次数间隔	运航时间 最迟返航	出航地点	特征
塔朗加动物园渡轮 Taronga Zoo Ferry	5.20澳元	约12分钟	一日24次 约30分钟	7:15~18:45 19:00	2号码头	可在出发到达地点坐巴士或缆车
曼利渡轮 Manly Ferry	6.40澳元	约30分钟	一日35次 20~30分钟	6:00~11:45 12:20	3号码头	可带自行车或者冲浪板进入
内特拉尔湾渡轮 Neutral Bay Ferry	5.20澳元	约13分钟	一日36次 15~50分钟	5:50~23:40 23:53	4号码头	绕行内特拉尔湾
莫斯曼与科里芒渡轮 Mosman & Cremorne Ferry	5.20澳元	约20分钟	一日41次 20~40分钟	5:40~24:10 24:31	4号码头	连接城市和北岸
巴拉玛打河渡轮 Parramatta River Cat	7.70澳元	约50分钟	一日9次 1小时~1小时30分钟	9:00~18:10 19:20	5号码头	悠闲豪华的渡轮

赏金号帆船

轻松享受的渡轮巡航

咖啡游轮
(Coffee Cruise)

绕行号称世界一流美景的悉尼湾一周，途中可以在甲板上欣赏歌剧院和海港大桥的风光。
所需时间：2小时20分
🅢成人49澳元、儿童25澳元
🕙10:00、14:15，环形码头6号码头
🚢Captain Cook Cruises ☎02-9206-1122

顶层甲板游轮
(Top Deck Cruise)

一边在能欣赏美景的豪华客船的上层甲板上享受巡航的乐趣，一边品尝现代澳大利亚菜。
所需时间：2小时30分
🅢成人82澳元~、儿童50澳元~
🕙12:30，环形码头6号码头
🚢Captain Cook Cruises
☎02-9206-1122

歌剧游轮
(Opera Cruise)

能欣赏澳大利亚歌剧演员演唱经典歌剧的游轮。还供应现代澳大利亚菜和饮料。
所需时间：2小时30分
🅢成人79澳元、儿童55澳元
🕙需确认，环形码头6号码头
🚢Captain Cook Cruises
☎02-9206-1122（需咨询）

船长俱乐部晚餐游轮
(Captain Club Dinner Cruise)

乘坐豪华客船 MV SYDNEY 2000，享受晚餐和悉尼夜景。船内有乐团进行现场演奏。
所需时间：星期日~四2小时30分，星期五、六3小时30分
🅢成人129澳元、儿童75澳元
🕙19:00，环形码头6号码头
🚢Captain Cook Cruises
☎02-9206-1122

海港游轮

悉尼湾从早到晚挤满了各色各样的游轮。从普通的船、大型游轮到双体船、帆船和演艺船，真是丰富多彩。主要的游轮公司有库克船长、赏金号、州内运输等。游轮中有需要预约和不需要预约直接乘坐两种。没有预约出行的话，要在出发前，提前30多分钟去出发码头的事务所申请。

气氛美妙的演艺船

海港渡轮

允许坐轮椅进入。
坡度随着潮涨潮落发生变化。

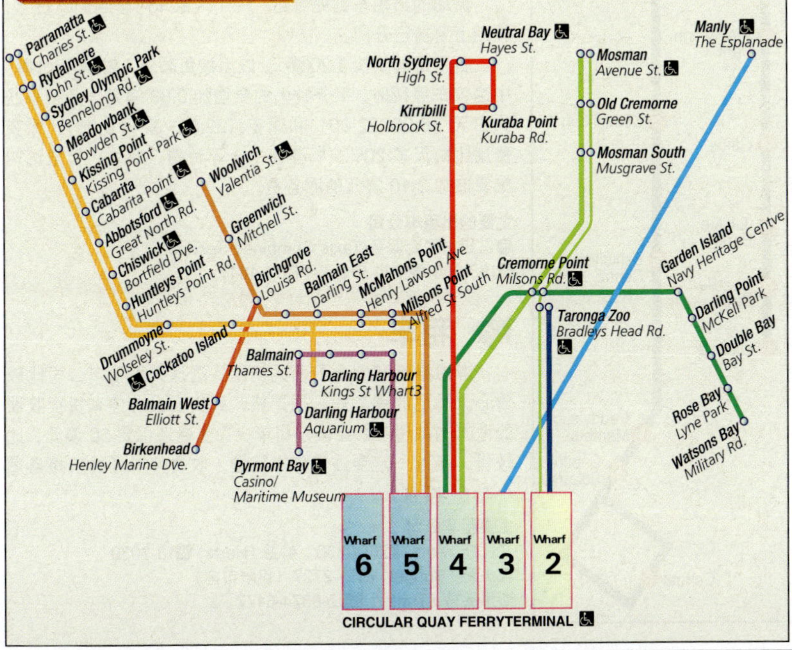

（海港渡轮线路图，包含站点：Parramatta/Charies St.、Rydalmere/John St.、Sydney Olympic Park/Bennelong Rd.、Meadowbank/Bowden St.、Kissing Point/Kissing Point Park、Cabarita/Cabarita Point、Abbotsford/Great North Rd.、Chiswick/Bortfield Dve.、Huntleys Point/Huntleys Point Rd.、Woolwich/Valentia St.、Greenwich/Mitchell St.、Birchgrove/Louisa Rd.、Balmain East/Darling St.、McMahons Point/Henry Lawson Ave.、Milsons Point/Alfred St South、North Sydney/High St.、Kirribilli/Holbrook St.、Neutral Bay/Hayes St.、Kuraba Point/Kuraba Rd.、Mosman/Avenue St.、Old Cremorne/Green St.、Mosman South/Musgrave St.、Cremorne Point/Milsons Rd.、Taronga Zoo/Bradleys Head Rd.、Manly/The Esplanade、Garden Island/Navy Heritage Centre、Darling Point/McKell Park、Double Bay/Bay St.、Rose Bay/Lyne Park、Watsons Bay/Military Rd.、Drummoyne/Wolseley St.、Cockatoo Island、Balmain/Thames St.、Balmain West/Elliott St.、Birkenhead/Henley Marine Dve.、Darling Harbour/Kings St Wharf3、Darling Harbour/Aquarium、Pyrmont Bay/Casino/Maritime Museum）

Wharf 6 | Wharf 5 | Wharf 4 | Wharf 3 | Wharf 2

CIRCULAR QUAY FERRYTERMINAL

单轨列车、轻轨等

单轨列车
(Monorail)
S成人4.80澳元、一日任意乘通票9.50澳元
⏰7:00~22:00（星期日、假日8:00~）
发车间隔：3~5分钟
🚆Metro Monorail
☎02-8584-5288

轻轨
(Light Rail)
S单程3.20澳元~、一日任意乘通票9.00澳元
⏰24小时
发车间隔：10~15分钟
🚆Metro Light Rail
☎02-8584-5288

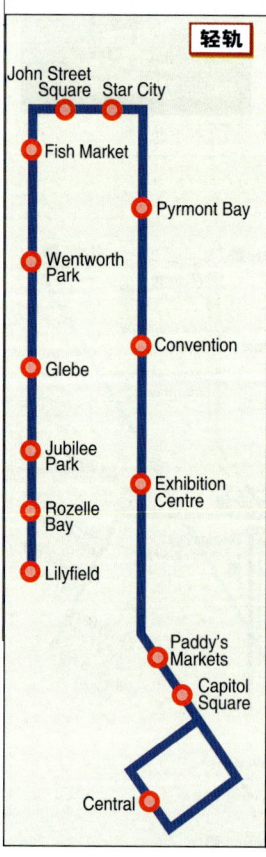

轻轨

单轨列车（参照p.47）

单轨列车大约15分钟绕行悉尼市西南部的7个车站一周，是环形线路，只向左转。它将市区和达令港、唐人街等地方连接了起来。透过敞亮的玻璃窗，能将悉尼的街市一览无余，最适合观光了。用检票口前的自动售票机换硬币，然后投进自动检票口中，旋转式栏杆就开了。一日任意乘通票在检票处中间的报刊亭就能买到。

能够欣赏景色的单轨列

▶▶ 轻轨

轻轨就是路面电车，特点是声音小，空调设施完备，底盘低，在地面之上30厘米。它是悉尼最新的交通工具，以中央车站为起点，每天运行24小时，每隔10~15分钟发一次车。1999年之前通到了温特沃斯公园，后来在此基础上延长了以西的线路，现在已能通到莉莉菲尔德。在轻轨各个车站和城铁各站售票处都能买到车票。

街道上的售票机

出租车

流动的出租车到处可见。一个人乘车可坐到副驾位上，原则上要自己开门。

费用是起步价3.20澳元，以后按每公里1.93澳元计算。中途停车等待时，1分钟大约要增加0.83澳元。计费系统为白天（6:00~22:00）和深夜（22:00~次日6:00），深夜费用比白天多20%。行李基本上不计费。此外，打电话叫车要追加2.10澳元的服务费。

主要的出租车公司
●出租车联合服务(Taxis Combined Services)
☎133-300 ●主机 Premier ☎13-1017

▶▶ 租车

考虑维修和安全方面的问题，选择大型租车公司比较放心。悉尼的停车规则很严格，即使在设有停车费征收器的地方稍微超时都会被贴罚单。罚金最低也要50澳元，比较贵，所以一定要注意停车问题。收费停车场的价格是每小时5~10澳元。

主要租车公司
艾比斯（Avis）☎13-6333　赫兹（Hertz）☎13-3039
巴杰特（Budget）☎13-2727（仅限市内）
斯里弗蒂（Thrifty）☎02-8374-6177

灵活使用公共通票

备受瞩目的轻轨

凭一张车票坐好几种交通工具的公共通票,限定使用期限和范围,但如果能有效利用的话,你的行动范围将大大增加。

 悉尼通票 (9种交通工具的公共通票)

用这种票可在一定期限内任意乘坐悉尼市内的交通工具。有3日、5日和7日三种,适合短期逗留。可以利用的交通工具是机场快车、悉尼探索巴士、市内巴士、渡轮等9种。在机场购票的话就能乘坐机场快车去市内,凭这种票几乎可以乘坐逗留期间用到的任何交通工具。

悉尼通票 (Sydney Pass)

这种票可以在环形码头、温耶德公园处的信息咨询处和渡轮票务所、城铁各车站及悉尼机场的机场快车车站买到。

S 115澳元(3日)、150澳元(5日)、170澳元(7日)

Infoline

☎ 13-1500(6:00~22:00、仅限市内)

 旅游通票 (通用于市内巴士、城铁、渡轮)

这种票是在一定区域和期限内任意乘坐市内巴士、城铁和渡轮的定期票。有效期限除1周之外还有3个月、1年的。

可以使用该票的范围为包含皮特沃特在内的8个区域,车票根据区域和交通工具的组合分为9种颜色。用这种票能在很大的范围内行动。如果打算在悉尼长期逗留的话,用它很方便。

旅行通票 (Travel Pass)

能在市内巴士的出发到达站、沿巴士线路的报摊和城铁各站买到这种票。

Infoline

☎ 13-1500(6:00~22:00、仅限市内)

交通工具和区域的组合

种类	区域	交通工具	费用(一周内)
红色	1、3、6、7	城铁、市内巴士、渡轮	38澳元
绿色	1~8	城铁、市内巴士、渡轮	46澳元
黄色	1~8	城铁、市内巴士、渡轮	50澳元
粉色	1~8	城铁、市内巴士、渡轮	53澳元
紫色	1~11	城铁、市内巴士、渡轮	60澳元
蓝色	1、3、6、7	市内巴士、渡轮	34澳元
橙色	1~8	市内巴士、渡轮	43澳元
皮特沃特	1~11	皮特沃特巴士、渡轮	58澳元
双区	2,3 3,4 4,5 4,6 5,6 5,8 2,11	市内巴士	34澳元

城铁不仅有区域1~8,还有向郊区延伸的区域9~11。

享受悉尼 10 大关键词

1 起点 (参见 p.70)

游览从这里开始。岩石区是众所周知的澳大利亚发祥地。这里耸立着依旧保留着移民时期风情的建筑物。1788年，在来自英国的移民团登上这片陆地的时候，这里满是岩石，所以取名为岩石区。

2 街头艺人 (参见 p.70)

作为悉尼旅游重头戏的环形码头总是很热闹。站在码头上能眺望到歌剧院和海港大桥。海港前的步行街上，任何时候都有很多街头艺人表演的节目，处处都有围观者筑起的人墙。

4 世界遗产 (参见 p.68)

2007年6月注册成为世界遗产的悉尼歌剧院是悉尼的标志性建筑。它的设计者是丹麦建筑家约恩·乌松。歌剧院于1959年开工，但由于它独创的形状和结构设计上的困难，工期被一再延迟，历经14年后，终于在1973年竣工。总工费达到了1亿200万澳元，是预期费用（700万澳元）的14倍以上，这笔费用直到1975年，才通过销售彩票集资等方式全部还清。

3 桥拱攀登 (参见 p.66)

悉尼旅游名地代表之一的海港大桥。在这里务必要体验的是花大约3个小时（包括练习时间）在桥拱上攀爬，最后爬上高度达134米的拱顶。这项攀登活动虽然惊险，但当您看到360°展现的大全景图时，心情是很激动的。桥拱攀登很受欢迎，一定要提前预约。周末还有夜间攀登活动。

5 新南威尔士州州立美术馆 (参见 p.73)

1883年创建的新南威尔士州州立美术馆(AGNSW)是州内近40所美术馆中规模最大的。里面摆满了澳大利亚、欧洲及亚洲的藏品，有时还会展示知名画家的作品。面向参观者和本地居民的大众活动也进行得有声有色。

⑥ 自由市场 (参见 p.88)

到了周末，在岩石区、帕丁顿、邦迪海滩等地会出现一些搭着帐篷的风格独特的小店。从生鲜食材到日用杂货、服装、饰品、工艺品和古玩等，琳琅满目，价格便宜。也许会买到价廉物美的珍品哦。

⑧ 肉馅饼 (参见 p.60-A)

肉馅饼，是澳大利亚人甚为喜爱的食物，甚至喜爱到国民人均消费量达世界第一的程度。在蓝色乌鲁莫卢湾地区，名叫"哈利咖啡"（Harry's Café de Wheels）MAP p.60-A 的人气店里，有一道叫做老虎（tiger）的招牌菜，就是在肉馅饼上涂上土豆泥和豌豆泥，然后浇上肉卤汁。

⑦ 维多利亚女王大厦——QVB
(参见 p.86、p.58-B)

1898年为了纪念维多利亚女王即位50年建造，被亲昵地称作QVB。美丽的罗马风格建筑样式不禁让人感受到那个时代的气息。可以说，这是世界上最美的购物中心。200多家店铺把大楼塞得满满的。

⑨ 饮茶

悉尼大部分中国餐馆都是香港的。因此，在悉尼有很多随便就能品茶的餐馆。食材当然是当地产的，品茶的味道还是地道的香港味。唐人街上的人气店总是挤满了客人，特别是白天食客混杂，想去就得赶早。

⑩ 单轨列车 (参见 p.44)

单轨列车是在市内移动的，便于乘坐的交通工具，同时它本身也是悉尼观光的一大元素。在单轨列车上可以欣赏到市中心和达令港的景色。轻轨24小时运行，也很方便。还有在报刊亭买到的一日任意乘通票和按照自己的喜好任选代步工具的公共票。

悉尼的逛法

可以在逛街时通过购物、品美食、体验夜生活等方式享受悉尼。因为不同地区有着不同的面貌,所以选择的方式也不尽相同。要么在时尚的咖啡厅悠闲一刻,要么在美术馆和博物馆感受艺术,要么去体验体验最新的娱乐节目,你一定想通过各种途径感受悉尼的魅力。

饱览海边景观和情趣街市的路线 (约需5小时)

START
环形码头车站
↓ 徒步7分钟
歌剧院
↓ 徒步5分钟
皇家植物园
↓ 徒步5分钟
现代美术馆
↓ 徒步5分钟
悉尼天文台
↓ 徒步7分钟
海港大桥
↓ 徒步5分钟
GOAL
岩石区

悉尼歌剧院可谓是近代建筑的至宝。贝壳形状的屋顶层层叠叠,是悉尼的象征性建筑。白色建筑物和悉尼湾的蓝色海洋形成了鲜明的对照,很美。

广阔的植物园内种植着100多万株植物,各种鸟和小动物栖息在这里。一边享受漫步和森林浴,一边呼吸新鲜的空气,放松放松吧!

这里展示了以安迪沃霍尔和李奇登斯坦的作品为主的美术图案设计和雕刻等藏品。馆内有向导。

悉尼天文台是1857年建造的澳大利亚最早的天文台,1982年作为博物馆对外开放。从这个高台远望,景色优美。有夜间观光项目。

这里坐落着露天咖啡厅和旧仓库改造成的画廊,来自世界各国的游客让这里热闹非凡。周末还有自由市场。

世界上最宽的海港桥。支撑桥的一根桥柱是展望台,登上200级台阶之后便能一览悉尼的街道和海港的壮美景色。

POINT

建议第一次去悉尼的人采纳这样的路线。从环形码头出发,按顺序游览世界文化遗产——歌剧院等悉尼的代表性景点。在海边地区既可感受万里晴空的白天,也能享受夜景美好的夜晚,体验这两种不同氛围就是这里的魅力。岩石区混杂着历史、文化和时尚的不同气氛,悠闲地散散步,在这平静的氛围里吃顿饭打发各自的时间。有空闲的话,坐坐从悉尼湾起航的观光船也不错。

享受购物和娱乐的路线 （约需5小时）

START

圣詹姆斯车站

徒步2分钟 ↓

圣玛丽亚大教堂

徒步5分钟 ↓

悉尼塔

徒步1分钟 ↓

维多利亚女王大厦

徒步5分钟 ↓

悉尼水族馆

徒步10分钟 ↓

IMAX剧场

徒步7分钟 ↓

澳大利亚国立海事博物馆

徒步15分钟 ↓

GOAL

星城

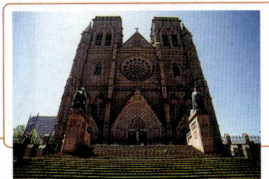

它是1821年落成的天主教教堂。在历史感强烈的建筑里洋溢着庄严的气氛。里面的彩绘玻璃也很美。

地面高度305米，号称南半球最高塔。从地上250米高的展望台能将悉尼的市区尽收眼底。

在颇有风情的大楼里聚集了200多家商铺，是个大型购物中心。地下有美食广场。

这个水族馆汇集了澳大利亚1.7万多种水生生物。在全玻璃铺成的海底隧道里能够近在咫尺地欣赏鱼群。每每扣人心弦。

能在29米×38米的世界最大的屏幕上观看超级激动人心的立体电影的剧场。那里还有商店、餐馆和咖啡厅。

展示澳大利亚海军历史和海洋相关资料与道具的博物馆。有能够在潜水仓里吃饭的餐馆。

赌场、电影院、餐厅、酒吧等一应俱全的24小时营业大型综合娱乐场所。一天约有2万人进入。

POINT

路线大致是从位于海德公园的圣詹姆斯车站出发，经过各个政府机关、办公楼、酒店等云集的悉尼中心地区的市政厅，再去往达令港方面。市政厅周边有大规模的购物中心和百货商店，能够满足购物族的购物欲。前身是贸易港的达令港通过海滨的再开发事业改头换面，聚齐了剧场、博物馆等各式各样的设施。24小时营业的星城，夜生活也很丰富。

以前是仓库的石造建筑坎贝尔仓库

恩特公园 达韦斯波

岩石区（终点）
这里是终点。真是辛苦了。以你们各自的方式解除身体的疲乏吧！去餐馆啦，过夜生活啦，悉尼还有很多乐趣哦。

8:00 Start

息吧！游客中心收集信

岩石区
☆岩石区
☆岩石区中心
☆歌剧院
☆海港大桥

岩石区（起点）
首先从岩石区开始。它是悉尼的起源地。以古老砖块建起的街市为背景，拍下第一张照片吧。

坎贝尔湾
以海湾为背景应该能拍到一张坎贝尔斯仓库的珍贵照片。在达韦斯波恩特公园能眺望到对岸夜幕笼罩下的歌剧院。

徒步

20:00 Finish

坎贝尔湾
☆达韦斯波恩特公园
☆坎贝尔斯仓库
☆阿盖尔艺术中心

19:00

实况转播

悉尼漫步

探索巴士

通红的车身是标记

悉尼有很多值得一看的地方和观光代步工具，而且，商店和餐馆也很有魅力。特别建议大家以目标建筑为背景拍照之后就立刻移动到下一个建筑，把细致的游览放在第二天，前一天只拍照。这样的旅行方式是数量优于质量，而且进了美术馆和博物馆也不允许拍照。午餐和下午茶就边走边解决吧！规定的时间是8:00~20:00。这段时间内你能拍不少照片吧？脚力、体能及事前的计划将决定你旅行的质量。

18:00

唐人街
☆发电厂博物馆
☆唐人街
☆中国园林

唐人街
悉尼唯一一个洋溢着东方味道的地方——唐人街的牌楼当然不能漏拍。杂货店和服装店很多，一边散步一边拍纪念照片吧！

赌场
整修外国船的停靠站成为新南威尔士州唯一的赌场设施——星城。这里24小时营业，所以回到终点后再返回来碰碰运气也是很有意思的。

单轨列车

16:30

达令港
☆湾畔市场、广场
☆悉尼水族馆

在高架上行驶的单轨列车

轻轨

星城
☆赌场

达令港
单轨列车大概15分钟就能绕行一周。在车里拍下悉尼水族馆和QVB的照片吧！要留心哦！港畔购物中心通常营业到21:00，星期日19:00就打烊了。

15:30

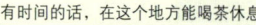

有时间的话，在这个地方能喝茶休息

一些活动总是很热闹

环形码头
环形码头是渡轮始发和到达的地方。它的右侧能望到歌剧院,左侧能望到海港大桥。活跃的街头艺人汇集在这里,让这里喧闹不止。

现代美术馆

从北悉尼看到的海港大桥

徒步

环形码头
- ☆现代美术馆
- ☆环形码头
- ☆旧海关

9:00

渡轮

9:50

北悉尼
- ☆塔朗加动物园
- ☆悉尼港

北悉尼
在渡轮上的那段时间是为数不多的可以优哉游哉的时候,所以一定要跟旁边的人聊聊天哦。塔朗加动物园聚齐了鸭嘴兽和考拉等澳大利亚的特有动物。

12小时
快速观光

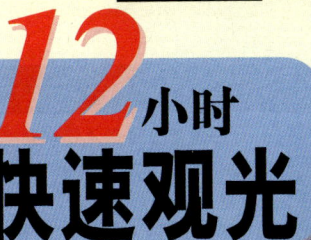

正面看到的歌剧院

渡轮

在塔朗加动物园邂逅考拉

皇家植物园

从高空俯瞰到的歌剧院和

51

环形码头
把渡轮返回途中看到的悉尼街区也收纳到您的相机里吧!到达之后可以从环形码头车站前往圣詹姆斯车站。时间充裕的话,顺便去皇家植物园歇歇脚吧!

11:00

有5个码头的环形码头

位于海德公园的圣詹姆斯车站

环形码头

城铁

12:00

马丁广场
- ☆海德公园　☆QVB
- ☆马丁广场　(维多利亚女王大厦)
- ☆MLC中心　☆悉尼塔
- ☆彼得街商业街　☆圣玛丽亚大教堂

彼得街商业中心

马丁广场
商业中心街——马丁广场。购物的话,就去彼得街商业街吧!不过,可不要过度花时间在那儿。那里还有不少外国餐馆,吃午餐也不错哦。

圣玛丽亚大教堂

历史感浓厚的

轻轨24小时运行

中央车站
- ☆中央车站

城铁

14:30

城铁

美丽拜占庭风格外观的维多利亚女王大厦QVB

中央车站
又一次从圣詹姆斯车站坐城铁前往中央车站。中央车站是城铁和轻轨汇集的交通要地。

建议
当你犹豫就餐和观光该选哪儿的时候

周末在海港大桥下开放的岩石区市场,小吃和快餐摊都会摆出来,所以在那儿吃东西,舒展一下筋骨,再去达韦斯波恩特公园吧!也可以边吃东西边拍歌剧院做背景的纪念照片。此外,环形码头的渡轮乘坐站也有卖饮料和小吃的小店。

悉尼 ●SYDNEY

旅行指导

什么都想体验的让人满载感动的悉尼之旅

各旅行社都有以市内和蓝山地区为中心的不同种类的悉尼旅游项目。仔细研究所需时间、区间和观光内容,选择你感兴趣的参加。

蓝山和动物园
(Blue Mountains & Zoo Tours)

去往蓝山和费泽代尔野生动物公园(Featherdale Wildlife Park)的旅行计划。在回音阁(Echo Point)欣赏完三姐妹巨岩(The Three Sisters)之后去动物公园。在那里能见到澳洲鸵鸟和毛鼻袋熊,还能与考拉合影,亲手给袋鼠喂食。

三姐妹巨岩。尖塔似的三个岩石高高耸立,因此给它取了"三姐妹"这个名字。

从回音阁看到的三姐妹巨岩

澳大利亚的人气动物——考拉

回Mimoza Pty Ltd. ☎02-9420-8055(预约受理台24小时) FAX02-9420-8044 出发日:每天 出发时间:7:30 需要时间:约8小时 S成人80澳元 ※主要酒店接送

观赏海豚之旅
(Dolphin Watching Tours)

蓝色海洋和白色沙滩交相呼应的斯蒂芬斯港(Port Stephens)在悉尼以北200公里。去那里坐上游艇观赏野生海豚,真是一大乐事。观完海豚后再去葡萄酒厂品尝红酒。

生息在斯蒂芬斯港的野生海豚

回EC Oceania Pty.Ltd FAX02-9344-6823 出发日:每天 出发时间:7:00 需要时间:约11小时 S成人230澳元、儿童115澳元 ※主要酒店接送

亨特谷葡萄酒酿造厂
(Hunter Valley Winery Tour)

广阔的葡萄园蔓延不断，景色也很优美

位于悉尼郊外的澳大利亚第一葡萄酒产地，在亨特谷巡访4个葡萄酒厂。听完关于葡萄酒酿造的知识之后，就慢慢试饮，寻找你喜欢的葡萄酒吧！酒厂还提供午餐哦。

Mimoza PtyLtd ☎02-9420-8055（预约受理台24小时） FAX 02-9420-8044 出发日：每天 出发时间：8:00 需要时间：约10小时 S 成人125澳元 ※主要酒店接送

杰诺兰岩洞和蓝山
(Jenolan Cave & Blue Mountains)

经过长年累月冲刷形成的巨大岩洞，约产生于3亿年前

去注册成为世界遗产的蓝山国家公园，在回音阁欣赏三姐妹奇岩。在风景区索道（Scenic World）上能眺望到峡谷的绝佳景色，还能乘坐空中索道和陡坡敞篷列车（费用另算）。然后，顺道去趟高原城市卢拉，接着再去探访神秘的杰诺兰岩洞。在费泽代尔野生动物园能见到澳大利亚特有的动物。

Mimoza PtyLtd. ☎02-9420-8055（预约受理台24小时） FAX 02-9420-8044 出发日：每天 出发时间：7:00 需要时间：约11小时 S 成人135澳元、儿童110澳元 ※主要酒店接送

蓝山半日游
(Blue Mountains Half Tour)

坐着直升机去蓝山，在当地的农家看看怎么给野生动物喂食，拍些纪念照片，再享用一下老澳风味的午餐。回去的路上一边享受飞行游览的乐趣，一边在高空一览蓝山三姐妹奇岩和悉尼海边与中心区的景观。

Sydney Helicopters ☎02-9637-4455 FAX 02-9637-2772 出发日：每天 出发时间：任何时间（需预约） 需要时间：约5小时 S 每人795澳元（限4~6人乘坐的直升机）英语导游

在高空看到的华美歌剧院

国王十字／双湾
(Kings Cross/Double Bay)

0 300m

悉尼 精品旅游景点
index-1

岩石区
环形码头
马丁广场 70

悉尼海港大桥（桥塔瞭望台）71
悉尼游客中心71
悉尼天文台71
现代美术馆71
阿盖尔百货商店72
悉尼歌剧院72
悉尼博物馆72
皇家植物园72
麦夸里夫人岬角72
新南威尔士州立美术馆73
皮特街商业中心73
海德公园营房73

61

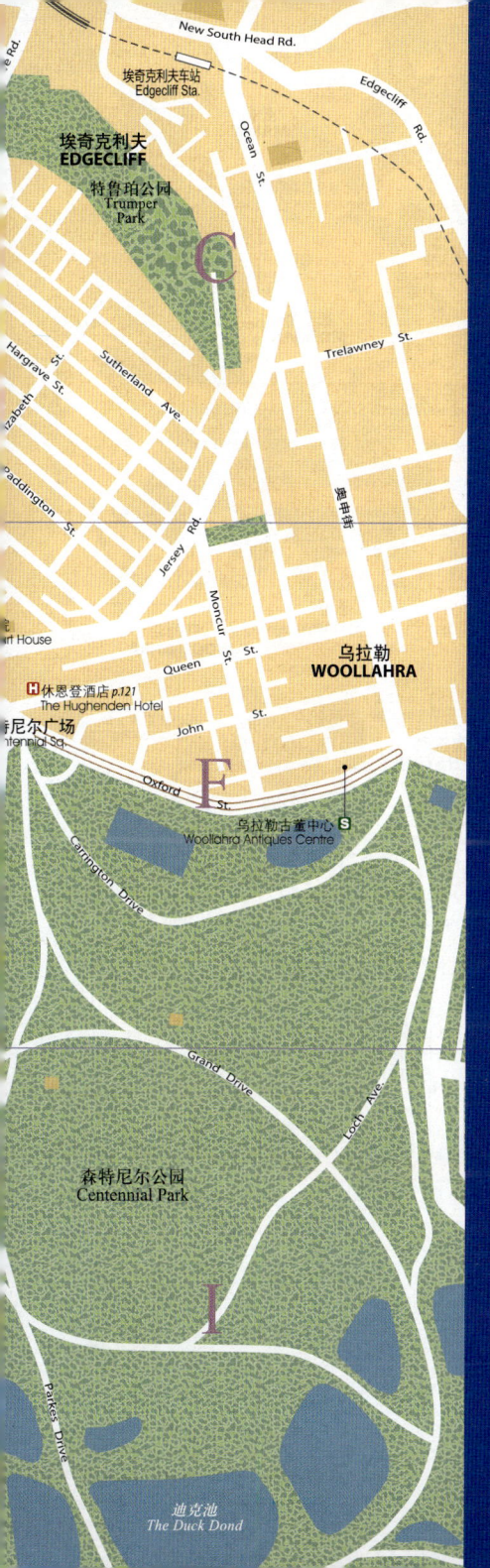

悉尼 精品旅游景点
Index-2

达令港
海德公园
中央车站 74

悉尼水族馆 75
市政厅大楼 75
国家海事博物馆 75
滨水地区 75
IMAX影院 76
星城 76
悉尼塔 76
圣玛丽亚大教堂 76
澳大利亚博物馆 77
唐人街 77
发电厂博物馆 77
时尚码头 77

国王十字
双湾 78

伊丽莎白海湾之家 78
犹太博物馆 78

牛津街
帕丁顿 79

北悉尼 79

塔朗加动物园 79

悉尼 观光地

热荐

旅游城市悉尼有很多让人兴奋不已的旅游景点。不管是悉尼大桥的观景还是与考拉的合影拍照，都能让人体验到澳大利亚带来的独特感动哟！

顶峰处的风景美得令人窒息

大桥攀登
(BRIDGE CLIMB)

至今从未体验过的惊险感！

攀登悉尼标志性建筑海港大桥桥拱的竞赛——"桥拱攀登"。从西南方向的拱形部位开始攀爬，登顶后再返回去。整个攀登过程大概要花3个半小时的时间（包括预先练习）。在桥顶能够一览至今从未欣赏过的风景。从桥拱攀登的事务所出发，攀登过程中有专业导游随行，装备完善，大家就放心地去参与吧！

MAP ●剪切地图-6、p.56-B
预约票：Ticket Hotline（7:00~18:00）。
☎02-8274-7777
FAX 02-9420-1122
S 白天：成人198澳元、儿童128澳元；傍晚：成人258澳元、儿童188澳元；夜间：成人188澳元、儿童118澳元；黎明：成人295澳元、儿童195澳元（儿童限10~16岁）
⏰7:00~日落
🚇Bridge Climb ☎02-8274-7777

还有夜间攀登项目

站在地上往上看，真是令人惊叹的高度

悉尼塔空中漫步 (SKYWALK)

MAP ●剪切地图-14、p.58-B
Sydney Tower ☎02-9333-9222 S成人65澳元、儿童（10～16岁）45澳元（付瞭望台入场费和空中漫步费用）
⏰9:00～22:30（最后一次20:45出发）休无

在距离地面270米高处玩空中漫步

悉尼塔的瞭望台在距地面250米的高处。通常是从瞭望台远眺悉尼湾、歌剧院和海港大桥。不过，要爬到瞭望台的屋顶上，在完全没有玻璃窗遮挡的条件下进行空中漫步，才能全方位地展望一个最真实的悉尼。登顶时会穿戴专用的防护服和帽子、手套，还会系安全绳索。安全方面绝对没有问题。观光结束后还会得到成功纪念证明。整个过程有90分钟的导游随行，所以坐轮椅的游客也能参加。

卢纳公园 (SYDNEY LUNA PARK)

MAP ●剪切地图-2、p.54-B
Luna Park Sydney ☎02-9922-6644
S免费进入，1日通票成人43澳元、儿童130厘米以上43澳元、106～129厘米33澳元、不足106厘米20澳元；游戏单次票4澳元
⏰11:00～18:00（星期五～23:00、星期六10:00～23:00、星期日10:00～）
休星期二、三、四

连成人都能玩儿个痛快，甚至会流连忘返的游乐园

游乐园里大概有17个精彩节目，如，能在40米的高处欣赏美景的观览车——费里斯转轮，及1904年制造的随风琴伴奏转动的古式旋转木马等。这些节目都会带给你诸多的亲切感。

电信露天体育场 (TELSTRA STADIUM)

MAP ●剪切地图-31、p.65-D

能看到露天体育场的内部

这个体育场曾是悉尼奥运会的开、闭幕式会场，有导游随行的话，能欣赏全景立体式的比赛场，参观媒体中心，还能到选手的更衣室看看。

✉ Level 3 Members' Stand, Edwin Flack Ave.Sydney Olympic Park
☎02-8765-2300 S70分钟导游，成人28.50澳元、儿童18.50澳元
开10:30～15:30
休圣诞节

真想穿着礼服去看看

注册成为世界遗产的
优美舞台艺术的名地

在歌剧院里静静地欣赏

MAP ●剪切地图-6、p.57-C
✉ Bennelong Point ☎ 02-9250-7777参观游览：
02-9250-7250 9:00~20:30（参观是9:00~17:00）
休 复活节前的星期五、圣诞节

悉尼交响乐团和别
有风格的歌剧院

●买票

各种票在歌剧院内的售票处都能买到，可以用电话或者传真预约，最近也开始受理电子邮件预约了。不过，邮件预约需要用信用卡支付并收取手续费。售票处在星期一到星期六的9:00~20:30和星期日的开演前2个半小时营业。

★概况

悉尼歌剧院每年举办3000多场活动。游客总量达到年200万人次。建筑物除4个主剧场、餐厅、咖啡厅和酒吧之外，还有5个彩排室、60个休息室和叫做无尘室的演职人员专用休息室等1000多个房间。接待厅有时会举行婚礼，剧场大厅和歌剧院前广场会举办音乐会和展览会。此外，在环形码头到歌剧院的路线上全是餐厅和纪念品店。

作为世界遗产，它的美丽得到了公认，它便是澳大利亚的象征性建筑——悉尼歌剧院。在悉尼湾一览它洁白耀眼的身姿之后，再去领略其真实的舞台吧！

★历史

20世纪50年代，一些热爱艺术的市民强烈要求新南威尔士州政府建造剧院。这便是歌剧院建设的发端。歌剧院的设计通过国际竞标会公开征求。1957年，在32个国家的233部应征作品中，丹麦建筑家约恩·乌松的设计雀屏中选，并于1959年开工建设。同年，为筹集建设费的歌剧院彩票开始销售。这期间，歌剧院的建设经历了政权交替、设计师回国等曲折，终于在开工14年后的1973年9月28日竣工。在一个月后的10月20日，歌剧院正式开放。现在，很多公演都在这里举行。2007年，凭借它漂浮在海边的美好姿态及其蕴涵的文化价值，歌剧院被认定为世界遗产。

★导游

每天，在9:00~17:00这段时间里，每30分钟就有约1个小时的导游服务（英语）。因为有负责人专门为游客做向导、说明，所以抽时间去看看也不错！馆内禁止拍照。汉语导游是10:00、10:45、13:15、15:30、16:15，共计五次。每次约需30分钟，成人票22澳元。

音乐厅　歌剧厅
戏剧厅
演播室
展览厅　贝尼朗餐厅
中央大厅

音乐厅 (Concert Hall)　　2679席

这是歌剧院里最大的大厅。用于管弦乐、室内乐、合唱、舞蹈及各种演出等。天花板距离舞台25米，高度充足，很宽敞。被称为音乐厅大风琴的管风琴有1.05万根管子，可谓是世界之最。其中的一根展示在悉尼国际机场。

歌剧厅 (Opera Theatre)　　1547席

歌剧场内有第二大厅。上演歌剧、芭蕾和其他舞蹈。舞台下的乐池能容纳70~80位演奏者，为了方便观众了解表演内容，舞台上方特意安装了电子屏幕。歌剧表演季和芭蕾表演季交替举行。

戏剧厅 (Drama Theatre)　　544席

这个剧场上演小型音乐剧、现代舞和戏剧等。规模不怎么大，所以能近距离地感受到演出的热情。舞台中央的大小圆形部用于转换舞台，以体现演出效果，同时它们也能分别旋转。

表演厅 (Play House)　　398席

表演厅用于人数少的戏剧、演讲会和研讨会等。

演播室 (Broadwalk Studio)　　220-350席

演播室，是世界音乐、戏剧预演等各种节目的表演场所。它的地面面积是长15米、宽15米。坐席可根据不同的演出项目灵活调整。演播室作为现代艺术的成长地受到大众的关注。

在歌剧院举办定期公演的团体

热情洋溢而扣人心弦的舞台现场

澳大利亚歌剧团 (Opera Australia)
该团是在悉尼设有据点的歌剧团体。每年有近20场演出。它的表演达到了世界顶级水平。有着上座率达95%的骄人人气，除表演歌剧外，轻歌剧、音乐剧也是这个剧团的保留节目。

悉尼交响乐团 (Sydney Symphony Orchestra)
1932年，该乐团作为澳大利亚广播剧的合唱乐队成立，当时仅有24人。现在，它已经发展成为澳大利亚规模最大的交响乐团。每月都会在歌剧院举办演奏会，愉悦老澳们的视听。

悉尼舞蹈公司 (Sydney Dance Company)
它作为现代舞团体，不仅在澳大利亚，甚至海外都有很多爱好者。它独创的舞台不仅影响了舞蹈者，还影响了设计师和音乐家。

澳大利亚芭蕾舞团 (Australian Ballet)
它是创设于1962年的澳大利亚最早的舞蹈团体。总部设在墨尔本，在国内进行巡演。舞团的实力得到了大众的公认，新颖的舞台说明和编导也是它的一大魅力。它于1994年远征美国，并取得巨大的成功。

★★★★★★★ 礼节及注意事项 ★★★★★★★

● 服装只要干净就可以。在这个游客众多的国家，虽然不用特意穿正装，但最好也不要穿牛仔裤和旅游鞋。只要不是特别的活动，很多人都穿连衣裙和西装、戴领带。

● 因为歌剧、芭蕾、音乐剧都是准时开演的，所以一定不能迟到。万一迟到的话，等到幕间休息时才能进去，所以等待时可以在外面的监控器上观看。每个门都安排有工作人员，所以尽量不要随便出入。可以的话，提前一点去，在开演前喝点香槟等，以放松的心情观看演出。除白天演出之外，为了让观众在下班后或者饭后也能观看到表演，19:00~20:00之间开演的节目有不少，大多结束时就过23:00了。所以还是先确认好返回时的交通情况再决定去不去吧！

● 不要带不能长时间静坐的儿童进入。除携带家庭票入场的情况，5~6岁的儿童均不能入场。

● 入场后要关闭手机闹铃。大多数人往往会忘记关表的闹钟，这一点要切记。

● 注意咳嗽或者喷嚏尽量小声。音乐会上，每首曲子结束后都让大家一起咳嗽或者清嗓子，所以在演奏时尽量不要咳嗽。

● 场内严禁拍照、摄像。这样不仅影响周围的观众，而且也是对表演者的不尊。实际上，曾经发生过演员拜托负责人劝退他发现的拍照观众的情况。

● 场内严禁吸烟，想吸烟的人在休息时间去室外吸。

● 在座席间放大件行李会影响到周围的观众。虽然比较麻烦，但还是要把大件行李和外套存放到寄存处。

精品旅游景点

The Rocks Circular Quay
岩石区／环形码头／
Martin Place
马丁广场

徒步旅游小贴士

享乐
- 观光 ★★★★
- 美食 ★★★
- 购物 ★★★

交通工具的便利度
- 铁路 ★
- 市内巴士 ★★★★
- 电车 ★★★
- 悉尼探索巴士 ★★★★

地区大小
从环形码头到岩石区入口步行5分钟，到马丁广场步行15分钟，坐悉尼探索巴士也能到。各个地区都可以步行来回穿梭。

地区结构

●岩石区

岩石区是1788年来自英国的士兵和流放犯人踏上悉尼的第一个移民地。当时，这四周几乎全是岩石，故取名为岩石区。囚犯们花了16年时间建成了取名为阿盖尔隧道的开岩通路，现在它成了餐馆一条街的坎贝尔斯仓库。它外观古朴，内部是阿盖尔百货商店（以前的阿盖尔中心），里面依旧保留着很多开拓时代的遗物。在岩石区，像纳斯步行街（Nursis Walk）和瑞士街（Swiss Canal）那样的小巷子很多，而且还有不少纪念品店，这些店都很小，小得让人觉得它们似乎藏在了前街看不到的地方。

有历史的街市

●环形码头

环形码头位于悉尼湾中心的海湾。地处岩石区东侧，面朝悉尼湾。它的右边能远眺到歌剧院，左边能遥望海港大桥。5座栈桥并驾齐驱，那里是定期渡轮和观光游轮的始发和到达站。在沿着栈桥的人行道上，经常举办一些热闹的街头表演。有时间的话，稍作驻足，感受一下环形码头的娱乐氛围也未尝不可。市内巴士和观光巴士的车站也在这里。车站周围的餐馆和礼品店鳞次栉比。

不知不觉聚集起来的人群

Information

■**悉尼游客中心**
Sydney Visitor Centre
MAP ●剪切地图-6 p.56-F
Cnr Argyle & Playfair St.,The Rocks ☎02-9255-1788
⏰9:30~17:30 無

■**澳大利亚旅游专家咨询处**
Australian Travel Specialists
MAP ●剪切地图-6 p.56-F
Circular Quay, Jetty No.6
☎02-9247-5151
⏰9:00~18:30 無

■**皇家植物园游客信息中心**
Royal Botanic Gardens Visitors Information Centre
MAP ●剪切地图-11 p.57-K
Mrs Macquaries Rd.
☎02-9231-8125
⏰9:30~17:00 圣诞节

●马丁广场

马丁广场位于城市的正中央，是连接南北走向的乔治街和麦夸里街的步行街，长约500米。它跨越了皮特街、卡斯尔雷街和伊丽莎白街。道路的两侧屹立着以1887年建造的中央邮局为代表的古建筑。它的四周高楼林立，午餐时间能看到很多吃完午餐后在喷泉和树荫下休息放松的生意人和白领。广场除雨天之外，几乎每天都会举办音乐会等各种供大家免费观看的节目。

战争牺牲者纪念碑是马丁广场的象征

Sight Seeing

精品旅游景点

悉尼海港大桥
(桥塔瞭望台)
(Sydney Harbour Bridge & Pylon Lookout)

MAP ●剪切地图-2、p.56-B

🚌乘悉尼探索巴士在岩石车站下车步行10分钟，或步行到瞭望台40分钟　✉South-east Pylon, Habour Bridge　☎02-9240-1100　🕐10:00~17:00（瞭望台）　休圣诞节　$成人9.50澳元、儿童（8~12岁）4澳元（眺望台）

连接悉尼的南北

悉尼海港大桥是架设在悉尼湾上的世界最宽的桥梁。除8条汽车道之外，还有铁路和人行道。支撑这个大桥的其中一根柱子（桥塔）被设为小博物馆和瞭望台。去瞭望台的话，要先通过岩石区阿盖尔百货商店旁边的台阶走到海港大桥的瞭望台入口，接着就是爬台阶，一直爬到桥上后，朝着桥塔方向直走就到了。因为桥塔内有200级台阶，所以腰腿力量好的人去比较好。

此外，站在桥顶上欣赏风景的大桥攀登（参照p.66）也很受欢迎。

悉尼游客中心
(Sydney Visitor Centre)

MAP ●剪切地图-6、p.56-F

🚌从环形码头步行至此7分钟，或乘悉尼探索巴士在悉尼游客中心站下车即到　✉Cnr Argyle & Playfair St., The Rocks　☎02-9255-1788　🕐9:30~17:30　休复活节前的星期五、圣诞节

它是为在岩石区观光的游客设立的信息

这里的信息是你旅行的最好帮手

中心。位于砖造建筑物岩石中心的2楼。除了受理观光、用餐及游艇观光外，它还发放市区地图和中文版旅游小册子。此外，还能在这里看到介绍岩石区历史的展览和电影。

悉尼天文台
(Sydney Observatory)

MAP ●剪切地图-5、p.56-E

🚌从环形码头步行15分钟，或乘悉尼探索巴士在岩石车站下车后再步行5分钟　✉Observatory Hill, Watson Rd., The Rocks　☎02-9921-3485　🕐10:00~17:00、夜间观光：20:30~（仅限夏季）　休圣诞节　$免费，夜间观光：成人15澳元、儿童/学生10澳元

悉尼天文台约建于140年前，是澳大利亚现存最早的天文台。使用的两个望远镜中，一个制造于1874年，另外一个是电脑化的最新产品。每晚约开展2个小时的夜间观光，能观察到南部天空的星座。

现代美术馆
(Museum of Contemporary Art)

MAP ●剪切地图-6、p.56-F

🚌从环形码头步行5分钟，或乘悉尼探索巴士在岩石车站下车步行2分钟　✉140 George St., The Rocks　☎02-9245-2400　🕐10:00~17:00　休圣诞节　$免费

这是一个汇集世界各国近代美术作品的美术馆。展示着5000多部作品。也举办过借用美术馆场地的露天车展等风格独特的特别展览。美术馆还设有面朝悉尼湾的露天咖啡座。

国际水平的现代艺术作品云集

阿盖尔百货商店
(Argyle Store)

MAP ●剪切地图-6、p.56-B

🚶从环形码头站步行5分钟，或乘悉尼探索巴士在岩石区下车再步行1分钟

它是一个用砂岩建造而成的四层建筑，收纳了经营皮革手工艺品、玻璃手工艺品、针织品及蕾丝等手工艺品的商店。也有出售原住民工艺品的商店，展览馆和餐馆内总是挤满了游客。

悉尼歌剧院
(Sydney Opera House)

MAP ●剪切地图-6、p.57-C

🚶从环形码头站步行10分钟，或乘悉尼探索巴士在悉尼歌剧院站下车即到 ✉Bennelong Point ☎02-9250-7777 开导游：9:00~17:00 休复活节前的星期五、圣诞节 $导游、成人22澳元、儿童/学生15.40澳元

悉尼歌剧院是悉尼代表性的有着优美外观的综合剧院。这里经常挤满了参观的人。除能收容约2700人的音乐厅外，还有小剧场和餐厅等。年中活动超过3000场。（参照p.68）

这里云集了来自世界各地的很多游客

悉尼博物馆
(Museum of Sydney)

MAP ●剪切地图-10、p.56-F

🚶从环形码头站步行15分钟，或乘悉尼探索巴士在皇家植物园或者悉尼博物馆站下车 ✉Cnr. Bridge, & Phillip Sts. ☎02-9251-5988 开9:30~17:00 休复活节前的星期五、圣诞节 $成人10澳元、儿童/学生5澳元

它是建造在悉尼最早的总督官邸旧址的近代博物馆。通过展品、录像、照片介

可以了解悉尼历史与土著文化

绍1788年澳大利亚移民开始以后，悉尼的历史和生活。入口处的咖啡馆是个在商业区能够放松休息的地方。午餐时间总会聚满在商业区工作的白领。

皇家植物园
(Royal Botanic Gardens)

MAP ●剪切地图-11、p.57-G

🚶从环形码头站步行5分钟，或乘悉尼探索巴士在皇家植物园或者悉尼博物馆下车即到到 ✉Mrs.Macquaries Rd. ☎02-9231-8111 开7:00~日落 休复活节前的星期五、圣诞节 $免费

以广阔的用地而自豪的市民休息场所

从歌剧院旁边延伸到麦夸里角的广阔植物园内种植着100多万株植物，各种鸟类和小动物栖息于此。在园内的热带中心（入馆费4.40澳元）可以观赏热带植物。

动物们也来这儿玩

麦夸里夫人岬角
(Mrs. Macquaries Point)

MAP ●剪切地图-7、p.57-D

🚶乘悉尼探索巴士在麦夸里夫人座椅站下车即到

坐在岩石做成的椅子上休息一下吧！

从歌剧院的贝尼朗角沿着海湾穿过植物园内部就是麦夸里夫人岬角。站在这里能望见歌剧院和海港大桥,所以很适合拍照。不过,由于下午拍会逆光,所以上午去最好。叫做麦夸里夫人座椅的岩石椅正好在海角一侧歌剧院的对面。

随便走走都会十分快乐

兰德拱桥是漂亮的维多利亚格调建筑。它的形态似乎在向游客讲述着悉尼的历史。

新南威尔士州州立美术馆
(Art Gallery of NSW)

MAP ●剪切地图-11, p.57-K

从圣詹姆斯车站步行7分钟,或乘悉尼探索巴士在新南威尔士州州立美术馆站下车 Art Gallery Rd. 02-9225-1744 10:00~17:00(星期三21:00) 复活节前的星期五、圣诞节 免费(特别展览收费)

澳大利亚美术作品自不待言,这里还展览西洋美术、亚洲美术及近代美术等各种风格的作品。为旧馆和新馆,它们各自独具风格的展览就是一大看点。美术馆中的展品经常更换,经常会展览凡·高和蒙克等著名画家的作品,参观时最好不要错过哟。收藏原住民艺术作品的大画廊是旧馆。

海德公园营房
(Hyde Park Barracks)

MAP ●剪切地图-15, p.59-C

从圣詹姆斯车站步行2分钟,或乘邦迪海滩探索巴士在海德公园站下车 Queen's Square,Macquarie St. 02-8239-2311 9:30~17:00 复活节前的星期五、圣诞节 成人10澳元、儿童/学生5澳元

这里在19世纪初时为囚犯收容所。是当时的一个囚犯设计的英国乔治风格的建筑。现在,它是博物馆,为游客再现了囚犯们睡觉用的吊床,在那儿躺一会儿就能产生变成囚犯的感觉。博物馆里还展示了拷问囚犯的照片和犯人用的床单等,可谓意味深长。

飘浮着让人恐惧的空气

接触澳大利亚的美

皮特街商业中心
(Pitt Street Mall)

MAP ●剪切地图-14, p.58-B

从圣詹姆斯车站步行3分钟,或乘邦迪海滩探索巴士在马丁广场站下车步行3分钟

东西走向的皮特街跟悉尼中心街相交,夹在金街和市场街中间。这里现在是步行街,路两边耸立着几座购物中心。从悉尼最早的斯特兰德拱桥到近年建成的悉尼拱桥,处处都聚满了买东西的人。斯特

街角一瞥

卡斯尔雷街

展现世界潮流的卡斯尔雷街(Castlereagh St.),在海德公园旁边,南北走向。

大卫·琼斯等一流商场和名品店鳞次栉比,古奇、卡地亚、路易·威登、席琳娜等高级时装店的橱窗里经常展示最新款式的服装。

路人也很时尚

Darling Harbour 达令港 / Hyde Park 海德公园 / Central Station 中央车站

徒步旅行小贴士

享乐
观光　★★★★
美食　★★
购物　★★★

交通工具的便利度
城铁　★★★
巴士　★★★
悉尼探索巴士　★★★★
单轨列车　★★★

地区大小
悉尼交通的枢纽，是以中央车站为中心的地区。海德公园西侧散布着商店，达令港上有很多娱乐设施。三个区域之间距离较远，乘坐单轨列车或者悉尼探索巴士较为方便。

地区结构

●达令港

边休息边欣赏海港的景色

达令港是这几年悉尼开发最快的地区。虽然很多发电站和造船厂曾经集中在这里，且是繁盛的羊毛主要输出港口，但之后这里就慢慢衰退了。尽管常年搁置不管，但19世纪80年代，为了纪念建国200年，再次开发的计划又被重新提上议程，购物中心、博物馆、水族馆等陆续建起。单轨列车绕着这一带地区行驶，现在这里作为悉尼最受欢迎的娱乐地区，不仅吸引了游客，还引来很多本地居民。

租船游玩的人们

●海德公园

公园旁边的澳大利亚博物馆

海德公园是向市中心南北方向延伸的公园，是市民的休息场所。园内有纪念英国乔治5世、6世的桑德灵厄姆庭园，纪念第一次世界大战时期同法军合作的阿奇博尔德喷泉，以及告慰第一次世界大战牺牲者亡灵的澳新联合军团战争纪念馆等几座历史性纪念碑。除此之外，公园里还有姐妹城市——名古屋赠送的名古屋花园。

●中央车站周边

独具风情的唐人街

中央车站是澳大利亚大陆交通的枢纽，去往郊外和其他州的交通路线上，都会把中央车站标示成悉尼站。长途巴士、城铁、轻轨、悉尼探索巴士等都路过这里。它又是悉尼市内交通的枢纽。车站里设有餐馆，为独自旅行的游客提供了很多方便。中央车站周边散落着商店和餐馆。

当地人聚集的市集城（Market City）

Information

■澳大利亚旅游专家咨询处
Australian Travel Specialists Booth
MAP　剪切地图-13，p.58-E
Shop 191a, Harbourside Shopping Centre Darling Harbour.
☎02-9211-3192　9:00~18:30
圣诞节

■市政厅信息中心
Town Hall Information
MAP　剪切地图-14，p.58-F
Level 3, Town Hall House, 45 Kent St.　☎1300-651-301
8:00~18:00　星期六、日、假期

■国家联合旅行信息处
Countrylink Tourist Travel Information
MAP　剪切地图-22，p.58-J
Railway Station, Eddy Ave.
☎13-2829（仅限市内）
9:45~17:30　星期六、日

Sight Seeing

精品旅游景点

市政厅大楼
(Sydney Town Hall)

MAP ●剪切地图-14、p.58-F

🚇市政厅大楼站即到，或乘悉尼探索巴士在维多利亚女王大厦下车步行3分钟　📍483 George St.　☎02-9265-9189

顶上坐落着大钟台的维多利亚风格建筑是1868年开始历时20载建成的音乐厅。里面是精心装饰过的枝形吊灯和1906年配备的电梯，并装备了南半球最大的管风琴。容纳量达2300人。只能在不举办活动的时候参观。

宛如俯视市街的傲人风格

悉尼水族馆
(Sydney Aquarium)

MAP ●剪切地图-13、p.58-A

🚇乘单轨列车到达令公园即可，或乘悉尼探索巴士在悉尼水族馆站下即到　📍Aquarium Wharf／Pier,Darling Harbour　☎02-9262-2300　⏰9:00~22:00　休无　💲成人31.95澳元，儿童17.95澳元

在这里能看到以巨大的鲨鱼、海龟和鳄鱼为代表的生息在澳大利亚的5000多种水生生物。有着同大堡礁珊瑚一样的观赏价值。从海底隧道看到的游动在人们头顶的鱼儿们真是让人兴奋不已。

水族馆前的栈桥上横列着渡轮

国家海事博物馆
(National Maritime Museum)

MAP ●剪切地图-13、p.58-A

🚇乘单轨列车在湾畔站下车步行1分钟，或乘探索巴士在达令港站下即到　📍2 Murray St., Darling Harbour　☎02-9298-3777　⏰9:30~17:00　休无　💲博物馆免费（特别展览和加演节目是成人10澳元~、儿童6澳元~）

在这里能看到与澳大利亚海洋历史相关的各种展物。展品从原住民使用的独木舟到展

（接转下页）

滨水地区
(A Waterfront Area)

MAP ●剪切地图-13、p.58-A

聚集了星城和悉尼水族馆等游乐场所的达令港是老澳和游客非常喜欢的一大滨水地区。除一些特色设施之外，还有拱形圆顶的湾畔购物中心（参照p.87）和充满国际特色的时尚咖啡厅、餐馆及夜总会林立的柯克湾码头等各种场所。

柯克湾码头有时会举办叫做"蓝色幻想"电影和"激光猜想"的海面激光表演，而且每年都举办音乐会和特别展览等各种活动，十分丰富。

这里单轨列车和轻轨等交通工具上的服务很周到，还有以达令港为据点的悉尼湾游轮。整个地区都聚满了让人纵情玩乐的娱乐场所，在悉尼真是人气如潮。

示先进技术的海洋高端技术产品，内容相当广泛。在里面还能参观19世纪的灯台和俄罗斯潜水艇。

蓝色辉映下的海港外观

IMAX影院
(Panasonic IMAX Theatre)

MAP ●剪切地图-13、p.58-E

🚋乘单轨列车在达令公园下车步行5分钟
📍31Wheat Rd., Darling Harbour ☎02-9281-3300
🕙10:00~22:00（一周内每天的放映时间不同）
休新年、复活节前的星期五、圣诞节 💰成人19.50澳元、3~15岁14.50澳元、学生16.50澳元

独特的外观不亚于上映的作品

长29米、宽38米、号称世界最大屏幕的立体影像剧院。电影有2D和3D两种。由于每隔一小时上映影片的方案经常变化，所以遇到想看的电影要提前查询放映时间。

星城
(Star City)

MAP ●剪切地图-13、p.54-E

🚋乘轻轨在星城站下车步行3分钟 💰20~80
Pyrmont St., Pyrmont ☎02-9777-9000

面朝达令港建造的一个大型综合娱乐场所。里面囊括了赌场、酒店、2个剧院及各种饮食店和商店等设施，一天约有2万人的客流量。赌场24小时营业。其他店也营业到深夜。悉尼

好好玩儿一天只有这里能

娱乐场也很有人气，一定能让您玩儿个痛快。

悉尼塔
(Sydney Tower)

MAP ●剪切地图-14、p.58-B

🚋从圣詹姆斯车站步行2分钟，或乘悉尼探索巴士在维多利亚女王大厦下车步行5分钟 📍Centre Point, 100 Market St. ☎02-9333-9222 🕙9:00~22:30
休圣诞节 💰成人25澳元、儿童15澳元（4~5岁）、学生19.50澳元

悉尼塔是有305米傲人高度的城市标志建筑。在塔内的人气特色设施"奥兹托莱克"（Oz Trek）能亲身体验介绍澳大利亚历史和大堡礁潜水等虚拟活动。把它比作大楼的话，乘坐高层电梯用40秒就能到80层高的瞭望台。塔下的购物中心里有通往悉尼塔的入口。

塔下的购物中心

圣玛丽亚大教堂
(St. Mary's Cathedral)

MAP ●剪切地图-15、p.59-C

🚋从圣詹姆斯车站步行2分钟，或乘邦迪海滩探索巴士在海德公园站下车即到 📍St.Mary's Rd. ☎02-9220-0400 🕙6:30~18:30（星期六是8:00~18:30，星期日开放到18:00）休无

建在海德公园东侧的圣玛丽亚天主教大教堂。内部的彩绘玻璃璀璨夺目，特别是中央祭坛里面的大彩绘玻璃令人百看不厌。内部允许拍摄，但是中央祭坛后面是当地人前来祷告的地方，不能拍照。做弥撒时也严禁拍摄。

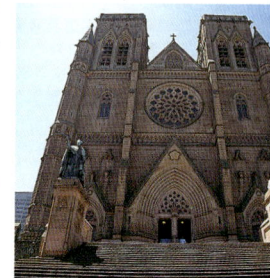

被它厚重的姿态征服

澳大利亚博物馆
(Australian Museum)

MAP ●剪切地图-15、p.59-G

从圣詹姆斯车站步行2分钟，或乘悉尼探索巴士在澳大利亚博物馆站下车即到　6 College St.　02-9320-6000　9:30～17:00　休圣诞节　成人12澳元、儿童6澳元（特别展览另外收费）

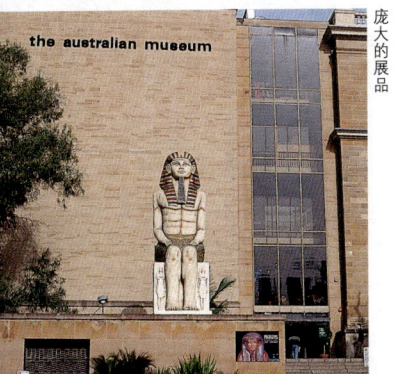

它是设立于1827年的有历史的博物馆。规模堪称澳洲第一，全球前五。馆内资料为动物、海洋、民族等。收藏以恐龙为代表的各种动物残骸的展馆和关于原住民的展览最受欢迎。

唐人街
(Chinatown)

MAP ●剪切地图-18、p.58-J

乘单轨列车及轻轨在帕迪市场下车，或乘悉尼探索巴士在唐人街站下车即到

从帕迪市场车站出发，稍往东走，四周就会冒出用汉字书写的看板。大概200米见方的区域里有好几家美食城和茶馆。除此之外，经营中国杂货的商店和衣料店也聚集在这里。主街道是迪克森街，一部分是步行街。

穿过这道门就是东方风情的街市

发电厂博物馆
(Powerhouse Museum)

MAP ●剪切地图-17、p.58-I、54-J

乘单轨列车或者轻轨在帕迪市场下车步行2分钟，或乘悉尼探索巴士在发电厂博物馆站下车即到　500 Harris St.,　02-9217-0111　9:30～17:00　休圣诞节　成人10澳元、儿童（5～15岁）5澳元（特别展览另外收费）

能邂逅到独特的作品

该馆展示从科学技术到人类科学及与宇宙工业等相关的展品38万件，也有可以实际接触和活动的展品，即使你不是孩子也会沉迷于其中的。这里除举办各种特别展览外，还精心设计了一些演讲和现场演奏会等展览以外的活动。

私房信息

时尚码头
(The Wharf)

MAP ●剪切地图-11、p.57-L

从环形码头站乘311路巴士15分钟，或从国王十字站步行15分钟　Cowper Wharf Roadway　各店不同　休无

滨水地区出现了一个集餐馆、咖啡厅等悉尼人气店于一身的综合娱乐场所。它是将20世纪40年代的货物中转站加以改造而成的，是个珍贵的历史建筑。内部在保留原貌的同时，又创新设计为一个开放的现代化的空间，很脱俗。这里有很多经营海鲜等高级食材的餐厅，里面总是坐满了游客和当地居民，真是人声鼎沸，是个务必要去的新地方。

在时尚的开放露台上休息片刻

Kings Cross 国王十字/
Double Bay 双湾

徒步旅行小贴士

享乐
- 观光 ★
- 美食 ★★★★
- 购物 ★★★

交通工具的便利度
- 城铁 ★★
- 市内巴士 ★★
- 悉尼探索巴士 ★★

地区大小

从国王十字车站南北扩展约600米的区域就是国王十字。从国王十字向东北方向移动2公里就是双湾。各个地区都可以步行游览。因为两个地区之间隔着一段距离，所以可以乘坐邦迪探索巴士前往。

地区结构

●国王十字 p.55-G

国王十字作为南半球最大的娱乐街广为人知。高级酒店、各国料理店、游戏中心、礼品店等鳞次栉比。白天有很多购物的人，随着夜幕降临，享受夜生活的游客和本地人都会聚集在这里。俱乐部、舞厅和夜总会等到了深夜都是灯光璀璨，通宵不眠。

从国王十字站出发吧！

●双湾 p.55-H

双湾是住在悉尼的多数人向往的高级住宅街。高台上耸立着豪华的宅邸和高层公寓。有名的餐馆和时尚的咖啡厅点缀着这里，还有很多经营马修伊格与丽萨·巴龙等澳大利亚名牌的时装店和经营皮尔·卡丹等欧洲名牌的店面。不过，这里的物价很高，正像悉尼人开玩笑说的那样，在双湾要花双份儿的钱。此外，在旁边的玫瑰湾能轻松享受水上运动、网球和高尔夫，所以这里作为城市近郊的度假地享有很高的人气。

Sight Seeing

精品旅游景点

伊丽莎白海湾之家
(Elizabeth Bay House)

MAP ●剪切地图-12、p.60-D

🚇 从国王十字站步行10分钟，或乘悉尼探索巴士在伊丽莎白海湾之家下车即到
📍 7 Onslow Avenue, Elizabeth Bay ☎02-9356-3022 开9:30~16:00 休星期一~四、复活节前的星期五、圣诞节 💰成人8澳元、儿童/学生4澳元

它是采用18世纪英国建筑风格的建筑。1835年，它是当时国务大臣的宅邸。馆内按原来的样子保留着家具和生活用具，在那里能重温当时上流社会优雅的生活情景。站在阳台上，伊丽莎白湾便会呈现于眼前。

让你忘记城市喧嚣的庭院景色

犹太博物馆
(Sydney Jewish Museum)

MAP ●剪切地图-20、p.60-G

🚇 从国王十字站步行7分钟 📍148 Darlinghurst Rd., Darlinghurst ☎02-9360-7999 开10:00~16:00（星期五~14:00）休犹太教的节日、元旦、复活节前的星期五、圣诞节 💰成人10澳元、学生7澳元、儿童6澳元

这个博物馆开放于1992年。收藏了澳大利亚犹太人的历史和纳粹大屠杀犹太人的记录，能够详细获知关于法西斯抬头的时代背景和强制收容所等信息。馆内有熟悉当时情况的人做志愿者为游客当向导，并分享他的经验之谈。

Oxford Street
牛津街/帕丁顿
Paddington

地区结构

静谧的街上飘散着一种高贵感

●帕丁顿
帕丁顿是能和岩石区相媲美的悉尼代表性历史街区。它有着绿色环绕的静谧环境，艺术家和文化人士大多住在这里。也许是出于这个原因，走着走着就有风格独特的房子和事物撞击你的眼球。这里有名的地方便是周末开放的帕丁顿市集。出售服饰、绘画和手工艺品等的商店和表演节目的广场上，不仅汇集了游客，还有不少本地的年轻人。

时尚的年轻人聚在一起

●牛津街
从海德公园的南端跑到东南边就是帕丁顿的主街道。个性的小商店和餐馆、爵士乐俱乐部、画廊等鳞次栉比，牛津街就是悉尼流行潮的信号站。

徒步旅行小贴士

享乐
观光　　★
美食　　★★★
购物　　★★★
交通工具的便利度
城铁　　★
市内巴士　★★★
地区大小
从海德公园出发，在海德公园南端的牛津街上走2公里就是帕丁顿。在这2公里的距离上一边散步一边欣赏美丽的街景。

北悉尼 North Sydney

徒步旅行小贴士

享乐
观光　★　美食　　购物　
交通工具的便利度
城铁　★　市内巴士　★★
渡轮　★★★
地区大小
被当地人称为北海岸的北悉尼，范围广阔，不适合步行。租辆车兜风倒是很享受的。虽然街道与海港大桥相接，但要去对岸的话，乘坐环形码头出发的渡轮会方便很多。

地区结构

●北悉尼　MAP p.54-B
北悉尼是悉尼北部的商业中心区，逐渐发展成为第二个市中心。渡过海港大桥，那里就是商业大厦高耸的商业街。沿悉尼湾排列着漂亮的高级住宅。与市街相比这里的景点比较少，但也是个能一览悉尼自然环境的地方。

通往市里的居民住宅街

Sightseeing 精品旅游景点

塔朗加动物园
(Taronga Zoo)

MAP 剪切地图-33、p.55-D

在环形码头乘渡轮12分钟　Bradleys Head Rd., Mosman　02-9969-2777　9:00～17:00　无　成人41澳元、学生28澳元、儿童20澳元(4~15岁)

塔朗加位于悉尼港的北侧，是个占地约30万平方米的广阔动物园。鸭嘴兽、考拉和澳洲鸵鸟等澳大利亚特有动物一应俱全。在那里看看给动物喂食，在动物剧场欣赏一下海豹的曲艺表演。塔朗加是原住民语言，意思是"美好的水景"。正如它的名字所诠释的，空中客舱俯瞰到的悉尼湾真是美妙。转一圈要花整整一天的时间，但乘坐索道的话比较省力。

全是熟悉的动物

邦迪 Bondi

地区结构

●邦迪章克申

邦迪章克申是去往悉尼东南部海滩的中转地。巴士站不仅有去往各个海滩的巴士，还有发往机场的大巴。从这里去邦迪海滩坐公车5分钟就到了。巴士站与大型购物中心和邦迪章克申市场相邻。主街道牛津街上是小店铺和咖啡馆，充满了平民的生活气息。交通便利，而且公寓的租金比市内要便宜。这个地区里住着很多外国人。

开车去邦迪章克申5分钟

徒步旅行小贴士

享乐
- 购物 ★★
- 美食 ★★
- 观光 ★★

交通工具的便利度
- 邦迪海滩探索巴士 ★★★
- 巴士 ★★

地区大小

邦迪海滩位于悉尼市区的东南部，拓展开的海滩大概有1公里。从市内用30分钟就能到，是个备受青睐的海滩地区。夏天挤满了前去享受海水浴和日光浴的人，看到穿泳装的女性并不稀奇。此外，在这里能一眼望到塔斯曼海，而且是波峰高的地方，所以很受冲浪者的青睐。它的南部接着塔马拉马、勃朗特和库吉海滩。

●邦迪海滩

邦迪海滩是距离悉尼市区最近的海滩，很受青睐。其蓝色大海与白色沙滩相辉映的美广为人知。它是悉尼冲浪爱好者的圣地，经常聚满了抱着冲浪板的年轻人。主街道是沿着海滩的坎贝尔巡游街。除餐馆、咖啡厅、外卖店等饮食店之外，冲浪用品店、杂货店等也鳞次栉比。里面的小街上还有很多好吃又便宜的意大利和法国小吃店，最近作为悉尼新的美食场所打出了知名度。

有魄力的母亲

去往邦迪

从悉尼市内到邦迪，坐城铁到邦迪章克申，然后在那里换乘380路、382路或者L82路巴士即可到达。也可乘坐沿邦迪和杰克逊港巡游海滩地区的邦迪探索巴士。

波涛从地平线的那头冲卷过来

私房信息

生命救援队出生在邦迪

邦迪用原住民语言解释，是"撞击岩石的波浪"的意思。与此相应，那里海滩事故多发，因此产生的便是志愿者生命救援队。虽然最近这个救援队活跃在世界各国，但它在起源地邦迪的历史还是很早的。即使是200人被风浪冲走的大事故，靠70名队员的救援也能救出其中的195人，这是1938年留下的记录。在每年2月邦迪海滩举办的冲浪狂欢节上，生命救援队队员们相互切磋技艺。他们将生命救助的重要性和紧急性刻在了心中。

Sight Seeing

精品旅游景点

邦迪海滩
(Bondi Beach)

MAP ●剪切地图-33、p.81-B

邦迪海滩的活动有冲浪、滑板、冰刀及沙滩排球等，任何人都能按其所好享受到乐趣。由于海滩面朝外洋，所以它的特点是波峰较高。海滩南面的波峰尤其高，很受冲浪者的欢迎。游泳的话，建议去波浪平稳的北部。为了避免被风浪吹走，务必在规定的泳区游泳。那里设置有专供游泳的泳池。海滩附近的邦迪展馆里有卫生间和更衣室，需要的话可以去那儿。

沿海滩的坎贝尔巡游街上有很多咖啡馆、餐馆、外卖店和冰激凌店等。天气好的话，建议在外卖店买点鱼和薯条，在海滩附近的草坪上野餐。每逢星期日开放的邦迪市场上个性的杂货和节目让人应接不暇，是个购买纪念品的好地方。

星期日开放的邦迪市场

和煦的阳光与海滩十分相配

曼利 Manly

地区结构

如果您喜欢大海，一定想在这样的地方住上一次。这个地方便是安静的度假地——曼利。悉尼人都崇尚"北有曼利，南有邦迪"这句话，如果说邦迪海滩适合年轻人的话，曼利就是面向家庭的。在面朝海滩的区域里，耸立着面向长期滞留者的出租公寓、度假酒店和高级住宅等。此外，这里美丽的海滩上涌起的波浪非常适合冲浪，可以说是世界知名的冲

购物区，有澳大利亚有名的凯巴布（Kebab）外卖店

浪胜地。在以主街道科索中心区演艺场为主的剧院里，会举办年中大部分活动和庆典。其中，属每年10月某3天举办的曼利国际爵士晚会（Manly International Jazz Festival）最有名。表演者是当地的学生乐队和专业的音乐家。这个平时摆着一副安稳平静姿态的地方，只在这个时候才让人领略到它不同于以往的城市活力。

曼利码头

去曼利

从市内到曼利，坐渡轮是最方便的。从环形码头——3号码头出发的曼利渡轮大约30分钟就能到曼利码头，2号码头出发的高速艇——曼利蒸汽猫约15分钟就能到。费用分别是单程6.40澳元和8.20澳元。坐巴士的话，在温耶德车站乘E71或171路，大概45分钟就能到。费用是单程4.60澳元。

徒步旅行小贴士

享乐
购物 ★
美食 ★★
观光 ★★

交通工具的便利度
渡轮 ★★★
巴士 ★

地区大小
主街道是连接码头及海滩的科索（The Corso），在这个长约300米的步行街上，时尚的咖啡厅、餐馆、超市和时装店应接不暇。码头集中了商店、餐馆、出租艇滑翔伞，及旋转木马和水族馆、画廊等设施，假期和周末来这里的人很多。

美丽的海滩
一眼望不到边

Information

■曼利游客信息中心
Manly Visitors Information Centre
📍 The Forecourt, Manly Wharf　☎02-9976-1430
🕐 9:00~17:00（星期六、日，节日是10:00~16:00）
❌ 圣诞节、圣诞节次日
🗺 剪切地图-27，p.83-B

在曼利，除游览、餐馆、购物及住宿等信息外，各种活动信息和渡轮的交通信息也很全面。

Sight Seeing 精品旅游景点

海洋世界
(Oceanworld)

🗺 剪切地图-27，p.83-A

🚶 从曼利码头步行5分钟即到　📍 West Esplanade, Manly　☎02-8251-7877　💰 成人18.50澳元，3~14岁9.50澳元　🕐 10:00~17:30　❌ 圣诞节

十角形外形很特别

受欢迎的海獭秀

海洋世界是以红砖屋顶为标志的水族馆，是个面朝海边建造而成的十角形建筑。水族馆本身虽然不大，但里面有110米长的水中隧道和可以触摸到龟和海星的水池等颇具情趣的特别场所。在海洋世界里尤其不能错过给大鲨鱼喂食和海獭秀等节目。

曼利美术博物馆
(Manly Art Gallery & Museum)

MAP 剪切地图-27，p.83-A

🚶 曼利码头步行5分钟即到　📍West Esplanade Reserve, Manly　☎ 02-9976-1420　💲 成人3.60澳元（星期三免费）　🕐 10:00~17:00　✖ 星期一、假日

曼利美术博物馆设立于1930年。在海洋世界对面，展示20世纪前半期曼利海滩的风景照和当时的泳衣藏品。在这里能够一窥曼利的历史。除此之外，还展览澳大利亚的绘画、陶器、照片和手工艺品等。商店还出售卡片。

能了解到旧时海滩的情况

北黑德
(North Head)

MAP 剪切地图-27，p.64-B

北黑德，位于曼利半岛的顶端，是矗立于南太平洋的悬崖峭壁。在那里能瞭望到对岸的内南头（Inner South Head）和其内侧的杰克逊港，让人充分领略激动人心的美景。半岛中心是悉尼港国家公园。1832年殖民时期建在公园一角旧检疫所的冻肉卷检疫站，还保留着它往昔的容颜。

蓝山地区
(Blue Mountains)

桉树流出的油在日光反射下呈现出一片蓝色，蓝山由此得名。它地处距离悉尼约一个半小时车程的地方，不光是游客，就连悉尼当地人也把它当成一日游的避暑胜地，很受大家的欢迎。

三姐妹巨岩

 ## 观光中心区——卡通巴
(Katoomba)

蓝山地区的观光中心区便是小镇"卡通巴"。从车站步行到能一览"三姐妹巨岩"（Three Sisters）的回音阁（Echo Point）和美景世界（Scenic World），需要半个多小时。如果乘坐蓝山探索巴士（Explorer Bus）的话比较方便。巴士一日两趟。

 ## 桉树森林包围之下的饶富生机的自然公园

这个地区是原住民的聚居地。旅游胜地"三姐妹巨岩"（The Three Sisters）有这样一个悲惨的传说：美丽的三姐妹为了逃出魔掌，在岩石上摆出一个姿态以蒙蔽恶魔。但从那以后她们再也不能恢复成以前的样子了。在这里能通过三种交通工具享受美景。一是直通400米崖下的手推矿车式的观景铁路；二是一口气滑到545米以下谷底的大型观景索道（Scenicender）；三是能在约300米高空俯瞰蓝山的富有刺激感的高架缆车。

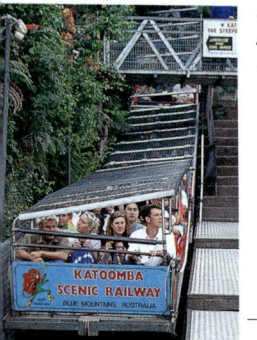

观景铁路是拥有世界第一倾斜度的轻轨列车

去往蓝山

蓝山国家公园（Blue Mountains National Park）在悉尼西约100公里处，坐车大概一个半小时的路程。从悉尼中央车站到游览要塞的卡通巴（Katoomba）大概2个小时（单程费用12.20澳元）。这趟列车一小时有两条线路，所以事先务必要在时刻表上查清发车时间。此外，长途列车与市内路线的站台不同，所以在买票时一定要确定好乘坐站。

MAP p.65-C

去探索神奇的地下世界杰诺兰岩洞吧

这个一到春季高山植物就一齐返绿的地方，为游客准备了各式各样的活动。

期望欣赏美景的豪华酒店和欧洲风格的高级旅馆很多，在那里举行婚礼的情侣也不少。再向西南方向移动约80公里，便是新南威尔士州最大的岩洞，杰诺兰岩洞（Jenolan Caves）。

展开了一片神秘世界 p.7-L

有导游的旅游大概需要2个小时。在卡通巴车站前可以进行各种不同的游览。

中央海岸

(Central Coast)

去往中央海岸

从中央海岸到悉尼以北约83公里的戈斯福德（Gosford）约有1小时的车程。乘电车从悉尼中央车站到戈斯福德车站大概1小时20分钟（单程8.60澳元）。1小时发车两趟，全天通行。在戈斯福德信息中心能得到旅游信息哦。

MAP p.65-D

中央海岸是以悉尼北约35公里的霍克斯伯里河（Hawkesbury River）为起点，一直向北贯穿约80公里的海岸线。从很早开始，它就是悉尼人十分热衷的度假胜地。在美丽的海滩上，能够欣赏各种节目的特别设施一应俱全。

◆ 一天就能返回悉尼的悠闲度假地

瑟恩特朗斯（The Entrance）是中央海岸的代表性景区。到了下午3:30的喂食时间，在塔格河（Tuggerah Lake）的入河口处，会聚集很多野生鹈鹕。泰里加尔（Terrigal）是个时装店和小饰品店云集的时髦小镇。周边的海滩游客不多，可以好好地放松放松。戈斯福德（Gosford）是中央海岸线的中心地带，是最适合海上运动的地方。铁路将它和悉尼连接起来。在注入霍克斯伯里湾的霍克斯伯里河（Hawkesbury River），能欣赏到峡湾风格的美景。为了保护自然环境，官方限制了道路建设，因此，主要交通工具是船。观光游轮很受欢迎。

◆ 去看看激动人心的珍稀爬行类动物吧

澳大利亚雷普尔公园（Australian Reptile Park），是个能观察澳大利亚爬行类动物和毛鼻袋熊、塔斯马尼亚魔鬼等珍稀动物的动物园。它位于旧悉尼镇的旁边。有时能看到斗篷蜥和鳄鱼等，还能给袋鼠喂食，跟考拉合影。园内还设有漫游丛林的路线。

唯一的入口

Pacific Hwy. ☎02-4340-1022 9:00~17:00 圣诞节 成人22.50、儿童11.50澳元

主要娱乐活动

游轮
(Hawkesbury River Ferries)

顺路搭乘给住在霍克斯伯里河流域的人们递送邮件的邮船，也能享受游轮的感觉。9:30出发（星期一～星期五）。

c/- Brooklyn PO Box, Brooklyn ☎02-9985-7566 成人50澳元（邮船之旅）

捕鱼之旅
(Estuary Fishing Tour with Ron Osman)

在中央海岸的美景中享受钓鱼的乐趣。把目光锁定在鲈鱼、鳕鱼和大金鱼上。这里有熟悉地形的导游员为您向导，所以不必担心哦。

38 Magnolia Ave., Davistown ☎04-0766-1397 成人1小时100澳元~（6人起）

逛一天都不会厌倦的
购物中心

在悉尼购物很愉快。流行的澳大利亚时装和欧美名牌、运动用品情调十足，点心的口味和种类丰富充实，即使只是走走、看看，也能让人心潮澎湃。购物就不用说了，美食、娱乐就能让您满足地度过一天。

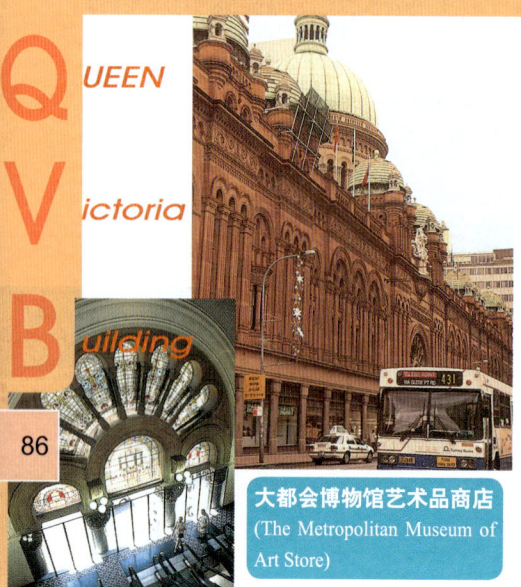

维多利亚女王大厦
(Queen Victoria Building)

MAP ●剪切地图-14、p.58-B

455 George St. 各个店铺不同 9:00~18:00（星期四~21:00）、星期日、节日11:00~17:00 无 约200间

维多利亚女王大厦简称QVB。1898年建造的模仿拜占庭宫殿式建筑的市场，历经数次修缮之后才成为现在这个样子。从地下算起共有3层，座钟和彩画玻璃都给人留下深刻的印象。

纯天然手工化妆品
(Lush Fresh Handmade Cosmetics)

使用天然材料的洗发水和香皂

弥漫着水果香味的店里宛如一个奇幻的世界。洗发水、香皂、沐浴液和护肤品等，无论哪种都凝练了菠萝、橙子、香蕉、椰子、樱桃或巧克力的精华和香气，清洗后的清凉感格外舒爽。

大都会博物馆艺术品商店
(The Metropolitan Museum of Art Store)

点缀文明的藏品

将5000多年的文化遗产开发设计为商品，宝石类、雕刻、围巾、陶瓷、玻璃、彩绘等作品琳琅满目。最有人气的还是吉祥物——人偶威廉姆和饰品类。

Level2,Shop8-12 02-9283-3799 10:00~18:00（星期日11:00~17:00）无

V M D A

Lower Ground 2, Shop 14 02-9283-5746 9:00~18:30（星期四~21:00、星期日10:00~17:00）无

V M D A J

维多利亚画廊
(The Galeries Victoria)

MAP ●剪切地图-14、p.58-F 500 George St. 02-9265-6800 9:00~18:00（星期四~21:00）、星期日11:00~16:00 无 57间

维多利亚画廊在城市银行大楼内。在现代风格设计的建筑里，悉尼街道风格让人耳目一新的商店鳞次栉比，地下还有美食城。旁边是公园广场车站，很方便。画廊里还有纪伊国屋书店。

MLC中心
(MLC Centre)

MAP ●剪切地图-10、p.59-C 19 Martin Pl. 02-9224-8333 8:30~17:30（星期四~18:30、星期六、日不定） 节日 约30间

古奇、菲拉格慕、狩猎世界等名牌时装店鳞次栉比。

斯特兰德拱廊
(The Strand Arcade)

MAP ●剪切地图-14、p.58-B 412-414 George St. 02-9232-4199 9:00~17:30（星期四~20:00、星期六~16:00、星期日11:00~16:00） 2、3层星期日 约80间

建设于19世纪末维多利亚风格的建筑，是悉尼最老的拱廊。

米德锡蒂中心
(Mid City Centre)

MAP ●剪切地图-14、p.58-B 197 Pitt St. 02-9221-2422 9:00~17:30（星期四~21:00、星期六~17:00） 星期日、圣诞节 约65间

音像店、塑料组合玩具店及宠物店、袜子专卖店等具有独特风格的店很多。面朝皮特街购物中心。

中心点
(Centre Point)

MAP ●剪切地图-14、p.58-B 100 Market St. 02-9231-930 9:00~18:00（星期四~21:00、星期日11:00~17:00） 无 约150间

尼塔所在的有名购物中心，汇集以女装为主的专卖店。店铺数量超级多。

空中花园
(Skygarden)

MAP ●剪切地图-14、p.58-B 77 Castlereagh St. 02-9231-1811 9:30~17:30（星期四~20:00、星期六~17:00、星期日11:00~16:00） 无 约55间

整时和半时，空中花园对面的时钟就会播放音乐，然后可爱的士兵们就开始游行了。

悉尼中心广场
(Sydney Central Plaza)

MAP ●剪切地图-14、p.58-B Level 7,450 George St. 02-8224-2000 9:00~18:00（星期四~21:00、星期日11:00~17:00） 无 约20间

充满了富有国际风格的时尚店和餐厅。

悉尼拱廊
(Sydney Arcade)

MAP ●剪切地图-14、p.58-B Cnr. King & George Sts. 9:00~18:00（星期六、日~17:00） 无（有星期日休息的店） 6间

横穿皮特街商业中心和乔治街的拱廊。

岩石区中心
(The Rocks Centre)

MAP ●剪切地图-6、p.56-F Argyle St., The Rocks 平均10:00~18:00（各店不尽相同） 各店不同 约30间

面朝普莱费尔街和阿盖尔街的时尚购物中心。

钟塔广场
(Clocktower Square Shopping Centre)

MAP ●剪切地图-6、p.56-F Cnr. Argyle & Harrington Sts., The Rocks 02-9247-6134 7:00~20:30 无 约20间

岩石区里略带另类气质的近代建筑，以大钟塔为标志。

市场城购物中心
(Market City Shopping Centre)

MAP ●剪切地图-18、p.58-J 9-13 Hay St., Haymarket 02-9285-8900 10:00~19:00（星期四~20:00） 无 约97间

位于唐人街的巨大购物中心。一楼是农贸市场。

湾畔购物中心
(Harbourside Shopping Centre)

MAP ●剪切地图-13、p.58-E Darling Dv.,Darling Harbour 02-9281-3999 10:00~21:00 无 约200间

为纪念建国200周年而建设的巨大购物中心。名店荟萃。

逛逛自由市场吧!!

每到周末，各地开放的自由市场就会在空空如也的仓库里摆上商品，或者在湛蓝的天空下搭起帐篷。这么一来，手工制作的感觉便油然而生，气氛让人感到很舒服。极品、珍品，或意外淘到一件稀罕物，是来这儿的人的乐趣之一。也许还能邂逅即将失传的年轻艺术家的作品哦。

帕丁顿市场
(Paddington Market)

●剪切地图-24、p.62-E
Cnr. Newcombe & Oxford St. 每周星期六的10:00~16:00（10月~翌年3月是17:00）

这个市场开放在被称为艺术家汇集镇的帕丁顿，沿东南方向走过牛津街就到了。在这个市场上，您能见到具有当地习俗和个性的小商贩和商品。而且能看到服装、小饰品、绘画等很多新兴设计师的作品。市场内既有平日在自己工作室制作的作品，一到周末便把作品摆出来卖的艺术家，也有将多年收藏的部分藏品铺展开来，向人们讲述一个又一个老故事的老妇人。这些都让人感受到无穷的乐趣。

每周都聚满了人

饶有风格的作品琳琅满目

艳丽的画框和玻璃杯

这个可是用回收纸做成的哟

格勒贝市场
(Glebe Market)

●剪切地图-21、p.54-I

Glebe Public School, 183 Glebe Point Rd., Glebe
每周星期六的10:00~16:00

悉尼种类最齐全的市场。从百老汇稍微走走，进去就能看到入口的围栏上挂着一个大大的看板。格勒贝是条有很多艺术家和学生居住的街道。要说这里出售的商品独特的话，那么，来这里买东西的人就显得更加与众不同了，所以，单是观察人们的着装就很有趣了。布料、手工艺品、古玩店很多，有各式各样的手工饰品。价格合适，特别是建议大家买几件旧衣服。市场上还能淘到一点稀罕物哦。

对话也是乐趣之一

累了就在咖啡厅休息一下

岩石区市场
(The Rocks Market)

剪切地图-6，p.56-B
Northern End of George Street. 每周星期六、日的 10:00~17:00（圣诞节和复活节前的星期五除外）

沿着岩石区的乔治街向北走，就能看到搭着黄褐色帐篷的小店。大概145间小店挤在一起，真是一块热闹非凡的地方。古老房屋夹杂的石头路上，营业的小店一家接着一家，驻足欣赏任何一家店铺都能让您看到独具个性的商品。这里既有历史点缀下岩石区特有的古董，也有流行感十足的小物件、雕刻、绘画、海报、杂志、红酒、玻璃工艺品、手袋、手表，真是数不胜数。

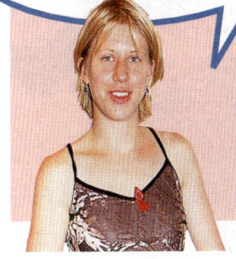
买小古董的话就去岩石区吧

铝制的独特表

出售漂亮的绘画作品

邦迪星期日市场
(Bondi Sunday Market)

剪切地图-33，p.81-A
Campbell Parade, Bondi Beach 每周星期日的10:00~16:00

周日时被用做市场的小学在沿海滩的坎贝尔巡游街的最北边。街道与海滩一样呈弧形，所以在远处不容易发现，但是学校的门口会立上标志性旗帜。市场的规模虽然不怎么大，但面向当地人的商品要比珠宝、手工艺品、家具、植物等纪念品多，里面还举行原住民乐器竖笛迪吉里杜管的现场拍卖。这里同海滩一样，充满了豪放、明快和友好的气氛。

选择澳大利亚的礼物，小饰品怎么样啊？

这就是原住民乐器竖笛迪吉里杜管

这里聚集了很多年轻人

琳琅满目的商品

非常离奇的物品

用做室内装饰

来这里最享受了

SHOPPING 购物

购物的中心地区是市区内的购物中心。在这里澳大利亚的特产一应俱全。在帕丁顿和双湾的超高级住宅区，专属上流社会的高级时装店鳞次栉比。

多恩艺术设计 (Done Art And Design)
V M D A J
MAP ● 剪切地图-6, p.56-F

画家肯多恩的时装店

Polo衫、领带、T恤、杂货等，任何一件都着色独特、设计别致、种类丰富、价格公道，所以很多人都喜欢买了送朋友。店里还展示肯多恩的画。基本商品——T恤是39澳元、泳衣是39~95澳元。

✉ 123-125 George St.,The Rocks ☎ 02-9251-6099
🕙 10:00~18:00　休无　● 岩石区

魏斯 (Weiss)
V M D A J
MAP ● 剪切地图-6, p.56-F

基本商品是T恤，领带和裤子很受欢迎

这是一家澳大利亚著名设计师经营的店铺。它凭借一笔画成的图案大获人气。T恤29.95澳元、丝绸领带39.95澳元。

✉ 85 George St.,The Rocks ☎ 02-9241-3819 🕙 9:00~20:00
休无　● 岩石区

玩偶店 (The Puppet Shop)
V M D A
MAP ● 剪切地图-6, p.56-B

各式玩偶欢迎您

在乔治街入口下楼梯去地下就到这个商店了。它主要经营木偶。护士模样和考拉样子的木偶很可爱。

✉ 77 George St.,The Rocks ☎ 02-9247-9137 🕙 10:00~17:00　休无　● 岩石区

蜡烛工厂 (The Candle Factory)
V M
MAP ● 剪切地图-6, p.56-B

可爱的蜡烛堆满了小店

鸭子形状的是5.95澳元、蛋糕形状的是6.95澳元。各种可爱样式的蜡烛一应俱全，点着后幽香四溢。

✉ Metcalfe Arcade, 84 George St.,The Rocks ☎ 02-9241-3365 🕙 9:30~17:00　休无
● 岩石区

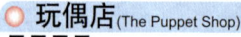
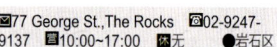

阿德里安娜与波尼小姐 (Adrienne&The Misses Bonney)

V M D A J　　MAP ● 剪切地图-33, p.61-F

婴儿和小孩用品一应俱全

只是看看陈列的商品就已经很快乐了。婴儿用品、儿童服装、孕妇用品都摆放在敞亮的空间里。这些商品的色彩明快，且儿童服装外出用的正装很多，可以说也是这里的一大特色。

📍20-26 Cross St.,Double Bay　☎02-9363-1723　🕘9:30~17:00、星期六9:00~16:00　❌星期日、节日　● 双湾

澳大利亚艺术珍品画廊 (Australian Arts & Gems Gallery)

V M D A J　　MAP ● 剪切地图-6, p.56-F

想买澳大利亚产的高品质蛋白石的话，就来这儿吧

这里的商品以澳大利亚特产的蛋白石和西洋珍珠为主，经澳大利亚设计师雕琢的银首饰和玻璃工艺品、原住民艺术品种类齐全。游客消费者们一定要根据自己的预算商量价格哦。

📍B11-12 Nurses Walk. The Rocks　☎02-9252-6222　🕘9:30~18:00(星期四~19:00、星期日10:00~16:30)　❌圣诞节　● 岩石区

莱斯·奥里瓦德 (Les Olivades)

V M D A J　　MAP ● 剪切地图-33, p.61-F

高雅色调的法国原产商品专卖店

作为高端品牌闻名于世的普罗旺斯原产老字号。色彩艳丽的台布、个人用的小餐桌布及靠垫套、餐巾等，每件都富有浓郁的法国南部气息。

📍2 Transvaal Ave.,Double Bay　☎02-9327-6214　🕘9:30~18:00、星期六10:00~17:00　❌星期日、节日　● 双湾

冲浪世界 (Surfworld)

V M D A J　　MAP ● 剪切地图-33, p.81-A

名牌冲浪产品摆放得很紧密

位于瑞士豪华酒店拱廊里的海滩街道服装店。适用于邦迪海滩娱乐的商品一应俱全。入口处木雕人偶的独特形态引人注目。

📍Cnr. Campbell Parade & Curlewis Sts., Bondi Beach　☎02-9300-0055　🕘9:00~18:00　❌圣诞节　● 邦迪

🔵 大卫·坎普斯(David Campese.com)
V M A　　　MAP ● 剪切地图-10，p.56-F

一见倾心的运动时尚

店名是澳大利亚橄榄球选手的名字。这是他隐退时开的店，里面陈列的全是他本人设计的服装和制服。商店还另设了一间小咖啡厅。店主本人平时也在店里。

✉Shop2,140 George St.　☎02-9241-5955　🕐10:00~18:00（星期日~17:00）　休无　●岩石区

🔵 完美药水(Perfect Portion)
V M A J　　　MAP ● 剪切地图-14，p.58-B

推荐给想嗅着芳香，快乐护肤的朋友

高品质的精油产品一应俱全，大受好评。护肤产品以天然成分为主，对肌肤温和无刺激。感觉良好的消费者可以结合自己的肤质听取建议。就算只进店里看看都感到很舒适。

✉Shop 62, Lower Ground, Queen Victoria Building　☎02-9286-3384　🕐9:00~18:00（星期四~21:00、星期日11:00~17:00）　休耶稣受难日、节礼日　●岩石区

🔵 恐龙设计(Dinosaur Designs)
V M A　　　MAP ● 剪切地图-33，p.62-E

充满透明感的作品不计其数

销售使用合成树脂制成的餐具、杯子、戒指25澳元，手镯25澳元等原生态产品。美丽的色调与室内的装饰完美搭配。

✉339 Oxford St.,Paddington　☎02-9361-3776　🕐10:00~18:00（星期日11:00~17:00）　休无　●牛津街

🔵 钢笔店(The Pen Shop)
V M D A　　　MAP ● 剪切地图-10，p.56-F

推荐给喜欢信纸和钢笔的朋友

位于商业街正中心的钢笔专卖店。正如它的名字一样，店里派克、万宝龙、华特曼等名牌钢笔一应俱全。

✉Shop 03,The Winter Garden Plaza,1 O'connell St.　☎02-9251-5855　🕐8:45~17:15　休星期六、日、节日　●马丁广场

◎ DFS环球免税店 (DFS Galleria Sydney)

V M D A J　　　　　MAP ● 剪切地图-6，p.56-F

一流品牌和原住民民族艺术品琳琅满目

　　免税店的地段很好，从有电车、巴士、渡轮停靠站的环形码头出发，步行5分钟就到了。5层建筑的两层除外，别的楼层都是卖场。以路易威登为首的世界一流名牌时装店一应俱全。里面陈列着种类丰富的商品，也有化妆品和皮革制品及澳大利亚特产等，大家可以毫无顾虑地快乐购物。里面还有送货上门的宅配送服务。兑换处不收手续费，汇率比市内还要低一点儿。

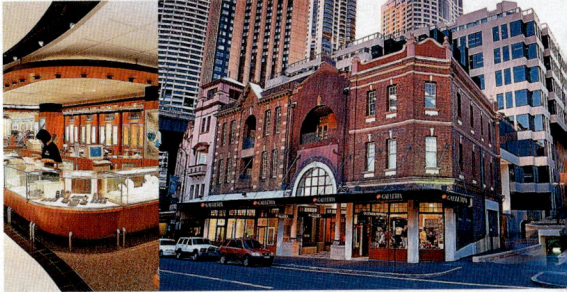

✉ 155 George St., The Rocks
☎ 02-9258-7655　⏰ 10:00~22:00（有随季节改变的情况）休 无　● 岩石区

◎ 斯特兰德•哈特 (Strand Hatter)

V M D A　　　　　MAP ● 剪切地图-14，p.56-J

种类齐全的专卖店

　　澳大利亚名牌AKUBRA很有人气。巴拿马草帽等商品种类丰富。

✉ Shop 8, Strand Arcade, 412 George St.　☎ 02-9231-6884
⏰ 9:00~18:00、星期六9:30~16:30、星期日11:00~16:00　休 无　● 市区

◎ 布里斯托尔和布鲁克斯 (Bristol & Brooks)

V M A J　　　　　MAP ● 剪切地图-10，p.57-K

不经意间便沉醉其中

　　商品的设计给人舒适的感觉。充满幽默色彩的文具、厨房用具、婴儿用品等，每一件都让人感到温馨。可爱的表(21.95澳元)和杯子很适合当做礼物送人。

✉ Shop 8, Chifley Plaza, 2 Chifley Square
☎ 02-9232-8699　⏰ 9:30~18:00（星期六10:00~14:00）休 星期日、节日　● 市区

◎ 海伦卡明斯基 (Helen Kaminski)

V M D A J　　　　　MAP ● 剪切地图-10，p.56-F

高级帽子和提包陈列一排

　　店里有保护皮肤免遭澳大利亚强烈日晒的女式帽子。让人无法厌倦的设计很受欢迎。酒椰做成的手工艺品有种淳朴的味道。

✉ 199 George St.　☎ 02-9251-9850
⏰ 10:00~18:00　休 节日　● 市区

力作图片(Masterpiece Pictures)
V M D A J MAP ●剪切地图-19，p.59-G

墙上全是各种颜色的画框样本

颜色、尺寸、材料不尽相同的画框都很漂亮，看一眼就已经很享受了。结合房间布局，这些画框会让您家的室内装饰更加完美。店里还展览并出售画、海报和画报等，当做礼物送给朋友会令对方欣喜若狂的。在这里，您一定能找到喜欢的东西。

📍Level 3,160 Broadway ☎02-9211-0821 🕘9:00~18:00（星期四~19:00、星期六~16:00）休星期日 ●百老汇

澳大利亚地理商店(The Australian Geographic Shop)
V M MAP ●剪切地图-14，p.58-B

以自然和动物为主题的自然商品

澳大利亚代表性的户外用品店。以自然为主题，生活用品、玩具、文具、日历、书、CD、DVD等一应俱全。让人倍感亲切的自然商品真是一见倾心。

📍Shop34,Lower Ground Fl.,QVB,455 George St. ☎02-9257-0086 🕘9:00~18:00（星期四~21:00、星期日11:00~17:00）休无 ●市区

艾凡达(Aveda)
V M D A MAP ●剪切地图-20，p.62-A

弥漫着让人幸福的香气

有着放松心情效果的高档化妆品主要从植物中萃取而成。如果预约的话，可以在同时营业的全身美容店里缓释一下疲劳。

📍Verona Centre, 17 Oxford St. ☎02-8198-8207 🕘9:00~18:00（星期四~19:00、星期日10:00~18:00）休无 ●帕丁顿

斯威特·威廉姆(Sweet William)
V M A MAP ●剪切地图-33，p.62-B

香甜的巧克力是亚洲人的钟爱

令人不由得就想欢呼的可爱巧克力全都是手工制作的。巧克力基本上都是称重出售的，不过也能按个数买。

📍4 William St. ☎02-9331-5468 🕘10:00~18:00 休无 ●帕丁顿

○ 波特曼 (Portmans)
V M D A　　　MAP ● 剪切地图-14, p.58-B

年轻人钟爱的澳大利亚名牌

因为它邀请当地偶像进行宣传,所以人气高涨。T恤19.95澳元。

✉Shop1 GF,Glasshouse SC, Pitt St. Mall　☎02-9232-5907
⏰9:00～18:00(星期四~21:00)、星期六10:00～17:00、星期日9:00～18:00　休无　●海德公园

○ 科科美甲沙龙 (Nail Salon Koko)
V M D A　　　MAP ● 剪切地图-10, p.56-J

旅行也不要忘了打扮

"科科"是日本人经营的美甲沙龙。细致的技术不仅受到当地女性青睐,就连游客也大加赞赏。它位于孟席斯酒店的拱廊里。手部护理+美甲28澳元。

✉Shop5.6, 12,Menzies Arcade,301 George St.　☎02-9279-1116
⏰10:00～19:00　休星期六、日、节日　●马丁广场

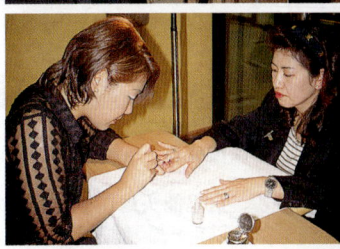

○ 布洛什 (Bloch)
V M D A　　　MAP ● 剪切地图-14, p.58-A

舞蹈用品专卖店

紧身连衣裤15澳元,加舞鞋52澳元,舞蹈用品种类齐全。

✉117 York St.　☎02-9261-2856
⏰9:00～17:00(星期四~19:30、星期六~16:30、星期日11:00～15:30)　休无　●海德公园

○ 西奥多拉和玛莎 (Theodora&Martha)
V M D A J　　　MAP ● 剪切地图-33, p.61-F

澳大利亚专属名牌

它位于悉尼首屈一指的高级地区——双湾的娴静住宅街上。经营马修·伊格和丽萨·巴龙等澳大利亚品牌,很受二十多岁白领的青睐,而且定做礼服。

✉Shop3,19-27 Cross St.,Double Bay　☎02-9363-1048　⏰9:30～18:00
(星期四~19:00、星期六~17:00、星期日11:00～17:00)　休无　●双湾

○ R.M.威廉姆斯 (R.M.Williams)
V M D A J　　　MAP ● 剪切地图-14, p.58-B

可以定做靴子

出售野外工作服。袋鼠皮皮带164.95澳元、仿麂皮短靴184.95澳元。

✉389 George St.　☎02-9262-2228
⏰9:00～18:00(星期四~21:00、星期六~17:00、星期日11:00～17:00)　休无　●海德公园

品牌商店
(Brand Shopping)
欧美的人气品牌一应俱全

惊喜！惊喜！在悉尼能体验到不次于夏威夷、香港的欧美一流名牌购物。也许你还能淘到其他城市没有的让人倾心的东西。除了时装专卖店，在DFS环球免税店和MLC中心也能买到中意的东西。

爱马仕
(Hermès)
V M D A J　MAP ●剪切地图-14，p.59-C

这里能买到在中国难以买到的东西

以布莱斯·凯莉和杰奎琳·奥纳西斯为代表的名人钟爱的高级名牌。产品使用25种以上的材料，利用最高端技术制成的高贵感十足的提包非常适合成年女性。

✉135 Elizabeth St.　☎02-9287-3200　🕐10:00~18:00（星期四~19:00、星期六~18:00、星期日11:00~16:00）　休圣诞节、圣诞节次日、元旦

东西种类丰富也值得骄傲

工的标志时尚大方

路易威登
(Louis Vuitton)
V M D A J　MAP ●剪切地图-14，p.58-B

商品种类齐全

从小东西到大皮箱，种类齐全的交叉字母系列的基本商品一应俱全。独具风格的高级材料能表现出拥有者的个性。结实灵巧的钱包等小配件也很受消费者的喜爱。

✉63 Castlereagh St.　☎02-9236-9621　🕐10:00~18:00（星期四~21:00）、星期日11:00~17:00　休圣诞节次日

以富有实用性的包类商品为主，小东西的种类也十分丰富

蒂芙尼
(Tiffany)
V M D A J　MAP ●剪切地图-10，p.56-J

简单的设计很受欢迎

这家位于纽约5号街的宝石店是世界性珠宝品牌的发祥地。休闲的穿着配上简单的饰品，可以为您增加不少人气哦。店里装着大窗户，十分敞亮，能带着轻松愉快的心情进去看看。文具和婴儿用品也很受欢迎。

淘些这里特有的东西吧！

✉28 Castlereagh St.　☎02-9235-1777　🕐10:00~18:00（星期四~19:00、星期六~17:00、星期日11:00~16:00）　休节日

菲拉格慕
(Salvatore Ferragamo)
V M D A J　MAP ●剪切地图-10，p.59-C

鞋的种类齐全得令人感动

菲拉格慕从给大多数电影明星和各界名流们订定做鞋起家，一跃成为全世界知名的名牌。现在，它不仅卖鞋，还有服饰、皮带、提包、钱包等，除此之外，小配件也进入了菲拉格慕的收藏行列。

闪闪发亮的漆皮质感，永远的小牛皮

✉MLC Centre, Castlereagh St.　☎02-9221-3036　🕐10:00~18:00（星期四~19:00）　休无

古奇
(Gucci)
V M D A J MAP ●剪切地图-6、p.56-F

走在潮流的先锋
古奇是意大利代表性高端品牌。不仅有丰富的仿麂皮和漆皮材料,而且价格还比较合算。既有基本商品,也有新商品。

✉Museum of Contemporary Art,136-140 George St., The Rocks Shop 23
☎02-9252-1663
⏰10:00~19:00(星期日11:00~18:00)
休无

乔治·阿玛尼
(Giorgio Armani)
V M D A J MAP ●剪切地图-14、p.59-C

很有空间
商品陈列地

外观设计都很时尚

基础设计
简练且耐看的设计,男女性都喜欢。

✉Tellers Hause,4 Mavtin Pl.
☎02-8233-5888
⏰9:30~18:00(星期四~20:00、星期六10:00~18:00、星期日12:00~17:00) 休无

宝格丽
(Bvlgari)
V M D A J MAP ●剪切地图-14、p.59-C

意大利的早期豪华品牌
珠宝界的泰斗。可以说,以古典和现代为主题的设计是宝格丽风格,具有给人留下独特印象的美感。

很有魅力
简单的设计

✉64-68 Castlereagh St.
☎02-9233-3611
⏰10:00~18:00(星期四~19:00、星期六~17:00、星期日11:00~17:00) 休无

卡地亚
(Cartier)
V M D A J MAP ●剪切地图-14、p.59-C

高雅的设计惹人钟爱
时尚的设计赢得了男女性的青睐。珠宝、提包、手表、小配件等设计出色,款式多样的商品很多。

人气耳环

✉43 Castlereagh St. ☎02-9235-1322
⏰10:00~18:00(星期四~19:00、星期六~17:30)
休无

普拉达
(Prada)
V M D A MAP ●剪切地图-10、p.56-J

在各个年龄段赢得人气
普拉达是意大利皇室的御用品牌。以人气提包为主,鞋、服装类商品也一应俱全。

✉7/15 Castlereagh St.
☎02-9231-3929 ⏰10:00~19:00(星期四~20:00、星期日~18:00) 休无

私房信息

伯肯赫德波恩特奥特莱斯购物中心
(Birkenhead Point Outlet Centre)
MAP ●剪切地图-32、p.64-C

想淘澳洲特有品牌和海外品牌珍品的话,就来这儿吧!大概130间店铺集中在水边的仓库里。时装、饰品、鞋、包、小东西、餐具等,用比通常还要便宜的价格就能买到。主要商店是乡间小路、埃斯普利特、菲拉、廷伯兰、韦奇伍德等,还有大型百货商店大卫·琼斯。

✉Roseby St.,Drummoyne ☎02-9181-3922 ⏰10:00~17:30(星期四~19:30、星期六9:00~18:00、星期日10:00~18:00)
休节日

悉尼 品牌商店

能在国际氛围里选择种类丰富菜肴的 美食广场

可选好几种食物是一般美食广场的风格

美食城
维多利亚画廊内
Food Avenue (at The Galeries Victoria)

MAP ●剪切地图-14、p.58-F

往玻璃窗前一站,就知道这里能满足食欲

宽敞的大楼里阳光明媚,带给人十足的开放感。大楼的设计也很时尚。内部共有12家美食店铺,供您选择。在同一大楼里还有各种商店,定能满足您的购物欲。从市政厅车站和维多利亚女王大厦经由地下通道也能到这儿。

✉Lover Ground RLG 13/14 ☎02-9265-6888
🕐星期一~三、星期五9:00~18:00、星期四9:00~20:00、星期六9:00~18:00 休星期日
店铺数:12

时尚干净的美食街

店员都很友善

包括米饭和3种菜肴的中国美食,6.50澳元

米饭加任选一种菜肴的印度咖喱饭,另加一块发面饼是6.90澳元

简便的寿司在这个国家很受欢迎

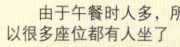

走进大门后,呈现给您的便是宽敞的室内

由于午餐时人多,所以很多座位都有人坐了

国际美食广场
悉尼中心广场内
International Food Court (at Sydney Central Plaza)

MAP ●剪切地图-14、p.58-B

人、人、店、店,自由市场氛围的快乐美食广场

美食广场在皮特街商业区内有个很大的入口。里面大得能容纳650多人。这里几乎每天都座无虚席,人声嘈杂。25家经营寿司、咖喱饭等各种美食的店铺排成一行,如同来到了自由市场。上面的一层是叫做"优雅兄弟"的百货商店。走维多利亚女王大厦的地下通道也能到这里。

✉Lower Ground Floor, Sydney Central Plaza, 450 George St. ☎02-8224-2000 🕐7:00~19:00、星期四7:00~22:00、星期六8:00~19:00、星期日10:00~18:00
休无 店铺数:25

在市区逛饿了就去美食广场饱餐一顿吧！这里荟萃了世界各国的美味，种类多得甚至会让人不知道吃哪个。餐费也不贵，而且上菜速度很快，所以总是有各种不同层次的客人来用餐。

时尚的店铺和平静的室内环境很受女性青睐

邮政总局 (GPO)

时尚且整齐的美食广场大受女性喜爱

MAP ●剪切地图-10、p.56-J

美食城位于城市的商业中心地区，在马丁广场的标志性建筑——意大利文艺复兴风格的旧中央邮局（General Post Office）大楼的地下。在这个弥漫着闲静气氛的优雅美食城里，大概7成的客人是女性。这个大楼地上部分是威斯汀酒店。想度过一段时尚时光的话，去一次还是很值得的。

这里的寿司也是人气美食

意大利文艺复兴风格的旧中央邮局的标志是大钟

No.1 Martin Place（Lower Ground Floor）
02-9229-7700　12:00~15:00（各店铺时间不同，一周内某几天的时间也不同）　星期日（只有GPO咖啡厅是星期六、日）　店铺数:14

除做好的食物外，还有现做意大利面的店。食物约8澳元起。

奇夫利美食广场 (Chifley Plaza Food Court)

MAP ●剪切地图-10、p.57-K

圆形大厅让顾客在宽敞的空间里放松心情

独特的甜甜圈形状的、镂空设计的大楼是个三层建筑，里面有咖啡厅、服装店、礼品店等。美食广场的店铺包括餐厅在内共10家，比较少。简单摆放的木椅和餐桌让整个大厅显得很敞亮。室内充满了露天咖啡厅的氛围。美食广场里既有咖啡吧又有酒吧。

烤鸡脯肉，一个人吃最多8.50澳元

城市标志之一，在奇夫利塔内

2 Chifley Square
02-9221-6111　7:00~16:00
星期六、日　店铺数:10

开朗店员的笑容温暖人心

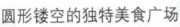

圆形镂空的独特美食广场

Restaurant

餐厅

悉尼的魅力之一便是食物种类丰富，不仅是牛肉，袋鼠肉、鸵鸟肉也在不停地挑逗着大家的食欲。不过，我们还是推荐大家吃吃海鲜，去品尝一下各国餐厅烹制出的海味的确是个不错的选择！

 德国

莱邦布罗·凯勒
(Lowenbrau Keller)

Ⓥ Ⓜ Ⓓ Ⓐ Ⓙ
MAP ●剪切地图-6、p.56-F

供应多达10种的德国啤酒

莱邦布罗·凯勒是岩石区的德国料理店。店内有啤酒店、露台、大厅三个区。坐在其中一家店里就能感受到三种不同风格的气氛。啤酒店里长椅配长桌，能听到手风琴的演奏和爽朗的笑声。露台上生长着一棵穿透屋顶的大树，天气好的日子，阳光透过窗户照射进来，宛如在蓝天下美餐一顿似的。彩绘玻璃闪闪发光的大厅阻隔了啤酒店的欢声笑语，显得很安静。一只手握着德国啤酒，另一只手拿着手工做的香肠，真是无与伦比的享受啊！

✉12 Arglye St., The Rocks　☎02-9247-7785
🕙11:30~15:30（星期六、日11:00~）、17:00~22:00　休无
💲30~50澳元　　　　　　　　　　　　　　●岩石区

 咖啡

情趣酒吧
(Zest Bar)

Ⓥ Ⓜ Ⓐ
MAP ●剪切地图-13、p.58-A

品尝老澳的固定午餐

情趣酒吧，是能吃到三明治、意大利面、汉堡包等食物的咖啡厅。特别是火腿奶酪汉堡（7澳元）很受欢迎。这里的当地人很多，到了午餐时间全是公司职员。

✉139 Sussex St.　☎02-9279-0074　🕙7:00~16:00　休星期六、日
💲6澳元~　　　　　　　　　　　　　　●市区

海鲜

歌剧咖啡厅
(Café Opera)

Ⓥ Ⓜ Ⓓ Ⓐ Ⓙ
MAP ●剪切地图-10、p.57-G

在古典气息里品味人气美食

这里值得自豪的，就是新鲜的海产。用餐形式是自助的，早、中、晚三餐都供应沙拉、寿司和甜点等。食物的种类丰富，肯定让您饱餐而归。咖啡厅就在皇家植物园正前方，离悉尼湾很近。

✉1st Floor, Hotel Intercontinental, 117 Macquarie St.　☎02-9240-1260
🕙6:30~10:30、12:00~14:30、18:00~22:00（星期六、日~23:00）
休无　💲35~59澳元　　　　　　　　　　　●环形码头

三四郎咖啡俱乐部
(San Siro Coffee Lounge)

不能刷卡
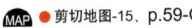 ●剪切地图-15、p.59-G

顾客评价——冰激凌好吃的咖啡厅

香草、草莓、香蕉和阿月浑子口味的冰激凌,每一种都好吃。到了周末的早晨,附近的人聚集而来,这里就成了大家的休闲场所。

✉72-74 Stanley St.　☎02-9331-3497　⏰6:30~24:00　休无
💲5~10澳元　　　　　　　　　　　　　　　　●海德公园

 亚希·印度
(Aki's Indian)

Ⓥ Ⓜ Ⓐ Ⓙ
●剪切地图-11、p.60-A

位于人气地带的新感觉——印度佳肴

将码头旁的仓库改造而成的餐厅。在炸干的菠菜上涂上酸奶沙司13.8澳元,很受大家的喜爱。这家餐厅的咖喱一点儿都不辣,从大厅望到的景色也很美。

✉1/6 Cowper Wharf Rd., Woolloomooloo　☎02-9332-4600
⏰12:00~15:00、18:00~22:00(星期六只有晚上开)　休节日
💲40澳元~　　　　　　　　　　　　　　　●伍尔卢莫卢

鱼脸
(Fish Face)

Ⓥ Ⓜ Ⓓ Ⓐ Ⓙ
●剪切地图-20、p.59-H

专做鱼的料理店,且执著于烹制原汁原味的食物

在开放的厨房和吧台式风格的闲适气氛里享受一流鲜味的海鲜。除了鱼和薯片,使用精选的天然鱼贝类食材烹制而成的食物在本地富有盛誉。原汁原味的烤脆皮32澳元。

✉132 Darlinghurst Rd., Darlinghurst　☎02-9332-4803
⏰18:00~22:00　休无　💲40澳元~　　　　●达令港

 富丽宫酒楼
(Marigold)

Ⓥ Ⓜ Ⓓ Ⓐ Ⓙ
●剪切地图-14、p.58-F

价格合理,带给您十分的满足感

喝茶时间有烧卖和小笼包等10多种点心1.50~1.80澳元,顾客很喜欢。晚上供应北京烤鸭、鱼翅等地道中国菜。该店值得推荐的固定套餐10~30澳元。

✉Level 4、5,683-689 Geoge St.　☎02-9281-3388
⏰10:00~15:00、17:30~22:30　休无　💲10~50澳元、喝茶一个人15~20澳元
　　　　　　　　　　　　　　　　　　　　　●唐人街

长雨
(Longrain)   Ⓥ Ⓜ Ⓓ Ⓐ
MAP ● 剪切地图-19、p.59-K

利用旧仓库的泰国餐厅
越过吧台能看到厨师做饭的样子。吧台围满了友善的顾客。鸡肉加酱油炒腰果28.50澳元，在这里能品尝到混合了中国菜口味的泰国料理。选择最适合菜肴的酒时，需要请教酒品服务员。

🏠85 Commonwealth St., Surry Hills ☎02-9280-2888
🕛12:00～14:30（只限星期三～五）、18:00～23:00，酒吧17:30～深夜
休无 💲75澳元～　●萨里高地

 悉尼咖啡厅
(Cafe Sydney)   Ⓥ Ⓜ Ⓓ Ⓐ Ⓙ
MAP ● 剪切地图-10、p.56-F

一览悉尼湾和海港大桥
现代和古典并存的以海鲜为主的菜品一应俱全。略带点时尚气息，您一定想去看看。

🏠Customs House, 5th Floor, 31 Alfred St. ☎02-9251-8683
🕛12:00～23:00（星期六、日17:00～）休无 💲30澳元～　●环形码头

 博卡拉
(Bukhara)   Ⓥ Ⓜ Ⓓ Ⓐ
MAP ● 剪切地图-33、p.60-D

双湾的高级印度餐厅
主要是印度料理，也有毛里求斯菜。唐杜里鸡19.90澳元，咖喱鱼21.90澳元。

🏠55 Bay St., Double Bay ☎02-9363-5510 🕛17:30～22:30 休圣诞节 💲12～25澳元　●双湾

 格洛丽·让咖啡厅
(Gloria Jean's Coffees)   Ⓥ Ⓜ
MAP ● 剪切地图-14、p.59-G

最适合逛街中途歇歇脚的舒适咖啡厅
据说它始于美国芝加哥郊外的礼品店，是创立于1979年的老字号风味咖啡专卖店。把香料加进用独自的烘焙技术加工而成的咖啡里，就有了所谓的风味咖啡。它有法国香草、榛子、巧克力和香蕉等30多种口味。咖啡厅供应大概60种咖啡豆。店内气氛温馨，很多本地人都喜欢来这里放松心情。喝10杯赠一杯免费卡。

🏠Cnr.Pitt & Park Sts. ☎02-9283-2777
🕛6:30～23:00（星期四、六、日～24:00）休圣诞节
💲5澳元～　●市区

西班牙　**拉克尔斯**
(Raquel's)

V M D A J
MAP ● 剪切地图-19，p.59-H

享受食材丰富的肉饭和热情的歌声

　　是牛津街上创业19年的西班牙料理店。

　　据说以前的名歌手胡里奥·伊格莱西斯亚光临过这家店。它在达令赫斯特一带相当有名。从星期四到星期六的晚上8:00开始有现场吉他演奏。兼歌手的服务员穿梭在各个桌子之间。加了足量海鲜的肉饭50澳元~，是两人份，所以点菜时要注意哦。

✉ 98 Oxford St.,Darlinghurst　☎ 02-9331-6806　🕐 17:00~24:00　无　$ 10~100澳元
● 牛津街

海鲜　**尼克斯海鲜餐厅**
(Nick's Seafood Restaurant)

V M D A J
MAP ● 剪切地图-13，p.58-E

达令港的人气鱼料理店

　　餐厅位于科克尔湾码头，在当地大受好评。招牌菜大龙虾要好几个人才能吃完。

✉ The Promenade, Cockle Bay Wharf　☎ 02-9264-1212
🕐 12:00~15:00、18:00~22:00　无　$ 60澳元~
● 市区

澳大利亚　**摩根斯**
(Morgans)

V M D A
MAP ● 剪切地图-16，p.60-D

老澳喜欢的休闲餐厅

　　从年轻人到年迈老人的澳洲人都喜欢。店里的玻璃窗很大，光线充足，感觉很舒适。食物是意式肉汁烩饭和三明治、沙拉、意大利面等。餐厅上面有露天平台。

✉ 304 Victoria St.,Darlinghurst　☎ 02-9360-7930　🕐 8:00~23:00（星期日~15:00）　无　$ 13澳元~
● 国王十字

中国　**瑞格餐厅**
(Regal Restaurant)

V M D A J
MAP ● 剪切地图-18，p.58-F

很多人在一起热热闹闹地聚餐

　　它位于唐人街旁边。门口有装着虾和鲍鱼的竹筐，从里面把这些食材取出来加以烹制就可以吃了。一道菜6人起，一人35~100澳元。

✉ 347-353 Sussex St.　☎ 02-9261-8988　🕐 10:00~15:00、17:30~22:30　无　$ 15澳元~
● 唐人街

西班牙 卡皮敦·托莱斯
(Capitan Torres)　V M D A J
MAP ●剪切地图-18、p.58-F

在充满温馨气氛的店里享用海鲜大餐

灯光暗淡的低调餐厅内有1、2两层座位,里面弥漫着一种成熟人士的气息。菜肴以品种丰富的海鲜为主,所以喜爱鱼贝类食物的人一定要去尝尝。食材当然是每天采购的,都很新鲜。当地的老澳们很喜欢这里。除海鲜大餐外,还有烧烤小牛排和上腰肉牛排等荤菜,所以不太喜欢吃海鲜的人也不用担心。

73 Liverpool St.　02-9264-5574　12:00~15:00、18:00~23:00(星期日~21:45)　无　S25澳元~　●市区

意大利 美好的回忆
(Buon Ricordo)　V M D A
MAP ●剪切地图-20、p.62-B

悉尼首屈一指的意大利餐厅

在意大利各地的餐厅学过手艺的主厨阿勒曼先生在这家意大利餐厅大显身手。最好事先预约。

108 Boundary St., Paddington　02-9360-6729　12:00~14:30(午餐仅限星期五、星期六)、18:00~22:30　5月、星期日　S125澳元　●帕丁顿

意大利 贝皮斯
(Beppi's)　V M D A J
MAP ●剪切地图-15、p.59-G

开业于1956年的老字号餐厅

贝皮斯,是味道大受好评的地道意大利餐厅。意大利面和海鲜、肉类等菜肴一应俱全。

Cnr. Yurong & Stannley Sts., East Sydney　02-9360-4558　12:00~15:00、18:00~23:00(星期六只限晚上)　星期日、节日　S带红酒与饮料的3种套餐75澳元~　●海德公园

国际 悉尼塔餐厅
(Sydney Tower Restaurant)　V M D A J
MAP ●剪切地图-14、p.58-B

能360度欣赏美景的位于地上270米的瞭望餐厅

来这里能品尝两种类型的菜肴,一种是一级的,客人可以自己点喜欢吃的;一种是二级的,自助餐49.50澳元~(星期日是52.50澳元~、节日是55澳元~)。

100 Market St.　02-8223-3800　12:00~15:00、17:00~22:30　无　S49.50澳元~(单点的菜为68澳元~)　●海德公园

意大利

贝尔蒙德
(Bel Mondo)

V M D A

MAP ●剪切地图-6、p.56-F

敞亮的空间让人心情舒畅

它位于阿盖尔百货商店的最高层,室内的天花板较高,营造了一种开放的氛围,让人心情舒畅。店内有两层,一层有一个大吧台,被称做古典吧,在里面能品尝到沙拉、意大利面,还能在吃饭时喝点红酒和啤酒,用餐环境很舒适。在另一个餐厅里,能品尝从肉到海鲜的各种菜肴,食材都是随季节变化而分别选用的。这些外观色彩丰富的菜肴简直是艺术品。天气好的时候可以坐到露台上,一边欣赏海景,一边悠闲地用餐,所以很受当地年轻人的青睐。

✉Gloacester WK St.,The Rocks
☎02-9241-3700 🕐12:00~15:00,
18:00~23:00（星期五、六~24:00）
✖星期日 💲20澳元~
●岩石区

 澳大利亚

本内尔隆纪尧姆餐厅
(Guillaume At Bennelong)

V M D A

MAP ●剪切地图-6、p.57-C

邻接歌剧院景色优美的餐厅

一到歌剧院节目开演的时候,这里就会聚集很多吃饭的人。熏鲑鱼和牡蛎的味道很特别。

✉Sydney Opera House, Bennelong Point, Circular Quay ☎02-9241-1999 🕐17:30~23:00（星期四、五12:00~15:00） ✖星期日、复活节前的星期五、圣诞节 💲120澳元
●环形码头

 国际

顶点餐厅
(The Summit Restaurant)

V M D A J

MAP ●剪切地图-10、p.56-J

360度展望的全景餐厅

绕着圆形地板的外围走一圈需要1小时45分钟的旋转餐厅。14:00~17:00会举办派对。

✉Level 47, Australia Square ☎02-9247-9777 🕐12:00~14:30（六、日除外）、18:00~20:00（六、日~21:30） ✖无 💲39澳元~ ●马丁广场

中国

湾畔北京君临天下帝国餐厅
(Imperial Peking Harbourside)

V M D A

MAP ●剪切地图-6、p.56-B

世界各国名流造访的中华名店

这家餐厅推出选用龙虾、螃蟹、鲍鱼等新鲜鱼贝类食材的正宗中国菜,对望悉尼湾的古老建筑让人印象深刻。古色古香的店里气氛十分宁静。

✉15 Circular Quay West, The Rocks ☎02-9247-7073 🕐12:00~15:00, 18:00~23:00（六、日~24:00） ✖无 💲27澳元~ ●岩石区

海鲜	**蓝色天使餐厅**	V M D A J
	(Blue Angel Restaurant)	MAP ●剪切地图-19, p.59-H

当场烹制活龙虾

它是一个能够品尝海味的专卖鱼贝类食物的餐厅。店里有个巨大的竹筐，一有顾客点餐，厨师就会从那其中取出龙虾和螃蟹当场烹制。还能吃到鲍鱼和龙虾做成的生鱼片和烧烤等日本菜。龙虾生鱼片是88澳元~。

📍223 Palmer Street, East Sydney　☎02-9380-5941　🕐18:00~22:00
休无　$85澳元~　●牛津街

中国	**东海酒家**	D V M A
	(East Ocean Restaurant)	MAP ●剪切地图-18, p.58-J

唐人街人气第一的广东餐厅

这里经常聚满了闻名前来品尝悉尼近海新鲜海味和地道广东茶的客人。用手推车送来的茶点是可以在摆起的蒸笼里任意选择的。食物不但有在中国也十分受欢迎的蒸饺和春卷，还有地道的广东菜，品种丰富。喝茶时间是从开始营业到17:00。北京烤鸭19.80澳元。饿了就咂吧着嘴去尝尝龙虾和鲍鱼等精选食材的美味吧！这里还准备了中文菜单，所以大家可以毫无顾忌地点菜。

📍421-429 Sussex St., Haymarket　☎02-9212-4198　🕐10:00~次日2:00（星期六、日9:00开始）　休无　$10~30澳元　●唐人街

瑞士	**佩拉吉奥**	V M D A J
	(Pelagio)	MAP ●剪切地图-20, p.60-G

光看看就让人很开心的西饼店

佩拉吉奥，是经营以意大利为代表的世界各国美味食物的食品店，里面摆着一条长椅，空间显得很舒适，游览途中可以进去歇歇脚。店内出售的瑞士卷和意式三明治、意大利香草面包等，可以坐在里面慢慢享用。

📍235 Victoria St., Darlinghurst　☎02-9360-1011
🕐9:00~20:00（星期日17:00~22:30）　休复活节前的星期五、圣诞节　$咖啡5澳元、午餐10澳元
●达令赫斯特

西班牙 塔韦尔纳
(Grand Taverna)

Ⓥ Ⓜ Ⓓ Ⓐ
MAP ●剪切地图-18、p.58-F

轻松喝酒吃菜的餐厅

塔韦尔纳，是位于市区中心地带的充满休闲气氛的西班牙餐厅。店里有大厅和面朝大街的露台两种环境，很受当地老澳的青睐。吧台摆放着各种各样的酒和菜肴，顾客们可尽兴品尝。饭菜以肉饭和意大利面为主，还有海鲜、牛排和煎蛋卷等。除此之外，餐厅还为顾客准备了每日更新的特别菜单。

📍557 George St.　☎02-9267-3608　🕛12:00~15:00、18:00~22:00　休无　💲20澳元~　●市区

澳大利亚 巴拉塞利滨水餐厅

(Bayswater Brasseries)

MAP ●剪切地图-16、p.60-D

选用当地食材做成的料理

餐厅的入口深，里面有两层，也有吧台，为客人准备了意大利菜和法国菜。

📍32 Bayswater Rd., Kings Cross　☎02-9357-2177　🕛18:00~22:30、星期五12:00~15:00　休无　💲40澳元~　●国王十字

海鲜 海滩道尔斯餐厅
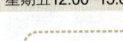
(Doyles on the Beach)

Ⓥ Ⓜ Ⓓ Ⓙ
MAP ●剪切地图-33、p.64-B

面朝海岸的安静餐厅
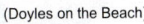

这是一家1885年开业的老字号餐厅，处于面对屈臣氏湾的最佳位置。一边眺望海景，一边用餐，心情十分愉悦。

📍11 Marine Parade, Watsons Bay　☎02-9337-2007　🕛7:00~22:00（星期一、二、四只能吃饭，17:00~21:30）　休无　💲40澳元~　●屈臣氏湾

意大利 意大利村庄
(Italian Village)

Ⓥ Ⓜ Ⓓ Ⓐ Ⓙ
MAP ●剪切地图-6、p.56-B

砖混结构时尚餐厅

可以一边眺望悉尼湾一边享用美食。店铺利用石质仓库改建而成。分量足的意大利面是其招牌菜。

📍7 Circular Quay West, The Rocks　☎02-9247-6111　🕛7:00~22:00（星期一、二、四只限晚餐时间，17:00~21:30）　休无　💲15~25澳元　●岩石区

泰国 阿伦泰国餐厅

(Arun Thai Restaurant)

Ⓥ Ⓜ Ⓓ Ⓐ
MAP ●剪切地图-12、p.60-D

充分感受地道的泰国风味和气息

模仿18世纪豪华宅邸建成的泰国餐厅内，冬荫功（一种泰式汤）11.50澳元、袋鼠咖喱18.90澳元。

📍28 Macleay St., Potts Point　☎02-9326-9135　🕛18:00~22:30（星期四、日是12:00~15:00）　休圣诞节　💲18澳元~　●国王十字

美食	**东**	V M D A J
	(AZUMA)	MAP ●剪切地图-10、p.57-K

若想体验一流的味道和服务的话,就来这里

在这里,精选新鲜食材做成的料理好评不断,而且在漫画《美味大挑战》里也有过介绍。为了发挥出食材地道的味道,加点未加工过的盐或者酱汁也不错。最高级的雪花牛肉火锅有入口即化的口感。这里还供应内有寿司和天妇罗的足量便当。

✉Level 1, Chifley Plaza, 2 Chifley Square ☎02-9222-9960
🕐12:00~14:30、18:00~22:00(星期六只有晚上营业) 休星期日、节日 S80澳元~　●市区

日本料理	**诚寿司吧**	不能刷卡
	(Sushi Bar Makoto)	MAP ●剪切地图-18、p.58-F

由专人负责的正宗旋转寿司

它是悉尼罕见的旋转寿司店。新鲜鱼贝类的食材自然不用多说,考虑到澳洲人不太习惯吃生鱼,店里还有厨师特意花心思做的烧鸡肉卷和辣味鳄梨金枪鱼卷等独家寿司。寿司有握寿司、军舰、手卷寿司等共计30余种。餐厅里还有火锅,也可以去尝尝。

✉Cnr. Liverpool & Pitt Sts., Ground Floor, Avillion Hotel ☎02-9283-6767
🕐11:30~14:30(星期六、日12:00~)、17:30~22:00 休无 S15澳元~　●市区

日本料理	**吉井**	V M D A J
	(Yoshii)	MAP ●剪切地图-10、p.56-F

能品尝到味道略微不同的日本料理

吉井是很多当地人都去的人气餐厅,能吃到加了辣椒的茶味荞麦面和酒糟奶油冻等原味料理。在寿司吧能吃到四种寿司。台子上摆放着漂亮得让人觉得吃了都可惜的鱼形寿司等创意寿司。店里还为顾客准备有很多种酒品。

✉115 Harrington St. ☎02-9247-2566 🕐12:00~14:00、18:00~21:30(星期一、六只能吃饭) 休星期日 S38澳元~
●岩石区

达摩
(DARUMA)

V M D A

MAP ● 剪切地图-18、p.58-J

可以自带酒水，轻松用餐

　　在这里能吃到炒面等价格合理的家常菜。店里宽敞舒适。廉价服务时间的盖浇饭很划算。

📍Level 1, 8 Quay St., Haymarket　☎02-9281-2889　🕐10:30~21:30（星期六17:30~21:30）　休星期日、元旦、圣诞节、复活节前的星期五
💲午餐8~20澳元　　　　　　　　　　　　　　●唐人街

红砖小屋
(Rengaya)

V A

MAP ● 剪切地图-32、p.54-B

连美食家都认可的高级烤肉店

　　在这个内饰典雅的安静餐厅里，能吃到澳大利亚产最高级的牛肉。嫩腰里脊，39.80澳元，很有人气。建议大家尝尝活龙虾（120澳元）和澳大利亚产的红酒。

📍73 Miller St, North Sydney　☎02-9929-6169　🕐12:00~15:00（星期二~五）、18:00~22:00　休第二、四个星期一　💲70澳元　●北悉尼

傍晚第一星
(Ichibanboshi)

不能刷卡

MAP ● 剪切地图-14、p.56-J

坚持使用自制面条的拉面

　　筋道的自制面条是店家经过反复尝试制成的。顾客最喜爱的有放着一个大叉烧的醇正酱油味的拉面(7.90澳元)和大盘煎饺（5.50澳元）。

📍360 Oxford St.　☎02-9369-3980　🕐11:00~15:00、17:00~21:30
休复活节、圣诞节、元旦　💲6.50澳元　　　　　●邦迪

糙米腹表
(Brown Rice Haradokei)

不能刷卡

MAP ● 剪切地图-16、p.60-D

以追求健康饮食人士为主的超级人气店

　　提供用有机食材做成的菜肴。加了人参、香菇、海带等很多材料的糙米拌饭3.50澳元~，简直是绝味。

📍58A Bayswater Rd., Rushcutters Bay　☎02-9360-2342
🕐12:00~20:30（星期三、六17:00~21:30）　休星期日、节日、圣诞节、年末年初　💲20澳元~　　　　　　　　　　●国王十字

鳟鱼屋
(Masuya)

V M D A J

MAP ● 剪切地图-10、p.56-J

能品尝精选食材的海鲜大餐

　　这里菜肴丰富，以寿司为主，还有生鱼片、火锅和随机点的菜，特别是活龙虾生鱼片很有人气。气氛平静的店里还准备了与不同料理相配的多种红酒。不仅游客，连上班族等当地人也大加赞赏。

📍B1, 12-14 O'Connell St.　☎02-9235-2717　🕐12:00~14:30、18~22:00（星期六仅晚上营业）　休星期日　💲18~80澳元　●市区

景色优美
观景餐厅与咖啡厅

滨水餐厅
(Waterfront Restaurant)
开放区的花园座位很受欢迎

在花园座位上能眺望到歌剧院、海港大桥和渡轮。澳大利亚红酒35~150澳元；龙虾生鱼片100克13澳元。

罗西尼咖啡厅
(Rossini Café)
海港的活力毫不保留地传到了开放的露台上

咖啡厅紧挨着环形码头渡轮乘坐地。以意大利面为主的意大利美食是意大利南部西西里地区的味道。一盘7~10澳元，另附面包。

乔丹
(Jordon's)
在湾畔散步时顺道去这里坐坐

餐厅有露天餐厅和装着落地玻璃的室内餐厅两种，里面光线明亮，让人心情舒畅。龙虾、鲑鱼和牡蛎等菜很受欢迎。鱼薯片18.50澳元，寿司拼盘15.50澳元，建议品尝。

阳光与悉尼可谓绝配。在这个城市温暖和煦的阳光下，要么坐下来眺望远处的歌剧院和渡轮，要么驻足欣赏郁葱苍翠的绿树，亲身感受阳光的温度。

环形码头道尔斯餐厅
(Doyles at the Quay)
一览歌剧院的绝佳位置

因为这里不接待团体客人，所以店里的气氛宁静安然。白天与晚上的菜单一样，加奶酪的烤龙虾50澳元、泰国烧烤30澳元。本店的分店海滩道尔斯餐厅在屈臣氏湾码头附近（参见p.107）。

植物园咖啡厅
(Botanic Gardens Cafe)
皇家植物园里的咖啡厅

栖息在植物园里的鸟儿们在步行道上的桌子周围飞来飞去，让人感到一种闲适风情。上面的一层是餐厅。

海洋屋
(Ocean Room)
在最高点享受优雅时光

能一边欣赏对岸的歌剧院，一边享用新鲜海鲜做成的美食。在兼营酒吧的店里，弥漫着一种时尚的气氛。靠窗的座位一定要提前预约。

▶ **海洋屋**
MAP ● 剪切地图-6, p.56-B　V M D A J
Overseas Passenger Terminal, Circular Quay West, The Rocks　02-8273-1277　12:00~15:00、18~22:30（星期一、六仅晚上营业）　星期日、节日　70澳元~　岩石区

▶ **环形码头道尔斯餐厅**
MAP ● 剪切地图-6, p.56-B　V M D J
Overseas Verseas Passenger Terminal, Circular Quay　02-9252-3400　11:30~15:00、17:30~22:00　15~50澳元

▶ **植物园咖啡厅**
MAP ● 剪切地图-11, p.57-G　不能刷卡
Mrs. Macquaries Rd.　02-9241-2419　12:00~15:00，星期六、日9:30~11:30　无　3.50~12澳元

▶ **滨水餐厅**
MAP ● 剪切地图-6, p.56-B　V M D A J
27 Circular Quay West, The Rocks　02-9247-3666　12:00~22:00　无　20~50澳元

▶ **乔丹**
MAP ● 剪切地图-13, p.58-E　V M D A J
197 Harbourside Festival, Darling Harbour　02-9281-3711　11:30~23:00　无　10~50澳元

▶ **罗西尼咖啡厅**
MAP ● 剪切地图-6, p.56-F　不能刷卡
Shop W5, Circular Quay　02-9247-8026　7:00~22:30　7~15澳元

Night Spot

夜总会

享受完悉尼的白天之后,接着去感受一下它的夜生活吧!在酒店的休闲室安静地喝喝酒很好,上街跟当地人一起说笑也不错。街上有很多酒馆、酒吧、迪斯科等时尚场所。

酒馆、舞厅 乔治街上的杰克逊酒馆
(Jackson's on George)   V M D A
MAP ● 剪切地图-10, p.56-F

环形码头上的交通非常便利的酒馆

这个酒馆的一楼是旧馆和卖酒的商店,二楼是迪斯科。一楼入口的旁边是露天餐厅。酒馆和酒品店每天都营业,交通也很方便。这里每天都能狂欢到深夜。

■176 George St. ☎02-9247-2727
營酒馆7:00~次日5:00/迪斯科9:00~
休星期一(仅限迪斯科) S酒馆5澳元、舞厅免费(星期五、六、5澳元)
● 环形码头

酒吧 威士忌和牛排吧
(Bourbon & Beefsteak Bar)   V M D A J
MAP ● 剪切地图-16, p.60-D

彻夜不眠的酒吧

位于国王十字中心区的美式风格的酒吧和餐厅。菜肴是牛排、沙拉、三明治等,种类丰富,早、中、晚三餐的内容各不相同。大份的里脊牛排和堆得高高的海鲜沙拉量很大,多得一次根本吃不完。每晚的17:00~次日5:00有现场表演。

■24 Darlinghurst Rd.,Kings Cross ☎02-9331-0696 營12:00~次日6:00 休无 S15~40澳元(24小时营业,入场费10澳元) ● 国王十字

游泳池、酒吧 城市酒店
(City Hotel)   V M D A
MAP ● 剪切地图-13, p.58-B

明快简洁的室内装饰

当地的年轻人晚上就聚集在这里,等着看每晚举行的节目。听听现场乐队的演奏,跳跳舞,享受各种娱乐活动。除在大屏幕前观看体育比赛外,去酒店的游戏室还能玩台球和扑克。这里弥漫着一种高雅的气氛,可在此品

尝牛排。墨西哥风味餐厅能为客人提供满意的服务。

■Cnr. King&Kent Sts. ☎02-9299-4877
營10:00~24:00 (星期三、四~24:00、星期五~次日2:00)、星期六14:00~次日4:00 休星期日 S10澳元~
● 达令港

爵士俱乐部 **贝斯蒙德**
(The Basement)

V M D A J
MAP ● 剪切地图-10、p.56-F

美妙的演奏和高贵的氛围引来如潮人气

在这里能欣赏到爵士乐演奏。演奏者主要以澳大利亚一流的爵士音乐人为主，有时还有世界知名演员前来表演，所以很多音乐爱好者都喜欢来这里。演奏从每晚9:00开始。喝着酒沉醉在这正宗的爵士乐里一定很享受吧！这里的食物也很丰富，白天当做咖啡厅营业，特推荐给大家。

✉ 29 Reiby Pl., Circular Quay ☎02-9251-2797
🕐 11:30~深夜（星期六19:30~）休 星期日经常不营业 💲收费9澳元~（随演奏内容的变化而变化）●环形码头

拉丁美洲酒馆 **韦瓦兹**
(Vivaz)

V M D A J
MAP ● 剪切地图-6、p.56-B

拉丁美洲音乐的演奏掀起高潮

这里弥漫着拉丁美洲活泼的气氛。一边欣赏节奏明快的演奏，一边享受美妙的夜生活。店里还供应自助餐，费用是39澳元~。演奏从晚上8:30开始，星期五晚上从7:30开始。里面还开设舞蹈课。因为这里只在星期四、五、六营业，所以打算去的话要提前确认。

✉ 80 George St.,The Rocks
☎02-9251-4467 🕐18:30~次日2:30 休 星期日~三 💲39澳元
●岩石区

酒馆 **丹迪·阿姆斯**
(The Dundee Arms)

V M D A J
MAP ● 剪切地图-13、p.58-A

位于19世纪20年代的建筑里，环境一流

酒馆在福朋喜来登酒店里（参见p.115），是建造于19世纪50年代的砂岩建筑。这里荟萃了以Tooheys（意大利品牌啤酒名）等澳大利亚啤酒为代表的世界各国啤酒，种类齐全。在这弥漫着高雅气氛的环境里喝上一杯，味道真是特别。天气好的时候会在店外摆上桌椅，让客人享受自助烧烤的乐趣。

✉ Four Points by Sheraton内 161 Sussex St.
☎02-9290-4794 🕐10:30~深夜（星期六17:00~）
休 星期日 💲5澳元~ ●达令港

HOTEL

酒店

在悉尼，各个地区都聚集了独具特色的酒店，从超高级酒店到带厨房的公寓式酒店，可谓种类丰富。

斯坦福德先生
(Sir Stamford at Circular Quay)

V M D A J　MAP ●剪切地图-10、p.57-G

远离城市的喧嚣，心气平和地度过美好时光

位于绿树丛生的皇家植物园正前方10层建筑中的高级酒店。酒店修缮并保了保留着19世纪风貌的古老砖块建筑，外观表现出一种古色古香的韵味。客房配有仿古家具和大理石浴室，气氛显得沉静闲适。此外，酒店设置的室外温水泳池和桑拿浴室等运动中心也很完备。

✉93 Macquarie St.　☎02-9252-4600　FAX02-8274-5456　105室　$167.4澳元~（两人间、高级客房）　酒吧、餐厅、其他
http://www.stamford.com.au
●环形码头

莱吉斯公园
(Park Regis City Centre)

V M D A　MAP ●剪切地图-14、p.58-F

最高层能望到悉尼湾

一层有购物中心拱廊，酒店占了50层大楼的6~16层。屋顶平台的全天候温水泳池很受顾客的欢迎。

✉27 Park St.　☎02-9267-6511　FAX02-9264-2252　120室　$125澳元~　餐厅、屋顶温水泳池、洗衣店、会议室、其他
http://www.parkregishotels.com
●海德公园

海尔特公园
(Park Hyatt Sydney)

V M D A J

绝佳的位置是它的吸引人之处　MAP ●剪切地图-6、p.56-B

建造在海港大桥下，坎贝尔斯湾的最高级酒店。在这里能一览歌剧院和悉尼湾的美景。

✉7 Hickson Rd., The Rocks　☎02-9241-1234　FAX02-9256-1555　158室　$475澳元~　酒吧、餐厅、泳池、桑拿浴、运动中心、其他
http://sydney.park.hyatt.com
●岩石区

曼特拉邦德街2号
(Mantra 2 Bond Street)

V M D A

适合长期滞留，附带方便的完整厨房　MAP ●p.56-F

酒店在中心区附近，所在的地段购物很方便。敞亮的客房里配有厨房，对长期滞留和商务旅客来说很方便。里面还有宽敞的餐厅，能让客人舒舒服服地度过旅行的时光。

✉Cnr. George & Bond Sts.　☎02-9250-9555　FAX02-9250-9556　170室　$206澳元~　厨房、冰箱、屋顶泳池、洗衣房、其他
http://www.mantra.com.au
●马丁广场

香格里拉
(Shangri-La Hotel Sydney)

Ⓥ Ⓜ Ⓓ Ⓐ　　MAP ●剪切地图-9、p.56-F

所有客房都能望到悉尼湾

酒店的位置绝佳，共 36 层。从所有客房都能欣赏美景。有装饰美术风格的大厅、高雅的客房和铁板烧餐厅等。

✉176 Cumberland St., The Rocks　☎02-9250-6000　🖷02-9250-6250　563室　💲400澳元~　🛏酒吧、餐厅、泳池、运动中心、其他
http://www.shangri-la.com　　　　　　　　　　●环形码头

悉尼达令港艾比斯酒店
(Hotel Ibis Darling Harbour Sydney)

Ⓥ Ⓜ Ⓓ Ⓐ Ⓙ　MAP ●剪切地图-13、p.58-E

面朝湾畔建成的高级酒店

从面朝大海的客房能望到达令港的街区，而且湾畔购物中心就在它的正前方。

✉70 Murray St., Pyrmont　☎02-9563-0888　🖷02-9563-0899　256室
💲145澳元~　🛏酒吧、餐厅、洗衣房、会议室、其他
http://www.hotelibis.com.au　　　　　　　　　●达令港

悉尼达令港福朋喜来登酒店
(Four Points by Sheraton Darling Harbour Sydney)

Ⓥ Ⓜ Ⓓ Ⓐ Ⓙ　MAP ●剪切地图-13、p.58-A

餐厅的美食从海鲜到日本料理应有尽有

从设计考究的客房能望到达令港或者商业街。购物地区也在步行能到的地方。

✉161 Sussex St.　☎02-9290-4000　🖷02-9290-4040　630室
💲190澳元~　🛏24小时运动中心、矿泉疗养地、商务中心、其他
http://www.fourpoints.com/sydney　　　　　　●达令港

拉迪逊广场酒店
(Radisson Plaza Hotel Sydney)

Ⓥ Ⓜ Ⓓ Ⓐ Ⓙ　MAP ●剪切地图-10、p.56-J

利用古老建筑的最新酒店

酒店位于皮特街商业中心北部，买东西很方便。房间里设有写字台，最适合办公了。

✉27 O'Connell St.　☎02-8214-0000　🖷02-8214-1000　362室
💲345澳元~（两间高级客房）　🛏健身房、泳池、餐厅、酒吧、其他
http://www.radisson.com/sydneyau_plaza　　　●环形码头

悉尼港万豪酒店
(Sydney Harbour Marriott Hotel)

Ⓥ Ⓜ Ⓓ Ⓐ Ⓙ　MAP ●剪切地图-10、p.56-F

最适合购物和观光的位置

酒店的大厅开放感十足，通常的设计给人深刻印象。维多利亚风格的家具和家居用品一应俱全。客房弥漫着一种高贵感，可谓魅力十足。站在最高层能望到悉尼的街区和海湾。

✉30 Pitt St.　☎02-9259-7000　🖷02-9251-1122　550室　💲419澳元~（两间高级客房）　🛏酒吧、餐厅、泳池、运动中心、其他
http://www.marriott.com　　　　　　　　　　●环形码头

贾米森阿莫拉酒店
(Amora Hotels Jamison)

V M D A J MAP ●剪切地图-10、p.56-J

享受欧式的时尚空间

有着洗练、沉静感的欧洲情调的高级酒店。每个客房平均36平方米，空间设计很宽敞，在里面能好好地放松放松。家具和床罩时髦、高贵，且搭配雅致。浴室采取注重实用性的简单设计。采光很好的大厅和楼层演绎出十足的个人氛围。

餐厅有两家，一家是法国菜餐厅"沃尔奈"；另一家是能享用到三种套餐的"萨维内"。

客厅是现代化设计风格

配有大理石的奢华浴室

✉11 Jamison St.　☎02-9696-2500　FAX02-9696-2600　415室
💲175澳元~（两人间高级客房）　🍴餐厅、酒吧与咖啡厅、泳池、其他
http://www.amorahotels.com　●马丁广场

洲际酒店
(Hotel Inter Continental Sydney)

V M D A J MAP ●剪切地图-10、p.57-G

19世纪的建筑与现代风格的高塔完美结合

酒店是以原财务部大楼为基础改造而成的。维多利亚风格家居装饰的内部飘散着一种古典气息。

✉Cnr.Bridge & Phillip St.　☎02-9253-9000　FAX02-9240-1240　510室
💲435澳元~（两人间高级客房）🍴餐厅、咖啡酒吧、泳池、其他
http://www.intercontinental.com　●环形码头

达令港皇冠广场
(Crowne Plaza Darling Harbour)

V M D A J MAP ●剪切地图-13、p.58-F

建造在商业街上的深褐色酒店，可以说是个低调的好地方

酒店位于游客较少的商业街上，共11层。客房色调为暖色调，室内装饰精练、简约。

✉150 Day St.　☎02-9261-1188　FAX02-9261-8766　346室
💲190澳元~　🍴酒吧、餐厅、健身房、会议室、其他
http://www.crowneplaza.com　●达令港

悉尼万豪酒店
(Sydney Marriott Hotel)

V M D A J MAP ●剪切地图-19、p.59-G

能看到绿树丛生的海德公园的高级酒店

酒店在海德公园对面，建在最适合购物和观光的地段。客房功能齐全，充满了高雅的气息。

✉36 College St.　☎02-9361-8400　FAX02-9361-8599　241室
💲314澳元~　🍴泳池、餐厅、鸡尾酒吧、桑拿浴、运动中心、其他
http://www.marriott.com　●海德公园

优雅的外观跟街区很搭配

天文台酒店
(The Observatory Hotel)

V M D A J　MAP ●剪切地图-9、p.56-E

国内最早的天文台就在眼前
它建造在安静的住宅街上，是岩石区代表性的高格调酒店。柜子、桌子等客房家居都是硬红木材质的，摆放得很雅致。室内泳池是这家酒店的王牌。泳池上方的天花板上有光纤描绘出的星座，富有浓郁的幻想色彩。

雅致的客房

✉89-113 Kent St.　☎02-9256-2222　FAX02-9256-2233　85室
S795澳元~　酒吧、餐厅、泳池、网球场、运动中心、桑拿浴、其他
http://www.observatoryhotel.com.au　●岩石区

韦伯酒店
(Vibe Hotel Sydney)

V M D A J　MAP ●剪切地图-18、p.59-G

坐车从机场到这里只需25分钟，且在方便观光的地段
从这里出发能步行到达悉尼主要的旅游景点。酒店里除有温水泳池和桑拿浴室之外，餐厅和鸡尾酒吧等设施也很齐全。

✉111 Goulburn St.　☎02-8272-3300　FAX02-9211-3381　192室
S195澳元~　餐厅、酒吧、泳池、桑拿浴、其他
http://www.vivehotels.com.au　●萨里高地

四季酒店
(Four Seasons Hotel Sydney)

V M D A J　MAP ●剪切地图-10、p.56-F

内设能享用澳大利亚烹饪绝活的餐厅
大厅充满了通透感，而且一直通到三楼。站在最高层看到悉尼湾和歌剧院，观景指数是悉尼首屈一指的。

✉199 George St.　☎02-9250-3100　FAX02-9251-2851　531室
S250澳元~　酒吧、餐厅、泳池、运动中心、桑拿浴、其他
http://www.fourseasons.com　●环形码头

蓝色伍尔卢莫卢湾
(Blue Woolloomooloo Bay Sydney)

V M D A J　MAP ●剪切地图-11、p.57-L

一览悉尼湾的位置
市内装饰无论色彩还是设计都独具个性。酒店里弥漫着现代气息。客房以白色为主色调，还有带阁楼的房间。

✉The Wharf at Woolloomooloo,6 Cowper Wharf Rd.　☎02-9331-9000
FAX02-9331-9031　100室　S575澳元~　餐厅、酒吧、矿泉疗养地、
其他　http://www.tajhotels.com/sydney/　●伍尔卢莫卢

锡蒂盖特中央酒店
(Citigate Central Sydney)

V M D A J　MAP ●剪切地图-22、p.58-J

能停放600辆车的地下停车场
酒店距离唐人街和中央车站很近，位于赫马基特区。透过每个房间的大玻璃窗也能欣赏到让人身心舒畅的美景。

✉169-179 Thomas St.　☎02-9281-6888　FAX02-9281-6688　249室
S117.3澳元~(两人间、不指定房间)　酒吧、餐厅、泳池、其他
http://www.mirvachotels.com.au　●中央车站

威斯汀
(The Westin Sydney)

V M D A J　MAP ● 剪切地图-10 P.58-B

现代中又带着浓郁的浪漫气息

利用19世纪古老建筑的高级酒店。它由两栋大楼组成，一栋是31层高塔的一部分，另一栋是有着超过125年历史的中央邮局的大楼。具有重要历史价值的旧中央邮局部分，有51间客房，室内装饰和家具表现出浪漫的气息，格调十分高雅。室内设计宽敞舒适，流动着私人空间那样的沉静气氛。里面摆放的床，是为了给顾客提供舒适的睡眠而自行开发的。健康俱乐部里有76部机器和

温水泳池、按摩设施等，相当完善。酒店位于市中心，离岩石区和环形码头很近，最适合做游客观光的落脚地。

No.1 Martin Place　02-8223-1111　02-8223-1222
416室　285澳元~　酒吧、餐厅、咖啡厅、泳池、运动中心、按摩、其他
http://www.westin.com/sydney　　● 马丁广场

悉尼瑞士酒店
(Swissotel Sydney)

V M D A J　MAP ● 剪切地图-14、p.58-B

矗立在百货商店一角的独特高层酒店

酒店高25层，在皮特街商业中心前，是新加坡莱佛士大酒店的姐妹店。酒店的布局独特，10层以下是购物王国的悉尼中央广场，摆放着栎木和枫木材质家具的客房显得很宁静。

68 Market St.　02-9238-8888　02-9238-8899　359室
249澳元~（两人间、上等客房）　餐厅、健身房、商务中心、其他
http://www.swissotel.com.au　　● 海德公园

赖奇斯世界广场酒店
(Rydges World Square Sydney)

V M D A J　MAP ● 剪切地图-18、p.58-F

酒店在单轨列车车站附近，交通非常方便

位于皮特街和利物浦大街的交会处。大厅挂着一幅描绘澳大利亚风景和人物的画，营造出一个闲静的空间。客房类型有豪华型的高级客房等。餐厅有自助餐和照单点菜两种类型的服务。

389 Pitt St.　02-8268-1888　02-9283-5899　445室
164澳元~（两人间、豪华客房）　餐厅、酒吧、商务中心、健身房、会议室、其他
http://www.rydges.com　　● 海德公园

麦地那大酒店
(Medina Grand Sydney)

V M D A J　MAP ●剪切地图-14、p.58-F

达令港和市政厅就在附近
　27层的时尚公寓酒店。每个客房都用简单沉稳的色调装饰，再搭配上雅致漂亮的意大利家具。里面休闲室、厨房、洗衣房等设施一应俱全，适合长期滞留的游客。

511 Kent St.　02-9274-0000　02-9267-5655　144室
245澳元~　泳池、健身房、洗衣房、其他
http://www.medina.com.au　　　　　●市区

皮特街新城饭店
(Metro Hotel on Pitt)

V M　MAP ●剪切地图-14、p.58-F

装饰美术风格的外观显得很高贵
　饭店位于海德公园旁边。搭配木质家具的英国风情装饰功能齐全，既适合工作又适合观光。

300 Pitt St.　02-9283-8088　02-9283-2825　115室　205澳元~　快餐店、酒吧、矿泉疗养地、会议室、迷你吧、其他
http://www.metrohotels.com.au　　　　　●海德公园

达令港诺富特尔罗克福德酒店
(Novotel Rockford Darling Harbour)

V M D A J　MAP ●剪切地图-17、p.58-F

位于达令港附近的现代酒店
　简单雅致的都市型酒店。挨着酒店的流行酒吧里经常聚满了来这里放松的当地人。

17 Little Pier St.　02-8217-4000　02-8217-4400　223室
190澳元~　餐厅、泳池、其他
http://www.novotel.com　　　　　●达令港

达令港萨默塞特酒店
(Somerset Darling Harbour Sydney)

V M D A J　MAP ●剪切地图-14、p.58-F

充满家的感觉，让人不愿离开
　这里是有1间到3间卧室的公寓式酒店，厨房和起居室都有。一流酒店所应有的各种设施这里都很完备。

252 Sussex St.　02-8280-5000　02-8280-5050　119室
250澳元~　餐厅、泳池、其他
http://www.somerset.com　　　　　●达令港

悉尼塔奥克斯马斯特里酒店
(Oaks Maestri Towers Sydney)

V M D A J　MAP ●剪切地图-14、p.58-F

地理条件优越，去哪儿都很方便
　酒店位于市中心，是适合观光和商业活动的公寓式酒店。客房里有配备电炉炊和洗碗机的厨房。

298-304 Sussex St.　02-9267-9977　02-9267-9499　7室
154澳元~　咖啡厅、餐厅、温水泳池、矿泉疗养地、桑拿浴、其他
http://www.theoaksgroup.com.au　　　　　●市区

剑桥品质酒店
(Quality Hotel Cambridge)

V M D A J MAP ●剪切地图-19、p.59-G

海德公园附近的时尚酒店

注重实用性的简单客房。距离旅游景点和购物区很近，布局很好。2006年又重新装修了一下。

212 Riley St., Sydney East　02-9212-1111　02-9215-5111　170室　$130澳元~　餐厅、酒吧、泳池、其他
http://www.cambridgehotel.com.au　　●牛津街

国会大厦广场酒店
(Capitol Square Hotel)

V M D A J MAP ●剪切地图-18、p.58-J

酒店距中央车站300米，邻接唐人街建造。餐厅服务周到，网上预约可打折。

Cnr. & George Sts.　02-9211-8633　02-9211-8733　94室　$110澳元~　餐厅、酒吧、健身房、其他
http://www.rydges.com　　●中央车站

湾景大道
(Bayview Boulevard)

V M D A J MAP ●剪切地图-15、p.59-D

温馨的木质风格的客房显得宽敞舒适。透过窗户能看到悉尼湾，夜景很迷人。

90 William St.　02-9383-7222　02-9357-1547　272室　$160澳元~　餐厅、酒吧、卡拉OK、桑拿、健身房、日式浴室、其他
http://www.boulevard.com　　●海德公园

海德公园酒店
(Hyde Park Inn)

V M D A J MAP ●剪切地图-18、p.59-G

酒店所在的位置正好能俯瞰海德公园。除有意大利餐厅外，还有厨房等设施。

271 Elizabeth St.　02-9264-6001　02-9261-8691　92室　$181澳元~　餐厅、洗衣房、厨房、其他
http://www.hydeparkinn.com.au　　●海德公园

远离城市喧嚣，坐落在悉尼郊外的别墅气质的酒店

莉恩费尔斯蓝山度假村
(Lilianfels Blue Mountains)

V M D A J MAP p.65-C

在传统风格的住宅里优雅度假

能领略蓝山宏大全景的时髦酒店。客房以仿古家具为基调，装饰得优雅沉稳。拥有百年历史的高雅格调和现代设施完美地结合在一起。

Lilianfels Ave., Echo Point, Katoomba　02-4780-1200　02-4780-1300　85室　$390澳元~　泳池、健身房、美容、其他
http://www.lilianfels.com.au　　●蓝山地区

米尔顿公园乡村山庄
(Milton Park Country House Hotel)

V M D A MAP p.65-E

在森林中充分感受别墅的气息

这家度假酒店坐落在内部高地上，驱车从悉尼出发，1个半小时就能到。客房里摆放的仿古家具显得干净利落，优雅别致。在占地285万平方米的广阔空间里，有完善的网球场、高尔夫球场和马场等运动设施。

Horderns Rd., Bowral　02-4861-8100　02-4861-7962　40室　$330澳元~　网球场、高尔夫球场、骑马、酒吧、餐厅、泳池、其他
http://www.milton-park.com.au　　●南部高地

透过客房的窗户能看到一片葱郁的绿树

创意酒店 DESIGN HOTEL

在酒店密密麻麻的悉尼,虽然大多数游客倾向于选择方便观光和购物的大型酒店,但气氛温馨且独具特色的小规模酒店也有很多。不过,提醒大家注意,小型酒店在国外没有预约点。

丽晶苑
(Regents Court)
V M D A MAP ●剪切地图-16、p.60-D

带小厨房的优雅公寓风格酒店

丽晶苑,是由年轻设计师亲手建起的酒店,外观厚重,室内装饰前卫、时尚。里面弥漫着一种宁静温馨的气氛,只要在这里住上几天,就会觉得好像在自己的家一样。

✉18 Springfield Ave.,Potts Point ☎02-9358-1533
📠02-9358-1833 32室 💲220澳元~ 🛏小厨房、冰箱、其他
http://www.regentscourt.com.au ●国王十字

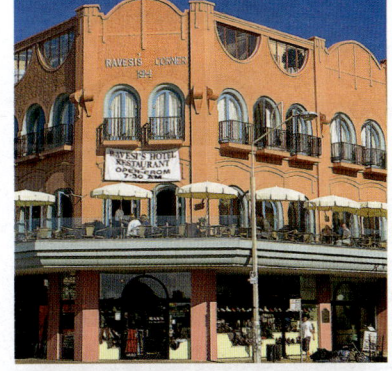

拉韦希斯酒店
(Ravesi's on Bondi Beach)
V M D A MAP ●剪切地图-33、p.81-A

能看海的带露台的房间很受欢迎

自1914年建成以来,这家酒店就成了邦迪海滩的地标性建筑,殖民时代的茶色外观是它的特征。所有房间都是一间卧室和一间客厅。在露天餐厅,可以一边看海一边品尝南欧风味的美食。

✉118 Campbell Parade., Bondi ☎02-9365-4422
📠02-9365-1481 16室 💲125澳元~ 🍴餐厅、其他
http://www.ravesis.com.au ●邦迪海滩

休恩登酒店
(The Hughenden Hotel)
V M D A MAP ●剪切地图-24、p.63-F

坐落在安静住宅区里的维多利亚风格酒店

酒店位于帕丁顿东侧。它是把19世纪70年代的哲学家居住过的房子加以改建而成的,而且用当时的古韵家具装饰房间。酒店免费提供的早餐,客人都很喜欢带烤饼和曲奇的晚茶套餐(仅限冬季,下午3:00以后)和酒店自制的蛋糕。

✉14 Queen St., Woollahra ☎02-9363-4863
📠02-9362-0398 36室 💲148澳元~ 🍴餐厅、露天咖啡座、酒吧、家庭套间、其他
http://www.thehughenden.com.au ●帕丁顿

悉尼 酒店

中央酒店
(Central Park Hotel)

V M D A　MAP ●剪切地图-14、p.58-B

带矿泉理疗的浴室和CD录影机
它是悉尼最新的小酒店。被称为工作室的客房，装饰得简单而又时尚，在里面可以尽情享受室内温馨的气氛。酒店免费提供欧陆风格的早餐。

📍185 Castlereagh St.　☎02-9283-5000　📠02-9283-2710　35室
💲150澳元~　🍴餐厅、咖啡厅、酒吧、游戏室、厨房、其他
http://www.centralpark.com.au　　　　　　●海德公园

麦克拉伦酒店
(The McLaren Hotel)

V M D A J　MAP ●剪切地图-32、p.64-A

虽然风格像民居，不过设施的完善程度却能与城市酒店相媲美
酒店是把以前的民居改建而成的，能感受到浓郁的生活气息。走廊上安装了热水器，放在热水器旁的各种茶叶可以随便喝。免费提供早餐。

📍25 McLaren St., North Sydney　☎02-9954-4622　📠02-9922-1868
27室　💲157澳元~　🍴餐厅、洗衣房、会议室、其他
http://www.mclarenhotel.com.au　　　　　　●北悉尼

庄园之家
(Manor House Boutique Hotel)

V M D A　MAP ●剪切地图-20、p.62-A

露台上装有喷气流矿泉疗养池
酒店利用了建造于1850年的悉尼第一代市长旧居。门口装有门铃系统。房间里清一色的仿古家具和现代气息的咖啡区，将现代和古典完美地调和为一体。

家具是客房的吸引人之处

📍86 Flinders St., Paddington　☎02-9380-6633　📠02-9380-5016　18室　💲140澳元~　🍴温水矿泉疗养地、餐厅、酒吧、其他
http://www.manorhouse.com.au　　　　　　●泰勒广场

贝斯沃特新月公寓
(The Crescent on Bayswater)

V M D A J　MAP ●剪切地图-16、p.60-D

占据一楼大部分空间的运动中心很受欢迎
它作为精品酒店，规模比较大，外观是雅致的公寓风格。所有客房都带厨房和阳台，客房光线充足，干净利落。里面还有宽敞的套间客房，屋顶上有泳池。

📍33 Bayswater Rd., Kings Cross　☎02-9357-7266　📠02-9357-7418
67室　💲140澳元~　🍴泳池、餐厅、运动中心、其他
http://www.sydney.citysearch.com.au/E/V/SYDNE/0013/72/23/　●国王十字

充满南国风情的小小港口城市

凯恩斯
(CAIRNS)

北领地 NT
昆士兰州 QLD
西澳州 WA
SA 南澳州
新南威尔士州 NSW
首都特别地区ACT
VIC 维多利亚州
TAS 塔斯马尼亚州

凯恩斯的概貌
(Outline of Cairns)

通往大堡礁的入口。
色彩鲜艳的热带植物和殖民风格的建筑,洋溢着热带气息。

城市概况

凯恩斯位于昆士兰州北部,是一个祥和平静的小城。1876年,在它的近郊发现金矿。凯恩斯作为矿山大门被开放。当时的凯恩斯,由于矿山和甘蔗的栽培而热闹非凡。如今,它作为通往大堡礁各个岛屿的玄关入口,又吸引了世界各国的游客。

凯恩斯的街道比较平坦,数不清的殖民风格古建筑林立在街道两旁,接受着海风的洗礼。周围点缀着澳洲坚果、甘蔗和菠萝园,到处洋溢着闲适的热带气息。

城市结构

凯恩斯市中心周围环绕着滨海艺术中心(the Espanade)、城市地带(City Place)和特里尼蒂码头(Trinity Wharf),特色礼品店、餐厅、高级酒店和汽车旅馆林立其中。市中心面积狭小,徒步亦能逛个痛快,相应地,这里的旅游观光景点不算多。希尔兹大街(Shields St.)与莱克大街(Lake St.)相交的城市广场(City Place)附近有家购物中心,里面也有情调高雅的酒吧。从滨海艺术中心到码头街(Wharf St.)是凯恩斯的发祥地。马林码头被冠以垂钓胜地的美名。码头南侧有开往大堡礁的观光邮轮。

凯恩斯的西郊,还有库兰达(Kuranda)、阿瑟顿高原(Atherton Tableland)等很多旅游景点。

气候

凯恩斯一年四季温暖如春,受热带雨林性气候影响,旱季雨季分明。热带雨林生长茂密。

雨季通常在11月~翌年4月夏季的时候,以气温高、降雨量大为特点。与此相对,旱季在每年5月~翌年10月冬季的时候到来,气温较低,雨量也少。年平均最高气温31.4℃,最低气温17℃。

Information

了解有关凯恩斯和大堡礁的旅游信息:
■昆士兰州热带雨林观光旅游协会
Cairns Tourism Tropical North Queensland
51 The Esplanade
07-4051-3588
8:30~18:30 (周六日到13:10)
圣诞节

MAP p.133-F

从中国到凯恩斯

从中国到凯恩斯，上海浦东国际机场有澳洲航空、国泰航空等运行的转机航班；北京首都国际机场有国泰航空等运行的转机航班。另外，也可从国内出发，经由悉尼等澳大利亚城市，转机前往凯恩斯。

所需时间方面，根据转机航线的不同，时间各有不同。

由于凯恩斯机场的国内线与国际线机场大楼相邻，去往悉尼、布里斯班等其他城市时，转机都非常方便。

换乘顺利

凯恩斯国际机场
(Cairns International Airport)

凯恩斯机场种植着很多热带植物，到处洋溢着热带气息。它作为昆士兰州的北大门，同时是连接澳大利亚的枢纽机场。从凯恩斯到悉尼飞机大概需要3小时，到布里斯班约需2小时，到达尔文约需2小时。机场位于距离市中心西北部8公里的地方，乘出租车20分钟即可到达。

机场一层为到达区，二层为出发区。机场内外币兑换处、现金自动支付机、租车服务处、投宿酒店信息牌、洗浴中心、自动储物柜及邮局等设施一应俱全。外币兑换处和旅游咨询办公室在到达大厅。

国际转国内线

国际线与国内线的航站楼紧紧相邻，两座航站楼通过一条走廊连接。

两航站楼之间大概300米的距离，步行5分钟就可到达。也可乘坐澳大利亚巴士运输公司（Australia Coach）的机场往返巴士，费用为2澳元。

国内线有澳航（QF）、阳光州航空公司(QF)、西航航空(YC)等。

由于国际转乘国内线至少需要1个小时，所以转乘航班一定要留够充裕的时间。

机场弥漫着悠闲的气氛

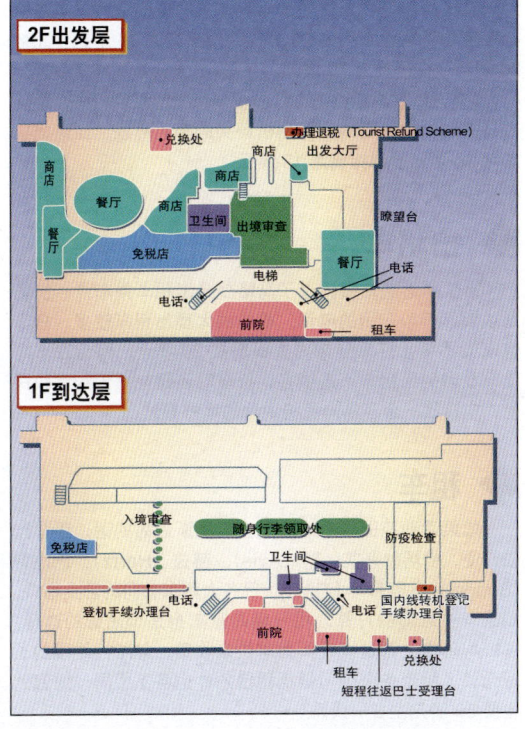

机场的酒店预约电话

凯恩斯城市机场
凯恩斯市区—机场的往返巴士
(Cairns City Airporter)
费用：8澳元
运行时间：根据航班时间运行
运行间隔：约30~40分钟
预约：Australia Coach
☎07-4040-1000

机场至市内的交通

凯恩斯机场巴士

在市内，短程往返巴士会送您到任何一家宾馆。这种巴士的运营商是澳大利亚巴士运输公司，车的前面和侧面写有"Australia Coach"的字样。这种往返巴士根据航班的时间，从国际、国内两个航站楼出发，从机场到市内大约需要20分钟。费用为8澳元。

从机场去市内的话，在到达航站楼出口旁边的柜台购票即可乘车。

回国或者去往其他城市时则需要提前电话预约。如果不放心电话预约也可在酒店前台预订。前台还可预约酒店。只要告诉前台您想投宿的地点，酒店就会为您预约各种酒店、汽车旅馆，以及面向背包客的住宿设施。

除发往市内的巴士外，还有发往棕榈湾（Palm Cove）和道格拉斯（Douglas）方面的巴士。

珊瑚巴士

乘坐凯恩斯市内向北运行的巴士，从机场可到达特里尼蒂海滩、棕榈湾、道格拉斯港、莫斯曼、特里比申角等地，对于直接从机场到莫斯曼的乘客非常方便。从机场到道格拉斯港单程需要1小时20分钟，费用成人35澳元、儿童20澳元（往返成人70澳元、儿童40澳元）。

另外，从凯恩斯市内出发和机场出发的票价相同，想从市内去道格拉斯港的话，用机场买的票也可以。到道格拉斯港35澳元、到棕榈湾18澳元。

去往郊外时乘坐珊瑚巴士很方便
珊瑚巴士（Coral Coach）是以莫斯曼为运行大本营的线路巴士。行驶莫斯曼、道格拉斯港和凯恩斯的这条线路的车最多，凯恩斯市内的始发站在特里尼蒂码头。从凯恩斯到道格拉斯港大约需要1个小时30分，费用为35澳元。如果买往返票的话会便宜很多。
☎07-4098-2800

出租车

出了到达航站楼，过了马路就是出租车乘车点。机场到达大厅有叫车用的电话。机场的大型出租车较多，拼车也未尝不可。打车到市内大概需要20澳元。因为在市内流动载客的出租车不是很多，打车时还是电话预约比较保险，应该找一个容易向司机说明的地方等候。

租车

如果活动范围较广或者想去凯恩斯近郊的话，租车比较方便。机场就有艾比斯（Avis）、赫兹（Hertz）、巴杰特（Budget）、斯里弗蒂（Thrifty）等各大租车公司的营业窗口。如果有去近郊的打算，租一辆四驱车也是个明智的选择。各公司基本上都是以时间为单位来收费，与所行路程的长短无关。租金各个公司根据租借条件也各不相同，便宜的也要50澳元左右一天。

出租车(Taxi)
预约：Black & White
☎13-1008

主要租车公司
艾比斯（Avis）　☎07-4051-5911
赫兹（Hertz）　☎07-4051-6399
巴杰特（Budget）
　　　　　　　☎07-4051-9222
斯里弗蒂（Thrifty）☎07-4051-8099

市内交通

阳光巴士

巴士从城市广场的运输中心出发。运行线路覆盖了北到棕榈湾（Palm Cove），南到皮拉米德庄园（Pyramid Estate）的海岸沿线。共15条线路。长途路线由特快巴士公司（Express Bus）运营，路线号前加有字母"X"。运行时间为周一到周六的6:00左右至次日4:00，路线不同，始发终止的时间也不尽相同。白天10到20分钟一趟，晚上1小时左右一趟。周日和法定假日的运行时间是早7:00到晚上10:00左右，每30分钟一趟。阳光巴士基本可以到达凯恩斯的各个地方，车也比较多，好好利用它去稍远的地方转转也不错。由于巴士是从运输中心出发的，有的地方可能会遇到等1个小时都不来车的情况，所以到达目的地后，最好在巴士站确认一下回程车的时间。

阳光大巴穿梭于主要街区

阳光巴士
(Sunbus)
费用体系（1套）
全日制通票（Transit Day Pass，24小时的特定区域里无限乘车票）8.20澳元
运行时间：全天（根据路线发生变化）
Sunbus Hotline　07-4057-7411

运输线上的巴士换乘站

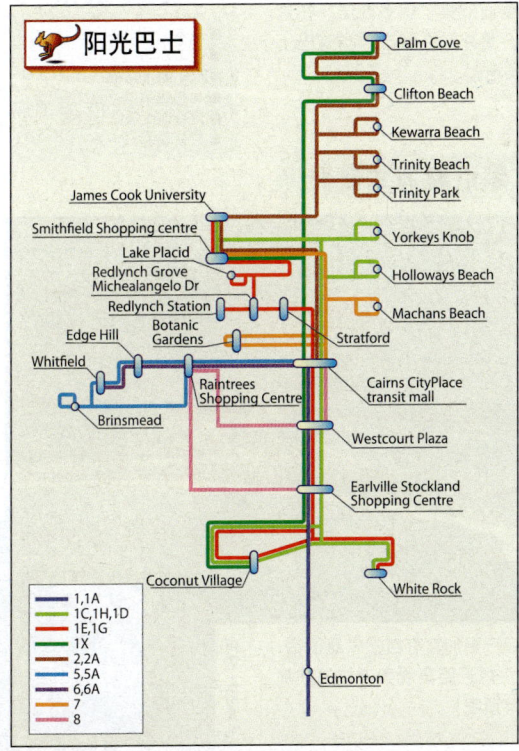

索要巴士资料！
从巴士司机处可以索要巴士时刻表和巴士的宣传小册子。在城市地带公示着有关巴士的详细说明和行车路线。

游览观光基本知识

凯恩斯虽然是个祥和的小城,但它却是通往大堡礁各个岛屿的大门。市内有很多商店和餐厅,步行游览也能让您尽兴而归。去郊外参观游览可乘坐巴士,也可租车或参加旅行团。去往库兰达还有火车和高架铁路。

太平洋上的夕阳美景非常浪漫

在沿海区域享受街道的氛围

在广场散步令人心情愉悦

游览的重点是面朝大海的滨海艺术中心。这里是凯恩斯最热闹的大街。街上餐厅、酒店鳞次栉比,从对面公园的人行道上可以看到散步和慢跑的人。靠近大海的购物中心是皮尔集市广场。这里集中了很多商店和餐厅。广场后边的马林码头有快艇和观光游轮。要想测测城市大小的话,从这里走到市中心的城市广场就差不多了。在凯恩斯中心街上,架设了一座横穿各个街道的购物拱廊,里面汇集了很多商店。在这里寻找澳大利亚特产的人也很多。另外,在城市广场有巴士的始发站,它也是去往郊外的出发地。

徒步旅行小贴士

享乐
- 观光 ★★★
- 购物 ★★★★
- 美食 ★★★

交通工具的便利度
- 火车 ★
- 出租车 ★★★
- 巴士 ★★★

地区大小

以城市地带为中心,四周三个街区左右大小的区域里商店集中。从这边走到那边只需15分钟,没有必要坐巴士。去郊外的话乘坐巴士非常方便。

主要旅游景点

- 滨海艺术中心
- 城市广场
- 皮尔集市广场
- 马林码头
- 贾普凯土著文化公园
- 野生世界

走向海与山的世界,亲近魅力大自然

说到凯恩斯的魅力,就不得不谈到郊外或者海上的娱乐活动。去往大堡礁的观光游轮有很多,所以无论怎样,都不要错过哦!时间不宽裕的游客可以参加半日巡游的旅行计划。巡游中可以体验一下浮潜,不会游泳也没有关系。想亲身感受野性大自然魅力的游客一定要去热带雨林一游。虽然去往小店林立的库兰达是最方便的,但如果想让自己的旅行更加富有自然气息的话,还是推荐大家去丹特里国家公园。想近距离观察考拉等澳洲特有动物的游客就去凯恩斯野生穹顶吧!

一看到美丽的大海就不愿离开了

街道上阳光灿烂

凯恩斯 ●CAIRNS

旅行指导
增强好奇心 享受大自然

茂密的热带雨林和充满原住民文化气息是凯恩斯旅程的显著特征。体会异国土著文化，接触野生动物也会获得新的发现，而且还会很快乐哟！

库兰达和高原列车1日游

库兰达高原列车

这是观光凯恩斯人气旅游景点的旅行。首先乘坐高空缆车去往库兰达。中途在雷德皮克站下车，漫步热带雨林。到达雨林车站后，可以去野生动物公园。这里除可见到鳄鱼、小袋鼠、袋鼠之外，还可抱着考拉照相留念（需付费）。之后，边乘坐水陆摩托，边听导游介绍边探索热带雨林的奥秘。最后，边乘坐库兰达列车欣赏热带雨林和溪谷的美景。

Mighty Aussie Adventures 07-4033-0187　出发日：每天　出发时间：9:00　需要时间：8小时　成人150澳元、儿童80澳元　※主要酒店接送

探寻夜行动物之旅
(Night Tour)

可爱地游动着的鸭嘴兽

寻找澳大利亚野生动物之旅。除观察袋鼠、大蝙蝠和鸭嘴兽之外，还可给小袋鼠喂食。品尝澳大利亚风味的烤肉之后，晚上可以享受在热带雨林散步、探寻夜行动物和观测天体的乐趣。

Mighty Aussie Adventures 07-4033-0187　出发日：每天　出发时间：13:00　需要时间：8小时　成人125澳元、儿童70澳元　※主要酒店接送

夜访帕罗奈拉公园
(Night Paronella Park)

灯光下的魔幻古城

参观伫立在热带雨林中的西班牙风情古堡的旅行。到达帕罗奈拉公园后，首先要体验澳大利亚的土著文化。在这里可以玩玩儿点火和给狩猎飞镖着色等游戏。上过色的飞镖也可以据为己有。之后，参观灯火通明的古堡。在森林里浮现的古堡和池塘非常神秘。在有的季节还可以看到萤火虫。这也是神秘古堡之旅的魅力之一。最后，在返回中途的小镇吃晚饭，然后返回凯恩斯。

Mighty Aussie Adventures 07-4033-0187　出发日：星期二、三、五、日　出发时间：15:00　需要时间：7小时　成人135澳元、儿童85澳元　※主要酒店接送

特里比申角与莫斯曼溪谷之旅
(Cape Tribulation and Mossman Gorge Tour)

Reef and Rainforest Connections 07-4035-5566 07-4035-5588　出发日：每天　出发时间：8:15　需要时间：9小时　成人157澳元、儿童103澳元　※主要酒店接送

游览热带雨林植物宝库——丹特里国家公园、特里比申角和莫斯曼溪谷的旅程。乘坐丹特里河的游船，近距离接触栖息在热带雨林中的鳄鱼。从瞭望塔远眺繁茂郁葱又气势宏大的热带雨林。旅行免费提供午餐，也可以在天然泳池里游泳。

清风徐徐吹来

凯恩斯的 体育运动

在凯恩斯，非常盛行让游客充分领略热带雨林大自然气息的活动及挑战珊瑚礁周围海洋的水上运动。无论您是自然派还是水上运动派，都能尽兴而归！

for 自然派

骑沙滩摩托车

简单好骑的 ATV（全地形沙滩摩托车）。在 2 小时的旅途中可以捉蟋蟀、看蚁巢，有很多亲近大自然的机会。

Austrarian ATV Tours　07-4030-7911
8:00~18:45　125澳元~

热气球

从库兰达西侧的马里巴（Mareeba）起飞。欣赏日出的同时，亦可俯身将热带雨林风景尽览无余。周围被旭日染成红色的美景会让人痴迷。飞行时间为30~60分钟，着陆后还有附加香槟的早餐在等着您。

Hot Air Cairns　1-800-800-829
07-4039-2800　出发：每天4:00　需要时间：5小时
30分钟190澳元~、60分钟290澳元

漂流

乘坐橡皮艇顺着热带雨林激流而下。有巴伦河（Barron River）半日漂流和塔利河（Tully River）1日漂流两种项目。也可以挑战一下 2~5 天的漂流之旅。

Raf'n'Rainforest Company　07-4041-9444
07-4031-4777　出发：每天　需要时间：半日路线4小时30分、1日路线12小时　123澳元~

钓鱼

去凯恩斯入河口和热带雨林的河里钓鱼吧！目标就是石鲈、三文鱼、尖吻鲈、红树林杰克等。钓鱼有河口垂钓和河钓两种，路线也分为半日游和1日游，均提供钓具和鱼饵。也有拟饵垂钓和抛勾钓等其他项目。

Fishing The Tro pics　07-4058-1820　出发：每天7:30、13:00　需要时间：4点30分~　半日：95澳元、1日：170澳元

跳伞

从大约2400米的高空一纵而下。有教练贴身保护，即使是第一次也不用害怕。跳伞能一览凯恩斯街景、热带雨林及大堡礁的壮美景色。作为跳伞纪念，还可以得到贴有照片的证明。

Skydive Cairns　07-4031-5466　07-4031-5505　每天7:30、9:00、12:30、14:00　210澳元（高度决定费用）

骑马

骑上马在凯恩斯北部棕榈湾（Palm Cove）的热带密林和高原上阔步。从小高丘上能眺望到大海和小岛。驯马师会为游客挑选适合游客骑技的马匹，所以，以前没有骑过也没有关系。2小时的骑马体验之后，大家就可一饱口福了！

Blazing Saddles　07-4093-9100　07-4093-9099
出发：每天8:30、13:30　成人105澳元、儿童80澳元

for 海洋运动派

潜水

　　大堡礁是海洋生物的宝库。平均水温22℃~27℃的海水里，3000多种珊瑚礁群中，共同生活着1500多种鱼类和4000多种软体动物。也是濒临灭绝的儒艮、绿龟、红海龟等静养的栖息地。

●教练细心指导的体验型潜水项目最适合初学者。高水平潜水项目适合持有潜水资格证书的游客。

回Tusa Dive　☒Cnr.Shieles St.&The Esplanade
☎07-4031-1248　FAX 07-4031-3141
S 体验型潜水：220澳元~、高水平潜水：210澳元

海上游轮

　　在游轮甲板上可以眺望大海，透过玻璃船底可以悄悄欣赏美丽的珊瑚和游来游去的鱼儿们。到乘坐帆船区道格拉斯港海域的洛艾尔斯（Low Isles）岛一游也不错。岛是纯珊瑚岛，上面的沙子也很漂亮。目的地有海滩漫步、潜浮等活动项目。

●平时有12位教练，可以安心体验潜水乐趣。从体验入门到培养教练的专家级别，范围很广。

回Deep Sea Divers Den　☒319 Draper St.
☎07-4046-7333
FAX 07-4031-1210　S 体验型潜水：155澳元~、高水平潜水：150澳元、1日留宿项目345澳元

回Quicksilver Connections　☎07-4087-2100
FAX 07-4099-5525　出发：9:30 需要时间：7小时
S 成人122澳元、儿童61澳元~

降落伞飞行

　　离开马林码头，在特里尼蒂入河口（Trinity Inlet）上空约90米飞行。一边飞一边欣赏珊瑚礁海域的美景真是饶有兴味！降落伞有单人用和双人用两种，也有和水上摩托、橡皮艇划水配套的项目。

●潜水处位于凯恩斯洋面东侧的赛特福礁（Thetford Reef）附近，那里长期有外语工作人员。

回Pro Dive　☒116 Spence St.　☎07-4031-5255
FAX 07-4051-9955　S 高水平潜水：500澳元（3小时）、考取潜水资格证的课程：750澳元（5天）

回North QLD Water Sports（Cairns Activities）
☎07-5577-1900　⏰9:00~日落　S 70澳元~

海上赛艇

　　珊瑚礁海漫游到菲茨罗伊岛之后，划橡皮艇到附近的无人岛一游，体验小岛漫步的情趣。在教练的指导下，初学者也可以试着划橡皮艇。在无人岛上可以享用热带风味的午餐。

回Raging Thunder Adventures　FAX 07-4030-7911
出发：8:30 需要时间：9小时　S 109澳元~

🔴 真心导游

从初学者到高手都能尽兴而归

　　开朗、认真又见多识广的导游杰伊，非常自豪自己两眼都是8.0的好眼力。他向大家推荐的地方是丰富多彩的高尔夫球场。球场上既有面向高尔夫高手的娱乐，也有面向初学者的活动。无论水平高低，每位游客都能依喜好自由选择不同项目。这一特色应该是凯恩斯独有的吧！在导游自己组织的活动中，也有大家一起比赛赢取奖品的特别项目。此外，也可随意请教在凯恩斯的旅游方法。

要不要挑战高手杰伊先生？

http://www.mightyaussie.com

凯恩斯　体育运动

Sight Seeing
精品旅游景点

凯恩斯博物馆
(Cairns Museum)

MAP p.133-D

到城市广场即可 Cnr. Shields & Lake Sts.
07-4051-5582 10:00~16:00 星期日、节日
成人5澳元、儿童2澳元

恩斯的历史
能详细了解凯

利用1907年建成的艺术学校的建筑，向后人宣传凯恩斯历史的博物馆。里面有很多关于铁道、采矿发展史和与当地土著文化相关的展品，可谓意义深远，通过这些展品可以了解到凯恩斯的过往。

凯恩斯区画廊
(Cairns Regional Gallery)

MAP p.133-D

从城市广场步行2分钟即到 Cnr. Abbott & Shields Sts. 07-4046-4800 10:00~17:00（星期日13:00~） 元旦、复活节前的星期五、圣诞节、圣诞节次日 成人5澳元、16岁以下儿童免费

画廊里主要展示活跃在昆士兰州北部的艺术家的作品。虽然是家地方博物馆，但其规模却能与昆士兰州的画廊相媲美。此外，画廊还会随时举办国内外著名艺术家的特别展览。展览结束后，可以在画廊的咖啡馆休憩片刻。

画廊虽小但展览内容却很充实

滨海艺术中心
(The Esplanade)

MAP p.133-D

从城市广场步行3分钟即到 The Esplanade

街道有着热带特有的宁静感

面朝特里尼蒂湾，最醒目的大街就是滨海艺术中心。皮尔集市广场附近是滨海艺术中心的环礁湖，是个人工海滩。街道一侧集中着餐厅、纪念品店及面向背包客的便宜酒店，是个非常热闹的地方。到了晚上，还会开放夜市。

凯恩斯野生动物穹顶
(Cairns Wildlife Dome)

MAP p.133-F

从城市广场步行8分钟即到 35-41 Wharf St.
07-4031-7250 9:00~18:00（星期日、节日9:00~17:30） 圣诞节 成人22澳元、儿童11澳元（4~14岁）

礁石酒店赌场里再现了一个人造热带雨林。在这里能跟飞来飞去的南方鸟类及考拉、鳄鱼、海龟、蛇、青蛙等澳大利亚动物亲密接触。园内野生气息非常浓厚。游览途中还有导游陪同。

观察可爱的考拉近在咫尺地

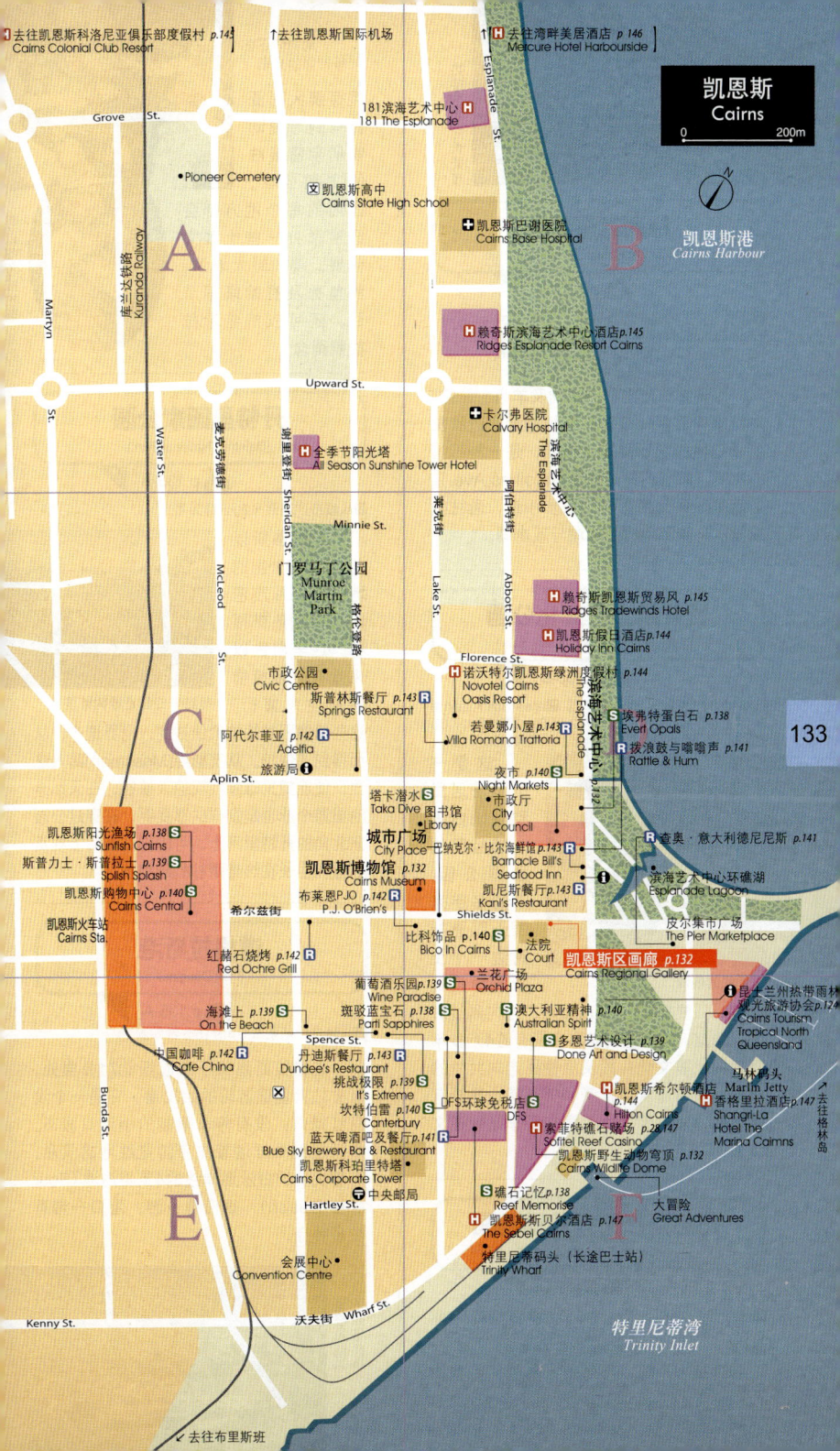

热带植物生长繁茂

佛列克植物园
(Flecker Botanic Gardens)

MAP p.135-D

从城市广场乘车15分钟即到 8 Collins Ave., Edge Hill ☎07-4044-3398 ⏰7:30~17:30（星期六、日、节日8:30~）休圣诞节、元旦 $免费

生长在热带雨林的植物及羊齿、兰花、热带果树等生长茂密，在植物园中边欣赏色彩鲜艳的花和果实边漫步，是一种不错的享受。隔着科林斯大街（Collins Ave.），对面是一条热带雨林的散步小道，通往栖息着水鸟和海龟的淡水湖与咸水湖。

贾普凯土著文化公园
(Tjapukai Aboriginal Cultural Park)

MAP p.135-D

从城市广场乘车20分钟即到 Western Arterial Rd., Caravonica ☎07-4042-9900 ⏰9:00~17:00 休圣诞节、元旦 $成人33澳元、儿童16.50澳元

原住民的表演

这是一个土著居民和当地白人一起经营的主题公园。它的名字来源于凯恩斯周边一个土著人种族的名字——贾普凯（Tjapukai）。园内通过影像、舞蹈、戏剧等向游客介绍有着4万多年历史的土著文化片段及原住民走向共生的历程。演奏迪吉里杜管和掷飞镖也是颇有情趣的。发往库兰达的高空缆车站就在文化园旁边。

凯恩斯热带雨林动物园
(Cairns Tropical Zoo)

MAP p.135-D

从城市广场乘车20分钟即到 Captain Cook Hwy., Palm Cove ☎07-4055-3669 ⏰8:30~16:00 休圣诞节 $成人32澳元、儿童16澳元

这是一个可以与考拉、袋鼠、毛鼻袋熊等澳大利亚特有的可爱动物们亲密接触的主题公园。园内的每个地方都会经常举办一些土著文化展、澳洲野犬表演、鳄鱼秀及赛蛤蟆等节目，还可以抱着考拉拍照留念。

动物们正在等待您的光临

可以与考拉拍照

丹特里国家公园
(Daintree National Park)

MAP p.135-A

从城市广场乘车20分钟即到

在凯恩斯以北大约110公里的地方有一片茂密的丹特里热带雨林。这里自古以来就有很多植物种群生息繁衍。

每到一处都是绿树繁茂

这些植物因其短缺价值被列入世界遗产，从而得到了保护。从莫斯曼（Mossman）踏入这里，便能望见雄伟壮观的大峡谷，在天然泳池里游个泳也是别样的享受呢。在穿过公园东北角的丹特里河上，可以坐在游船上观赏鳄鱼和生长在热带雨林的动植物。

道格拉斯港
(Port Douglas)

MAP p.135-A

从城市广场乘车1小时15分钟即到

道格拉斯港位于凯恩斯北71公里处，有去往大堡礁游轮的始发港。它是一个没有红绿灯、没有停车限制的小港口城市。市区里到处洋溢着热带游览胜地的气息。有着优美的白沙海岸线的4英里海滩（Four Mile Beach），很值得一游。港口一带有很多餐厅。

充满了热带风情的道格拉斯港

库兰达
热带雨林中美妙的城市

Kuranda

库兰达铁路的列车员小姐

库兰达位于凯恩斯西北约 34 公里，四周全是热带雨林。它是一个纪念品店、餐厅、画廊遍布街市的旅游城市。城市不大，只要步行就能逛一遍，所以走走看看，再买点东西也是一种不错的享受。还有，参加热带雨林巡游和徒步游，去观察生气十足的动植物也是很有趣的。

晴天的时候甚至能望到大堡礁

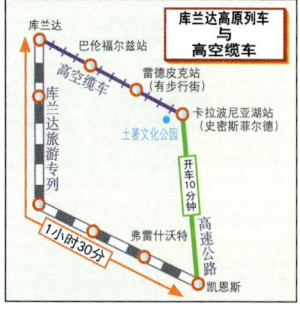

去往库兰达的三种方法

库兰达高原列车 / Kuranda Scenic Railway

这是一辆连接凯恩斯车站和库兰达车站的旅游专列。最初是用来为阿瑟顿高原的锡矿山运送食品的。列车在热带雨林中蜿蜒的轨道上行驶，遇到风景好的地方就停车让游客欣赏美景。这趟在热带雨林中蜿蜒 1 小时 45 分钟的旅途充满了温馨感。高原列车单程成人 41 澳元，儿童 21 澳元。凯恩斯车站每天 8:30 和 9:30 发车两趟。☎07-4036-9333

高空缆车 / Skyrail

从凯恩斯北 11 公里贾普凯土著文化公园中的史密斯菲尔德（Smithfield）出发，乘坐限乘 6 人的高空缆车也可以到达。广袤的热带雨林和溪谷尽收眼底，让人产生仿佛置身其中的幻觉。建议大家中途在雷德皮克站、巴伦福尔兹站下车，在热带雨林的步行道上悠闲地走走。整个旅程需时 50 分钟。缆车单程成人 41 澳元，儿童 20.5 澳元。（往返成人 59 澳元，儿童 29.5 澳元）☎07-4038-1555

高速公路 / Highway

开车从凯恩斯出发大概 30 分钟就能到达库兰达。顺着库克船长（Captain Cook）高速公路一路北上，然后进入肯尼迪高速（Kennedy Hwy.），最后渡过巴伦河（Barron River）就到了。

库兰达文化艺术品市场

(Kuranda Heritage Market) MAP p.135-C

库兰达曾经是个艺术家云集的地方。这个市场最初是艺术家们为了出售自己的作品而开设的。库兰达市场的其中一个,便是从库兰达车站步行5分钟即可到达的传统艺术品市场。这里有木头制的小玩具,五颜六色的飞镖,品质上乘的蛋白石及皮革制品等很多具有浓郁地方特色的纪念品。此外,还有一些当地艺术家制作的工艺品和珠宝首饰,光是看看就已经很享受了。除此之外,还有出售迪吉里杜管的商店,店主还会无偿教授吹管的方法。

Rob Veivers Drive 每天举办、9:00~15:00
免入场费

光看看就已经很满足了

库兰达鸟世界

(Birdworld Kuranda) MAP p.135-C

在建有瀑布和池塘的园内,生活着澳大利亚的57种鸟类和世界热带雨林的25种鸟类,它们无忧无虑地拍动着翅膀飞来飞去。园内的鸟儿们都喜欢亲近游客,所以,直接喂它们吃食儿问题也没有。

Heritage Markets 07-4093-9188
9:00~16:00 圣诞节 成人16澳元、儿童8澳元

色彩艳丽的野生鸟类

珍稀种类的蝴蝶很多

澳大利亚蝴蝶保护区

(Australian Butterfly Sanctuary) MAP p.135-C

在吉尼斯世界纪录里也有记载的4000平方米的大温室里,飞舞着35种2000余只蝴蝶。来这里一定要去参观一下蝴蝶标本资料馆。

8 Rob Vievers Dr. 07-4093-7575
9:45~16:00 圣诞节 成人17澳元、儿童8.50澳元

私房信息

热带雨林巡游

库兰达旅游值得向大家推荐的便是乘小船巡游热带雨林的库兰达河游览船之旅。船从库兰达车站旁的停靠站出发,沿巴伦河欣赏热带雨林风光,整个旅途需要45分钟时间。每天10:30~14:30之间,每小时发一趟船。费用成人14澳元,儿童7澳元。另一个想为大家推荐的是乘坐水陆两用车快速穿过热带雨林的水陆战车体验项目。每天10:00~15:00,每小时运行一趟。成人17澳元、儿童8.5澳元。

此外,库兰达地处高山,气温和湿度都低于海边,是绝佳的避暑胜地。这里的住宿设施风格各异,从度假村、露营到面向背包客的旅馆,任您挑选。

巴伦河的热带雨林巡游

SHOPPING

购物

从城市广场开始，沿海的那条街上有许多特产店和时装店。商店里摆放着很多富有当地特色和原住民风格的本土工艺品。街上还有几座购物拱廊，散步之余顺道去淘点稀罕物也不错哟！

礁石记忆(Reef memorise)

MAP p.133-F

出售沙滩用品和纪念品的商店

这家商店邻接礁石车站而建，店里出售防晒霜、毛巾、沙滩鞋等沙滩用品，此外，还有许多以花和海豚为主题做成的项链和手镯等饰品，真是琳琅满目！

Reef terminal, Spence St.　07-4052-7812　7:30~18:00　无

斑驳蓝宝石(Parti Sapphires)
V M D A J　　　MAP p.133-F

产量丰富的澳大利亚蓝宝石

这家店于2004年2月开业，除蓝色外还有粉色、白色、黄色、绿色的宝石。除宝石外还有钻石和蛋白石。

Shop1,Cnr.Lake & Spence Sts.　07-4051-6437　14:30~22:00　无

埃弗特蛋白石(Evert Opals)
V M D A J　　　MAP p.133-D

质感十足的手工首饰琳琅满目

这里是一家专营蛋白石的店铺。客人可以自选石头制作吊坠和胸针，费用为20澳元起，价格不等。店里的店员以专业知识见长，所以可以参考一下他们的建议，定做一件原创风格的饰品。

85 The Esplanade　07-4041-3466　11:30~22:00　圣诞节

凯恩斯阳光渔场(Sunfish Cairns)
V M　　　MAP p.133-C

以合理价格赢得人心的纪念品店

店里有饰品、手包、化妆品、玩具和小点心等各式各样的澳大利亚特色商品。宝石9.95澳元起价，价格比较低，而且有长期工作的外语店员，买东西时也不会有语言不通的顾虑。

Cairns Central Shoping Centre,Cairns Station　07-4041-0911
9:00~18:00（星期四~21:00、星期日10:30~17:00)　圣诞节

多恩艺术设计 (Done Art And Design)
V M D A J   MAP p.133-F

这是一个以多彩设计广纳人气的品牌

这里出售澳大利亚著名艺术家肯多恩的画和他设计的T恤等服装。大胆采用蓝、红、黄等明亮色调的设计，跟凯恩斯热带休闲的度假气息非常搭调。T恤30澳元起售。

📍4 Spence St.   ☎07-4031-5592   🕐10:00~22:00、星期日12:00~20:30   休无

海滩上 (On the Beach)
V M D A J   MAP p.133-E

泳装款式多种多样

店里的泳装有颇具澳大利亚风格的彩色款式，也有大胆奔放的比基尼款式，型号很全。来这里肯定能找到您喜欢的泳衣!

📍Shop53, The Pier Market Place   ☎07-4031-1313   🕐9:00~18:00（星期日10:00~） 休无

葡萄酒乐园 (Wine Paradise)
V M D A J   MAP p.133-F

购买澳大利亚红酒的好地方

澳大利亚是红酒的著名出产国，这家店云集了澳大利亚各地的名酒。店里陈列的红酒种类丰富，从普通到高级不等，满足不同顾客的口味。

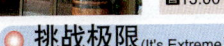

📍43-49 Abbott St.   ☎07-4041-6844   🕐13:00~22:00   休无

挑战极限 (It's Extreme)
V M D A J   MAP p.133-E

让户外运动派和休闲派满意而归

该店经营哥伦比亚、哈里汉森等著名户外用品品牌，除登山包、靴子外，还有在城市里使用的各种休闲用品，沙滩凉鞋、太阳镜的样式很多，想买的话就来这里淘吧!

📍32 Spence St.   ☎07-4051-0344   🕐9:00~19:00（星期六9:00~17:00）、星期日10:30~15:30   休圣诞节

斯普力士·斯普拉士 (Splish Splash)
V M D A J   MAP p.133-C

寻找钟爱的泳衣

位于凯恩斯购物中心的泳装专卖店。这里不仅有女式泳装，也有很多男士和儿童的泳装，款式多样，型号齐全。另外这里也出售各种防晒用品。

📍Cairns Central Shopping Centre McLeod St.   ☎07-4041-1755   🕐9:00~17:30（星期四~21:00）、星期日、节日10:30~16:00   休圣诞节

比科饰品 (Bico In Cairns)
V M D A J

MAP p.133-D

这里的饰品都是澳大利亚本土生产的。材质能抵御海水和汗水的侵蚀，任何时候戴都没问题。300多种以土著文化和希腊神话为主题的可爱设计整齐地摆放在店里，真是令人爱不释手。在这里购买比在国内买便宜。

✉ Shop A,36 Abbott St. ☎ 07-4052-1037 🕐 11:00~22:00 (星期六、日12:00~) 休无

澳大利亚精神 (Australian Spirit)
V M D A J

MAP p.133-F

店里除了销售牛肉、鳄鱼、鸸鹋肉干和澳洲坚果等零食外，还有蛋白石、皮革制品、澳洲飞镖等唯澳大利亚独尊的特色商品。店里商品摆放整齐，种类丰富。这里不仅所有商品都免税，还有会说外语的店员，完全不用担心语言的问题。

✉ 67 Abbott St. ☎ 07-4031-7716 🕐 9:00~22:00 休无

坎特伯雷 (Canterbury)
V M D A J

MAP p.133-F

这是一家很有名的新西兰运动品牌店。在澳大利亚和新西兰都很受大众喜爱的橄榄球用品应有尽有，让橄榄球运动的爱好者们爱不释手。这里不但有世界各国国家队的队服，还有很多平时穿的运动装。

✉ Cnr. Spence & Lake Sts. ☎ 07-4031-4783 🕐 9:00~21:00 休无

街角一瞥

凯恩斯购物中心

凯恩斯中心就在凯恩斯车站的旁边。里面除有大型商场外，还囊括了超市、美容室、电影院、专卖店、美食广场等。和白天相比这里晚上反而更热闹，而且更符合凯恩斯的风格。此外，马林码头附近的皮尔市场也很有人气。

夜市 (Night Markets)
卡：各店情况不同　MAP p.133-D

✉ 64 Abbott St. ☎ 07-4051-7666 🕐 16:30~23:00 休无

凯恩斯中心 (Cairns Central)
卡：各店情况不同　MAP p.133-C

✉ Cairns Station,Mcleod St. ☎ 07-4041-4111 🕐 9:00~17:30 (星期四~21:00、星期日10:30~16:00) 休圣诞节

Restaurant

餐厅

说起凯恩斯的美食,还是不能不提到海鲜。不过,这些只有在澳大利亚才能见到的袋鼠肉和鳄鱼肉想必大家也想尝尝鲜吧。这里荟萃了世界各国的风味餐厅,所以大家不仅能品尝到澳大利亚风味美食,还能品尝到世界各国的美味。

多国风味

拨浪鼓与嗡嗡声
(Rattle & Hum)

V M D A
MAP p.133-D

店里环境宽敞明亮

店前放着一口瓷烤炉,顾客能看到厨师烤制比萨的全过程。除比萨外,这家餐厅还为顾客准备了牛排、意大利面、三明治等,肚子饿了一定要去美餐一顿哟!这里还设有台球酒吧,饱餐后去玩玩儿也不错。

67 The Esplanade　07-4031-3011　11:30~24:00
休无　$6澳元

141

意大利风味

查奥·意大利德尼尼斯
(Ciao Italia-Donninis)

V M
MAP p.133-D

位于购物中心二楼的休闲餐厅

这里乍一看像是一家咖啡店,实际上它是一家菜品很地道的餐厅。厨师推荐的招牌菜是意大利面和海鲜烧烤。

Shop 7, 2F, The Pier Marketplace
07-4051-1133　11:30~22:00
休圣诞节、12月31日　$15~25澳元

澳大利亚风味

蓝天啤酒吧及餐厅
(Blue Sky Brewery Bar & Restaurant)

V M D A J
MAP p.133-F

连日喧嚣不止!专为喜欢啤酒的顾客准备的啤酒广场

这个啤酒广场是凯恩斯当地的一家啤酒厂兼营的。除周二外,每天都举办活动。此外,每天还有三次啤酒工厂参观活动(参观中可以试饮3种啤酒,并作出比较,成人10澳元)。

34-42 Lake St.　07-4057-0500　10:00~24:00(星期五、六~次日2:00),酒厂餐馆11:00、16:00、18:00　休无　$5澳元

希腊风味 阿代尔菲亚
(Adelfia)

MAP p.133-C

品尝各式各样的希腊代表美食

这是一家使用橄榄油和新鲜草药来制作地道希腊美味的餐厅。食物以烤羊肉串和简单沙拉为代表，足量的海鲜拼盘和海鲜意大利面也很受大家欢迎。如果你想一口气尝遍所有特色美食，最好的选择就是套餐系列。晚上还能在这里欣赏到希腊音乐现场演奏会。这里距离凯恩斯车站徒步只需7分钟。

Cur. Aplin&Grafton Sts. ☎07-4041-1500 11:30～14:30、17:00～深夜（星期六、日17:00～） 无 20澳元～

中国风味 中国咖啡
(Cafe China)

MAP p.133-E

不管白天还是晚上都能吃到30～50种茶点

在这里，可以大开胃口享用泥蟹和龙虾等凯恩斯特产的海鲜。更有趣的是，这里会当场烹饪顾客亲自挑选的游动在水槽中的鱼贝类。担心价格的客人可以点一些茶点车上的食物。想吃中国菜的一定要去赏光！

Cnr., Grafton St. ☎07-4041-2828 11:00～14:30、17:00～22:00（星期六仅晚上营业） 无 50澳元～（午餐15澳元～）

澳大利亚风味 红赭石烧烤
(Red Ochre Grill)

MAP p.133-C

潇洒地品味澳大利亚特产

这是一家虽然年轻，却在凯恩斯很有名气的餐厅。用袋鼠、小袋鼠、鸸鹋等动物的肉做成的各种澳大利亚菜肴，在当地也颇受好评。

43 Shields St. ☎07-4051-0100 12:00～15:00、18:00～21:00（星期六、日仅晚上营业） 无 18澳元

爱尔兰风味 布莱恩PJO
(P. J. O' Brien's)

MAP p.133-D

弥漫着浓郁的英伦情调的华丽酒馆

酒馆里有好几层，每一层都装饰得情调盎然。酒的种类也很丰富。每个星期三都有美女调酒师前来助兴。

87 Lake St. ☎07-4031-5333 11:30～次日3:00 无 25澳元～

凯尼斯餐厅
(Kani's Restaurant)

V M D A J
MAP p.133-D

在海风吹拂的露台上享受美味

这是一家面朝滨海艺术中心的人气餐厅。海鲜和烤肉是这里的招牌菜，在当地也享有很好的口碑。建议大家挑战一下每日更换的特色菜。

✉59 The Esplanade　☎07-4051-1550　🕐17:00～22:00　休无　$25澳元

丹迪斯餐厅
(Dundee's Restaurant)

V M D A J
MAP p.133-E

澳大利亚独特的肉食菜肴带给您超级的惊喜与美味

这里不仅有袋鼠和鳄鱼肉，还有骆驼和袋貂肉做的菜。店里有会外语的工作人员和外文菜单。

✉29 Spence St.　☎07-4051-0399　🕐17:30～22:30　休无
$25澳元

若曼娜小屋
(Villa Romana Trattoria)

V M D A J
MAP p.133-D

早晨开始就很热闹的意大利休闲茶餐厅

这里主营各种比萨和意大利面，还能品尝到新鲜的海味。餐厅对面便是滨海艺术中心，开放式露台的座席分外惬意。餐厅早上就开始营业，所以来这里吃早餐（自助餐16.95澳元）还是很方便的。比萨或者意大利面搭配饮料的午餐15.9澳元，下午4:30之前都有供应。4:30～6:30之间，所有菜品都打七五折，这个时间段去吃饭很划算的。

✉Cnr. Aplin & Esplanade　☎07-4051-9000　🕐6:30～23:00　休圣诞节　$10澳元～

巴纳克尔·比尔海鲜馆
(Barnacle Bill's Seafood Inn)

V M D A
MAP p.133-D

味道不输任何地方的海鲜老店

这家餐厅20多年来只做优质美味的海鲜料理，清爽的味道很受游客们的喜爱。

✉103 The Esplanade　☎07-4051-2241　🕐17:30～22:00　休圣诞节、复活节前的星期五　$20～35澳元

斯普林斯餐厅
(Springs Restaurant)

V M D A J
MAP p.133-D

在泳池边的露台上大口享用喜欢的美味

斯普林斯餐厅是绿洲休闲酒店里的一家自助餐厅。餐厅从早晨就开始营业了。

✉122 Lake St.　☎07-4080-1888　🕐6:00～21:30　休无　$9～17澳元

HOTEL

酒店

凯恩斯热带休闲风格的酒店居多，基本上都集中在滨海艺术中心周围。酒店的风格各异，既有高级度假酒店和休闲公寓，也有殖民时期建筑样式的汽车旅馆。种类虽多，但无论哪种都有优越的观景环境。

凯恩斯假日酒店
(Holiday Inn Cairns)

V M D A J MAP p.133-D

充满热带风情的高级休闲公寓

这家酒店坐落在能眺望到珊瑚海和特里尼蒂湾的海岸大道上，面朝滨海艺术中心而建，白色圆形的建筑显得很明亮。客房环绕在热带植物丛生的中庭四周。在阳台上就可以望到特里尼蒂湾。酒店专设无烟客房以方便不吸烟的旅客。此外，还设有餐厅、公共休闲室、鸡尾酒休闲室等，去酒店的室内泳池和按摩浴房释放疲惫吧！

充满休养地气息的热带浴室

在室外游泳池中进行日光浴

✉121-123 The Esplanade & Florence St.　☎07-4050-6070　FAX07-4031-3770　237室　S190澳元　餐厅、泳池、热带雨林花园、其他　http://www.holidayinn.com/

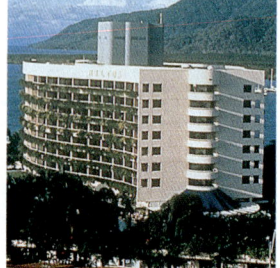

凯恩斯希尔顿酒店
(Hilton Cairns)

V M D A J MAP p.133-F

酒店专门面向外宾的服务很受好评

酒店敞亮的客房都有阳台，从这里看到的海景是无与伦比的。对于外宾，酒店提供特别服务，所以一定要去光临哦！

✉34 Esplanade Ave.　☎07-4050-2000　FAX07-4050-2001　264室　S190澳元　酒吧、餐厅、休闲室、泳池、健身房、其他　http://www.hilton.co.jp

诺沃特尔凯恩斯绿洲度假村
(Novotel Cairns Oasis Resort)

V M D A J MAP p.133-D

独特的室内设计和泳池颇受好评

度假村靠近市中心，地理位置很优越。游泳池四周是低层客房楼。泳池边上有个台球酒吧，在这里可以享用美味的早餐。馆内经全面改装后，展现给大家一个优雅别致的空间。

✉122 Lake St.　☎07-4080-1888　FAX07-4080-1889　314室　S217澳元　酒吧、餐厅、泳池、健身房、洗衣房、会议室、其他　http://www.novotelcairnsresort.com.au/

赖奇斯滨海艺术中心酒店
(Rydges Esplanade Resort Cairns)

V M D A J　MAP p.133-B

设有公寓套房的大型酒店
　这是一家位于凯恩斯港海边的大型高级酒店。酒店里除普通客房外，还有带厨房、餐厅、洗衣房的公寓套房，是长期逗留游客的理想选择。还有，酒店所有客房都能望到特里尼蒂湾，这也是这家酒店受欢迎的秘诀之一。

在充满南国风情的泳池中游泳

从窗口望去的风景旖旎

✉ Cnr. The Esplanade & Kerwin St.　☎ 07-4044-9000
FAX 07-4044-9002　242室　$ 190澳元　🍴酒吧、餐厅、泳池、网球场、便利店、运动中心、其他
http://www.rydges.com/hotel/0/RQESPL/Rydges-Esplanade-Resort-Cairns.htm

凯恩斯门户酒店
(Cairns Gateway Resort)

V M D A　MAP p.135-E

殖民时代建筑风格的度假酒店
　酒店大厅以奶白色和绿色为基本色调，宽敞明亮。客房有四种，推荐大家入住家庭式客房。

✉ Cnr. Bruce Hwy. & Anderson Rd.　☎ 07-4044-4777　FAX 07-4033-7012　102室　$ 198澳元　🍴酒吧、餐厅、泳池、网球场、洗衣房、其他
http://www.cairnsgatewayresort.com.au

凯恩斯科洛尼亚俱乐部度假村
(Cairns Colonial Club Resort)

V M D A J　MAP p.133-A

被巨幅热带风情窗帘围起来的雅致酒店
　来到这家酒店，会让人产生仿佛回到殖民时代的错觉。酒店提供外语服务，咨询台也有外语服务人员。

✉ 18-26 Cannon St.　☎ 07-4053-5111　FAX 07-4053-7072　346室
$ 151澳元　🍴酒吧、餐厅、泳池、网球场、健身房、其他
http://www.cairnscolonialclub.com.au

赖奇斯凯恩斯贸易风
(Rydges Tradewinds Cairns)

V M D A J　MAP p.133-D

洋溢着休闲情调的度假酒店
　酒店面朝特里尼蒂湾而建。每逢周末，还会在酒店的中庭举行热带啤酒会。

✉ 137 The Esplanade　☎ 07-4053-0300　FAX 07-4051-8649　245室
$ 149澳元　🍴酒吧、餐厅、泳池、其他
http://www.rydges.com/tradewinds

凯恩斯　酒店

道格拉斯港喜来登大酒店
(Sheraton Mirage Port Douglas)

V M D A J　MAP p.135-A

澳洲屈指可数的名酒店
　　澳大利亚五大知名酒店之一。设有高尔夫球场、网球场、保龄球馆、泳池等运动场馆。是一家让运动派流连忘返的度假酒店。

✉ Davidson St., Port Douglas　☎ 07-4099-5888　FAX 07-4099-4424　294室　$619澳元　餐厅、泳池、健身房、桑拿、高尔夫、网球场、其他　http://www.sheraton.com/portdouglas

卡瓦拉海滩度假村
(Kewarra Beach Resort)

V M D A J　MAP p.135-D

散落在大自然中的孟加拉式小屋
　　这是一家被绿色庭院紧紧包围的高级度假酒店，眼前便是广阔的卡瓦拉海滩。泳池周围散落着几间孟加拉风格的小客房，暖系色调充满了异国情调。

✉ Kewara St., Kewara Beach,　☎ 07-4058-4000　FAX 07-4057-7525　75室　$270澳元（两人间）　酒吧、餐厅、泳池、其他　http://www.kewarra.com

湾畔美居酒店
(Mercure Hotel Harbourside Cairns)

V M D A J　MAP p.135-D

酒店坐落在宁静的住宅街上，朝着水上栈桥步行几分钟就能到
　　从大部分客房都能看到特里尼蒂湾和格林岛。酒店离游轮停靠站也比较近，交通便利。

✉ 209-217 Esplanade　☎ 07-4051-8999　FAX 07-4051-0317　173室　$135澳元　酒吧、餐厅、泳池、矿泉疗养地、其他　http://www.mercure-harbourside.com.au

诺沃特尔棕榈湾度假村
(Novotel Palmcove Resort)

V M D A J　MAP p.135-D

酒店内的运动项目非常齐全
　　酒店设有游泳池、9个洞的高尔夫球场、墙网球场等完善的运动设施。

✉ Coral Coast Dr., Palm Cove　☎ 07-4059-1234　FAX 07-4059-1297　280室　$99澳元　酒吧、餐厅、健身房、桑拿浴、网球场、其他　http://www.novotel-pcr.com.au

皇家棕榈湾
(Palm Royale Cairns)

V M D A　MAP p.135-D

充满热带雨林气息的优雅外观夺人眼目
　　低层的酒店显得很有气派。在专用泳池还为客人提供无偿讲授潜水技能的服务。

✉ 7-11 Chester Court　☎ 07-4032-2700　FAX 07-4032-2800　150室　$约110澳元（两人间）　餐厅、其他　http://www.palmroyale.com.au

香格里拉酒店
(Shangri-La Hotel The Marina Cairns)

V M D A J　MAP p.133-F

酒店邻接购物中心，从客房能一览马林码头的风光。大厅挂着一幅临摹香格里拉的画。

Pierpoint Rd.　07-4031-1411　307-4031-3226　256室
258澳元（两人间、高等客房）　餐厅、酒吧、泳池、运动中心、会议室、其他　http://www.shangri-la.com

佩珀尔斯海滩俱乐部与棕榈湾矿泉疗养地
(Peppers Beach Club & Spa Palm Cove)

V M D A　MAP p.135-D

这里的客房有酒店式房间和公寓套房两种。客房装饰得高雅考究。床大部分都是特大号的。

123 Williams Esplanade, Palm Cove　07-4059-9200　307-4059-9222　285室　270澳元　餐厅与鸡尾酒休息室、理疗及沙龙、泳池、其他　http://www.peppers.com.au

索菲特礁石赌场
(Sofitel Reef Casino)

V M D A J　MAP p.133-F

这家酒店是礁石赌场兼营的。酒店里提供法国菜和澳大利亚菜等种类丰富的菜肴。

35-41 Wharf St.　07-4030-8888　307-4030-8777　128室
A$205　酒吧、餐厅、桑拿、赌场、商务中心及其他　http://www.reefcasino.com.au

凯恩斯斯贝尔酒店
(The Sebel Cairns)

V M D A J　MAP p.133-F

蓝天与绿树相辉映的室外泳池

弥漫着殖民时代气息的热带雨林度假村
酒店于2008年11月重新装修，是五星级的豪华酒店。酒店最值得炫耀的便是能一览特里尼蒂湾海景的客房和最好的休闲设施——Mii矿泉理疗（迷你理疗）。因为酒店邻接汇集了一流名品店和餐厅的乡村路，所以购物、吃饭都很方便。酒店里有四个酒吧，客人们能尽情地享受夜生活。

湾畔海景客房，可透过窗户欣赏海景

17 Abbott St.　07-4031-1300　307-4031-1801　321室
280澳元　酒吧、餐厅、泳池、运动中心、其他
http://www.cairnsinternational.com.au

凯恩斯

147

酒店

大堡礁
Great Barrier Reef

欢迎来到大堡礁各岛！

连绵不断的彩色珊瑚，广阔无垠的蓝色海洋……海洋生物和热带鱼的宝库——大堡礁，作为潜水者向往的胜地，作为一个度假胜地，真是人气如潮！用自己的眼睛去鉴定一下世界最大的珊瑚带吧！

去看看数千公里的珊瑚礁和绿树繁茂的岛屿美景吧！

路线提示

凯恩斯被称为大堡礁的大门，去格林岛、菲茨罗伊岛，只要坐凯恩斯出发的船或者观光车就能当天往返。其他要当天往返的话，时间上有点紧张，所以留宿比较好。想尽情享受水上运动和观鸟，以及充分享受假日的人，就好好地在岛上住几天，慢慢感受岛的魅力吧！

大堡礁位于澳大利亚大陆东北部，与昆士兰州东岸洋面相连，是长达2012公里的世界最大珊瑚带。上面漂浮着大小600个岛屿，其中，游客能去的仅20余。大半是无人岛的宏大规模让人不绝遐想。根据地域，岛分为热带雨林诸岛、惠桑迪诸岛、南礁诸岛三部分。它们虽然有与清澈得近乎见底的大海相同的地方，但也有它们各自的个性。大堡礁与其世界最大珊瑚带的称呼很契合，多姿多彩的珊瑚种类超过了350种，美得让人忘记呼吸。此外，这里生息着很多大砗磲和大型鱼类及只能在澳大利亚看到的野鸟。潜水就不用多说了，观鸟也吸引了很高的人气。

旅行计划

充分享受潜水、观鸟和各个度假胜地的乐趣吧!

运动派,
去体验水上运动吧!

在大堡礁正在开发的各个岛上,大部分都能体验潜水和浮潜等运动。不过,如果您想去设施完善且潜水地多的岛,尝试从未有过的潜水经历的话,赫伦岛、汉弥尔顿岛和蜥蜴岛是最好的选择。度假村里有潜水商店,里面提供的轮船和直升机等既舒适又完善,对于不方便去潜水地的潜水者来说,这一点的确很有吸引力。此外,住宿设施也十分完备,所以来到这里的人都能毫无顾虑地玩儿个痛快。

邓克岛上的水上滑行。经过数次的重复才能站起来,但只有一艘船的话也很难产生安定感。

千万不要错过观鸟!

虽然大堡礁里最让人陶醉的是碧波荡漾的大海,然而,实际上这里也是绿树成荫的自然宝地,也是最适合观鸟的胜地。以大凯佩尔岛为代表,在蓝色的尤利西斯蝴蝶纵情飞舞的邓克岛、布兰普顿岛、玛斯格烈普夫人岛等岛上,能尽情地探索自然的奥秘。在这里,被设立为国家公园的地方也很多。此外,还有南莫尔岛等开设徒步旅行路线的岛。丛林散步能呼吸到大自然的新鲜空气,很适合修身疗养。

建在海上的游玩地,在浮桥上能好好玩玩浮潜和潜水

私房信息

大堡礁潜水地

● 鳕鱼洞 Cod Hole p.149-A

坐船到这里需要1个小时,是大堡礁里人气数一数二的地方。吸引人的是体长1.5米,平均体重达70公斤的巨大鳕鱼、大马铃薯鳕鱼。

● 扬加拉残骸 Yongala Wreck p.149-C

塔斯维尔有航班到这里。是跟鳕鱼洞不分高下的潜水地。在水下30米的"扬加拉"号沉船周围,洄游着数以千计的蓝鳍光鳃鱼和圆燕鱼。它们游动的身姿是这里最精彩的节目。

● 博米 Bommie p.149-F

说到赫伦岛,首先想去的地方就是这里。这里以生息着多姿多彩的鱼而闻名。这些鱼不但不怕人,而且还会主动地靠近人,等着游客给它们喂食。在这里能看到圆燕鱼和蓝鳍光鳃鱼等多达100多种的鱼类。

能看到色彩艳丽的鱼

登岛捷径

从哪儿出发，坐什么去？先把登岛的欣喜搁置一旁，首先确认一下登岛路线。

图例：
- 水上出租游艇等
- 船、高速艇等
- 飞机、水上飞机等

地图标注地点：蜥蜴岛、凯恩斯、绿岛、菲茨罗伊岛、米尔申海滩、邓克岛、贝达拉岛、塔斯维尔、艾尔利海滩、舒特港、海门岛、白日梦岛、南莫尔岛、普罗瑟派恩、汉弥尔顿岛、麦凯、林德曼岛、布兰普顿岛、长岛、去往悉尼、墨尔本、布里斯班、罗斯林海滩、洛坎普顿、大凯佩尔岛、赫伦岛、玛斯格烈普夫人岛、格拉德斯通、班德堡、伊莉特夫人岛、维海滩（Bruce Hwy）

蜥蜴岛(Lizard Island)
从凯恩斯出发乘飞机约需50分钟。

绿岛(Green Island)
从凯恩斯出发乘高速游艇约需45分钟。

菲茨罗伊岛(Fitzroy Island)
从凯恩斯出发乘高速船约需45分钟。

邓克岛(Dunk Island)
从凯恩斯出发乘飞机约需45分钟。从米尔申海滩出发乘水上出租游艇约需10分钟。

贝达拉岛(Bedarra Island)
先去邓克岛，然后在那里乘水上出租游艇约需15分钟。

海门岛(Hayman Island)
从舒特港乘水上出租游艇约需1小时10分钟。从汉弥尔顿岛乘专用船约需45分钟。

白日梦岛(Daydream Island)
从舒特港乘水上出租游艇约需20分钟。从汉弥尔顿岛乘船约需45分钟。

南莫尔岛(South Molle Island)
从舒特港乘船约需25分钟。从汉弥尔顿岛乘水上出租游艇约需30分钟。

长岛(Long Island)
从舒特港乘船约需35分钟。从汉弥尔顿岛乘水上出租游艇约需20分钟。

汉弥尔顿岛(Hamilton Island)
从舒特港乘船约需35分钟。悉尼、布里斯班、凯恩斯、墨尔本有直达汉弥尔顿岛的直达航班。

林德曼岛(Lindeman Island)
从汉弥尔顿岛乘船约需30分钟，乘直升机约5分钟。从舒特港乘船约需1小时15分。

布兰普顿岛(Brampton Island)
从麦凯乘飞机约需15分钟。从麦凯港乘船约需1小时15分。

大凯佩尔岛(Great Keppel Island)
在洛坎普顿乘飞机约需15分钟。在雅蒲的罗斯林海滩乘渡轮约需30分钟。

赫伦岛(Heron Island)
在格拉德斯通-马里纳乘高速双体船约需2小时。在格拉德斯通乘直升机约需30分钟。

玛斯格烈普夫人岛(Lady Musgrave Island)
在班德堡乘高速游艇约需2小时30分。

伊莉特夫人岛（Lady Elliott Island）
在班德堡乘小型飞机约需25分钟。在哈维海滩乘小型飞机约需25分钟。

凯恩斯 151 大堡礁

蜥蜴岛
Lizard Island

在清澈见底的蓝环礁湖的环绕中潇洒地度假

由一流厨师掌勺的餐厅里，菜品丰富

在潜水和垂钓的胜地快乐度假

在位于凯恩斯北部约250米的岛上，水上运动很流行。特别是坐船1小时能到的潜水地——鳕鱼洞，非常有名。给体长1米、平均体重达70公斤的巨大马铃薯鳕鱼（鳕鱼的一种）喂食的时候，七八条温顺可亲的巨大鳕鱼会聚集在一起，那情景真是壮观。在这里还能看到濑鱼和海鳝，可千万不要错过机会哦。

此外，岛上还有很多娱乐捕鱼的地方，非常有趣。特别是到了9~11月捕捞黑马林鱼（旗鱼）的季节，会聚集很多慕名而来的捕鱼者。

建议初次捕鱼的人先在浮桥上练练手。色彩各异的珊瑚就不用多说了，能近在咫尺地欣赏名叫克拉姆花园的巨蚌（最大型的双壳贝类动物）是这里的引人之处，据说，预计它能活到70岁。

蜥蜴岛被认定为国家公园。其富饶的自然环境里生息着一群大蜥蜴，这就是蜥蜴岛名称的由来。

住●宿●信●息

岛上有家小旅馆，住在这里能尽情欣赏绿树环绕的安克尔海滩。里面有40间房间，都带阳台，在阳台上还可以欣赏美丽的日落。未满12岁的儿童不能留宿。

Lizard Island Resort　07-4043-1999
07-4060-3991　40室　1480澳元~（两人间、免费提供岛内活动/安克尔海滩房间）
餐厅、其他
当地预订处：VOYAGES HOTELS & RESORTS　02-8296-8010　02-9299-2103
http://www.lizardisland.com.au

G 格林岛
Green Island

离凯恩斯最近的，美丽的纯珊瑚耀眼夺目的小岛

格林岛，是昆士兰州少有的由纯珊瑚组成的岛。正如它的名字一样，是一个绿树成荫的度假胜地，格林这个名字其实是18世纪70年代库克船长航海时，同行的天文学家的名字。

格林岛栈桥的斜下方是海上观测管，能透过玻璃看到色彩各异的珊瑚和热带鱼。从那里开始步行5分钟，是名叫马林兰德·美拉尼西亚的热带博物馆。里面展览从南太平洋各岛收集来的美术、工艺品等，也能看到活海龟和鳄鱼等。

看到纯珊瑚说明你已经找到海上的浮潜地了。当多姿多彩的蝴蝶鱼群游过你身边的时候，一种感动会油然而生。从凯恩斯出发，一天时间就能往返，步行30分钟就能在岛上转一圈。

住●宿●信●息

礁石套房10间，岛套房36间，有两种。所有房间都是铺地板的完整套房。
■Green Island Resort　☎07-4031-3300　FAX07-4052-1511　http://www.greenislandresort.com.au　46室
$495澳元~（两人间）　温水泳池、餐厅、小商店、其他
V M D A J

翡翠绿的海面上架着一条长长的栈桥

F 菲茨罗伊岛
Fitzroy Island

去切身感受野性大自然的气息吧！

与格林岛一样，菲茨罗伊岛距离凯恩斯很近，一天就能往返，所以很受游客青睐。不同的是，它拥有相当于20个格林岛的傲人领地。

这个岛最具特色的就是热带雨林多、山多，且地形连绵起伏。所以，建议大家尝试一下根据这里的地形特点设计的四条步行小路。每条路都能用30分钟~1小时的时间走完，途中还能欣赏漂亮的野鸟，而且千万不能错过雨季开放的红灿灿的木槿花。因为海滩被珊瑚碎片覆盖了，所以很适合浮潜。说到潜水地，比较有名的应该是穆尔礁，从菲茨罗伊岛坐高速双体船45分钟就能到。一到6~9月的潜水旺季，这里就聚满了潜水爱好者。

令人不禁怀疑眼睛的透明度

住●宿●信●息

四星级的度假酒店Fitzroy Island Hunt Resort
■Fitzroy Island Hunt Resort　☎07-4051-9588
去菲茨罗伊岛的导游：RAGING THUNDER
☎07-4030-7900　http://www.ragingthunder.com.au

邓克岛
Dunk Island p.149-A

邓克岛的象征——深蓝色的尤利西斯蝴蝶翩翩起舞

摇曳着鲜艳绿色树叶的热带植物，成群野鸟的鸣叫声……这些都被广阔的密林比下去了。岛的75%被认定为国家公园。

这里有一条步行小路特别推荐给游客，供大家探索生息着150多种野鸟的密林。其中，务必要看的是传说中澳洲最大的尤利西斯蝴蝶。它缓缓地扇动着艳丽的蓝色翅膀，翩翩起舞的身姿充满了神秘色彩。

最适合海上园林这个词语的平浅滩既静谧又美丽。说到水上运动，比起潜水，能充分领略多彩珊瑚礁美丽的浮潜是最好的运动。

可以说这里是最适合切身体验原生态大自然的地方。

让人完全融入其中的度假胜地，所以很适合休息，放松身心。

住●宿●信●息

花园房、海滨房、海滨套房三种类型。
✉ Dunk Island Resort　☎ 07-4068-8199
FAX 07-4068-8528　147室　$208澳元~（两人间、带早餐、晚餐、免费活动）　餐厅、其他
V M 当地预订处：VOYAGES HOTEL&RESORTS
☎ 02-8296-8010　FAX 02-9299-2103
http://www. dunk-island.com

贝达拉岛
Bedarra Island p.149-A

未满16岁禁止入内的"专为成人"提供的度假胜地

这个邻接邓克岛的面积仅有0.8平方公里的小岛是完美诠释私人度假村这个词语的奢侈之地。虽然设有落脚之处，但岛上只建了16座别墅，而且整个小岛都被热带雨林层层覆盖。未满16岁不能留宿，除住宿者外禁止入内等强硬规定，无情地将前来岛上风光的人拒之门外。在这个世界VIP和上流人士秘密逗留的岛上，你是否愿意感受一下上层阶级成人的氛围呢？

住●宿●信●息

别墅是带私人阳台的2层小楼。
✉ Bedarra Island　☎ 07-4068-8233　FAX 07-4068-8215　16室　$1310澳元~（两人间、提供私人服务酒吧的饮料、免费活动）　餐厅、酒吧、其他
V M J 当地预订处：VOYAGES HOTEL&RESORTS
http://www. bedarraisland.com
☎ 1800-737-678　FAX 02-9299-2103

海门岛
Hayman Island　　p.149-D

观海景的婚礼将成为一生的回忆，小教堂里飘散着潮水的味道

种类丰富的潜水胜地
是人气高的秘密

海门岛，位于很早就享誉国际的惠桑迪州诸岛的最北端，也是由英国皇室授予的拥有皇家海门称号的超高级度假胜地。

面积不大，只有4平方公里，不过也是个被热带雨林覆盖，峡谷穿行于其中的大自然环绕的地方。

虽然潜水场所不少，但对于初学者来说，最适合的还是旁边胡可岛上蝴蝶海滩的海面。二带梅鲷和蝴蝶鱼等多种鱼类和多彩的珊瑚吸引着游客的眼球。建议资深的潜水者去坐潜水船差不多2小时能到的小环礁——贝特礁。岛上共有5个潜水场地，最好的应该是曼特勒俯冲地。在一口气下落30米的沙洲里，各种各样大小不一的鱼儿成群结队地游来游去。就连经常潜在海里的潜水者们也会不由自主地屏住呼吸，欣赏这美妙的海中画卷。

住宿设施中长期雇用会外语的员工。

不愧是大堡礁夺取了最高人气的岛，度假村的设施豪华得无可挑剔

住●宿●信●息

于2001年翻修。客房有环礁湖豪华客房、海滨客房、泳池豪华客房、棕榈高级客房等7种，能体验各种不同方式的生活。
✉ Hayman Island　☎ 07-4940-1234　FAX 07-4940-1567
http://www. hayman.com.au　212室　$ 620澳元~（两间、只是房费）　泳池、餐厅、医药中心、其他

V M D A J

海门岛
Hayman Island
0　　1km

白日梦岛
Daydream Island   p.149-D

热带植物环绕在岛的四周

住●宿●信●息

296个住宿设施有花园阳台、海洋阳台等5种类型。晚上还会举行表演和现场演奏。
✉Daydream Island Resort and Spa ☎07-4948-8426 📠07-4948-8479 http://www.daydreamisland.com 296室 💲203澳元~（两人间、花园阳台房） 🍽餐厅、矿泉疗养地、年轻人俱乐部、其他 V M D A J

适合家庭和情侣的家庭式岛

　　位于惠桑迪诸岛中心的小岛。它最大的亮点是能像私人海滩那样，在任何地方都能看到大海。这里除了有各种活动之外，还有年轻人俱乐部、矿泉疗养地和婚礼教堂等设施，不管是情侣还是家庭都能很好地享受度假的乐趣。

　　潜水和浮潜就不用说了，这里还有完善的水上滑行、帆板运动等水上运动。

南莫尔岛
South Molle Island   p.149-D

住●宿●信●息

除了能瞭望海滩的惠桑迪套房外，还有海滩小型套房等4种类型的住宿设施。
✉South Molle Island Resort ☎07-4946-9433 📠07-4946-9580 http://www.southmolleisland.com.au 200室 💲230澳元~ 🍽餐厅、酒吧、其他 A J V M D

享受划船和航海的乐趣

漂浮在舒特港8公里洋面，郁郁葱葱的热带雨林绵延不断的多山岛

　　虽然是休闲放松的度假胜地，但也不缺少活跃的元素。水上运动就不用多说了，网球、墙网球、射箭、高尔夫球等场地运动都很充实，也可以说是这里的特色。特别是攀登岛的最高峰——杰夫利兹山的巡游路线，更能给人一览众山小的绝妙体验。南莫尔岛上的餐厅、酒吧、咖啡店、泳池等各种设施也很完善。

长岛
Long Island   p.149-D

住●宿●信●息

长岛度假胜地酒店很受团体游客和情侣的青睐。能自己做饭的佩珀斯棕榈湾酒店适合长期逗留。
✉Long Island Resort ☎07-4946-9400 📠07-4946-9555 ✉Peppers Palm Bay ☎07-4946-9233 📠07-4946-9309（仅限当地咨询） http://www.longislandresort.com.au 156室 💲340澳元~（两人间、花园房、带餐） 🍽泳池、餐厅、其他 V J

离舒特港最近的休闲度假胜地

　　正如它的名字一样，岛呈细长状，与惠桑迪海岸并行。该岛被认定为国家公园，岛上多山，且每座山上都生长着繁茂的热带雨林。度假设施有3处，一个是位于岛西北部的库洛克代尔俱乐部度假村，一个是岛南约1公里的棕榈湾。每个度假地都设计了远足路线，借此机会走进壮观的大自然看个究竟吧！长岛的水上运动也很完善，由于岛上的波浪非常平稳，挑战一下浮潜应该也不错。

同样适合野生动物居住的良好环境

汉弥尔顿岛
Hamilton Island　p.149-D

想在安静的海滩悠闲地度过完整的一天

在综合休闲地充分享受度假生活

汉弥尔顿岛是大堡礁各岛中，唯一有喷气式飞机机场的岛，由此也能看出其规模的宏大。

汉弥尔顿岛的主要度假地在其东北部，面朝猫眼海滩。站在这里能瞭望到美丽的珊瑚海。乘坐从岛上起飞的观光直升机能看到名叫心礁的珊瑚礁。正如心礁这个名字所诠释的一样，这个珊瑚礁的形状呈心形，显得极富浪漫气息。

岛上各种设施一应俱全，除考拉等可爱的澳洲动物入住的福纳公园外，还有时装店、市场及小酒馆等。这些设施的完善和豪华，据说是大堡礁各岛中独一无二的。

岛上还为前来潜水的游客准备了丰富的节目。在申请水上运动和自由行的时候，可以与各个酒店的工作人员沟通一下。

住●宿●信●息

岛上有景色优美的酒店和公寓式平房等5种住宿设施。各酒店都有岛内巡游、高尔夫、租用直升机、大堡礁巡游等活动，每一项都很完善。未满18岁的游客不能在酒店逗留。

✉Hamilton Island Resort　☎07-4946-9999　📠07-4946-8888　http://www.hamiltonisland.com.au
717室　💲220澳元~（两间、小露台）　🍴餐厅、酒吧、其他　V M A

林德曼岛
Lindeman Island　p.149-D

远离城市的喧嚣，最适合全身心感受时光的缓缓流逝的地方

林德曼岛，位于大堡礁南部。它最大的特色就是热带雨林多，自然环境富饶。岛上有很多鸟儿盘旋飞舞在上空，色彩各异，让人觉得仿佛走进了野鸟天堂似的。岛的大部分是被列入国家公园的度假胜地。

岛上有好几个私人海滩，在清澈见底的蓝色大海四周，漂浮着不少无人岛，如肖岛、西福斯岛等，北边能瞭望到汉弥尔顿岛、惠桑迪诸岛的其他各岛，视野很开阔。

这里的活动极其丰富，除高尔夫球场和水上运动外，还能参加大堡礁方面的潜水游览等活动项目。

平缓的丘陵地带上大风刮过的自然环境，让人不禁联想到苏格兰和希腊各岛所在的欧洲

住●宿●信●息

除主餐厅和酒吧外，还有夜总会、剧院等。
✉ Club Med Lindeman Island　☎ 07-4946-9333
📠 07-4946-9776　218室　🎾 网球、高尔夫等各种运动场所、其他
http://www.clubmed.com.au

V M D A J

布兰普顿岛
Brampton Island　p.149-D

带着探索密林的心情
去热带雨林漫步吧！

布兰普顿岛，位于惠桑迪诸岛的最南端，是个面积仅4.6平方公里的小岛。热带雨林覆盖了岛上所有的地方，很适合散步。这里因珍稀鸟类和动物栖息于此而知名，所以，来这里千万不能错过这些生长在南国的彩色野鸟。

虽然布兰普顿岛只是个小岛，但也能享受到不亚于惠桑迪诸岛的其他岛的水上运动。坐在挂在船上的大网上，沐浴着四溅的水花，这种蹦网运动很受游客的青睐。退潮时还能去附近的卡莱尔岛看珊瑚礁。

住●宿●信●息

岛上有面朝海滩的"海景房"，绿树环绕的"棕榈房"，和能眺望卡莱尔岛的"卡莱尔房"三种类型。
✉ Brampton Island　☎ 07-4951-4499　📠 07-4951-4097
108室　💲 150澳元（两人间、包餐和免费活动）🍴 餐厅、其他　V M D A J　当地预约处：VOYAGES HOTELS & RESORTS
☎ 02-8296-8010　📠 02-9299-2103
http://www.brampton-island.com

充分领略色彩丰富的植物和年轮一圈又一圈的威严的松树等富饶自然风光

大凯佩尔岛
Great Keppel Island p.149-D

最适合给身体充电的休闲度假胜地

17个海滩各具特色,都很美,其中,靠浮潜吸引游客的是猴子海滩

能身临其境地感受其规模巨大的自然宝库

它是凯佩尔诸岛中最大的岛,14平方公里的广大领地上有山、河、红树林、沙丘等种类丰富的自然景观。

每年都有很多年轻人聚集在这里,而它人气高的秘诀,就是在长40公里的海岸线上有17个海滩,而且为游客准备了40多种完善的运动项目。任何一个海滩的白沙在阳光的反射下都熠熠生辉,看上去很美。其中,在位于岛南端的渔夫海滩上,水上运动最为盛行。

岛上的运动项目以水上滑行、潜水、快艇、帆板等水上运动为主,还有高尔夫、网球、租船钓鱼及豪华巡游等,每一项都能让您尽兴而归。大凯佩尔岛还是观鸟的胜地,所以特别建议大家带着眼镜和相机去丛林漫步。运气好的话,还能看到40多种野鸟呢。

住●宿●信●息

岛上有从一般双人间到家庭套房、公寓套房等不同档次的客房。需要提醒大家注意的是没有餐厅。

✉ Great Keppel Island Holiday Village ☎ 07-4939-8655
📠 07-4939-8755 💲 85澳元~(两人间) V M
http://www.gkiholidayvillage.com.au

大凯佩尔岛 Great Keppel Island 0 ─── 2km

- 蝴蝶海滩 Batterfly Beach
- 大半岛 Big Peninsula
- 渔夫海滩 Fisherman Beach
- 斯文森海滩 Svendsen Beach
- 沙岗海滩 Sandhill Beach
- 雷克海滩 Wreck Beach
- 帕特尼海滩 Putney Beach
- 里帕斯海滩
- 太凯佩尔岛度假村
- 巴尔德罗克 Bald Rock Pt.
- 瞭望台
- 飞机起降场
- 温德姆山 Mt. Windham
- 雷德海滩 Red Beach
- 猴子海滩 Monkey Beach
- 大凯佩尔岛度假胜地(建设中)
- 长海滩 Long Beach
- 猴子角 Monkey Pt.
- 藕皮岛 Humpy Is.
- 克拉姆湾 Clam Bay
- 科科纳特角 Coconut Pt.
- 去往洛坎普顿
- 李凯尔海沟

赫伦岛
Heron Island p.149-D

海龟在人群消退的时候悄悄爬上海边,产卵后又慢悠悠地回到海里

虽然这里是有名的潜水地,但也不能忽略被认定为国家公园的野趣横生的自然环境

在潜水者的向往胜地跟南国的鱼儿们嬉戏吧!

虽然赫伦岛比较小,半个小时就能走一圈,但非常适合潜水,因此很出名。

岛的四周有多达27处的潜水地,1200多种热带鱼生息于此。对于潜水者来说,这里简直就是天堂。特别是著名潜水地——博米,作为最先开创给鱼群喂食活动的鼻祖,它有着经久不衰的人气。每年10月~11月,岛上会举办汇聚世界各国潜水者的潜水节,潜水运动非常盛行。

此外,这里还是有名的海龟产卵地。每到11月~翌年3月的繁殖期,在海滩上就能看到许多乒乓球大小的海龟蛋。去产卵地，有住宿设施工作人员给游客带路。

"赫伦"在英语里是"鹭"的意思。这里以鹭为代表的野鸟种类很多，观鸟很方便。

为了保护自然环境，这个不接待当日往返游客的地方，最适合行动节奏比较悠闲缓慢的游客。

住●宿●信●息

有海龟房和珊瑚礁套房等5种类型的客房。无论您在哪里逗留，住宿费里都包含餐费，并且免费提供水池浮潜课程、驾驶员陪同的珊瑚礁漫步等服务。此外，附近还有很多潜水用品商店，是个潜水的好去处。

Heron Island Resort ☎07-4972-9055
07-4972-0244 117室 $185澳元（两人间、包餐、海龟房）餐厅、泳池、其他 V M D A J
当地预约处：VOYAGES HOTELS & RESOTS
☎02-8296-8010
http://www.heronisland.com

玛斯格烈普夫人岛
Lady Musgrave Island p.149-F

★Lady Musgrave Barrier Reef Cruises
http://www.lmcruises.com.au ☎07-4159-4519

野性十足地完美体现大自然力量的小岛

位于大堡礁南部的小岛。这里离黄金海岸很近，没有酒店等住宿设施，正因为这个原因，一日内往返的游客很多。

因为这里没有进行度假地开发，所以留给游客的是未经人工雕琢的自然环境。以沙洲鹭为代表，近50种野鸟啼叫的景象让前来观光的游客心情愉悦。在这个大受观鸟者喜爱的地方，寻找珍稀鸟类也很有趣。

海上珊瑚礁绵延不断，海水清澈见底，所以能尽情享受浮潜的乐趣。

潜水游等为一日往返游客设计的旅游计划很盛行

住●宿●信●息

现在虽然没有酒店等设施，但有露营地。在有很多野鸟飞行的环境中享受野外烧烤的乐趣也不错。想尽情体味富饶的大自然的游客就在这里留宿几天感受感受吧。
露营地点：Queensland Parks ☎07-4971-6500
$4.50澳元

伊莉特夫人岛
Lady Elliot Island p.149-F

岛上多彩的纯珊瑚静候游客的光临

这个位于大堡礁最南端的岛，由于被珊瑚礁环绕在其中，所以坐船到不了，唯一的交通工具是小型飞机。不过，从高空向下看到的岛的景色很漂亮，珊瑚和透明海水的对照很美，美得似乎要将人吞没。这里虽然没有优雅的气息，但很适合想朴素悠闲度假的人们。珊瑚随时间变换色彩的华丽七变，让人看一次就享乐无穷。

以西边的珊瑚花园为主，潜水地众多，也让这里很出名。因为海水清澈见底，所以坐着玻璃底的船在海里探索或者浮潜都很不错。

退潮时享受珊瑚礁游览的乐趣

住●宿●信●息

有宽敞的小岛套房、近海珊瑚礁单元房、帐篷房和方便坐游轮的客房4种。
Lady Elliot Island ☎07-5536-3644
07-5599-5783 41室 $200澳元~（两人间、包早餐和晚餐）小客房、咖啡厅、餐厅、其他
V M D A J http://www.ladyelliot.com.au

充分体验这里的水上运动吧！

好不容易才来到这里，想必您一定想好好体验岛上的各种活动吧！浮潜和帆板运动等水上运动就不用说了，网球、捕鱼等活动也不能错过，尽情享受您的度假生活吧！

横排 / 岛名	泳池	帆伞运动	珊瑚礁巡游	水上滑行	浮潜	帆板运动	捕鱼	丛林散步	网球	高尔夫（轻击棒）	骑马	射箭	航海	野营
蜥蜴岛	○		○		○	○	○		○			○	○	
格林岛	○	○	○	○	○	○	○							
菲茨罗伊岛	○		○		○	○	○	○					○	○
邓克岛	○	○	○	○	○	○	○	○	○	○		○	○	
贝达拉岛	○		○		○	○	○	○	○				○	○
海门岛	○	○	○	○	○	○	○		○	○			○	
白日梦岛	○	○	○	○	○	○	○		○				○	
南莫尔岛	○	○	○	○	○	○	○	○	○			○	○	
长岛	○	○	○	○	○	○	○	○	○				○	
汉弥尔顿岛	○	○	○	○	○	○	○	○	○	○	○	○	○	
林德曼岛	○	○	○	○	○	○	○	○	○	○	○	○	○	
布兰普顿岛	○	○	○	○	○	○	○	○	○	○		○	○	
大凯佩尔岛	○	○	○	○	○	○	○	○	○		○	○	○	
赫伦岛	○		○		○	○	○		○				○	
玛斯格烈普夫人岛			○		○									○
伊莉特夫人岛			○		○		○			○			○	

澳大利亚的第三大城市
布里斯班
(BRISBANE)

布里斯班的概貌
(Outline of Brisbane)

现代的高楼大厦和丰富的自然环境相融合的通往黄金海岸的门户城市。能又一次体验都市气息和度假地氛围。

城市概况

布里斯班是昆士兰州的首府，人口约182万，是澳大利亚第三大城市。

以前，布里斯班是国内囚犯的流放地，通过废除1839年的囚犯流放制度，普通移民才逐渐增加，城市的风貌也开始改变。从那以后，城市规模逐步扩大，直到20世纪70年代，人口数量达到了澳大利亚第三位。

布里斯班的急速成长始于20世纪80年代。以1988年举办世界博览会为契机，布里斯班河南岸的南布里斯班一带得到了开发。博览会旧址现在改名为南岸公园，作为休闲场所吸引了很多游客。

城市结构

布里斯班的地形独特，一条大河穿行于市中心。两岸之间的流域地区通过桥和渡轮连接起来。布里斯班市区的地形虽然比较平坦，但库萨山所在的西边却散落着小山和森林。

弯曲的布里斯班河和安大街（Ann St.）包围形成的三角区是叫做"City"的市中心。市区井然有序的街道就像围棋棋盘的格子一样，南北走向的街道取女性的名字，东西走向的街道取男性的名字。

市政厅附近和伊格尔街（Eagle St.）上高楼林立，处处散发着商业中心区的气息。此外，一展殖民地时代遗风的建筑也很吸引人，是个新旧面貌交织的很有风格的地区。

布里斯班河上，优雅的游轮来回穿梭，河的两岸都被绿树环绕着，挨着市区的岸上是植物园，对岸是南岸公园。

气候

布里斯班是亚热带气候，终年温暖如春。1月的最高气温可达29℃，最低气温21℃。差不多是冬季的7月份最高气温仅21℃，最低气温会下降到9℃。多雨时期是12月～翌年3月，1个月降水量超过200毫米并不稀奇。

Information

这里有关于布里斯班市区和近郊的信息。

■布里斯班信息中心
　Brisbane Information Centre
■Queen St. Mall
☎07-3006-6290
⌚9:00~17:00　（星期五~19:00，星期六~16:00）　星期日 10:00~16:00
休无
MAP p.171-C

从中国到布里斯班的交通

从中国到布里斯班，广州新白云国际机场有直飞航班，约需 9 小时。另外，上海浦东国际机场、北京首都国际机场有经由香港、新加坡等地的转机航班，前往布里斯班。也可以从国内出发，经由悉尼等澳大利亚城市，转机前往布里斯班。

从机场到市内的交通

机场快轨

方便市内通行的铁路系统。除了连接国际线和国内线的航站楼外，还接通了机场到布里斯班市内及到黄金海岸的交通路线。到达布里斯班市内的几个车站约需 22 分钟，到黄金海岸的罗比娜车站约需 1 小时 30 分钟。

天空运输

由长途巴士公司运营的机场巴士。从国际线航站楼出发，大概用 35 分钟就能到达市内的运输中心。如果司机心情愉悦的话，能把你送到任何一个酒店。

布里斯班机场
Brisbane International Airport

机场在市区东北方向 15 公里处，是去往黄金海岸的大门，有众多游客前来。国际线机场大楼里，4 楼是登记手续办理台，3 楼是出发大厅，2 楼是到达大厅。租车和住宿预约台都在 2 楼，兑换所每个楼层都有。

国际线转国内线

国际线和国内线的航站楼相隔约 2 公里，可以坐机场快轨或者坐出租车互转。机场快轨的费用是 4 澳元，儿童免费。

机场快轨 (Airtrain)
S 机场—布里斯班 14.50 澳元、至黄金海岸 26.60 澳元
⏰ 5:38~20:32
运行间隔：15~30 分钟
☎ 07-3216-3308

天空运输 (Skytrans)
S 9 澳元（到酒店 14 澳元）
⏰ 5:40~19:30
运行间隔：45 分钟
 Coachtrans
☎ 07-3238-4700

出租车

到达大厅的出口处是出租车乘坐地。去市内大概需 20 分钟，费用大概是 20 澳元。

租车

到达大厅有 Herz、Avis、Budget、Thrifty 等公司的受理台。大都不限制通行距离，还车也十分方便。

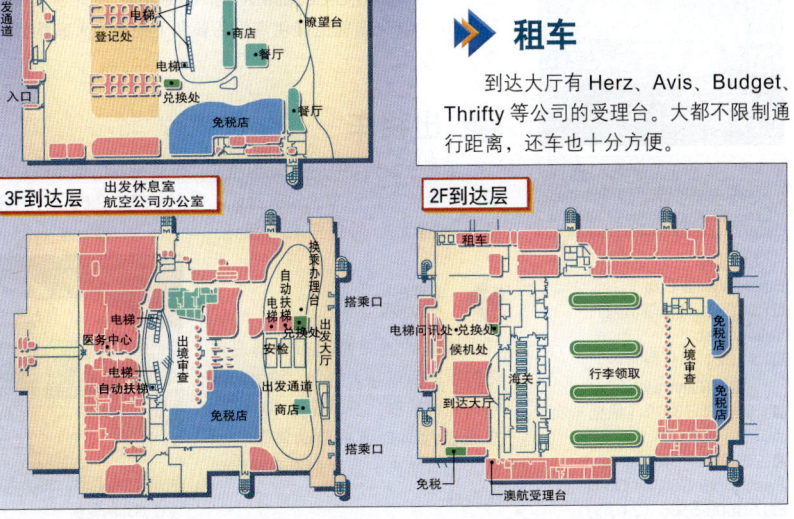

市内交通

市内巴士很方便

市内巴士有6种
- 城市快车(City Express)
去郊外的快速巴士
- 商业区快车(Precincts Express)
连接市内4个车站和郊区
- 市区巴士(Citybus)
在市内所有车站都停车
- 火箭(Rockets)
只在市内和郊区限定车站停车的特快
- 自由圈(Free Loop)
巡游市区的免费循环巴士（只限平日）
- 大循环(Great Circle)
去往购物中心等

城市观光车 Bus City Sights
- 25澳元
- 9:00~15:45
- 运行间隔：45分钟

城市猫定期渡轮 City Cat
- 1.80澳元
- 5:30~24:30
- 运行间隔：约20~30分钟

游轮
德文郡茶和巡游
（Devonshire Tea and Cruise）
- 30澳元
- Kookaburra Queen
- 07-3221-1300

城市猫

市内巴士、城市观光车、渡轮和城铁的咨询：Trans Link
☎ 13-1230 （仅限市内）

出租车
Black&White Cab
☎ 13-1008 （仅限市内）
Yellow Cab
☎ 13-1924 （仅限市内）

城铁(Citytrain)
- 4:00~次日3:00（根据车次而定）
- 各车站或者Citytrain's Passenger Service Officers
- 07-3606-5555（24小时）

 ## 市内巴士

市内通行由布里斯班交通局运营的6种巴士路线。其中，特别向大家推荐适合市内观光的免费循环巴士"自由圈"。巴士车头有"Free Loop"字样。在立着红色看板的车站上，间隔大概10分钟就发一趟。经过市政厅和植物园。车票在上车后直接向司机购买。计费采用以市区为中心的放射状扩展区制，市内2.40澳元。在罗马街车站的布里斯班运输中心（Brisbane Transit Centre）可以得到时刻表和路线图。

布里斯班运输中心运营去黄金海岸和悉尼的长途巴士。

 ## 市内观光车

它是环绕市区周边旅游景点的巴士，标志是蓝色车身。在中央邮局对面的邮政广场（Post Office Square），每隔45分钟发一次车。停车地点有市政厅、旧风车小屋、植物园等19个地方，任何地方都能随上随下。巴士和渡轮可以无限制乘坐。车票要么在坐车时向司机购买，要么在信息中心购买。

 ## 渡轮

渡轮最适合在去布里斯班河对岸和欣赏市区景色的时候坐。定期渡轮的发行站是以爱德华街的渡轮停靠站为主的15个地方。票在船上买。高速渡轮——城市猫行驶布雷茨码头（Bretts Wharf）—市区—昆士兰大学的路线。

此外，还推行了各种旅游项目。克罗克代尔河俱乐部女王号（The Club Crocodile River Queens）在环游1小时30分钟的观光游轮上提供海鲜午餐和下午茶，大家能好好享受一番了。

 ## 出租车

虽然大家需要的是流动出租车，但还是在出租车候车亭等车或者打电话叫车比较有保证。费用是起步2.50澳元（夜间3.70澳元），每公里1.25澳元。

 ## 城铁

城铁的线路网以布里斯班市内的罗马街车站为中心，放射状地向大范围扩展。费用是2.40澳元。车票在检票口旁的自动售票机购买。在车站弄一张时刻表和路线图比较好。

去往郊外的城铁

布里斯班的街区

游览观光基本知识

近代建筑和历史建筑共存的布里斯班,由于市中心区域面积不是很大,所以步行就能玩得很充实。绕着布里斯班河转一圈,看看市区的风光也不错。因为这里的公共交通工具很发达,所以坐着各种各样的交通工具探索布里斯班的市区也很有意思。

首先从市中心开始吧!

布里斯班的游览起点设在市街中心的市政厅和女王街商业中心。市政厅在安街和阿德莱德街中间,其中向东的一条便是女王街。女王街是条步行街,道路两边排列着特色礼品店和餐厅。地下是女王街巴士站,坐城市巡游车游览市区效率较高。虽然这趟巴士也去植物园,但步行走过乔治街和阿尔伯特街也是个不错的选择。高级餐厅集中在伊格尔街斜坡周围。在这里坐渡轮游览布里斯班河沿岸的街市很不错。坐渡轮或者巴士去文化设施集中的南布里斯班看看吧!

徒步旅游小贴士

享乐
观光　★★★
购物　★★★★
美食　★★★★

交通工具的便利度
铁路　★★★
出租车　★★★★
巴士　★★★★

地区大小
市区从一端走到另一端步行需要20分钟,所以不必坐车也能游览。不过,去郊外和布里斯班河的话,坐巴士或者火车还是比较明智的。

主要旅游景点

- 市政厅
- 女王街商业中心
- 植物园
- 南岸公园
- 孤松考拉保护区
- 库萨山
- 4X啤酒工厂

行驶在市内的巴士设计看起来很可爱

也去郊区看看吧!

由于巴士和铁路的线路都从市中心延伸到了郊外,所以搭乘这些交通工具去各种旅游景点转转吧!位于布里斯班西南部的视野开阔的库萨山是必看的景点。稍微走走,附近就是孤松考拉保护区。可以的话,先去考拉保护区,等傍晚时再爬库萨山,在山上能一览美景。下一个建议就是位于米尔顿的4X啤酒厂。参观完酒厂后去跟老澳们一起品尝品尝昆士兰州产的啤酒吧!

参观后双手举杯干一杯

布里斯班 ●BRISBANE

旅行指导

浪漫又野性

昆士兰州的最大城市布里斯班是兼具都市面貌和大自然活力的城市。以布里斯班为中心在繁荣的市区散散步，在雄伟大海和平原的景色中抒发一下感情，旅行的风格是多种多样的。

布里斯班的城市精粹
(Brisbane City Highlights)

接触经历史渲染的布里斯班市区的旅游。以市中心为起点，沿着布里斯班河兜风，然后经过袋鼠角和南岸公园等，最后去库萨山。在库萨山上一览市街风光之后，去世界著名的孤松考拉保护区拍照留影，最后在旧风车小屋梳理一下心情。

> ■ Australian Day Tours　☎07-3489-6444　出发日：每天　出发时间：8:35～17:15　所需时间：8小时　$成人95澳元，儿童58澳元　英语导游　※主要酒店接送

去感受感受布里斯班的城市风光吧！

晚餐游轮
(Dinner Cruise)

坐上木造名轮船"库克伯勒"号，巡游布里斯班河。船从位于布里斯班市中心的伊格尔街码头出行。在游轮上能够享受有跳舞等娱乐活动的舒适轮船旅行，在河上眺望到的布里斯班市区很有感觉。食物的风格是以海鲜为主的自助餐，可以从豪华又丰富的菜单上选菜。

> ■ Kookaburra River Queens　☎07-3221-1300　307-3229-6334　出发日：每天（星期一、三除外）　出发时间：19:30（午餐是12:30）　所需时间：2小时　$75澳元（午餐38澳元）英语导游

赏鲸巡游
(Whale Watch Cruise)

位于布里斯班东35公里的洋面上的莫顿岛（Moreton Island）附近是有鲸游动的海域。从6月中旬到10月末，在这里能看到迎接繁殖期的巨鲸。在能容纳200人的船上享受120人定员的悠闲巡游，能自在地赏鲸，真是一大乐事。船上还为游客提供简单的早餐。船一出远海多少会摇晃，所以一定要小心哦。

能近在咫尺地看鲸

> ■ Tangalooma Wild Dolphin Resort　☎07-3268-6333　307-3268-6299　出发日：每天（仅限6月中旬~10月末。天气不好时暂停）　出发时间：7:30～20:15　所需时间：约12小时　$成人148.85澳元、儿童85澳元　英语导游　出发：莫顿岛

热气球之旅
(Hot Air Ballooning)

坐在热气球上一览布里斯班市区、周边平原、玻璃房屋山以及远处的莫顿岛。还有飞过博得瑟特谷（Beaudesert Valley）的路线，能看到绿色和茶色形成鲜明对比的平原和连绵不断的峡谷风光。飞行时间约1小时。结束后同飞行员们一起吃饭，取得飞行证明。

> ■ Fly Me to the Moon Hot Air Ballooning　☎07-3423-0400　307-3423-0500　出发日：每天　出发时间：6:00（随季节变化）所需时间：4小时　$成人298澳元（星期六、日348澳元）、儿童288澳元　英语导游　※主要酒店接送

精品旅游景点

阿扎克广场
(Anzac Square)

MAP p.171-C

🚇中央车站前　📍Adelaide St. between Edward and Creek Sts.

悼念第一次世界大战牺牲者的火焰

广场位于中央车站对面。希腊神殿风格的厚重柱子围绕的不灭火焰，是为了悼念第一次世界大战的牺牲者。4月25日为澳新联合军团日，会举办安慰亡灵的祭祀。

市政厅
(City Hall)

MAP p.171-E

🚇从中央车站步行5分钟即到　📍King George Square　☎07-3403-8888（观光预约是07-3403-4048）
🕗8:00~17:00　休星期六、日、节日（美术馆不休息）
💴免费（参观5澳元，需预约，10人起）

高约90米的配有钟塔的市政厅，是1930年建造的布里斯班的标志性建筑。在

面朝高空耸立的钟塔很显眼

钟塔上能一览布里斯班河沿岸的街景。一层是美术馆、博物馆和圆形音乐厅，主要作为艺术和文化中心。大厅里的参观活动是星期三~五的10:00~16:00。需要预约。

旧风车小屋
(The Old Windmill)

MAP p.171-C

🚇从市政厅步行5分钟即到　📍Wickham Terrace

以前有四块翼板

它是最早的由收监在布里斯班的囚犯们建造成的建筑。虽然建造于1828年，但因为设计上的失误而无法正常使用，因此，就把它当做脚踏水车保留了下来。以前，通过在每天13:00取下挂在屋檐上的气球向大家通报时间。19世纪40年代，四块翼板脱落，小屋就变成了现在灯塔的样子。小屋不允许进入。

昆士兰博物馆
(Queensland Museum)

MAP 171-E

🚇从市政厅步行10分钟即到　📍Cnr. Grey & Melbourne Sts., South Bank, South Brisbane　☎07-3840-7555　🕗9:30~17:00　休复活节前的星期五、圣诞节　💴免费（特别展收费）

以太古时代到开拓时代的昆士兰的自然史为主题，收纳了与恐龙、动

形状独特的物体

物及海洋技术相关的展品。特别要关注的是霸王龙的骨架。殖民时代使用的生活用具等的展览也很有意思。随时都会举办特别展览。

植物园
(Botanic Gardens)

MAP p.171-F

🚶从市政厅步行10分钟即到　📍Alice St.
☎07-3403-2535　🕐24小时　休无　💰免费

去参加免费游园服务吧!

植物园自开拓时代的1828年作为野菜果园开放以来,一直见证着布里斯班的发展。据说,当时这里采用的种子是配给昆士兰州搞绿化的。去红树林和莲花池散步,欣赏色彩艳丽的木槿花,会让您身心愉悦。星期一~五的14:00开始可以免费游园。想休息的话,可以去花园咖啡厅坐坐。

昆士兰美术馆
(Queensland Art Gallery)

MAP p.171-E

🚶从市政厅步行10分钟即到　📍Stanley Pl., South Bank　☎07-3840-7303　🕐10:00~17:00(澳新联合军团日~12:00),星期六、日9:00~17:00
休复活节前的星期五、圣诞节　💰免费(计划展收费)

还会展览异国作品

馆内收藏了以澳大利亚代表性的现代艺术作品为中心的国内外优秀艺术作品。也会展览一些原住民传统艺术和亚洲代表性艺术作品。经常举办计划展览。

能美美地享受一天的休闲区

南岸公园
(South Bank Parklands)

MAP p.171-E

🚶从市政厅步行15分钟即到　📍Stanley St., South Bank　☎07-3867-2051　🕐依设施而定　休依设施而定

位于布里斯班河对岸的南布里斯班综合休闲区。改建1988年举办的世界博览会16万平方米的旧场地,于1992年开放。区域里有野生动物保护区、蝴蝶昆虫馆、人工海滩、餐厅及特产商店等设施,能美美地在这儿度过一天。星期五晚上和周末会开放工艺品市场,很热闹。

昆士兰演艺中心
(Queensland Performing Arts Centre)

MAP p.171-E

🚶从市政厅步行10分钟即到　📍Cnr. Grey & Melbourne Sts., South Ban　☎07-3840-7444
🕐根据活动内容而定　休圣诞节　💰根据活动内容而定

举办芭蕾和歌剧等丰富多彩的节目

里面由两个剧场和音乐厅组成,上演芭蕾、歌剧、戏剧、舞蹈、古典音乐会和音乐剧等丰富的节目。有时也会使用会议厅和展销会会场。馆内有餐厅和礼品店,也会举办免费参观的活动。

山顶上的露天餐厅

库萨山
(Mt. Coot-tha)

MAP p.169-C

🚶从市政厅步行15分钟即到　📍Mt. Coot-tha Rd., Toowong　☎07-3403-2535（植物园）
🕐8:00~17:30　休无　💰免费

能一览布里斯班街区的地方就是库萨山。在山顶上的露天餐厅，能够一边尽情地欣赏布里斯班的街市，一边用餐。从那里步行30分钟即到的植物园里茂密地生长着世界各国的植物，特别建议大家一定要逛逛圆屋顶热带植物馆（9:30~16:00开馆）和日本园林这两个地方。星期一~六的11:00和13:00会提供免费观园活动。山上的宇宙天空穹顶在星期二~日，每天用45分钟播放天文片（成人12澳元、儿童7.10澳元）。

纽斯特德屋
(Newstead House)

MAP p.169-D

🚶从市政厅坐巴士15分钟即到　📍Newstead Park, Breakfast Creek Rd., Newstead　☎07-3216-1846
🕐10:00~16:00，星期日、节日14:00~17:00　休星期六、澳新联合军团日、圣诞节、复活节前的星期五、圣诞节次日　💰成人4澳元、儿童2澳元

这里最初是苏格兰殖民者于1845年建成的家宅，但第二年就被总督买过去做了官邸。后来，这套房子被布里斯班市买下，它里面维多利亚风格的装修和家居及阳台等作为了解19世纪住宅的资料被保留了下来，并向公众开放。房子附近是绿树繁茂的纽斯特德公园，作为野餐和散步的场所很受当地人的欢迎。

使人不禁怀念开拓时代

昆士兰海事博物馆
(Queensland Maritime Museum)

MAP p.169-D

🚶在市政厅坐电车10分钟，伍尔图街车站下车步行5分钟即到　📍Cnr. Stanley & Sidon Sts., South Brisbane　☎07-3844-5361　🕐9:30~15:30
休澳新联合军团日、圣诞节、复活节前的星期日
💰成人7澳元、儿童3.5澳元

室外也有各种展物

介绍昆士兰州海洋技术发展的博物馆。再现了1606年荷兰人第一次登上约克角时的航海情况。这方面的信息可以从展览的嵌板和船模型上了解到。由于馆内允许直接触摸模型，而且还有能穿的展物，所以在快乐参观的同时，还能学到一些海洋历史方面的知识。活跃于第二次世界大战中的战舰等实物在室外保存、展览。此外还能看到1988年参展世界博览会的日本屋形船。

私房信息

骑着出租自行车随意旅行

想要按照自己的节奏逛布里斯班的话，最方便的就是使用出租的自行车。布里斯班河上有多处渡轮停靠站，骑着自行车也能到达对岸，所以很大程度上，骑自行车反而能带来更多乐趣。自行车有齿轮，还附有安全帽。50%的孩子都喜欢。出租者会把自行车送到酒店来，这样就省去了出去租车的时间，所以游客们都喜欢。

📍Valet Cycle Hire & Tours　☎040-800-3198
💰第一个小时18澳元，以后的每小时6澳元。一天50澳元，外加送车服务是一天55澳元。早~12:30、13:30~18:00，18:00~晚上任何时间是45澳元

布里斯班　精品旅游景点

布里斯班 推荐 体验景点

出去体验都市和自然共存的布里斯班特有的乐趣吧!

孤松考拉保护区
(Lone Pine Koala Sanctuary)

该保护区是位于布里斯班西南约12公里的世界著名考拉保护区。在比大自然更自然的环境中,生活着大概130只考拉。叫做"考拉王国"的室外饲养设施是世界上规模最大的。在全长150米、高5米的步行街上能看到考拉。在横穿雨林全长20米的桥上能一览布里斯班河和壮美的大自然风光。除抱着考拉留影外,还能体验给袋鼠、小袋鼠和鸵鸟这些澳洲代表性珍稀动物们喂食的快乐。住在这里的动物有80多种,还能碰到塔斯马尼亚魔鬼和袋貂。每个动物都很恋人、很可爱,所以,即使是不擅长与动物相处的人也没关系。园内有沿着布里斯班河的咖啡厅和礼品店,所以一定要去光顾哦!置身于大自然中,您会觉得时间过得很悠闲。在这里能让大家度过一段平常体味不到的悠闲时光,心情也能因此变得幸福起来。

MAP p.169-E、p.185-A
从市政厅坐巴士45分钟　Jesmond Rd., Fig Tree Pocket　07-3378-1366　8:30~17:00(澳新联合军团日13:00开馆)　休无　成人28澳元,儿童19澳元

斯托里桥冒险攀登
(Story Bridge Adventure Climb)

MAP p.171-B
从渡轮的霍尔曼车站步行3分钟就到了攀爬的起点
Story Bridge Adventure Climb　1300-254-627
星期日~五：成人89澳元，儿童（10~16岁）75.65澳元，星期六：成人99澳元，儿童84.15澳元　出发时间随季节变化，日期不同时间也不同，需要咨询
无

斯托里桥架设在布里斯班河之上。试着爬一爬这座有历史的桥吧！桥的最高点距离地面80米，爬上它的路程是900米。和被大家叫做攀爬领袖的导游一起，每12人为一组爬上桥顶需要2个半小时。攀登过程中可以听一听布里斯班市街的历史和斯托里桥建造流程的解说。在桥顶上能360°领略玻璃房屋山、拉明顿国家公园、库萨山、雷泽岛和莫顿岛等地方。

布里斯班　175　推荐体验景点

参观4X啤酒工厂
(XXXX Ale House Brewery Tour)

XXXX（4X）是昆士兰州的代表性啤酒厂。去啤酒工厂跟开朗的老澳们交谈参观吧！参观时能了解到啤酒在澳洲的历史和酿造过程。在工厂里，你一定能看到古物的标签。参观后试饮4种啤酒，试饮后总结一下口味的差别。对于喜欢啤酒的人来说，这简直是无与伦比的幸福时刻。厂里还销售纪念品。

MAP p.169-C
Cnr. Black & Paten Sts., Milton　Castlemaine Perkins Pty Lt　07-3361-7597　成人22澳元（不试饮18澳元）、儿童15澳元（10岁以下免费）　11:00~16:00每小时进入一批（星期六10:30~12:30），需要时间为1小时15分钟　星期日

SHOPPING

购物

女王街商业中心一带是布里斯班最热闹的地方。百货商场、购物中心、特色礼品店、时装店都聚集在这里，您想要的在这里都能找到。星期日这些店的营业时间都比较短，一定要留心哦！

女王街商业中心(Queen Street Mall)

有些店可以刷卡

MAP p.171-E

布里斯班购物不可或缺的拱廊

购物的话这里是首选。道路两旁百货商店和专卖店林立。中心区有家咖啡厅。

Queen St. Mall　9:00~17:30（因店而异）　休节礼日、澳新军团日、女王生日、圣诞节

澳大利亚的礼物(Australia the Gift)

V M D A

MAP p.171-E

当你希望买到富有澳大利亚特色的礼物时

店里从考拉玩偶到T恤、巧克力等精致的小礼物一应俱全。木制飞镖的样式各异，人气很旺。这家店在其他市还有两家分店。

150 Queen St. Mall　07-3210-6198　8:30~21:00　休无

大卫·琼斯(David Jones)

V M D A J

MAP p.171-E

雅致又散发着高贵气息的时尚信息基地

它是面朝女王街商业中心的著名商场。商品以化妆品和服装类为主，可谓琳琅满目。去这里应该能找到你一直在寻找的特色礼品或者生活用品等。

194 Queen St.　07-3243-9000　9:30~18:00（星期四~19:00、星期五~21:00）、星期六9:00~17:30、星期日10:00~18:00　休无

迈尔购物中心(Myer Centre)

有些店可以刷卡

MAP p.171-E

有百货商场的综合购物中心

布里斯班最大的百货商场迈尔和200家专卖店全都入住其中。最高层是游乐场，里面全是供儿童玩儿的游乐设施。

91 Queen St.　07-3223-6900　9:00~17:30（星期五~21:00，星期六~17:00）　休无

游客屋(Tourist House)

V M D A J

MAP p.171-E

具有澳大利亚本土特色的礼品很丰富

除帽子、明信片、T恤、毛巾、咖啡等之外，用羊皮、袋鼠皮做成的衣服和木制摆设也是琳琅满目，样式各异。

62 Queen St.Mall　07-3012-9988　9:00~21:45　休无

达雷尔利巧克力店 (Darrell Lea Chocolate Shop)
V M A
MAP p.171-C

入口即化的香甜味道
这是一家老字号的巧克力店。位于布里斯班拱廊，总是热闹非凡。包装十分精美的礼盒套装是7澳元。散称100克是3.60澳元。

📍156 Queen St. ☎07-3229-4422 🕐9:00~17:00（星期六~17:00,星期日10:00~16:00) 休无

12-贝壳收藏店 (Shop12-The Sheil Collection)
V M D A
MAP p.171-C

运用精巧技术制作而成的手工艺品
使用木材、玻璃、银、铜、青铜等材料设计而成的餐具。价格2~2000澳元不等。所有东西都是澳大利亚制造。

📍Brisbane Arcade,117 Adelaide St. ☎07-3221-4881 🕐9:00~17:00（星期六~15:00，星期日10:00~14:00) 休不确定

霍夫斯泰斯珠宝店 (Hofstays Jewellers)
V M D A J
MAP p.171-D

在布里斯班记载了35年历史的宝石店
钻石、蛋白石、黄金等珠宝一应俱全。当地很多人结婚的时候都来买这些样式各异的宝石首饰，选购时还可从经验丰富的服务人员那里得到热心的建议。

📍Wintergarden Centre,Queen St.Mall ☎07-3229-1316
🕐9:00~17:00（星期五~21:00、星期六~16:00、星期日10:30~15:00)

道蒂 (Dotti)
V M D A J
MAP p.171-E

陈列国产品牌
这个牌子很受可爱和性感气质兼具的澳洲女孩的青睐。上一季设计的商品卖得比定价便宜，看样子能淘到一些珍品呢。

📍155 Queen St. ☎07-3221-8190 🕐9:00~18:00（星期五~21:00，星期六~17:00)、星期日10:00~16:30 休无

女王广场 (Queen's Plaza)
有些店可以刷卡
MAP p.171-D

坐落在布里斯班市中心的大型时尚大厦
优雅的建筑内路易威登、蒂芙尼、万宝龙等高级名品店鳞次栉比。里面还有能品尝各国美食的美食广场。

📍226 Queen St. ☎07-3234-3900 🕐9:00~17:30（星期五~21:00，星期六~17:00)、星期日、节日10:00~17:00（有些店也不一样）休无

Restaurant

餐厅

布里斯班不愧是昆士兰州的首府，市区有很多高级餐厅。大多数都聚集在布里斯班河沿岸风景优美的地方，在女王街商业中心附近也能找到好吃的店。

 伊利·森特鲁
(Il Centro)

Ⓥ Ⓜ Ⓓ Ⓐ
MAP p.171-D

加了海鲜的意大利面很受欢迎

这家餐厅得过很多奖，确立了它作为美味意大利餐厅的名气。店里的菜品均采用新鲜食材，而且每天都会变花样。餐厅还兼营一家酒吧，里面经常聚满了下班后的老澳们。

✉ Eagle St. Pier, Boardwalk South Bank　☎ 07-3221-6090
🕐 12:00~15:00、17:30~22:00　休 无　💲 50~60澳元

 坎蒂恩河
(River Canteen)

Ⓥ Ⓜ Ⓓ Ⓐ
MAP p.169-D

在河对岸一边欣赏布里斯班的街市，一边用餐

餐厅建在南岸公园的木板人行道上。店里装饰得优雅大方，能一边欣赏对岸的风景，一边品尝用袋鼠、小袋鼠肉做成的菜。

✉ The Boardwalk, South Bank　☎ 07-3846-1880　🕐 11:30~15:00、17:30~21:00　休 无　💲 50澳元

 韦诺斯
(Vino's)

Ⓥ Ⓜ Ⓓ Ⓐ Ⓙ
MAP p.171-D

以海鲜著称的露天餐厅

坐在这家开放式餐厅里，能眺望到对岸的布里斯班街市，在欧洲学习过的高级厨师将大显身手，为每位顾客烹制一道道美味。店里很多菜都采用新鲜的海鲜，餐厅里有400多种红酒供食客选择。

✉ Upper Level Eagle Street Pier Eagle St,　☎ 07-3221-0811
🕐 12:00~15:00、18:00~深夜（星期六18:00~）　休 星期日
💲 50~60澳元

 卡斯特姆斯屋
(Customs House)

Ⓥ Ⓜ Ⓓ Ⓐ
MAP p.171-D

开设在古老建筑里的餐厅，视野开阔

昆士兰大学坐落在布里斯班河沿岸。卡斯特姆斯屋餐厅里设有开放露台，顾客能在自由的氛围中享受午餐时间。添加了应季海鲜的意大利面很受欢迎。

✉ 399 Queen St,　☎ 07-3365-8999　🕐 12:00~14:00、18:00~21:00（晚餐只有星期二~六有）、星期日9:00~11:30
休 节日　💲 20~60澳元

多国 乔乔
(Jo-Jo's)

V M D A J
MAP p.171-E

有四个厨房，选你喜欢吃的

你可以选择牛排、地中海菜、泰国菜、比萨等出自各个厨房的种类繁多的菜肴。店里还有丰富的糕点，都是每天烘焙的。

Cnr.Queen St.Mall & Albert Sts. ☎07-3221-2113 🕐10:30~21:30（星期五、六8:00~） 休无 $20澳元

海鲜 9号码头餐厅
(Pier Nine Restaurant)

V M D A J
MAP p.171-D

尽情品尝新鲜的海鲜

让大家品尝到用独特调味方法烹制的海鲜，食材都是在昆士兰捕捞的。午餐还是预约一下比较好。

Eagle St. Pier, 1 Eagle St. ☎07-3226-2100 🕐12:00~22:00（星期六17:00~） 休无 $35澳元

咖啡 兴格尔酒馆
(Shingle Inn)

V M
MAP p.171-D

看上去很可爱的蛋糕和饼干真是让人垂涎三尺

这家酒馆于1936年开业，经营餐厅的同时还经营面包房。店内一派古典情调的装饰。您一定想进去品尝一下店里自制的蛋糕和小甜点，以及酒馆的招牌咖啡。里面也能吃饭，特把该店的牛排推荐给大家。

Cnr. Queen & George Sts. ☎07-3211-8844 🕐7:30~18:30（星期六9:00~17:00、星期日9:00~16:00） 休无 $10澳元

咖啡 猪和口哨
(Pig'n'whistle)

V M D A J
MAP p.171-D

位于市中心，随时恭候顾客光临的咖啡厅

门口可爱的动画猪很吸引人。吉尼斯啤酒派20.50澳元，马萨拉咖喱饭21.90澳元，与此同时，还能品尝一下种类丰富的红酒。

Queen St. Mall 120 ☎07-3229-9999 🕐24小时 休无 $6.90~37.50澳元

咖啡 蒙迪尔咖啡
(Cafe Mondial)

V M D A
MAP p.171-F

面朝阿尔伯特街的露天咖啡厅

开朗直爽的老澳们经常光顾这家店。一边坐在人行道旁的坐席上观察过往的行人，一边品尝着这家店引以为豪的意大利面和海鲜，感觉应该不错吧？

167 Albert St. ☎07-3221-7165 🕐6:30~22:30 休无 $8~16澳元

HOTEL

酒店

布里斯班的酒店样式丰富多彩，有适合观景的酒店和欧式风格的优雅酒店，也有能感受热带雨林气息的酒店等。购物中心和餐厅一条街附近的酒店也很多。

康拉德国际珍宝赌场
(Conrad International Treasury Casino)

Ⓥ Ⓜ Ⓓ Ⓐ Ⓙ MAP p.171-E

富有欧洲情调的雅致酒店

这家酒店坐落在女王公园两侧，因为邻接高级赌场而广为人知。酒店改建了维多利亚时代的原财政厅大楼和爱德华时代的原国土厅办公大楼。这两座历史悠久的建筑，欧式风格的建筑很引人注目。

✉130 William St. ☎07-3306-8888 ℻07-3306-8880 130室 💲250澳元 🍴赌场、餐厅、酒吧、其他
http://www.conradhotels.com

朗迪武
(Clarion Collection Rendezvous Brisbane)

Ⓥ Ⓜ Ⓓ Ⓐ Ⓙ MAP p.171-D

改建历史建筑的酒店给人的感觉很舒适

酒店位于商业区中心，地段很好，能直接步行到达女王街商业中心。色调高雅的室内装饰显得很温馨。酒店是公寓套房式的，最适合长期逗留。

✉255 Ann St. ☎07-3001-9888 ℻07-3001-9700 139室 💲185澳元 🍴餐厅、红酒吧、洗衣房、其他
http://www.rendevoushotel.com

假日酒店
(Holiday Inn Brisbane)

Ⓥ Ⓜ Ⓓ Ⓐ Ⓙ MAP p.171-C

酒店的正下方就是交通要地——罗马街车站

酒店占据了新布里斯班运输中心的部分地盘，运输中心是由罗马街车站和购物中心组成的。

✉159 Roma St. ☎07-3238-2222 ℻07-3238-2288 191室 💲240澳元 🍴餐厅、酒吧、健身房、矿泉疗养地、桑拿、洗衣房、其他
http://www.holidayinn.com

希尔顿大酒店
(Hilton Brisbane)

Ⓥ Ⓜ Ⓓ Ⓐ Ⓙ MAP p.171-D

为客人提供浴衣和茶水

希尔顿大酒店是25层的金字塔形高级酒店，拥有澳大利亚最大的古罗马建筑风格的前厅。

✉190 Elizabeth St. ☎07-3234-2000 ℻07-3231-3199 320室 💲230澳元 🍴餐厅、酒吧、游泳池、矿泉疗养地、购物拱廊、其他

公园皇家酒店
(Royal on The Park)

V M D A J   MAP p.171-F

古典装饰大放异彩的安静酒店
　酒店建造在面朝植物园、对望布里斯班河的安静环境中，是布里斯班少有的高级酒店。

Cnr. Alice & Albert Sts.　07-3221-3411　07-3229-9817　153室　$155澳元　餐厅、酒吧、游泳池、矿泉疗养地、健身房、会议室、其他　http://www.royalonthepark.com.au

斯塔福德广场
(Stamford Plaza Brisbane)

V M D A J   MAP p.171-F

水和绿树环绕的欧式酒店
　酒店的室内装饰是清一色的欧式风格，大厅里展览着世界各地的美术作品。布里斯班河缓缓流过，是个被植物园绿树映照的雅致而又奢侈的酒店。

Cnr. Edward & Margaret Sts.　07-3221-1999　07-3221-6895　252室　$199澳元　餐厅、酒吧、游泳池、矿泉疗养地、健身房、其他　http://www.stamford.com.au

斯贝尔及锡蒂盖特金乔治广场酒店
(The Sebel & Citigate King George Square Brisbane)

V M D A J   MAP p.171-E

以双塔为特色的大型酒店
　酒店由豪华客房的卡尔顿塔和时尚实用型客房的克莱斯特塔两栋建筑组成，正前方是市政厅。

Cnr. Ann & Roma Sts.　07-3229-9111　07-3229-9618　438室　$175澳元（2人使用、高级间）　餐厅、酒吧、游泳池、桑拿、其他　http://www.mirvachotels.com

马里奥特
(Brisbane Marriott Hotel)

V M D A J   MAP p.171-D

遥望着布里斯班河优雅地健身
　酒店坐落在步行到购物区和滨水区只要5分钟的绝佳位置，里面有完善的室内泳池和健身中心等运动设施。

515 Queen St.　07-3303-8000　07-3303-8088　267室　$235澳元　餐厅、酒吧、游泳池、健身、其他　http://www.marriotthotel.com

诺沃特尔
(Novotel Brisbane)

V M D A J   MAP p.171-C

酒店距离中央车站很近，便于商务活动和观光
　坐落在康拉德珍宝赌场附近的上等酒店。在客房里就能纵览市区的街道。

200 Creek St.　07-3309-3309　07-3309-3308　293室　$230澳元　餐厅、咖啡馆、酒吧、游泳池、网球场、高尔夫球场、其他　http://www.novotelbrisbane.com

索菲特
(Sofitel Brisbane)

V M D A J　MAP p.171-C

坐落在中央车站之上的酒店。窗对面是连绵不断的阿扎克广场的绿树和市区的高层建筑群。

✉249 Turbot St.　☎07-3835-3535　FAX07-3835-4960　413室　$195澳元　餐厅、桑拿、游泳池、大厅休息室、其他　http://www.sofitelbrisbane.com.au

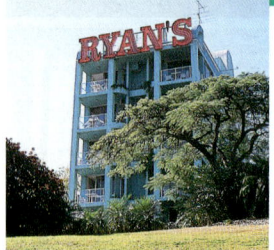

布里斯班河赖恩酒店
(Ryan's on the River)

V M D A J　MAP p.171-D

坐落在袋鼠角高楼之上的小型酒店，正好与布里斯班河对望。里面弥漫着家的气息。到了晚上，能欣赏布里斯班美妙的夜景。

✉269 Main St., Kangaroo Point　☎07-3391-1011　FAX07-3391-1824　22室　$109澳元　盐水游泳池、洗衣房、其他

钱瑟勒大酒店
(Hotel Grand Chancellor Brisbane)

V M D A J　MAP p.171-C

略微偏离市中心，坐落在斯普林高地之上的全套房酒店。里面也有公寓套房式客房。

✉Cnr. Leichhardt St. & Wickham Tce.　☎07-3831-4055　FAX07-3831-5031　180室　$169澳元　餐厅、酒吧、游泳池、健身房、桑拿、其他　http://www.ghihotels.com

桥水快捷酒店
(Bridgewater Quest Inn)

V M D A　MAP p.171-D

酒店坐落在袋鼠角上，是面向长期逗留者的公寓。里面设有环礁湖式的游泳池，健身房和桑拿等设施都很完善。

✉55 Baildon St., Kangaroo Point　☎07-3391-5300　FAX07-3392-1513　80室　$99澳元　游泳池、厨房、洗衣房、其他　http://www.questbridgewater.com.au

卡默洛酒店
(Camelot Inn)

V M D A J　MAP p.171-C

酒店位于中央车站附近。客房带厨房，能够轻松长住。里面还有带气泡浴的泳池和儿童游乐场。

✉40 Astor Tce.　☎07-3832-5115　FAX07-3832-3775　70室　$99澳元　气泡浴、游泳池、厨房、洗衣房、其他

冒险家酒店
(Explorers Inn)

V M D A　MAP p.171-E

酒店距离运输中心大约300米。离购物商业区也很近，很方便。

✉63 Turbot St.　☎07-3211-3488　FAX07-3211-3499　58室　$95澳元　餐厅、酒吧、其他　http://www.explorers.com.au

中央顶点公寓酒店
(Central Summit Apartment Hotel)

V M D A J　MAP p.171-C

酒店坐落在距离中央车站大概1公里的地方。内设儿童广场和BBQ等设施。

✉32 Leichhardt St.　☎07-3839-7000　FAX07-3832-2821　72室　$130澳元　游泳池、洗衣房、网球场、桑拿、矿泉疗养地、其他　http://www.centralapartmenthotels.com.au

黄金海岸的概貌
(Outline of Gold Coast)

在海滩能体验到各种各样的水上运动，在内陆可欣赏亚热带森林和溪谷的地貌，堪称海陆相交的娱乐天堂。

城市概况

黄金海岸是澳大利亚最活跃的度假胜地。人口约55万。很久以前当地的原住民在海边举办祭祀仪式感谢大海的恩惠，揭开了黄金海岸的历史。为了让这里一直盛行祭祀的风气，才把这里发展成为度假地。现在，来自世界各地的度假游客是络绎不绝。

城市结构

黄金海岸在布里斯班南约64公里，北起南港口（South Port），途经主海滩（Main Beach）、冲浪乐园（Surfers Paradise）、大海滩（Broadbeach）、伯利黑兹（Burleigh Heads），一直延伸到昆士兰州和新南威尔士州的交界城市库伦加塔（Coolangatta），共42公里。

海滩一直延伸到太平洋岸边。中心区的冲浪乐园里高层大楼鳞次栉比。内兰河（Nerang River）蜿蜒的水路和大海滩（Broadbeach）的海湾将街区划分成了几部分，只要踏入内陆一步，就能看到连绵不断的草原、亚热带雨林、溪谷及茂密的森林和山脉，地形充满了丰富的大自然气息。

气候

由于这里是亚热带气候，所以日复一日都很温暖，一年中晴天超过300天。12月~次年2月的夏季，最高气温是平均28℃，即使是6月~8月的冬季，最低气温平均也是10℃。温差较小，终年气候温和。

Information

为游客提供从水上运动到郊外游的所有信息
■黄金海岸信息中心
Gold Coast Information Centre
Cavill Ave., Surfers Paradise
07-5538-4419
8:30~17:30（星期六~17:00、星期日、节日9:00~16:00）
无
MAP p.189-F

黄金海岸的交通

从中国到黄金海岸的交通

从上海浦东国际机场到黄金海岸机场（Gold Coast Airport），有澳洲航空运行的转机航班经由悉尼到达黄金海岸，约需16~18小时。

巴士

从机场出发，海岸线运输公司的机场巴士经由桑克蒂厄湾周围的库玛拉（Coomera），将客人送到去往冲浪乐园、库伦加塔和特威兹·黑兹（Tweeds Heads）的预约酒店。需要时间为1小时30分钟。

在布里斯班市内，海岸线运输公司的其他长途大巴从罗马街上的布里斯班运输中心出发。

机场快轨

这趟车将布里斯班国际机场和布里斯班市内及黄金海岸连接起来。黄金海岸的终点站是位于冲浪乐园南部的罗比娜车站，需要时间大概是1小时20~40分钟。从下车车站到酒店可以买一张包含小巴士或者高级轿车接送服务的"机场快轨连线"车票。

黄金海岸里的交通

Surfside Bus Lines

Surfside巴士从海伦斯维尔出发，经由冲浪乐园，到达特威兹·黑兹，它的标志是黄色和白色的车身。间隔30分钟~1小时在旅游景点、主题公园和主要酒店之间运行。车票要在告知司机目的地后再买。在冲浪乐园的乘坐点是黄金海岸的海豚拱廊前，很方便。

租车

在布里斯班机场、黄金海岸机场、冲浪乐园等地有很多租车公司。

出租车

在酒店前或者出租车搭乘点都能打车。还可以打电话叫车。从黄金海岸机场到冲浪乐园需要30分钟，费用是27澳元左右。

穿行于黄金海岸各个角落的线路巴士

机场巴士(Airporter)
单程 成人40澳元、儿童18澳元
3:00~21:00
运行间隔：30分钟
预约：Coachtrans Airporter
07-3238-4700

机场快轨(Airtrain)
27.80澳元
6:16~19:34
运行间隔：约10~30分钟
07-5597-3949

长途巴士

(布里斯班—黄金海岸之间)
35澳元
需要时间：约1小时30分钟
澳大利亚灰狗
(Greyhound Australia)
13-1499（全国通用）

Surfside Bus Lines
1区间1.70澳元
24小时
运行间隔：约30分钟~1小时
07-5571-6555

主要租车公司
艾比斯（Avis）07-5539-9388
赫兹（Hertz）07-5538-5366
巴杰特（Budget）
07-5538-1344
斯里弗蒂（Thrifty）
07-5570-9999

出租车
(Regent Taxi Ltd.)
13-1008（仅限市内）

游览观光基本知识

由于黄金海岸是沿海岸线将街区连接起来的，所以，可以比其他城市要好走一些。不过，由于旅游景点和购物区散乱在各个地方，所以有必要考虑一下以租车代步的问题。

美丽的大海和近代建筑混杂在一起

巡游沿海岸线的街区

海岸线以冲浪乐园为中心，南北走向，形态优美。非常适合散步、游泳和日光浴。布罗德海滩是年轻人非常喜欢的海滩，离赌场也很近。冲浪地在更南边的伯利黑兹和州边境的库伦加塔（Coolangatta）。库兰宾野鸟园在海岸线的中间位置。水上运动最为盛行的区域是被名叫斯皮特（The Spit）的半岛和南港口（SouthPort）圈起来的布罗德沃特（The Broadwater）。

到这里还是要来海边！

散布着购物和游乐场所

冲浪乐园里购物中心和特产品店鳞次栉比，购物非常方便。其中，高级公寓兼营的雪弗龙·文艺复兴是众所周知的购物城。除此之外，建议去太平洋商品交易会和罗比娜中心看看，在冲浪乐园坐车 5~15 分钟即到的滨海幻影城也有很多商店。海洋世界、梦幻世界、电影世界、疯狂水世界等大受欢迎的主题公园里有丰富多彩的特色节目。想慢慢享受的游客最好留足一天的时间。有空的话，去桑克蒂厄湾感受感受平静的度假地气氛也未尝不可啊！

徒步旅游
小贴士

享乐
观光　★★★
购物　★★★
美食　★★★★
交通工具的便利度
铁路　★
出租车　★★★
巴士　★★★
地区大小
仅黄金海岸的中心地——冲浪乐园，从一头走到另一头就需要 20 多分钟。去其他海滩和地方的话，不租车是不行的。如果不租车的话，可以打车或者乘坐各种接送巴士。或者也可以考虑一下乘坐固定路线的巴士。

主要旅游景点
- 冲浪乐园
- 布罗德海滩
- 海洋世界
- 电影世界
- 梦幻世界
- 疯狂水世界
- 库兰宾自然动物公园

主题公园总是盛况不断

街道总是很明亮

黄金海岸 ●GOLD COAST

旅行指导

全方位感受大自然吧！

绵延不断的白色沙滩海岸线上，有平静的海湾与茂密的森林，还有广阔的平原。在黄金海岸，所到之处都隐藏着自然的形态美，带给到访者惊喜和感动。那就全方位地去探寻黄金海岸的魅力吧！

2小时运河巡游
(2 Hours Canal Cruise)

在地形复杂的运河里游轮巡游。从冲浪乐园出发穿过内兰河，向布罗德沃特前行，然后逆内兰河行驶，返回出发站。船里有海鲜等配菜和饮料，甜品类食物会让您吃个够。真是能充分感受黄金海岸独家氛围的悠然2小时巡游。

去感受温柔的风吧！

Wymdham Cruises ☎07-5539-9299 ✉07-5526-9954 出发日：每天 出发时间：10:00~14:30 需要时间：2小时 成人45澳元、儿童25澳元（11岁以上）英语导游 ※奇基村出发

游轮餐厅
(Seafood Smorgasbord Dinner Cruise)

在黄金海岸的夜晚享受活泼快乐的游轮餐厅。船里的食物以虾、蟹、牡蛎等海鲜为主，也可以按自己的喜好吃鸡肉和沙拉等食物。丰富的节目很受欢迎，船上会上演波利尼西亚舞蹈和模仿西部乡村音乐及迪吉里杜管（原住民中流行的一种乐器，类似于笛子）演奏等轻松愉快的节目，总是笑声不断。

Blue Fire Cruises ☎07-5557-8888 ✉07-5571-0273 出发日：每天 出发时间：19:30 需要时间：2小时30分钟 成人75澳元、儿童55澳元（11岁以上）英语导游 ※从于索纳幻影城出发

塔姆柏林山和奥赖利之旅
(O'Reilly's & Mt. Tamborine Tour)

黄金海岸以西的世界遗产地区之旅。在拉明顿平原的热带雨林漫步之后，一览塔姆柏林山和黄金海岸，然后再去"奥赖利雨林的游客屋"。穿过架设在树缝间离地16米的步行道，观察生息在繁茂森林里的动植物。之后，还能在红酒酿造厂品尝红酒。

在塔姆柏林山上能望到大堡礁

Australian Day Tours ☎07-3489-6444 ✉07-4125-6833 出发日：每天 出发时间：8:30 需要时间：7小时30分钟 成人84澳元、儿童52澳元 英语导游 ※主要酒店接送

捕螃蟹的大自然之旅
(Yam Yam Kani Kani Daishizen Tour)

Advance Marine ☎07-5571-1004 出发日：每天 团体出发时间：9:00 需要时间：4小时30分钟 成人128澳元、儿童58澳元 ※主要酒店接送

去黄金海岸附近挑战捕螃蟹，捕到的螃蟹可以在船上为游客进行烹制，所以午餐时吃着刚刚捕捞上来的螃蟹，喝着香槟和啤酒干上一杯，真是一大美事。还可以试着给鹈鹕喂食，午餐后再去钓钓鱼，要把目标锁定在沙钻鱼和黑鲷上。

拜伦海湾之旅
(Byrom Bay)

从新南威尔士州的交界城市库兰加塔（Coolangatta）出发，继续南下一直游到拜伦海湾（Byron Bay）的旅行途中，能看到海拔1157米的死火山和沃宁山。经过汇集各种各样水景的水晶城堡（Crystal Castle）后，再去白色灯塔辉映的拜伦角（Cape Byron）。这里是澳大利亚的最东端，从这里俯瞰到的太平洋景色真是美极了。午饭后，在拜伦海湾放松放松，然后去香蕉园品尝尝刚摘下来的香蕉吧！

拜伦角

Ozhorizons　1300-363-436　07-4125-6833　星期一、三、五　出发时间：9:00　需要时间：8小时　成人84澳元、儿童52澳元　英语导游※主要酒店接送

让人心潮澎湃的丛林探险之旅
(Waku Waku JungleTanken Tour)

澳大利亚约7成动物是夜行动物。即使白天特意去动物园也总是碰到考拉、毛鼻袋熊睡着了一动不动的情况。这个旅行是为了观察那些动物们活动的姿态，晚上拿着手电筒去自然动物园探险。一边听着澳大利亚导游员的讲解，一边在公园里散步，就能看到正在吃蓝桉树叶的考拉、跳动的袋鼠及觅食的袋貂等动物。运气好的话还能看到鸭嘴兽。旅行中还为游客准备了原住民演出和晚餐。最后，让大家用天文望远镜观测星空。

Waku Waku spotlight　07-5539-9929　每天　出发时间：16:45　需要时间：6小时30分钟　成人130澳元、儿童70澳元　※主要酒店接送

黄金海岸

191

旅行指导

欣赏萤火虫的夜间游
(Glow Worm Night Tour)

欣赏萤火虫的旅行。这些萤火虫生息在被认定为世界遗产的国家公园里。在冲浪乐园欣赏南半球的美丽星空之后（只限晴天），有一段喝茶时间。旅行的内容是边在丛林漫步，边欣赏萤火虫，然后喝着茶交流欣赏后的感想。萤火虫在有湿气的时候看起来更美，所以下雨时也要下决心去。参加这个旅行时，最好穿上舒服的鞋出门！

Aries Tours　07-5594-9933　每天　出发时间：18:00　需要时间：3小时30分钟　成人145澳元、儿童72.50澳元（包餐）　※主要酒店接送

南斯特拉德布鲁克岛之旅
(South Stradbroke Island Tour)

南斯特拉德布鲁克岛位于冲浪乐园北部，是由沙子堆积而形成的。从主海滩滨海幻影城出发的游轮在桑克蒂厄湾停靠一小时后，前往斯特拉德布鲁克岛。在度假胜地，除能坐有轨电车，漫步热带雨林和在海滩游泳外，还能另付费玩帆板和划艇、快艇等。包自助烧烤午餐。

p.185-D

Blue Fire Cryises　07-5557-8888　07-5571-0273　星期五~日　出发时间：9:00~10:00　需要时间：5小时30分钟　成人75澳元、儿童55澳元（12岁以上）　※主要酒店接送

大堡礁一日游
(Day tour to the reef)

在大堡礁南部的伊利奥特夫人岛享受浮潜和在岛上漫步的乐趣。与各种各样的鱼一起游泳，与海龟邂逅，您会满载惊喜而归。费用除浮潜外，包含玻璃底船的船费和自助餐费用等。

Seair　07-5599-4509　每天　出发时间：6:30　需要时间：9小时45分钟　成人699澳元、儿童349澳元（2~12岁）英语导游　※黄金海岸和布里斯班的主要酒店接送

Sight Seeing

精品旅游景点

滨海幻影城
(Marina Mirage)

MAP p.187-B

🚌 从冲浪乐园坐巴士10分钟
📍 74 Seaworld Dr., Main Beach ☎ 07-5555-6400
🕙 10:00~18:00（各店不同） 休 无

以帆船为原型的外观

沿布罗德沃特（Broadwater）建造的滨海幻影城，从对岸望去外观呈插着三角尖顶桅杆的船形。馆里聚集了高级时装店、礼品店和餐厅等，是最适合一边看海一边浪漫用餐的地方。

康拉德丘辟特赌场
(Conrad Jupiter's Casino)

MAP p.187-F

🚌 从冲浪乐园坐巴士10分钟
📍 Broadbeach Island, Broadbeach ☎ 07-5592-8100 🕙 24小时（澳新联合军团日 只限下午）
休 圣诞节、复活节前的星期五

康拉德酒店内24小时营业的赌场。里面黑杰克和巴卡拉游戏桌90台，自动赌博机等投币游戏机1100台，规模是澳大利亚屈指可数的，里面活跃着一些梦想一夜暴富的人。还有很多拉斯韦加斯都比不上的节目和餐厅、酒吧等，正在营业中。

到了晚上，闪烁着熠熠发光的霓虹灯

戴维弗利野生动物公园
(Daivid Fleay's Wildlife Park)

MAP p.185-F

🚌 从冲浪乐园坐车30分钟
📍 West Burleigh Rd., Burleigh Heads
☎ 07-5576-2411 🕙 9:00~17:00 休 圣诞节
💰 成人16澳元、儿童7.40澳元（4~17岁）

以前是创始人戴维弗利家族拥有的动物园，后来对外开放。里面是以自然状态养育的袋鼠和澳洲野犬等动物，不能接触。鳄鱼区属危险地区，所以在步行道上行走时尽量不要探出身体。在这里还可以参观夜行动物展览馆。

温柔地将它抱起吧！

伯利黑兹
(Burleigh Heads)

MAP p.185-F

🚌 从冲浪乐园坐巴士30分钟

伯利黑兹位于冲浪乐园以南9公里，是夹在冲浪乐园和库兰加塔中间的冲浪胜地。涌向悬崖的海浪很高，可尽情享受富有刺激感的冲浪运动。在红树林茂密丛生的伯利黑兹国家公园里，步行道修建得很完善。从瞭望台望到的冲浪乐园风景显得既真实又特别。

冲浪爱好者大集结

塔姆柏林山
(Tamborine Mountain)

MAP p.185-C

🚌 从冲浪乐园坐车45分钟

塔姆柏林山坐落在冲浪乐园西部，坐拥9个国家公园。其中的威奇斯瀑布（Witches Falls）是昆士兰州第一个被认定的国家公园。茂密的热带雨林的每个角落都能看到美丽的瀑布，还能缓解游客远足的疲劳。山上栽培着鳄梨和猕猴桃等热带水果和葡萄，红酒酿造业也很兴盛。山上还散落着纪念品店和画廊，充满了高原度假胜地的气息。

库兰宾自然动物公园
(Currumbin Wildlife Sanctuary)

MAP p.185-F

从冲浪乐园坐巴士45分钟
28 Tomewin St.,Currumbin　07-5534-1266
8:00~17:00（澳新联合军团日13:00~）　圣诞节
成人44澳元、儿童26澳元（4~17岁）

这家公园是有袋鼠、考拉、毛鼻袋熊饲养地的自然保护区。能够在园里给世界上珍稀的彩虹色鹦鹉、大红鹦鹉和袋鼠喂食，与考拉合影留念。可以直接与动物接触，也可以去观察观察在这里安家落户的1000多种鸟和动物。由于喂食时间是规定好的，所以一定要提前看宣传册确认喂食时间。在保护区里移动的话，坐小火车比较方便。

鹦鹉喂食是这里最受欢迎的

桑克蒂厄湾
(Sanctuary Cove)

MAP p.185-D

从冲浪乐园坐巴士45分钟　Sanctuary Cove, Hope Island　07-5530-8400

于1987年在冲浪乐园北部开业的综合度假地。在以凯悦酒店为中心向四周辐射的占地474万平方米的地盘上，设立了快艇港、礼品店、餐厅、高尔夫球场和网球场等设施，充满了开放的休闲气氛。还可以参加啤酒厂参观和水路巡游等活动。

码头沿岸是商店一条街

乐园乡村
(Paradise Country)

MAP p.185-D

从冲浪乐园坐专线巴士15分钟　Entertainment Rd.　07-5573-8270　9:30~17:30
圣诞节　成人57.50澳元、儿童41澳元

这里是能和考拉、袋鼠和羊亲密接触，品尝自助烧烤，充分领略农场生活的主题公园。在3小时30分钟的旅行中（包午餐），能尝试挤牛奶和掷飞镖，这完全是牛仔和牛仔女郎的感觉。

宛如玩偶般的大袋鼠

私房信息

流行先锋正在南下

游客欢聚一堂的冲浪乐园。不过，当地追求时尚的人会去更南边的沿海滩的街市。首先，从冲浪乐园坐车10分钟到达布罗德海滩。这里新登场的播放布鲁斯音乐的商店和舞厅很有人气。与冲浪乐园的喧嚣不同，在这个既干净利落又沉静安闲的市区里，绿洲购物中心（The Oasis Shopping Centre）一带有很多户外咖啡厅。在冲浪乐园住了25年的悉尼人格伦·阿弗弗雷德先生说，他喜欢更接近南部的海滩。坐落在伯利赫兹的餐厅——奥斯卡，视野开阔，观景无限，简直可以用一句"Excellent"来形容。透过窗户看到的是呈直线状沿海岸线林立的冲浪乐园楼群。那景色美得简直无以言表。"在这里饱餐一顿真是最好不过了！"这家供应新鲜海鲜的餐厅不仅有吃的，还具备欣赏美景的双重优势。晚餐估计是40~50澳元，打扮得漂亮点儿出去感受感受吧！

奥斯卡（Oskar's on Burleigh）　MAP p.185-F
Burleigh Beach Pavilion, 43 Goodwin Tce., Burleigh Heads　07-5576-3722　12:00~14:30、18:00~22:30（星期日7:30~）　圣诞节

黄金海岸　精品旅游景点

黄金海岸的
运动和活动

SEA

蓝色大海和天空包围着的水上运动胜地。这是个能一边拍打着水花，享受自然美，一边尽情游乐的地方。有时间的话，也去试试陆地运动吧！

喷气式滑水艇

布罗德沃特波涛平稳，是最适合喷气式滑水艇的地方。四周环绕着滨海幻影城和快艇港、公园等，充满了浓郁的度假地气息。在澳大利亚即使没有驾驶执照也可以开滑水艇。初学者有教练指导，还出租潜水服。

回Australia Advance Marine　☎007-5571-1004
⏰8:00～17:00　💲30分钟85澳元

潜水

位于布罗德沃特中间的韦夫布雷克岛（Wave Break Island）附近的海域波浪平稳，能看到各种海洋生物。教练负责从基础开始讲解和指导。可以挑战一下给鱼喂食。还开设 3～4 天取得执照的课程。

回Queensland Scuba Diving Company
☎07-5526-7722、0412-451-209　⏰8:00～15:00
💲体验型潜水99澳元、娱乐型潜水66澳元、取得执照课程395澳元

帆伞运动

帆伞从行驶在布罗德沃特的船上升起。能一览黄金海岸的街市、运河、海岸等的风光。由于是两人一排的椅子，所以有荡秋千的感觉。运动结束后，帆伞会不沾水地落在船上。

回Australia Advance Marine　☎07-5571-1004
⏰8:00～17:00　💲885澳元

拉古纳安全潜水

特推荐给想轻松随意潜水的人。只要戴上面罩和头盔，即使在海里也能像在陆地上一样呼吸。有从海边步行入海的拉古纳漫步和乘坐双人船钻入海面的礁石冒险计划。

回Australia Advance Marine　☎07-5571-1004
⏰随时（根据天气变化）　💲拉古纳漫步124澳元、礁石冒险124澳元

冲浪

为想在冲浪天堂接受冲浪训练的人设立的学校。这里的教学计划应不同水平的需求而设计，有教练进行指导，可以在海上尽情地随波起舞。

回Sunshine State Surfing School　☎07-5520-0198
⏰上午8:00～、下午13:00～　💲59澳元

LAND

骑马

从冲浪乐园出发，在30分钟车程的库兰宾峡谷（Currumbin Valley）的木材牧场骑马，然后在峡谷的山路中漫步。一边欣赏山岳地带的壮丽景色，一边听着野鸟的婉转啼叫去探索澳大利亚丛林吧！马都是经过严格训练的，都是经验丰富的老手，而且还有工作人员同行，所以第一次骑马的人也不用怕。记得要穿上长裤和运动鞋参加哦！

回Currumbin Horse Riding Farm ☎07-5533-0133
營9:00~12:00、14:00~17:00 ⑤骑马体验99澳元、儿童60澳元、1日游 成人150澳元、儿童100澳元

蹦极　p.189-B

在冲浪乐园的皇冠塔度假村前集结了许多蹦极运动的场所。50米的蹦极跳、大型秋千的飞行速滑车、逆向蹦极的弹簧碰撞，任何一种都是让人尖叫的精彩节目。

回Bungy Australia ☎07-5570-4833 營11:00~22:00
⑤一次蹦极跳99澳元等

空中热气球

能将沿海岸连绵不断的高楼群和航路复杂的运河，广阔的平原及森林等一览无余的空中热气球。日出前离开陆地，在空中飞行的1小时中俯瞰被阳光普照的大地。还向游客发放飞行证明。着陆后喝一杯香槟吧！

回Balloon Aloft ☎07-5593-3291 營仅限上午（夏季4:50、冬季6:15）⑤成人295澳元、儿童（3~14岁）200澳元

空中潜水

有教练随行，所以恐惧感也会减半。飞行从开设机场的库伦加塔（Coolangatta）地区开始。能上升到4000米的高空，然后飞行降落。从上空能一览黄金海岸的壮美景观。14岁以下不允许。还有为游客拍照录像的服务（付费）。

回Gold Coast Skydive ☎07-5599-1920
營7:30~15:30 ⑤325澳元

高尔夫

这里有很多高尔夫球场，既有能够轻松玩儿的商业人士喜欢的球场，也有冠军级别的球场。其中，棕榈湾梅德斯球场是各类大型赛事中的强将竞争的名门球场。里面的桑拿、餐厅及专卖店等设施很完善。

回Palm Meadows Golf Course MAPp.185-D
☎07-5594-2450 營7:00~18:00 ⑤9洞65澳元、18洞115澳元（包含卡费）

华纳兄弟电影世界
Warner Bros. Movie World

去欢快华丽的电影世界玩玩吧！

充满恐惧感的令人放声尖叫的骑马项目，独特的表演秀和芭蕾等，各种娱乐活动丰富多彩。在表演秀中间的空当里感受一下扣人心弦的骑马和购物活动吧！电影世界里按照不同时期，设置以最新电影为主题的精彩节目。还能获得与大热电影《蝙蝠侠》和《超人》的人气角色一起合影的机会。

MAP p.185-D 从冲浪乐园坐短程往返巴士（在冲浪乐园的各个酒店接送，需预约）20分钟即到 Pacific Hwy.,Oxenford 07-5573-3999
10:00~17:30、澳新联合军团日13:30~18:30
圣诞节 成人69.95澳元、儿童45.95澳元

SHOW

为扣人心弦的表演放声喝彩吧!!

警察学校飞车秀
(Police Academy Stunt Show)

改编自电影《警察学校》，是一位愚蠢的警察惹来一系列麻烦的滑稽喜剧。电影高潮处集合了警车和白色摩托车，为观众展示了一场精彩的表演，不过本表演只靠一名断了发条的警察就惹得观众爆笑一堂。从观众席中抽出一名警官候补，让他参加现场秀，这也是电影世界的一大看点。需要时间约20分钟。

稍纵即逝的速度感
超人逃脱
(Superman Escape)

节目设定为超人去救地铁上的乘客。坐在仅用2秒时间就把速度从0加到100公里并发射出去的速滑车上，去体验爽快刺激又令人毛骨悚然的感觉。速滑车垂直上升760米，又失重下落、螺旋状旋转，又带着巨大的重力加速度转弯，这些好像都是靠超人式的速度亲身感受到的。

紧张刺激的速滑车

彻底清除蝙蝠侠的凤敌
蝙蝠侠冒险之旅 2
(Batman Adventure-The Ride 2)

去铲除电影《蝙蝠侠》中蝙蝠侠的凤敌——弗里斯先生的惊险之旅。活用电脑特技，再现一个蝙蝠侠活跃的城市——高潭市。亲身体验激烈的汽车追逐场面和打斗、空中战斗等。需要时间15分钟。

充满野性的西部乘车

绿色的善良大怪物
史莱克 4D 冒险
(Shrek 4D Adventure)

采用了好几种特效的最新锐视觉盛宴。这是一部需要戴着特殊眼镜观看的最新式3D电影，主角为大受观众喜爱的怪物史莱克。配音演员是马尔·迈克斯、艾迪·墨菲、卡梅隆·迪亚兹、约翰利思戈等能给观众带来无限欢乐的演员。座位随着3D电影的情节垂直落下、升起，左右移动，让人充分体验身临其境的感觉。

西部世界的尖叫体验
野性·西部·瀑布·冒险·乘车
(Wild West Falls Adventure Ride)

以展望未来的西部电影《野性·西部》为主题制作的充满刺激感的乘车体验。这个能看到仙人掌和岩石山的精彩节目，让人觉得仿佛坐着时光机回到了西部开拓时代。乘车登上高约35米的小山，正当你想睁开眼睛看看美景的时候，又在激起的水花中一口气降了下来。真是让人心跳加速的过程。因为坐在上面会激起很多水花，所以天气热的时候很受欢迎。带着毛巾去西部世界玩玩儿吧！需要时间约6分钟。

Warner Bros.Movie World

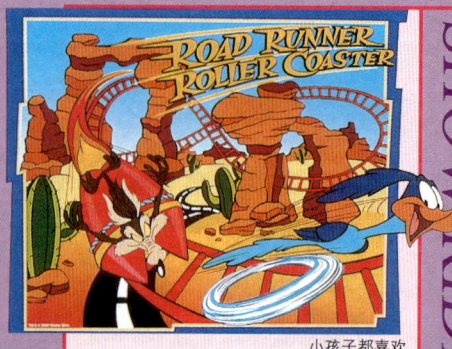

小孩子都喜欢

SHOW RIDE

登峰造极的恐怖和刺激
致命武器
(Lethal Weapon)

能体验热门电影《致命武器》那种惊悚感。附在铁轨上的 2 人乘座椅呈悬空状。速度和离心力让人产生身体好像即将要飞跃出去的感觉，不由得连连尖叫。如果不把固定身体的座位卡死的话，会很恐怖哟。这项娱乐有乘车条件的限制，所以乘坐之前一定要预先确认好。

追上哔哔鸟！
哔哔鸟过山车
(Road Runner Roller Coaster)

它是卢尼音乐村里的过山车。这是一种最新的乘车方式。跟威利狼一起从 ACME 烟花工厂一边追赶哔哔鸟，一边旋转，一直追到亚利桑那沙漠。过山车一会儿螺旋升起，一会儿又旋转，比较之下刺激感不是很强烈，所以小孩子也能玩儿。带着全家人一起体验一下吧！

在离心力的作用下飞了出去

私房信息

去昏暗的惊险城探险
史努比恶鬼过山车
(Scooby Doo Spooky Coaster)

这个以儿童为中心的，喜欢恐怖刺激的大人也十分喜爱的新节目，是坐上好像从史努比的电影世界里飞出来的真实版过山车，体验心潮澎湃的乘车探险之旅。在恐怖的怪物纷纷现身的鬼屋似的惊险城里漫步之后，就等待急速下降、急速上升的高潮吧！通过激光束和音响效果，让人产生宛若置身电影中的感觉。因为乘车有身高限制，所以 110 厘米~120 厘米的儿童要跟大人一起坐。需要时间约 5 分钟。

澳大利亚荒野奇观
(Australian Outbak Spectacular)

通过独特的表演
亲身感受荒野气息

通过表演向大家描述牧场经营人的生活方式，是澳大利亚特有的节目。跟马、牛、羊、牧羊犬等各种动物一起展开的表演很多，还能品尝自助烧烤的美味。

MAP p.185-D 从冲浪乐园坐短程往返巴士（在冲浪乐园的各个酒店接送，需预约）20分钟即到　Pacific Motorway,Oxenford
07-5573-8289　18:15~21:00（表演时间19:00~）　星期一、圣诞节　成人99.95澳元、儿童69.95澳元

SHOW SHOW

表演(Show)
把脚放在马背左右的马鞍上，然后牵着两头马的浪漫马术是难度较高的技艺。在一边驯服暴戾的牛一边控制转场的牧场上，能看到英姿飒爽的牛仔。牛仔伴着轻快的乡村音乐，为大家表演提心吊胆的杂技马术。单枪匹马地引导好几只羊的牧羊犬的活泼场面，是这里的一大看点。终场时马和人一同呼吸的类似团体表演的技艺赢得了观众的感动。

晚餐(Dinner)
在作为婚礼现场开放的老澳酒馆里，开演45分钟前为观众提供饮料和小点心。晚餐是老澳风格的自助烧烤。按照开胃菜、主菜和甜点的顺序上菜，一定能让您饱腹而归。

纪念品(Souvenir)
入场时会送给所有客人麦秆编成的充满牧羊人气质的草帽。兼营的商店销售T恤、马克杯、玩偶等。

休闲一刻

整场表演气势宏大

梦幻世界 (Dreamworld)

刺激的过山车,动物静养的森林,观光船行驶的河流,这简直是动与静的完美结合

欢迎来到梦幻世界！

红色、黄色的花点缀花坛

呈现出一个梦幻般游乐世界的主题公园。30万平方米的广阔面积根据游乐项目划为11个区域。务必要去的是海洋巡礼、水城、澳大利亚生态体验及淘金热乡村等。去充分领略一下刺激的游戏吧！如果买的是2日参观通票的话，还能去旁边的水上公园——"怀特沃特世界"（MAP p.185-D）玩玩儿。

MAP p.185-D

从冲浪乐园坐短程往返巴士（在冲浪乐园的各个酒店接送，需预约）20分钟即到　Dreamworld Parkway, Coomera　07-5588-1111

10:00~17:00（澳新联合军团日13:00~）　圣诞节　成人69澳元、儿童45澳元，两人乐园通票成人102澳元

PLAY ZONE

以大海为主题的乘车体验汇集在这里
海洋巡礼 (Ocean Parade)

在这里，不可错过的是出局（Wipeout）这个节目。通过车身360°的旋转设计，模拟刺激的冲浪体验。这个2.5倍重力作用下的兴奋世界令人心悸不止。

推荐给想体验极速的人
乡村集市 (Country Fair)

出局游戏的旁边就是这个游乐场的领地。想挑战一番的人，推荐十分刺激的速滑车"雷电霹雳"（Thunderbolt）。这是时速最高可达87公里的澳大利亚最快的两转过山车。想体验更高速度的人，可以去尝试一下以时速60公里从21米的高空呈圆盘状飞旋在空中的"旋转大冒险"。

通过旋转营造恐惧感的出局游戏

梦幻世界

惊险+水花让心情倍爽
雷霆激流 (Thunder River Rapids Ride)

用6人坐的圆形木筏急速滑下激流。因为木筏会使劲摇晃，所以激起的水花一定会打湿您的衣服！

充满热带雨林气息的蓝环礁湖
蓝环礁湖 (Blue Lagoon)

在蓝环礁湖上必须穿泳衣。反向坐在水滑车上，然后快速滑下 (Toboggan Ride)，坐在小艇上快速滑下 (Aqualoop Flume Ride) 等游戏，能让您跟水玩几个痛快，就算只坐在小艇上漂浮也能享受极乐心情。里面淋浴、更衣室等设施很完善，也有儿童用的水池。

只要踏入一步就会时光倒转
淘金热乡村 (Gold Rush Country)

这里重现了梦想通过采金一夜暴富的先锋城。充满怀旧感的杂货店正在营业中。穿着那个时代的衣服拍照也很有意思。追求惊险的人可以去挑战一下，坐坐尤里卡山的采矿车 (Eureka Mountain Mine Ride) 也别有一番情趣。采矿车在光线暗淡的采掘隧道中全速疾驰。

真实重现的矿山街

马里斯皮河的明轮游轮
水城 (Rivertown)

乘坐行驶过水势汹涌的马里斯皮河 (Murrissipi River) 的两层明轮游轮——"斯达特船长"号。游轮像马里斯皮河本地的游轮那样，以缓慢的速度穿行在左右茂密的草木之间。途中能看到荒野无赖表演的绝技。

与100种、100只动物邂逅
澳大利亚生态体验 (Australian Wildlife Experience)

乐园分为四个区域，第一个是考拉村；第二个是汇集了澳大利亚特有动物的荒野冒险；第三个是模仿卡卡杜国家公园生态体系建成的卡卡杜湿地；最后一个是能与热带雨林动物们邂逅的丁多里雨林。

跟人亲密接触的袋鼠们

海洋世界 (Sea World)

广阔的地盘上 精彩荟萃 从小孩到大人都能身心愉悦

黄金海岸最有人气的水上乐园就是这个海洋世界。因为这里有海洋动物和快乐刺激的表演，所以引来了世界各地的游客。广阔的公园里总是会举办一些让人兴奋的节目，所以要留足时间好好逛哟！

MAP p.187-A 从冲浪乐园坐巴士15分钟即到
Sea World Dr., Main Beach 07-5588-2205
10:00～17:30、澳新联合军团日13:30～18:30
圣诞节 成人69.95澳元、儿童45.95澳元

跟可爱的海豚嬉戏　　　　在空中浮游的一刻

有趣奇怪的表演引来喝彩和掌声
滑水秀
(Water Ski Spectacular)

是海洋世界的招牌节目，从1971年开业以来就一直上演。这个让人瞬间停止呼吸的精彩表演，几乎每天都在刷新澳大利亚现场秀的最长纪录。1天2场（12:00和16:30）。需要时间：30分。

欢快的海豹表演引来欢笑
黄金海豹大冒险
(Quest for the Golden Seal)

步履蹒跚又显得憨态可掬的海豹是海洋世界的人气演员。舞台上，滑稽可笑的小丑变换着各种角色。海豹用嘴运球或者像杂技演员那样活动身体表演出各种技艺，是一场很精彩的节目，用时20分钟。一天表演2场（11:30和14:15）。

现场看到的表演最精彩

海洋世界

海豚表演魅力十足

陶醉在惊险和高速中
百慕大三角
(Bermuda Triangle)

乘坐容纳12人的探险船向百慕大海域进军。无数个机关在等待划过水面的探险船，有高科技光学魔术，有机器人，还有熊熊燃起的火焰，充分利用新兴科技的机关是一大亮点。

澳大利亚最早的三转速滑过山车
起螺丝式三转过山车
(Corkscrew Triple-loop Roller Coaster)

因为轨道像起螺丝似地旋转，所以就取了这个名字。以70公里的时速，约95秒疾驰600米轨道的速度，让人体验到一种天旋地转的快感。当然，这个游戏不适合心脏功能不好的人和小孩儿，所以一定要提前确认好乘坐条件。这种过山车一定能满足狂爱高速的人。

去欣赏海豚的快乐表演吧！
海豚湾秀
(Dolphin Cove Show)

海豚是海洋世界的主角，简直就是招牌式的压轴演员。让观众欣赏海豚快乐表演的海豚湾秀，有着与滑水秀抗衡的超高人气。这个20分钟的表演从前来观看的儿童和海豚的亲密接触开始。然后，它为大家表演华丽的舞步，与教练一起跳舞或者跳跃，海豚充满智慧的样子让人不禁感叹连连。接下来，海豚还向观众席上扬水花，弄得现场一团糟，或者拍着手引观众发笑。1天表演两场（10:45和15:00）。海豚湾位于乐园北侧，有海洋世界纳拉度假村的单轨列车站，很方便。

SHOW RIDE

黄金海岸

光听听乘客的尖叫就让人毛骨悚然

私房信息

同海豚亲近的海豚之旅
(Dolphin Tour)

海洋世界里有亲近人气演员——海豚的旅行项目。路线根据导游的指示，分为给在海豚湾游动的海豚喂食的路线和在海里与自由自在的海豚一起游泳两种（游泳路线只限14岁以上游客）。海洋世界的入场券还包括乘坐直升机在空中游览黄金海岸四周的计划，你将收获百分百的快乐体验。

直升机上看到的街区真是壮观

跟海豚成为朋友吧！

JPT Tours ☎07-5539-8492
每天 出发时间：8:30（带接送）
需要时间：7小时 喂食路线：
成人299澳元、儿童197澳元，游泳路线：成人345澳元

疯狂水世界
(Wet'n' Wild)

仿佛觉得一整天置身于热带雨林中,尽情游泳、嬉戏

简直就是超人的感觉　　坐在浮轮上慢悠悠地漂着很舒服

如果想在黄金海岸的蓝天下溅起水花,尽情地享受休闲时光的话,这里是最好的。园内为两个区域,一个是供想慢悠悠戏水的人使用的;一个是供想使劲地拍打着水花游泳的人使用的。先去哪个区是随兴趣自选。水滑梯能随便玩儿,所以想怎么玩儿就怎么玩儿吧!此外,水池都有加热装置将水温控制在26℃左右,所以冬天去也很舒服。

MAP p.185-D　从冲浪乐园坐巴士20分钟即到
✉Pacific Motorway.,Oxenford　☎07-5556-1660
🕐10:00~17:00　(随季节改变)　休圣诞节　S成人49.95澳元、儿童32.95澳元

以极速一口气滑下
速滑车
(Speed Coaster)

从7层楼高的地方滑下的惊险感满分的水滑梯。以时速70公里的速度滑下的话,带给人的恐怖和兴奋是最高的。在不明情由的一瞬间滑下,最后迎着飞溅的大水花落入池内。对于喜欢滑梯的人来说,这简直是无以言表的快感。

两人一组以迅猛的速度在水上滑行
双人尖叫
(Double Screamer)

从相当于四层建筑高度一口气滑下长条状倾斜雪橇式滑道,最后像滑水一样在水池的水面上轻捷地疾驰。虽然是供两个人坐的雪橇,但一个人坐也是可以的。

这个高度的落差让人相当害怕

疯狂水世界

最新节目是充满惊险的水滑梯

巨型瀑布 (Mammoth Falls)

坐在巨大的圆形皮艇里,朝着巨大的瀑布潭进发。皮艇在白波直立的急流中摇摇晃晃,击打着水花的漂流充满了惊险。如果不死死抓住皮艇的话,可能会有落水的危险,所以一定要小心哦。

好像在真正的海里游泳一样

大浪池 (Giant Wave Pool)

拥有南半球No.1面积的大浪池是通过人工波浪再现黄金海岸大海的景观。如果想慢悠悠地在海上漂流的话,就去附近的店里租个浮轮吧!不时会有大浪卷来,所以须注意尽量不要翻船。游累了就在海边休息休息吧!

或许能玩儿人体冲浪呢

欢迎来到热带雨林风格的南国小岛

卡利普索海滩 (Calypso Beach)

椰子树茂密丛生的卡利普索海滩,是能切身感受南国乐园的地方。海滩一带都是卡利普索口音,热带雨林气息很浓郁。来了就去白色沙滩的基拉戈环礁湖游泳放松一下吧!流过它周围的全长360米的卡利普索河,只是坐着小艇漂流的话,用1周时间才能游完。

喜欢游泳的孩子的大集结

海盗滩 (Buccaneer Bay)

位于园中央的这个浅水湖里汇集了丰富的供孩子玩儿的游戏。孩子们的欢呼雀跃,让这里热闹非凡。坐上池中游动的彩色船发射水炮弹,或者去火山洞探险,就像海滩的名字一样,Buccaneer=海盗,来到这里的人仿佛都变成了海盗。还有爬在玩具鳄鱼和飞跃旗上的游戏,乐趣层出不穷。

儿童百玩不厌的节目

私房信息

在泳池中看电影 (Dive In Movies)

在疯狂水世界有个独特的看电影的方式。那就是在水池中观看11米×9米的巨幕上放映的电影。这里音响设备也很完善,1月份的每个晚上,9~4月星期六的晚上,最新电影都会伴随着夜幕(12月下旬~1月下旬时 19:00)的降临为大家放映。上映内容可以在 www.myfun.com.au 上查询。在水池中浮在浮轮上,或者躺在海边打着瞌睡观看到的电影,肯定有一番别样的情趣。1月份闭园时间延长到21:00,其他滑梯和水池也能玩到那个时间。

SHOPPING

购物

城市中心是冲浪乐园的卡维大街。大型购物中心和特产商店以及时装店一应俱全，很方便。黄金海岸高速公路沿线有很多免税店。

○ 比拉邦展示屋 (Billabong Showroom)
V M D A J　　　MAP p.185-F

品牌泳衣专卖店

比拉邦是当地潜水爱好者喜欢的品牌。这家店就是它的领地。原创衬衣50澳元，全线供应潜水服、比基尼、游泳衣和T恤等。

📧1 Billabong Place, Burliegh Head　☎07-5589-9880　🕘9:00~17:30、星期六9:00~17:30、星期日10:00~16:00　休节日

○ 蛋白石画廊 (Opal Gallery)
V M D A J　　　MAP p.189-C

蛋白石博物馆兼营的专卖店

澳大利亚是优质蛋白石的产地。店里展示的商品以价格低廉的黑蛋白石为主，种类丰富。一楼是世界第一个蛋白石博物馆。

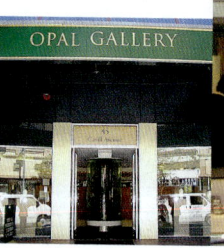

📧45 Cavill Ave., Surfers Paradise　☎07-5538-0666　🕘11:00~19:00　休无

○ DFS环球免税店 (DFS Galleria)
V M D A J　　　MAP p.189-D

免税商品

店里销售的商品以菲拉格慕、爱马仕、巴宝莉等世界一流名牌为主，还能买到澳大利亚特有的物品。商品种类齐全，经营范围广，从基础商品到最新商品一应俱全，能赶在别人前面跟上潮流。它是黄金海岸最大的免税店。

📧25 Cavill Ave., Surfers Paradise　☎07-5570-9401　🕘9:00~21:00　休圣诞节、复活节前的星期五

○ 尼尔森兄弟冲浪用品店 (Brothers Neilsen)
V M D A J　　　MAP p.187-F

黄金海岸第一的冲浪用品店

它是1971年由尼尔森兄弟创立的。水上运动用品种类的充实度完全打败了其他店。

📧178 Pacific Fair Shopping Centre,Hooker Blvd.,Broadbeach　☎07-5572-3522　🕘8:00~21:00　休无

澳大利亚精神画廊(Spirit of Australia Gallery)
V M A J
MAP p.189-D

澳大利亚的特色物品一应俱全

建造在黄金海岸高速公路沿线的特产店。门口全部用玻璃装成,显得敞亮开放。这里经营各种澳大利亚特色物品,特别受游客欢迎的是飞镖(6.95澳元)和T恤(15澳元),以及手工染色的T恤(40澳元)等。每一样都种类齐全,让人心情愉悦。此外,还能买到跟原住民相关的乐器、绘画、摆设等。传统的木制竖笛迪吉里杜管80澳元,甚至还能买到镶着鳄鱼牙和皮的帽子等。

Shop5, 3171 Surfers Paradise Blvd.,Surfers Paradise 07-5561-0330 9:00~21:00 休无

魏斯艺术(Weiss Art at Surfers)
V M D A J
MAP p.189-D

简单的设计很受欢迎

设计的特点是以黑白为基调的着色,商品主要是画有考拉的T恤类。除衣物外,还有高尔夫球和带手柄的大杯子等商品,经营范围很广。

Shop 4 Le Boulevard, Elkhorn Ave.,Surfers Paradise 07-5592-0664 10:00~21:00(星期日12:00~)休无

地球工作(Earthworks)
V M D A J
MAP p.189-F

昆士兰州最大的陶器店

以彩色蜡笔颜色为基调着色的手工制品很有特色,带回国赠送亲朋是不错的选择。价格从7.50澳元起。

123 Long Rd. Eagle Heights, Tambaring Mountain 07-5545-1100 10:00~16:00 休无

佳酿酒窖(Vintage Cellars)
V M D A J
MAP p.187-E

以齐全的商品种类自豪的红酒店

店里面积狭小,各种红酒被陈列成行,澳大利亚全国的红酒一应俱全。除了请知识丰富又友善的店员给您提供参考意见之外,还可边品尝边寻找符合您口味的酒。在这里买了红酒之后,也可以把它带入可以自己带酒进去的餐厅享受美味。

2721 Main Place,Broadbeach 07-5570-2422 10:00~22:00 休复活节前的星期五、圣诞节

黄金海岸的购物中心

Pacific Fair
太平洋集市
MAP p.187-F

它是黄金海岸最大的购物中心。里面有迈尔和K市场等6家大型商场，约有270家专卖店，12个电影院等。在游客休息室，能得到馆内通用的打折卡，也有寄存行李的设施。对游客的服务很周到。

✉ Hooker Blvd., Broadbeach ☎ 07-5581-5100
⏰ 9:00~17:00（星期四~21:00）
※各店略有不同　休无

主要店铺
礼品："有什么新东西吗"（What's New）。
动画产品：华纳兄弟工作室（Warner Bros. Studio Store）。
超市："目标"（Target）。
咖啡厅：牙买加蓝山咖啡（Jamaica Blue）、星巴克（Starbucks）。

Chevron Renaissance
雪弗龙・文艺复兴
MAP p.189-C

它坐落在冲浪乐园中心街上。里面有星巴克和华纳兄弟工作室等店铺。灵活运用了高科技的未来型特色店铺——无限，赢得了顾客的高度评价。商场的上面是公寓套房。

✉ Corner Elkhon Ave.&Gold Coast Hwy.,Surfers Paradise ☎ 07-5584-8100 ⏰ 6:30~21:30
※各店略有不同　休无

主要店铺
珠宝：海洋之心（Heart of the Ocean）。
礼品：澳大利亚的礼物（Australia the Gift）。
超市：科莱斯（Coles）。
咖啡厅：星巴克（Starbucks）。
特色店：无限（Infinity）。

↑无限
→潇洒的氛围

在黄金海岸的大型购物中心里，当地人经常去的是太平洋集市和澳大利亚集市。在冲浪乐园有闲适的雪弗龙·文艺复兴，北部的海港城作为购物区也很受欢迎。

Australia Fair 澳大利亚集市
MAP p.185-D

位于黄金海岸发祥地——南港口的极具当地特色的大规模直销品销售中心。里面约有250家专卖店和商场、超市，6家电影院，比太平洋集市更具澳大利亚风情。随便走走就能一窥黄金海岸居民的生活。

📍Marine Parade, Southport
☎07-5532-8811　⏰9:00~17:30
（星期四~21:00、星期六~17:00）、星期日、节日10:30~16:00　※店略有不同　休无

Harbour Town 海港城
MAP p.185-D

📍Brisbane Road and Oxley Drive　☎07-5529-1734
⏰9:00~17:30（星期四~21:00、星期六~17:00）休复活节前的星期五、澳新联合军团日、圣诞节

主要店铺
泳衣：日晒度假服（Sunburn Resort Wear）。
礼品：澳大利亚自然奇观（Australian Natural Wonders）。
冲浪用品：城市海滩（City Beach）。
帽子：小屋100（Hut by the Hundred）。
咖啡：摩卡奇诺斯（Mocachinos）。

坐落在黄金海岸北部于1999年末开业的直销品商店一条街。除名品店鳞次栉比外，还有超市和电影院等。从冲浪乐园坐车15分钟即到。坐巴士的话1A路会一直停到入口处。

主要店铺
运动装备：耐克工厂直销店（Nike Factory Store）。
时装店：拉尔夫劳伦（Polo Ralph Lauren）。
陶器：唯宝（Villeroy & Boch）。
美甲艺术：指甲工艺（Nailtique）。
电影院：阅读影院（Reading Cinemas）。

←工厂直销品种类丰富
↓有名牌产品

Restaurant

餐厅

冲浪乐园里的餐厅主要集中在跟海滩平行的滨海艺术中心和伸展向内陆的奥基德大道周围。去滨海幻影城一带和布罗德海滩看看也不错。

 维餐厅与酒吧
(Vue Restaurant & Bar)

 p.187-B

在露天席享受夕阳西下的晚餐

　　面朝船舶停靠站的室外有坐席，可以在露天席上一边欣赏夕阳，一边享受晚餐。沙拉12澳元、当天的意大利面16.90澳元。

Marina Mirage, Main Beach　07-5531-2488　11:30~23:00
休无　$25~40澳元

 李斯特拉泰·费里尼
(Ristorante Fellini)

p.187-B

位于滨海幻影城二楼的意大利餐厅

　　在欣赏碧蓝大海的同时，在这浓郁的地中海气息中享受意大利美食。采用昆士兰产海鲜的意大利面25~35澳元是这家店的骄傲。在舒适休闲的氛围里品尝美食。

Marina Mirage, Sea World Drive, Main Beach　07-5531-0300
12~15:00、18~21:00（星期五、六~深夜）休圣诞节　$35澳元

 贝利西莫
(Bellissimo)

p.187-E

手工意大利面和海鲜是大卖食物

　　这是家需要略微正式着装的正式派餐厅。意大利面（主菜分量9.50澳元）加上藏红花冰激凌沙司真是绝妙的美味。建议大家尝尝龙虾和蟹黄酱。

Cnr. Gold Coast Hwy. & Elizabeth Av., Broadbeach　07-5570-3388　17:30~22:00（星期日只供午餐、需预约）休圣诞节
$40~80澳元

墨西哥

蒙特苏马
(Montezuma's)

V M A D
MAP p.189-F

辣味食物激起人的食欲

热薯条 8.50 澳元、玉米片 8.95 澳元、炸玉米粉卷 4.95 澳元。午餐时总是挤满了穿着沙滩服的年轻人。

- Aloha Bldg., 8 Trickett St., Surfers Pardaise　☎07-5538-4748
- 11:30~14:30、17:30~20:00　休圣诞节、圣诞节次日　$20~30澳元（午餐1~15澳元）

 自助餐

韦伍斯餐厅
(Waves Restaurant)

V M D A J
MAP p.187-D

沃特马克酒店里的餐厅

火腿、鸡蛋、新鲜水果和沙拉等列成一排的自助餐很受欢迎。在沃特马克酒店的另一家餐厅能吃到日式自助早餐（6:00~9:30）。

- 3032 Gold Coast Hwy.,Surfers Paradise　☎07-5588-8304
- 6:30~10:00、18:00~21:30　休无　$26澳元

 中国

黄金运餐厅
(Golden Fortune Chinese Seafood Restaurant)

V M D A J
MAP p.189-F

当地有名的茶馆

虾饺、春卷和包子等食物及茶水等种类丰富。吃完用螃蟹和鲍鱼等新鲜海鲜做成的食物后，再品尝品尝中国的甜点。宽敞的店里闲适宁静。

- Label 1 40-42 Hanlan St., Surfers Paradise　☎07-5592-3988
- 10:00~15:00、17:00~23:30　休无　$15~50澳元

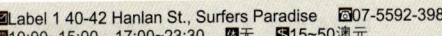

印度

布罗德海滩GOA
(GOA on Broadbeach)

V M D A J
MAP p.187-E

布罗德海滩上的印度餐厅

这是一家供应咖喱和唐杜里鸡的正宗印度餐厅。店里是清一色的时尚家具，弥漫着一股干净利落的气息。由于这里只在晚上营业，所以在露天席吹着夜晚拂面的凉风，品尝美味也很舒适。

- 88 Surf Parade, Broadbeach　☎07-5538-3478
- 17:30~22:00（星期六、日11:00~23:00）　休无　$20澳元

自助餐 谢拉顿露天餐厅
(Terrace Restaurant Sheraton)

V M D A J
MAP p.187-A

特向大家推荐的是摆着豪华海鲜的星期日大餐

餐厅位于谢拉顿米拉盖酒店的一楼。早、中、晚都能以自助的形式享受美食（也有按菜单点菜的）。

📍Sea World Dr., Main Beach　☎07-5577-0156　🕐6:00~10:30、12:00~15:00、18:00~22:00（星期日11:00~22:30）　休无　💲自助早餐42澳元，午餐、晚餐64澳元（星期六、日82澳元）

美国 硬石咖啡厅
(Hard Rock Cafe)

V M D A J
MAP p.189-F、p285-G

卡维大街上最显眼的餐厅

这是家全球连锁的美国餐厅。店里陈设着吉他、贝斯等跟摇滚相关的物品。三层 BLT 三明治 12.50 澳元。

📍Cnr. Cavil Ave. & Gold Coast Hwy., Surfers Paradise　☎07-5539-9377　🕐12:00~22:00　休圣诞节　💲15澳元

澳大利亚 卡布斯牛排屋
(Cav's Steak House)

V M D A J
MAP p.185-D

当地极具人气的足量牛排

餐厅开业于 1984 年。可以从橱窗中选择烹制好的肉。当地产的肉质肥嫩的牛肋骨、牛臀肉和 T 字骨等都能以合理的价格品尝到。

📍30 Frank St., Labrador　☎07-5532-2954　🕐12:00~14:30、18:00~21:30　休无　💲16.65澳元

澳大利亚 乐园薄煎饼餐厅
(Pancakes In Paradise)

V M D A J
MAP p.189-F

三张叠在一起的正宗薄煎饼

薄煎饼只点一张 5.50 澳元就可以，不过，客人还是喜欢吃正规的 3 张叠在一起的饼（7.95 澳元）。冰激凌和生奶酪甜点等配菜就按照自己的口味选择吧！

📍Cnr. Surfers Pradise Blvd. & Clifford St.　☎07-5592-0330　🕐8:00~20:00　休无　💲5.50澳元

Night Spot

夜总会

在领略水上运动和购物、吃饭之后，去跟当地的年轻人一起玩到深夜吧！冲浪乐园的奥基德大街附近有很多酒吧和舞厅。也可以去人气正在提升的布罗德海滩。

舞厅 **鸡尾酒与梦想**
(Cocktail and Dreams Night Club)

V M D A J
MAP p.189-D

能轻松融入这融洽的气氛里

舞厅在奥基德大街上的马克购物中心二楼。除了舞曲外，还能欣赏到20世纪70年代的曲子。

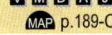

📍Level 2 The Mark, Orchid Ave.,Surfers Paradise
☎07-5592-1955 🕐21:00~次日4:00 休
💲星期日~星期四免费，星期五、六5澳元

舞厅 **梅尔巴斯**
(Melbas)

V M D A J
MAP p.189-C

在最新舞曲的伴奏下舞蹈吧！

俱乐部面朝卡维尔大街，一楼是餐厅和吧台（12:00~），二楼是夜总会，无论黑天白日热闹非凡。夜总会里播放着让人兴奋的音乐，等离子电视上转播篮球赛和足球赛，将场内气氛带入了高潮。坐席多且宽松。原创和标准鸡尾酒等酒类的品种丰富。

📍46 Cavil Ave., Surfers Paradise ☎07-5538-7411 🕐19:00~次日5:00（星期一~三20:00~） 休无 💲22:30以前入场的话免费，以后入场随日期而定

俱乐部 **海滩奥玛莱斯**
(O'Malley's on the Beach)

V M D A J
MAP p.189-F

每晚8:00开始有乐队的现场表演

位于卡维商业街海岸附近的爱尔兰酒馆。毫不造作的室内装饰让人很放松。

📍Level 1,1 Cavill Ave.,Surfers Paradise ☎07-5570-4075
🕐10:30~次日3:00 休无 💲3澳元

表演 **丘辟特剧院**
(Jupiter Theatre)

V M D A J
MAP p.187-F

布罗德海滩的热门表演

这是在康拉德丘辟特（参照p.215）举办的豪华舞厅秀。伴随着绚丽的舞台，享用丰富的食物。演出节目时定期更换的。

📍Conrad Jupiter,Gold Coast Hwy.,Broadbeach ☎07-5592-8303 演出时间10:00、21:00（日曜星期六17:00、星期三13:00、星期日没有表演）休无 💲59澳元、儿童59澳元

HOTEL　　　　　　　　　　　　　　　　　　　酒店

酒店主要集中在游客最多的冲浪乐园里。这里有很多豪华的度假酒店，稍微偏离市区的酒店价格会便宜很多。整体而言，设备和水准高的酒店很多。

黄金海岸国际酒店
(Gold Coast International Hotel)

Ⓥ Ⓜ Ⓓ Ⓐ Ⓙ　MAP p.189-B

距海滩50米的近距离很吸引人
　氛围明快的客房都是海景房，带阳台。里面有日本餐厅和钢琴休闲室。

✉Cnr. Gold Coast Hwy. & Staghorn Ave.
☎07-5584-1200　FAX07-5584-1280　296室
$160澳元（2人间、不指定客房）　餐厅、泳池、桑拿、其他　http://www.gci.com.au　●冲浪乐园

冲浪乐园马里奥特度假胜地
(Surfers Paradise Marriott Resort)

Ⓥ Ⓜ Ⓓ Ⓐ Ⓙ　MAP p.187-C

沿内兰河建起的度假酒店
　酒店最骄傲的就是引入海水面积达1万平方米的巨大环礁泳池。有浮潜和潜水等自由选择的娱乐方式。

✉158 Ferny Ave.　☎07-5592-9800　FAX07-5592-9888　330室　$320澳元　餐厅、桑拿、海水环礁泳池、其他
http://www.marriott.com　●主海滩

黄金海岸喜来登大酒店
(Sheraton Mirage Gold Coast Hotel)

Ⓥ Ⓜ Ⓓ Ⓐ Ⓙ　MAP p.187-B

洋溢着南国风情的极尽奢侈的酒店
　大厅和客房都采用大理石面料装修，是十分豪华的超高级酒店。

✉Sea World Dr., Main Beach　☎07-5591-1488　FAX07-5591-2299　293室　$560澳元　酒吧、餐厅、泳池、健身俱乐部、其他
http://www.sheraton.com/goldcoast　●主海滩

桑克蒂厄湾凯悦酒店
(Hyatt Regency Sanctuary Cove)

Ⓥ Ⓜ Ⓓ Ⓐ Ⓙ　MAP p.185-D

殖民时代建筑风格的高级度假酒店
　以18世纪40年代壮丽古朴的私人住宅为原型建成的优雅酒店。周围是高尔夫球场和港口。

✉Manor Circle　☎07-5530-1234　FAX07-5577-8234　247室
$265澳元　餐厅、酒吧、泳池、网球场、其他
http://sanctuarycove.hyatt.com　●霍普岛

索菲特
(Sofitel Gold Coast)

V M D A J　MAP p.187-E

将黄金海岸的海滩一览无余

　　酒店所有客房都带阳台，视野开阔，能尽情欣赏美景。而且它邻接黄金海岸最大的购物中心，所以吃饭、购物都很方便，而且酒店离赌场也很近。除泳池外，里面的桑拿矿泉疗养等设施也很完善。

81 Surf Parade, Broadbeach　07-5592-2250
07-5592-3747　293室　220澳元　餐厅、酒吧、泳池、网球场、其他
http://www.sofitelgoldcoast.com.au　●布罗德海滩

韦伯酒店
(Vibe Hotel Gold Coast)

V M D A J　MAP p.189-C

完全适合休闲的酒店

　　大厅和客房都充满了温馨的气氛。酒店位于冲浪乐园中心，离购物中心和赌场非常近。

42 Ferny Ave.　07-5539-0444　07-55
92-3757　199室　150澳元　餐厅、酒吧、泳池、洗衣房、会议室、其他
http://www.vibehotels.com.au　●冲浪乐园

康拉德丘辟特酒店
(Conrad Jupiters Gold Coast)

V M D A J　MAP p.187-F

黄金海岸屈指可数的大型度假酒店

　　酒店很高级，里面的赌场设有100多台游戏桌，24小时营业，很有人气。酒店里有各种各样的设备，很完善。

Broadbeach Island, Broadbeach　07-55
92-8100　07-5592-8219　603室　199澳元
赌场、舞厅、其他
http://www.conrad.com.au　●布罗德海滩

皇冠广场松树高尔夫度假村及矿泉疗养地
(Crownplaza Pines Golf Resort & Spa)

V M D A J　MAP p.185-D

拥有两个一级球场

　　建在内兰河畔的度假胜地。在21层的主餐厅瞭望到的景色很美妙。

Ross St., Ashmore　07-5597-8700　07-5597-22
77　330室　200澳元　餐厅、高尔夫球场、其他
http://www.royalpinesresort.com.au　●阿什莫尔

黄金海岸　酒店

冲浪乐园假日酒店
(Holiday Inn Surfers Paradise)

V M D A J MAP p.189-D

建造在冲浪乐园中心区的豪华酒店

酒店的每个客房都带阳台,能一览海岸线、黄金海岸的山、腹地等。里面设有提供按摩服务的健康俱乐部,口碑很好。

22 View Ave.　07-5579-1000　FAX 07-5570-1260　404室
120澳元　餐厅、酒吧、泳池、健身房、其他
http://www.ichotelsgroup.com　　●冲浪乐园

马里奥特冲浪乐园度假村庭院
(Courtyard by Marriott Surfers Pardise Resort)

V M D A MAP p.189-F

从客房的阳台看到的海景很美

坐落在冲浪乐园最热闹地方的酒店。5楼的露天平台上有完善的运动设施。

Cnr. Gold Coast Hwy. & Hanlan St.　07-5579-3499　FAX 07-5592-0026　405室　250澳元　餐厅、酒吧、泳池、网球场、其他
http://www.marriott.com　　●冲浪乐园

海洋世界度假酒店
(Sea World Resort Hotel)

V M D A J MAP p.187-A

丰富的水上运动很有人气

邻接海洋世界海滨公园的高级度假酒店。喷气式滑水和帆伞等水上运动很充实。

Sea World Dr.　07-5591-0000　FAX 07-5591-2375　405室　150澳元　餐厅、酒吧、泳池、其他
http://www.seaworldresort.myfun.com.au　　●主海滩

皇冠广场
(Crowne Plaza)

V M D A J MAP p.185-D

全是海景房的豪华酒店

酒店能360°欣赏全景,最高层的旋转餐厅很受欢迎。从这里步行很快就能到达布罗德海滩。

2807 Gold Coast Hwy.　07-5592-9900　FAX 07-5592-1519　378室
160澳元　餐厅、酒吧、泳池、健身房、桑拿、网球场、其他
http://www.ichotelsgroup.com　　●布罗德海滩

乐园度假村
(Paradise Resort)

V M D A J MAP p.189-A

合理的收费赢得了人气

热带雨林花园大受好评的酒店。由于这里面向儿童的设施很完善,所以是带着家人度假的理想住所。

122 Ferny Ave.　07-5579-4444　FAX 07-5579-4492　405室
210澳元　餐厅、酒吧、泳池、健身房、桑拿、网球场、舞厅、其他　http://www.paradiseresort.com.au　　●冲浪乐园

凡赛斯
(Palazzo Versace Hotel Gold Coast) V M D A J MAP p.187-A

陶醉在高雅的氛围中
世界上第一个开业的凡赛斯酒店。从床、床罩、毛巾和舒适用品到员工的制服都是凡赛斯的原创设计。

Sea World Drive, Main Beach ☎07-5509-8000 ✉07-5509-8888
205室 $25,800澳元（两人间、上等客房）泳池、酒吧、其他
http://www.palazzoversace.com

阿罗哈度假公寓
(Aloha Resort Apartments) V M D A MAP p.189-F

酒店建造在面朝大海的绝佳位置。距离购物中心的太平洋集市大约1公里。

8 Trickett St., Surfers Paradise ☎07-5538-1611 61室 $88澳元 泳池、网球场、舞厅、其他
http://www.alohaapartments.com ●布罗德海滩

海滩屋海滨度假村
(Beach House Seaside Resort) V M D A J MAP p.185-F

酒店位于库伦加塔机场南侧，所有房间都是整体套房。驱车到冲浪乐园大概30分钟。

52 Marine Parade, Coolangatta ☎07-5590-2111 ✉07-5590-2100
132室 $625澳元 餐厅、泳池、其他 http://www.timeshares.com.au/resorts/aus/qld/beach-house-resort.php ●库伦加塔

滩畔乡村别墅
(Chateau Beachside) V M D A J MAP p.189-D

这是面朝大海建造的风景非常优美的酒店。距离购物中心的拱廊商店街大概200米。

Cnr. The Esplanade & Elkhom Ave., Surfers Paradise
☎07-5538-1022 ✉07-5538-5460 96室 $99澳元 餐厅、泳池、其他 http://www.chateaubeachside.com.au ●冲浪乐园

绿山海滩度假村
(Greenmount Beach Resort) V M D A J MAP p.185-F

从库伦加塔机场驱车到这里需要5分钟。室外泳池和小酒馆等各种设施都很完善。

Eden Ave., Coolangatta ☎07-5536-1222 ✉07-5536-1102
150室 $70澳元 餐厅、泳池、其他
http://www.greenmountresort.com.au ●库伦加塔

岛民度假酒店
(Islander Resort Hotel) V M D A J MAP p.189-F

酒店与海滩只相隔一条街。里面设有室外泳池、网球场和软式墙网球场等。

Cnr. Beach Rd. & Surfers Paradise Blvd. Surfers Paradise
☎07-5538-8000 ✉07-5592-2762 100室 $89元 泳池、网球场、其他 http://www.islander.com.au ●冲浪乐园

皇家棕榈湾度假胜地
(Royal Palm Resort) V M D A J MAP p.185-F

所有房间都能欣赏海景的度假酒店。半圆形外观是酒店的特色。库兰宾野鸟园离酒店也很近。

973 Gold Coast Hwy., Palm Beach
☎07-5534-5999 ✉07-5534-5849 155室 $500澳元（1周）泳池、网球场、其他
http://www.royalpalm.com.au ●棕榈海滩

马里纳观景酒店
(Marriner Views) V M D A J MAP p.185-D

公寓式酒店面朝海滩而建，拥有一个风景优美的中庭。设有室外泳池。

7 Fern St. Surfers Paradise ☎07-5538-4333 ✉07-5538-7388 43室 $120澳元（必须住宿三天以上）泳池、桑拿、网球场、其他 http://www.marrinerviews.com ●布罗德海滩

长滩假日公寓
(Longbeach Holiday Apartments) V M D A J MAP p.187-D

虽然是公寓式的酒店，但设施很豪华。距离海滩50米。所有客房都是海景房。

28 Northcliffe Tce., Surfers Paradise
☎07-5570-2366 ✉07-5592-3929 109室
$138澳元（1周）泳池、其他 http://www.longbeachapartments.com.au ●布罗德海滩

黄金海岸 217 酒店

在大泳池里好好放松一下

从阳台看到的景色真是绝了

非常宽敞的厨房

装饰房间的色彩艳丽的花

CONDOMINIUM

在黄金海岸舒适逗留

黄金海岸满是种类丰富的住宿设施。首选还是能自由自在度假的公寓套房!

用自己的生活方式领略黄金海岸

虽然餐厅豪华的大餐很可口,不过每天吃也会腻的。这时候能自己买菜做饭的公寓套房就显得很方便。敞亮的卧室和厨房等整体都设计得宽敞绰约,所以很适合团体或者家庭住宿。

黄金海岸特有公寓套房的魅力

虽然黄金海岸给人高级度假酒店林立的印象,不过,公寓套房的数量也不少。让人惊叹的是其种类的丰富性。公寓的类型多种多样,有不逊于高级酒店的带泳池的高级公寓,卧室、餐厅很大,又有极富别墅气质的公寓及对学生而言费用相当合理的公寓等,所以广大游客应该结合自己的预算和用途慎重选择。认真考虑预算、人数和逗留时间,找到一个最适合自己的公寓套房。

此外,黄金海岸公寓套房的特点是从阳台能一览海滩的海景房很多。每个人都憧憬的"每天看海的生活"在这里就能轻松体验。

公寓套房基本都是面向长期逗留游客的,不过大部分情况下都会接受3天以上住宿的预约。费用随档次和淡旺季变化,大概的标准是单床房250澳元、双床房300澳元。人数越多越便宜,所以团体住宿还是比较划算的。

方便是生活的准则

在选择公寓套房的时候,准则就是附近是否有市场和餐厅。即使住在厨房很大的房间里,市场很远的话,其价值也就减半了。

黄金海岸在这方面做得很好,市中心有一家叫做"SAFEWAY"的终年不休息的超市,能买到国内外的各种食材。

克莱斯超市 (Coles Supermarket)

V M MAP p.189-C

COLES的大字很醒目

黄金海岸有8家商店。都是超市的大型连锁店。里面新鲜海鲜、蔬菜、老澳牛肉、家常菜、沙拉柜台等任何一种食材都有丰富的种类。其中,手工面包的香味赢得了很多人的喜爱。

Chevron Renaissance, Cnr. Elkhon Ave.& Gold Coast Hwy., Surfers Paradise
07-5538-1466 8:00~21:00（星期六~17:30）、星期日9:00~18:00 无

水果当然有,新鲜的鱼也是一应俱全

摆放地很多的家常菜

原创烤肉 (Origin Kebabs)

不能刷卡 MAP p.187-F

澳大利亚最实际的快餐就是烤肉。可以选择蔬菜、鸡肉和豆类等您喜欢的食物。健康而且量足的烤肉是自己做饭麻烦时首选的快餐。

Shop 359, Level1, Pacific Fair, Broadbeach
07-5575-5900
9:00~17:30（星期四~21:00、星期日~17:00） 无

在柜台选择喜欢的食物

量超足

刚做好的热气腾腾的烤肉最好吃

推荐的公寓套房

莫罗根 (The Moroccan)

V M D A J MAP p.189-D

让人感到凉爽的卧室

烤炉和洗碗机等设备很完善

浴室也很宽敞

窗外就是大海

高级的公寓套房很受欢迎,拥有在客房能一览大海的绝佳位置。任何一个客房都宽敞绰约,感到很舒适。泳池和健身房就不用说了,花园自助烧烤也拥有很高的人气。客房里厨具一应俱全,去超市买点菜大家一起享受做饭的乐趣吧!

坐落在海边的方便地段

很时尚的沐浴用品

颜色和形状都

14 View Ave., Surfers Paradaise 07-5526-9400 07-5526-9700 180室 单床房209澳元、双床房260澳元 泳池、桑拿、健身房、其他
http://www.gcbc.com.au

值得推荐的公寓套房

半岛度假村
(Break Free Peninsula Resort)

V M D A

MAP p.187-D

鹤立鸡群的46层建筑

46层的高层公寓。这里有任何一个客房都能看到大海的一流观景环境。大而宽敞的阳台是酒店的引人之处。用淡雅色调统一装饰的客房,无论是面积还是功能都无可挑剔。很适合想品味舒适华贵感的游客。

✉ Cnr.Clifford St. & The Esplanade, Surfers Paradise ☎ 07-5570-2777 120室 $ 单人间84澳元~、双人间51.50澳元~(5天~) ■泳池、桑拿、网球场、其他
http://www.stellaresorts.com.au

地中海饭店
(Break Free Mediterranean)

V M D A J

MAP p.185-F

将纯蓝色应用于室内装饰的房间让人不禁联想到黄金海岸的大海,给人深刻的印象。所有房间都带阳台。

威严地沿海滩而建

✉ 220 The Esplanade, North Burleigh Beach ☎ 07-5535-7188 ℻ 07-5535-7166 110室 $ 单人间68.50澳元~、双人间57.75澳元~(5天~) ■泳池、桑拿浴、健身房、洗衣房、其他
http://www.breakfree.com.au/mediterranean

乐园中心
(Break Free Paradise Centre)

V M D A J

MAP p.189-F

由两座塔组成的31层高级公寓。楼下是购物中心,所以购物还是很方便的。

只要走过天桥就能到冲浪乐园海滩,所以很适合好动派。还有高尔夫球场。

设在购物中心之上

✉ 3 Hanlan St., Surfers Paradise ☎ 07-5579-3399 ℻ 07-5570-2077 90室 $ 单人间87澳元~、双人间59.75澳元~(5天~) ■泳池、矿泉疗养地、网球场、洗衣房、其他
http://www.stellaresorts.com.au

滩畔冲浪乐园
(Surfers Beachside)

V M D A J

MAP p.187-D

所有房间都能看海的16层酒店。距离购物区和海滩很近,高指数的便利度是其魅力所在。虽然住一天也可以,但是能一次性登记一周的话,每天的平均费用相对来说比较便宜,所以长期住宿很划算。

所有客房均可看见大海

✉ Cnr.Garfield Tce.& Vista St., Surfers Paradise ☎ 07-5570-3000 ℻ 07-5570-3955 77室 $ 单人间7天660澳元~ ■室外泳池、网球场、洗衣房、其他
http://www.surfersbeachside.com.au

孔泰萨公寓
(Contessa Condominium)

V M

MAP p.187-B

公寓位于冲浪乐园北边,35层,面朝内兰河建造而成,景色一流。因为它坐落在安静的环境中,所以适合期望悠闲度假的人们。

从客房看到的景色非常美丽

✉ 1 Serisier Ave., Main Beach ☎ 07-5591-6815 ℻ 07-5532-4388 124室 $ 单人间3天438澳元~、双人间519澳元~ ■泳池、桑拿、健身房、其他
http://www.contessa.com.au

阳光海岸的概貌
(Outline of Sunshine Coast)

洒满阳光的白沙海岸全长约56公里，宛如一座充满魅力的热带伊甸园。

城市概况

这里曾经是游客们几乎从未涉足的"处女地"。从20世纪20年代起，随着来自布里斯班度假游客的不断增加，海岸沿线城市逐步开始进行改建和完善基础设施的各项建设。它开始变为真正意义上的海滨度假胜地，则是在20世纪50年代左右。现在这里作为宁静舒适的度假胜地，迎接着来自世界各地的游客。北部的海滨城市努萨，其人口约为4.9万，南部的美丽城市卡拉德拉则约有8.9万人口。

城市结构

从距离布里斯班以北110公里处的卡拉德拉（Caloundra）至费沙岛（Fraser Island）附近为止的约56公里的海岸线被称之为阳光海岸。虽然努萨只是一座小城市，但在繁华大街的哈斯汀大街（Hastings St.）两侧，高档的时尚女装店及美味餐厅等鳞次栉比，到处都是一片繁华热闹的景象。从卡拉德拉至穆尔拉巴（Mooloolaba）一路都是风光旖旎的海滨沙滩。位于北部的阳光海岸(Sunshine Beach)被誉为"冲浪运动的胜地"。

气候

进入冬季的7月份后，这里的最低气温会下降至10℃左右或以下。相对的，夏天气温则会上升到30℃左右。

Information

■努萨观光旅游咨询中心(Noosa Tourism Information Centre)
📍Hastings St., Noosa Heads
☎07-5447-4988　🕘9:00~17:00
🈚全年无休　MAP p.225-B

■卡拉德拉市咨询中心
(Caloundra City Information Centre)
📍7 Caloundra Rd.　☎07-5420-6240　🕘8:30~17:00（周六、周日9:00~）🈚全年无休
MAP p.223-F

阳光巴士　(Sunbus)
🕘6:30~21:30（运营时间因路线而异）
💰2.40澳元~
🌐Sunshine Coast Sunbus
☎07-5450-7888
出租车　(Taxi)
💰起步价3.20澳元。每增加1公里加收费用1.93澳元
🌐Suncoast Cabs
☎131008
租赁汽车（努萨•黑兹）
艾维斯(Avis)　☎07-5447-4933
赫兹(Hertz)　☎07-5447-2253
巴杰特(Budget)　☎617-5447-4588

去往阳光海岸的交通

▶ 飞机
在努萨机场和马卢奇郡机场都有飞往阳光海岸的国内定期航班。从马卢奇郡机场飞抵布里斯班，所需时间约为30分钟。飞抵悉尼所需时间约为1小时30分钟。

▶ 公共巴士
海滨观光巴士公司的公共巴士，从布里斯班机场和布里斯班罗马大道火车站出发，开往卡拉德拉、努萨等地，全程约为1小时30分钟。

▶ 火车
从布里斯班的罗马大道火车站至楠伯火车站所需的时间约为2小时。在抵达楠伯之后，游客可以选择乘坐公共巴士也可选择出租车。

阳光海岸的交通

▶ 阳光巴士
12路阳光巴士的行驶路线北至努萨的黑兹、南至卡拉德拉的黄金海岸。如果乘坐发自努萨•黑兹的阳光巴士，您还可途经努萨边境，顺道游览阳光海岸或是日出海岸，非常便利。

▶ 出租车
这里几乎没有像咱们国内那样串街揽客的出租车，当您需要出租车时可通过电话联系。

▶ 租赁汽车
说到出行的交通方式，最方便的当然莫过于自驾游啦。您可以驾驶着租赁汽车在阳光海岸随心所欲自由地观光游玩。至于如何租到汽车，这个也非常简单。您只需在位于努萨•黑兹或其他各机场内的汽车租赁公司窗口预约租赁即可。

Sight Seeing 精品旅游景点

澳洲世界
(Aussie World)

🗺 p.223-F

🚗从布里斯班驾车至此约1小时车程　📍73 Frizzo Rd., Palmview　☎07-5494-5444　🕘9:00~17:00　🚫圣诞节　💲25澳元

这里的氛围就像西部片中出演的那样

从布里斯班出发，驾车沿布鲁斯高速公路（Bruce Hwy.）北上，行驶约1小时后，在您的左手边方向将会看到一座标志性的建筑Ettamogah Pub。让人不禁联想起殖民开拓时代的西部乡村风情街道，让您有一种仿佛跨越时空的感觉。"澳洲世界"里还设有各种礼品店、餐厅、酒吧等，设施完善。另外，在这里您还可以体验到骑骆驼、观看土著民族舞蹈的乐趣。

菠萝园
(Big Pineapple)

🗺 p.223-C

🚗从布里斯班驾车至此约2小时车程　📍Nambour Connection Rd., Woombye　☎07-5442-1333　🕘9:00~17:00　🚫圣诞节　💲免费（乘坐交通工具收费）

这里以前被称为"阳光种植园"，是一个栽培热带水果的果园。巨大的菠萝模型是它的标志。在园内，游客可以乘坐种植园火车参观栽培过程。园内还有通往水上栽培农场的观光游览船。此外，这里还同时设有动物园，游乐项目可谓丰富多彩。对了，来这里您可一定不能错过那久负盛名的冰激凌啊。

玻璃屋山
(Glass House Mountains)

🗺 p.223-E

🚗从布里斯班出发驾车至此约为1小时30分钟的车程

从布里斯班出发，驾车沿布鲁斯高速公路北上，在您左手边方向看到的那一座座小高山就是著名的玻璃屋山了。这里是进行滑翔运动的好场所。根据当地的传说，这里的群峰原本是一对夫妇及其孩子们的化身。周围流淌的多条河流是双亲为儿子的错误行为而悲叹、伤心所流下的泪水形成的。

连绵不绝的群峰

生姜厂
(Ginger Factory)

🗺 p.223-C

🚗从布里斯班出发驾车至此约为1小时30分钟的车程　📍50 Pioneer Rd., Yandina　☎07-5446-7100　🕘9:00~17:00　🚫圣诞节　💲免费

澳大利亚初次栽培生姜是在1912年。从那以后，生姜成为当地出口型主力农产品之一。最具人气的生姜加工食品是外面包裹着一层砂糖的生姜软糖。游客们可以乘坐园内的生姜火车参观其加工工序。礼品店内出售各种添加了生姜的食品和点心类的特产。

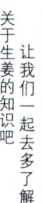

关于生姜的知识吧　让我们一起去多了解一些

海底世界
(Underwater World)

MAP p.223-D

✈ 从布里斯班出发乘巴士行驶约2小时20分钟车程
🏠 Parkyn Parade, Mooloolaba ☎ 07-5458-6280 🕘 9:00~17:00 休圣诞节 💰成人30澳元、儿童20澳元

在这里您可以观赏到各种海洋生物，大至生活在澳大利亚海域的鲨鱼、鲸等大型水生动物，小至海葵、热带鱼等小型海洋生物，不计其数。海洋馆中的玻璃隧道设计成了可移动的步行道，漫步其中，鱼儿就在头顶上自由自在地游着，多么的浪漫、美丽啊。在海洋世界，游客们还可以观看到可爱的水獭表演，且能体验到给鳄鱼、鲨鱼这些凶猛动物喂食的刺激和新鲜感。

澳大利亚海洋生物大会聚

穆尔拉巴
(Mooloolaba)

MAP p.223-D

✈ 从布里斯班出发乘巴士至此约2小时20分钟车程

穆尔拉巴位于布里斯班和努萨的中间，是一座作为渔船、周游观光船的始发和到达口岸而闻名的港口城市，而且潜水旅游的船只也从这里出航。穆尔拉巴的购物中心有九龙仓（The Wharf）。

努萨
(Noosa)

MAP p.223-B、p.149-F

✈ 从布里斯班出发乘巴士至此约3小时车程

努萨位于阳光海岸的北端。人口约5万。努萨作为一座国际化的高雅度假城市受到游客们的青睐。城市以努萨·黑兹（Noosa Heads）为中心，划分为高级住宅区的努萨维尔（Noosaville）和蒂廷（Tewantin）两个区域。

真心导游

乘坐浪漫的冈朵拉船旅行

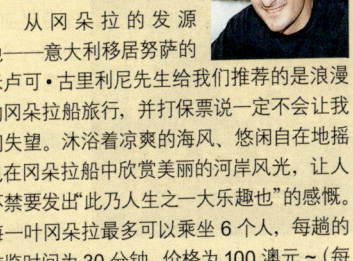

从冈朵拉的发源地——意大利移居努萨的米卢ว·古里利尼先生给我们推荐的是浪漫的冈朵拉船旅行，并打保票说一定不会让我们失望。沐浴着凉爽的海风、悠闲自在地摇曳在冈朵拉船中欣赏美丽的河岸风光，让人不禁要发出"此乃人生之一大乐趣也"的感慨。每一叶冈朵拉最多可以乘坐6个人，每趟的游览时间为30分钟，价格为100澳元～（每日运营）。尽管乘船地点位于哈斯汀大街的喜来登努萨度假酒店等地点，但它也提供中途接收游客的服务。该服务需要提前预约。

Gondolas of Noosa ☎ 0412-929-369
MAP p.225-B

SHOPPING   购物

努萨·黑兹的黑斯廷斯街（Hastings Street）是购物的中心地带。其特色之处在于云集了高雅的时尚服饰店、化妆品店等众多高品位的商店。繁华热闹的黑斯廷斯街上，充满着度假胜地所特有的那种轻松、舒适的氛围，以大海为主题的各种商品让人目不暇接。

○ 海洋元素(Sea Elements)
V M D A J   MAP p.225-B

商店内摆满了绚丽多彩的沙滩服饰

　　这是一家泳装专卖店，那绚丽多彩的泳装哪怕只是看上一眼也会让您觉得赏心悦目。店内泳装的品牌约有10种，以澳大利亚本国生产的产品为主。比基尼、连体裙装等款式的泳装价格在49澳元~150澳元之间。另外，泳装的尺码很充足且面向亚洲人的尺码也很齐全，您可以放心地挑选。店内泳装多为亮丽的色彩，无论在印花上还是在颜色上都毫不逊色于美丽的大海色彩。在您前往阳光海岸的沙滩游玩之前，不妨到此来逛逛吧。

✉13 Hastings St., Sea Heaven Resort, Noosa Heads　☎07-5447-4432　⏰9:00~17:30　休圣诞节

○ 努萨冲浪世界(Noosa Surf World)
V M D A J   MAP p.225-B

这家商店非常适合以挑战大风大浪为目标的冲浪爱好者

　　位于努萨·黑兹的冲浪运动器材专卖店。装修简约雅致的店内有序地摆放着著名品牌的冲浪板、滑水板、冲浪服等商品。海上运动相关的零配件一类的产品储备也很丰富。这家商店在当地的年轻一族中颇有人气。

✉34 Sunshine Beach Rd.,Noosa Heads　☎07-5447-3538　⏰9:00~17:00（周六、周日 10:00~16:00）　休圣诞节

○ 沿岸海洋艺术馆(Coastal Ocean Arts)
V M   MAP p.223-F

海蓝色的各种特产、礼品等琳琅满目、摆满了货架

　　它位于阳光海岸南部的美丽城市——卡拉德拉沿海，店内摆放着由当地艺术家创作的各种精美作品。这些作品或用玻璃制作而成，或用贝壳等制作而成，每一件都是原创的手工艺品，且几乎都与海洋有着千丝万缕的关联。从2澳元起价的小物件到精致唯美的工艺品，琳琅满目，您可以尽情地挑选。玲珑剔透的工艺品摆满了店内的货架，带给您一顿美妙的视觉盛宴。

✉Shop5,Grand Pacific Resort,The Esplanade Bulcock Beach Caloundra　☎07-5492-8199　⏰9:00~17:00（周日10:00~16:00）　休无

Restaurant

餐厅

在高雅奢华的餐厅里细细品味地中海料理、海鲜产品、素食料理等美食，是阳光海岸的一大流行。真想享受一顿充满度假胜地气息的美餐啊！另外，在努萨·黑兹有许多咖啡厅从每日清晨就开始营业。

 林德意大利餐厅
(Lindoni's Ristorante)

🅥 🅜 🅓 🅐
MAP p.225-B

在努萨·黑兹让您品味到正宗的意大利料理
在这里您可以品尝到用鲜活的海产品和新鲜蔬菜烹饪的美味意大利料理。向您推荐的菜品是番茄风味的海鲜汤，价格为49澳元。坐在洒满阳光的店内，享受一份轻松舒畅的心情和美味。

✉13 Hastings St., Noosa Heads
☎07-5447-5111 🕐17:30~22:00 休圣诞节 💲60澳元

 凯托斯餐厅
(Cato's)

🅥 🅜 🅓 🅐
MAP p.225-B

在一楼品味鸡尾酒、二楼用餐的宽敞餐厅。
这是一家24小时全天营业、在当地享有盛誉的海鲜餐厅。除澳大利亚料理外，这里还有亚洲风味的美味料理。晚餐用餐时间为19:00~22:00。

✉Sheraton Noosa Resort,16 Hastings St., Noosa Heads ☎07-5449-4754 🕐7:00~24:00（午餐、酒吧的营业时间为10点以后）休全年无休 💲15澳元~30澳元

 甲板上的咖啡餐厅
(Above Board Cafe Restaurant)

🅥 🅜
MAP p.223-F

享受一边眺望迷人的海景一边用餐的惬意
在这里您可以品尝到盛满牡蛎、虾等海鲜的丰盛午餐及晚餐。而且该餐厅从早上就开始营业，所以您也可以选择在早餐时间来用餐。

✉Shop8,Grand Pacific Resort,The Esplanade Bulcock Beach Caloundra ☎07-5491-6388 🕐7:00~22:00 休圣诞节 💲6澳元~26澳元

 雅斯贝尔斯咖啡餐厅
(Cafe Jaspers)

🅥 🅜 🅓 🅐
MAP p.225-B

在蓝天白云下品味料理是对"新鲜"这一词汇的最好诠释
该咖啡餐厅的料理以新鲜的虾类等海鲜产品为中心。海鲜沙拉的价格为18.90澳元。夜晚这里还有美妙的钢琴演奏，让您饱享一顿味觉和听觉的盛宴。

✉42 Hastings St., Noosa Heads ☎07-5474-9600 🕐11:00~24:00 休圣诞节 💲15澳元

季节
(Season)

V M D A J
MAP p.225-B

一边用餐一边眺望沙滩美景，岂不妙哉？

这是一家视野开阔、景致优美、舒适宜人的咖啡餐厅。其料理是澳大利亚现代美食，口味在当地也广受好评，且价格适中。

✉Beachfront 25 Hastings St., Noosa Heads ☎07-5474-2665 ⏰7:30~21:00 休全年无休 💲9澳元~30澳元

 勒蒙德咖啡厅
(Cafe Le Monde)

V M D A
MAP p.225-B

它是努萨·黑兹的老字号，从早上6:00就开始营业

这是一家位于努萨中心区的拥有悠久历史的海滨咖啡厅。它坐落在黑斯廷斯街沿途，店内友好温馨的氛围可让顾客在此休憩、放松。吸收了加利福尼亚、墨西哥及亚洲菜系特色的太平洋文化圈料理是它的主要菜系。另外，一周当中大约有5天，您可以在夜间欣赏到现场音乐演奏。

✉52 Hastings St., Noosa Heads ☎07-5449-2366 ⏰6:00~22:30 休全年无休 💲15澳元~30澳元

228

 瑞奇·里加图斯餐厅
(Ricky Ricardo's Restaurant)

V M D A
MAP p.225-B

一眼望去穿梭于努萨河上的船只尽收眼底

坐落在努萨码头一角的这家餐厅，让您能够在用餐的同时观赏到努萨河的美丽风光。店内灯光柔和温暖，充满着温馨舒适的气氛。它的主要菜系为意大利、希腊、北非等地中海料理，且引以为傲的新鲜海鲜料理菜单会随着季节的变化更新。另外，比萨、沙拉、意大利面等也以其制作方法简单、快捷受到大家的喜爱。

✉Quamby Pl., Noosa Heads ☎07-5447-2455 ⏰12:00~22:00 休全年无休 💲40澳元

 青金石蓝色咖啡馆
(Lazuli Blue Cafe)

V M D A
MAP p.225-B

崇尚健康的舒适小餐厅

位于努萨交界处的一家雅致小餐厅。三明治和意大利面是这家餐厅的招牌菜品。厨师长亨利先生会不定期地在店前现场烹饪中国风味的素食料理，这在当地可是很有名气的。

✉9 Sunshine Beach Rd., Noosa Junction ☎07-5448-0055 ⏰7:00~17:00(周六、周日~16:00) 休全年无休 💲6澳元

HOTEL

酒店

　无论是设施和服务都超一流的高档酒店，还是配带厨房的休闲公寓和汽车旅馆，这里都应有尽有，绝对可以满足您的需求。尤其是在主要区域卡拉德拉到努萨这一带集聚了众多高档度假酒店。

库拉姆凯悦酒店
(Hyatt Regency Coolum)

Ⓥ Ⓜ Ⓓ Ⓐ Ⓙ
MAP p.223-D

配备有高尔夫球场的高档度假酒店
　帝拉库斯海滩度假胜地坐落于绵延1公里的努萨沙滩沿岸，从努萨驱车至此约15分钟车程。该度假胜地在库拉姆山麓拥有150万平方米的宽广用地，由别墅式的套房和住宅构成。度假村内设施完善，除健身中心、专门为美容、休闲而建的顶级设施、由世界知名球场设计师罗伯特·特雷特·约翰·Jr.设计的18洞高尔夫球场、6个铺满草坪的网球场、丰富多样的餐厅和酒吧等设施外，在托儿服务方面，还有让孩子们永远不会觉得厌倦的多彩缤纷的儿童节目。在这里您可以尽情地享受度假生活。

柔和的彩色蜡笔画色调是客房装饰采用的

✉ Warran Rd.,Coolum Beach　☎ 07-5446-1234　📠 07-5446-2957　324室　💰 240澳元　🏨 酒吧、游泳池、桑拿、网球场及其他
http://coolum.regency.hyatt.com　●库拉姆

努萨喜来登度假酒店
(Noosa Sheraton Resort)

Ⓥ Ⓜ Ⓓ Ⓐ Ⓙ
MAP p.225-B

建筑外观色调柔和，内部设施富丽堂皇的度假酒店
　与一流度假胜地——努萨地位极其匹配的豪华五星级酒店。酒店所有客房均配有喷浴浴室和阳台。购物拱廊商业街的特产礼品品种繁多，哪怕只是观看都会让人觉得赏心悦目。

✉ 14-16 Hastings St.,Noosa Heads　☎ 07-5449-4888　📠 07-5449-2230　169室　💰 450澳元　🏨 酒吧、餐厅、游泳池、体育馆、商场、桑拿及其他　http://www.sheraton.com/noosa　●努萨

努萨绿宝石酒店
(The Emerald Noosa)

Ⓥ Ⓜ Ⓓ Ⓐ
MAP p.225-B

像中世纪城堡一样的华丽外观是它的标志性特色
　该酒店翡翠绿的清爽的建筑外观给人留下深刻印象。室内装饰以白色为基调，带给人一种清爽宜人的感受。客房除卧室外，还配有起居室，且非常宽敞、舒适。

✉ 42 Hastings St.,Noosa　☎ 07-5449-6100　📠 07-5449-6196　45室　💰 220澳元　🏨 餐厅、酒吧、游泳池及其他　●努萨
http://www.emeraldnoosa.com.au

诺富特双水域度假村
(Novotel Twin Waters Resort) ⓋⓂⒹⒶ 🗺 p.223-D

占地面积格外大的沿海豪华度假酒店

在这里顾客们可以免费体验风帆冲浪运动和皮划艇运动等，这是一家连运动派们都可以得到满足的高档度假酒店。该酒店还设有18洞的高尔夫球场。

✉ Ocean Drive,Twin Waters Sunshine Coast ☎ 07-5448-8000 📠 07-5448-8064 358室 💲270澳元 🏨酒吧、室外游泳池、网球场及其他
http://www.twinwatersresort.com.au ●马吉巴海滩

努萨雷斯特假日酒店
(Noosa Crest) ⓋⓂⒹⒶ 🗺 p.225-B

靠近海滩的独立式二层公寓酒店。您可以在宽阔的私人阳台上度过惬意的悠闲时光。

✉ 2Noosa Dr.,Noosa Heads ☎ 07-5447-2679 39室 💲220澳元 🏨桑拿、室外游泳池、网球场及其他
http://www.noosacrest.com.au ●努萨

努萨海岸度假村
(Noosa Shores Resort) ⓋⓂⒹ

内设2~3张床的公寓式酒店。透过窗户您可以欣赏到努萨河的美丽风光。

🗺 p.225-B

✉ 86-88 Noosa parade, Noosa Heads ☎ 07-5447-5766 📠 07-5447-2400 30室 💲2晚280澳元~ 🏨游泳池及其他
http://www.noosashores.com.au ●努萨

努萨佩利肯科夫酒店
(Pelican Cove Noosa) ⓋⓂⒶ

🗺 p.225-A

特别向长期旅居的游客们推荐这家位于努萨国家公园附近的酒店。

✉ 229-231Weyba Rd., Noosaville ☎ 07-5449-7177 📠 07-5449-7810 12室 💲90澳元 🏨电视及其他 http://www.austourism.com/nvc/resort/pelicancove/pelican.htm ●努萨

澳大利亚努萨湖群度假村酒店
(Australia Noosa Lakes) ⓋⓂⒹⒶ
🗺 p.225-A

尤其值得一提的是，这是一家拥有大游泳池且适用于举办结婚典礼的酒店。酒店的前方就是美丽的努萨河和港湾。

✉ 3 Hilton Terrace, Noosaville ☎ 07-5447-1400 📠 07-5447-1044 188室 💲95澳元 🏨室外游泳池、会议中心、餐厅及其他
http://www.australishotels.com.au ●努萨

卡塔丽娜度假村
(Catalina Resort) ⓋⓂⒹⒶ 🗺 p.223-D

以白色为基调的度假酒店，到处都洋溢着高档气息。内部娱乐设施也很完善。

✉ 47 Sixth Ave.,Maroochydore ☎ 07-5443-8666 📠 07-5443-7942 50室 💲95澳元~ 🏨洗衣房、网球场、暖水游泳池、桑拿室、游戏娱乐室及其他
http://www.catalinaresort.com.au ●马卢奇郡

海滩上的沙堡
(Sandcastles on the Beach) ⓋⓂⒹⒶ 🗺 p.223-D

在房间内放眼望去，沙滩的景色尽收眼底。内部装修雅致，附带一间卧室的公寓式酒店。

✉ Cnr. Parkyn Parade and River Esplanade, Mooloolaba ☎ 07-5478-0666 📠 07-5478-0063 30室 💲150澳元 🏨游泳池、烧烤区、厨房、洗衣房及其他
http://www.sandcastlesonthebeach.com.au ●穆尔拉巴

穆尔拉巴埃斯普勒纳河汽车旅馆
(River Esplanade Motel Mooloolaba) ⓋⓂⒹⒶ
🗺 p.223-D

这是一家临河而建的汽车旅馆，您可以在此自助烧烤。其附近就是保龄球馆。

✉ 98 River Esplanade, Mooloolaba ☎ 07-5444-3855 📠 07-5478-1365 20室 💲45澳元 🏨室外游泳池及其他
http://www.riveresplanade.com.au ●穆尔拉巴

穆尔拉巴汽车旅馆
(Mooloolaba Motel) ⓋⓂⒹⒶⒿ
🗺 p.223-D

这里距离沙滩仅200米，且离渔人码头和海洋世界也很近。

✉ 46-56 Brisbane Rd. ☎ 07-5444-2988 📠 07-5444-8386 27室 💲109澳元 🏨室外游泳池、商场、厨房及其他
http://www.mooloolabamotal.com.au ●穆尔拉巴

阿利斯·斯普林斯
位于大陆中央的通往大自然的门户
(ALICE SPRINGS)

阿利斯·斯普林斯的概貌
(Outline of Alice Springs)

在位于澳大利亚大陆中央区荒凉沙漠的绿洲之中,至今仍保留着殖民开拓时代的迹象。

城市概况

北领地是一望无际的干燥大地,在1871年作为当年大陆开拓的一环,测量团曾经造访过这片土地。当时,一名测量师发现了一处美丽的泉水,并以该建设工程负责人查尔斯·托特总监妻子的名字"爱丽斯"为该泉水取名。这就是爱丽斯泉名称的由来(本书将此地音译为"阿利斯·斯普林斯")。从那以后,阿利斯·斯普林斯这座城市作为连接达尔文与阿德莱德的首个横贯大陆电信网的中转站诞生了,并一直发展到现在。

城市结构

阿利斯·斯普林斯坐落在被红色沙漠覆盖的"红色中心干燥地带"的正中心。人口约为26 000人。在它的周边有许多旅游景点,诸如澳大利亚土著人的圣地乌卢鲁-卡塔·楚塔国家公园、国王峡谷、斯坦德利峡谷等。这些景点能够让您充分领略到澳大利亚所特有的那些生机盎然的自然美景。而且阿利斯·斯普林斯还是前往上述各景点的必经之路。

这座城市本身并不大,但也许是因为它距离乌卢鲁和卡塔·楚塔国家公园很近的缘故,吸引了众多土著人民在此定居。这也是阿利斯·斯普林斯的特征之一。在城内,有许多土著文化艺术商店。

气候

这里的日平均气温为25℃。在10月~3月的夏季期间,日平均气温超过30℃的日子居多。在冬季的5月~9月期间,早晚的气温低于5℃的情况也时有发生,且一天当中的温差很大。在降雨天数方面,即使是降水最多的月份也只有6天;而在最少的月份,降雨天数仅为2天,因此降雨极少是阿利斯·斯普林斯的特征之一。正因为年降雨量甚至不及一桶果汁的容量,所以该地区极为干燥、日照也很强。

■中部澳大利亚旅客资讯中心
Central Australia
Visitor Information Centre
2Cnr.Gregory Tce. & Hartley St.
☎08-8952-5800
🕒8:00~17:00,周六、周日、节日9:00~16:00
MAP p.234-D

去往阿利斯·斯普林斯的交通

✈ 飞机

位于城南约15公里处的阿利斯·斯普林斯机场（Alice Springs Airport）仅有澳洲航空公司等的国内航线。若从中国出发前往该地，则需要从悉尼、凯恩斯等有国际航线航行的机场换乘国内航线。从悉尼飞抵这里约为3小时15分钟航程，从凯恩斯飞抵这里约为2小时40分钟航程。另外，每天还至少有一班从珀斯、阿德莱德飞抵这里的航班。

🚌 长途巴士

澳大利亚 Greyhound Lines 汽车公司有从达尔文、阿德莱德前往阿利斯·斯普林斯的长途巴士。巴士站在 Railway Terrace 和 Gregory Terrace 的交汇处。从达尔文始发的长途巴士为每日一班，全程约为20小时50分钟。从阿德莱德始发的长途巴士也是每日一班，全程约为19小时。另外还有往返于乌卢鲁和阿利斯·斯普林斯之间的长途巴士。

🚆 火车

如果时间充裕的话，乘坐长途豪华列车"汉"号火车（The Ghan）也是一个不错的选择。在洋溢着古典气息的列车车次中，有途径阿德莱德和阿利斯·斯普林斯开往达尔文的车次。至阿利斯·斯普林斯的车次为每周两趟。

阿利斯·斯普林斯市内的交通

🚌 市内观光旅游巴士

途经主要地点

就市内观光旅游来说，较便利的出行方式就是选择 Alice Wanderer 的观光巴士。从托德商业街拐入 Gregory Terrace 的东侧就有乘车点。观光巴士周游于边境骆驼农场、老"汗"号火车博物馆、航空博物馆、皇家飞行医生服务基地等约12处观光景点之间。

🚌 市营公共巴士

市营公共巴士的乘车点位于 Gregory Terrace 与哈特利大街的交叉拐角处。车次及路线如下：1路巴士向西行驶；2路巴士向东行驶；3路巴士向北行驶；4路巴士向南行驶。

🚕 出租车

在阿利斯·斯普林斯市内几乎没有串街揽客的出租车，因此如果您有需要的话，请拨打电话联系预约或从位于 Gregory Terrace 的镇议会前方等出租车乘车点乘坐。出租车的起步价为2.20澳元，每增加1公里加收费用0.90澳元。

机场至市内的交通

机场大巴（Shuttlebus）

机场大巴的乘车地点位于航站楼出口的左右两侧。其运营时间与航班的起飞、抵达时间一致。机场大巴巡回于市内各主要酒店与阿利斯·斯普林斯火车站之间。如果您要从市内去机场，可在您的住处提前预约。
价格：单程18澳元、往返28澳元
所需时间：20~40分钟
预约处：Alice Springs Airport Shuttle Service ☎08-8953-0310

出租车（Taxi）

乘车地点位于航站楼正门入口的前方。从机场到市内所需的时间约为15~20分钟。
💲30澳元~35澳元 🚕Alice Springs Taxis ☎08-8952-1877

长途巴士（Bus）

🚌Geryhound Australia
☎13-1499（全国通用）

"汉"号火车（The Ghan）

🚆达尔文（周三10:00）→阿利斯·斯普林斯（周四12:45）→阿德莱德（周五12:30）
🚆达尔文（周六9:00）→阿利斯·斯普林斯（周日15:15）→阿德莱德（周一12:30）
💲阿利斯·斯普林斯→阿德莱德358澳元~、达尔文358澳元~
🚆Great Southern Railway
☎08-8213-4444

观光巴士（Alice Wanderer）

💲市内旅游42澳元
🕘9:00~16:00
运行间隔：约70分钟
🚌Alice Wanderer
☎08-8952-2111

市营公交（Asbus）

💲2澳元
🕘7:00~18:30（周六8:00~13:00）
运营间隔：1小时~1小时30分（平日）周日、节假日停运
🚌Asbus ☎08-8952-5611

如果您只是打算在周边地区游玩的话，那么选择租一辆自行车，骑着自行车游览会比较方便。至于自行车，您可以在托德商业街抑或是林赛大街的中心·自行车租赁处借。价格方面为半天12澳元，1天20澳元左右。另外，您在选择骑自行车游玩时，需要注意采取防护措施应对强烈的日晒并随身携带饮用水。

Sight Seeing 精品旅游景点

中部澳大利亚博物馆
(Museum of Central Australia)

MAP p.234-D、F

位于托德商业街内　Top Floor Alice Plaza Cnr. Todd Mall & Person St.　08-8951-1120
10:00~17:00　耶稣受难日、圣诞节、元旦
成人7澳元、儿童4澳元

博物馆坐落在托德商业街的中心区，位于艾利斯广场购物中心二层。馆内陈列着产于澳大利亚中部地区的各种矿物标本、化石及土著民传统的Bushfood和陨石等展品，且所有展品均对外出售。参观这座博物馆，让您在了解这座城市是如何在沙漠地带中成长起来的同时，还能切身感触到殖民开拓时代的风貌。

馆内陈列的恐龙化石

星光剧院
(Sounds of Starlight Theatre)

MAP p.234-F

位于托德商业街内　40 Todd Mall　08-8953-0826　9:30~17:30（表演时间：周二、周五、周六20:00~）　周日　成人30澳元

在这里您可以欣赏到已发售个人CD的迪吉里杜管演奏家安德卢·兰弗德的现场演奏。灯光效果烘托之下的演奏将本土文化表现得淋漓尽致。弹奏类乐器与打击类乐器发出的各种美妙声音将各种大自然的声音融入表演之中。位于托德商业街内的一家名为Dream Time的商店经营迪吉里杜管的专版CD和各种富有创意的文化衫。

让我们一起去感受这片大地的奥秘吧

土著艺术文化中心
(Aboriginal Art & Culture Centre)

MAP p.234-F、-D

从托德商业街步行至此约为5分钟　125 Todd St.　08-8952-3408　9:00~17:00　全年无休　免费

这里除了有大量澳大利亚土著艺术作品、曲形飞镖、迪吉里杜管等展品之外，还有迪吉里杜管的体验教室等设施。迪吉里杜管是当地的一种民族乐器，通过吹奏使空心木振动，产生令人不可思议的美妙音乐。只要花上15澳元就能满足您的好奇心、尽情地体验1小时。但是，仅凭一味地拼命吹气是无法使之发出声音的。那么，就让我们一起去学习一下巧妙吹奏迪吉里杜管的秘诀吧。

在这里您可以深入了解到土著文化艺术

杜管发出声音的对于初学者而言，首先最难掌握的是如何使迪吉里

皇家空中医生服务基地
(Royal Flying Doctor Service Base)

MAP p.234-F

从托德商业街步行至此约6分钟。Alice Wanderer在此会停车　Royal Flying Doctor Service Base, Stuart Terrace　08-8952-1129　9:00~16:00（周日13:00~）　元旦、圣诞节　成人7澳元、儿童3.50澳元

在广袤的澳大利亚，有许多国民居住在远离城市的偏远地区。以小型直升机为移动工具，为这些人群提供医疗服务的系统称为皇家空中医生制度。该制度是由约翰·弗林牧师于1939年在该地区首次实施启动的。在皇家空中医生服务基地，游客们可以通过观看录像带等影像资料，了解到诸如无线远程问诊及乘坐小型直升机来往诊断应急医疗系统的操作实况等。

许许多多的生命这一制度拯救了

建于1934年的战争纪念碑

安萨山
(Anzac Hill)

MAP p.234-F

🚗 从托德商业街驾车至此约2分钟。Alice Wanderer 在此会停车。 📍 Anzac Hill

安萨山是一座位于城市北部的小山丘。从山顶上的瞭望台俯视下方，阿利斯·斯普林斯城市的全貌尽收眼底。傍晚时分天空被云彩染成粉红色，环绕城市周边的麦克唐奈尔山脉的颜色也千变万化，站在山顶远眺这两大景色格外迷人。另外，在瞭望台的中央还建有一座战争纪念碑。该纪念碑可以称得上是反对战争的一种象征，是为悼念那些为澳大利亚捐躯的英雄们而建立的。

老"汗"号火车博物馆
(Old Ghan Heritage Railway & Museum)

MAP p.236-B

🚗 从托德商业街驾车至此约5分钟。Alice Wanderer 在此会停车。 📍 1 Norris Bell Ave. ☎ 08-8955-5047 🕘 9:00~17:00 ❌ 圣诞节 💲 成人6澳元、儿童2.50澳元

该博物馆内陈列着老"汗"号火车及各种古董汽车的珍藏品和相关资料等。游客们在这里可以了解到人类交通工具的发展史。馆内还陈列着在澳大利亚国土上行驶的第一辆陆上火车。乘坐老"汗"号火车前往目的地的火车之旅在每周日上午的11:00出发。全程约3小时30分钟，票价为15澳元。

支撑「开拓时代」的机车

闪耀着银色光芒的雄姿

中部澳大利亚航空博物馆
(Central Australia Aviation Museum)

MAP p.234-C

从托德商业街驾车至此约5分钟。Alice Wanderer 在此会停车。Memorial Dr. ☎08-8951-5686 开9:00~17:00（周六、周日10:00~16:00） 休耶稣受难日、圣诞节 S免费

在像仓库一样的建筑内，陈列着曾在第二次世界大战期间参战的飞机等航空文物。除飞机外，这里还展览着机身、引擎、无线电等内部零件。参观中部澳大利亚航空博物馆可以了解到关于飞机的一切。

阿拉伦中心
(The Araluen Centre)

MAP p.234-C

从托德商业街驾车至此约5分钟。61 Larapinta Dr. ☎08-8951-1122 开10:00~16:00（周六、周日11:00~16:00） 休圣诞节 S成人6澳元、儿童6澳元（美术展览馆）

大地色的建筑物

阿拉伦中心有两大美术展览馆。其中的一家常年展览澳大利亚土著民著名艺术家的作品。该展览馆内陈列着诸多绝美的绘画和工艺品。另外一家展览馆则只有在举办以澳大利亚画家为主的展会时才开馆。与阿拉伦中心毗邻的会场大厅可容纳500人，主要用于上演芭蕾舞、音乐会和电影等。

旧阿利斯电报站
(Old Telegraph Station)

MAP p.234-B

从托德商业街驾车至此约5分钟。Alice Wanderer 在此会停车。South Stuart Hwy. ☎08-8952-3993 开8:00~17:00 休圣诞节 S成人6澳元、儿童3澳元

1871年，查尔斯·托德总监作为工程负责人开始接管连接达尔文与阿德莱德的横贯大陆通信网络的铺设工程。这里就是当时的中转站。在这里，至今仍原封不动地陈列着1871~1932年约60年间、实际使用过的旧器材和住房。成为这座城市名字由来的爱丽斯泉，就位于旧电报站后方的托德河处。

保留着"殖民开拓时代"的气息

边境骆驼农场
(Frontier Camel Farm)

MAP p.236-B

从托德商业街驾车至此约5分钟。Alice Wanderer在此会停车。Ross Hwy. ☎08-8950-3030 开9:00~17:00 休元旦、7月15日、圣诞节 S10澳元（包括骑骆驼的费用在内）；成人6澳元、儿童3澳元（仅限参观）

位于罗斯公路旁的骆驼观光牧场。这里有各种各样的骆驼旅游项目。在众多项目当中，虽然也有在沙漠中露宿及进行为期几天的真实的骆驼商旅体验项目，但是综合考虑各种因素，建议您选择那些只持续数小时的骆驼旅游。骑着骆驼散步于美丽的托德河沿岸，一定会让您终生难忘，其体验价格35澳元，此外，包含晚餐的价格为115澳元等。这里有多种消费标准可供挑选。

回忆吧 造更美好的道旅行 让我们去创

阿利斯·斯普林斯 237 精品旅游景点

私房信息

阿利斯·斯普林斯文化之旅
(Heritage Walk of Alice Springs)

虽然阿利斯·斯普林斯的城市规模并不大，徒步就能将整个城市逛一圈，但如果您只是一味地走的话，就太枯燥乏味了。这座城市是作为连接澳大利亚大陆南北的中转点而繁荣起来的，那么现在就让我们一起去拜访几个与这座城市有着深厚历史渊源的地方吧。随我一起手持旅游指南，去游览诸如：

阿利斯·斯普林斯最早的诊所、阿德莱德古宅（Adelaide House）、约翰·弗林纪念教堂（John Flynn Church）、斯图尔特镇监狱（Stewart Town Jail）、旧监狱、旧法院等散布于市内20个地方的国家托拉斯吧。相信经过这一趟观光，您一定能够对阿利斯·斯普林斯的历史有一个更加详细的了解。

National Trust of Australia (N.T) 从托德商业街步行至此约5分钟 39 Hartley St. 8:00~14:00 ☎08-8952-4516

约翰·弗林纪念教堂

阿德莱德古宅 p.234-F

SHOPPING

购物

让我们一起去探寻那些具有代表性的土著艺术、唯美的玻璃工艺品、宝石等澳大利亚独有的珍品吧。在阿利斯·斯普林斯有着众多痴迷于沙漠、奇石怪岩、神秘大自然的艺术家们的作品。

○ 土著沙漠艺术展览馆 (Aboriginal Desert Art Gallery)
V M D A J
MAP p.234-F

店内同时还设有艺术展览馆，您不妨进去瞧一瞧

商店的内部是一个艺术展览馆，摆放着许多精美的土著艺术绘画。店内出售各种色彩缤纷的装饰品（15澳元~）及多款富有特色的T恤（15澳元~）。

✉87 Todd Mall　☎08-8953-1005　🕘9:00~17:00（周六、周日~15:00）　休圣诞节

○ 冈德瓦纳美术馆 (Gallery Gondwana Art)
M A
MAP p.234-F

馆内陈列着经过严格挑选的优秀土著艺术作品

店内既有版画的印刷品也有精致镶框的原作，其价格也从40澳元到5000澳元不等。此外还有绘画和小物件等。这些精美的作品仅细细远观都会让人感觉其乐无穷。

✉43 Todd Mall　☎08-8953-1577　🕘9:30~18:00、周六10:00~17:00　休周日

○ 莱特宁古岭蛋白石矿 (Lightning Ridge Opal Mines)
V M D A J
MAP p.234-F

馆藏蛋白石品种特别丰富

澳大利亚是世界上屈指可数的蛋白石产地之一。顾客们可在内设的蛋白石博物馆内（免费）了解蛋白石的各种基础知识后，慢慢地挑选自己所喜爱的蛋白石，既可学到了知识又可买到漂亮的蛋白石饰品，何乐而不为呢？

✉75 Todd Mall　☎08-8952-4444　🕘8:00~21:00（周日~17:30）　休全年无休

○ 沙漠探险旅行 (On Safari)
V M D A J
MAP p.234-F

去沙漠探险出发之前，须备齐从帽子到鞋子等一系列装备

货架上摆满了各种适用于去乌卢鲁、国王海峡等地区进行沙漠探险的物品，诸如衬衫、裤子、包具乃至除蝇物品等，非常齐全。衬衫价格45澳元、短裤60澳元、包具44.95澳元等，各种价位的商品都有，您可在此尽情挑选。

✉75 Todd Mall　☎08-8952-2893　🕘9:00~17:30（周日~15:30）　休全年无休

○ 宝石窟 (Gem Cave)
V M D A J
MAP p.234-F

这里除主要经营蛋白石之外，还经营北领地的各种宝石

这里蛋白石的优良质地早已是大家公认的了。另外，店内还收藏、经营着各种用澳洲中部宝石加工而成的戒指、首饰、小配件等。

✉85 Todd Mall　☎08-8952-1079　🕘9:30~17:30（周六~15:30）　休周日

RESTAURANT

餐厅

沙漠中的绿洲——阿利斯·斯普林斯是一座能够让来自世界各地的游客都感到舒心、放松的城市。在这里您不仅可以饱享美味地道的澳大利亚料理，同样也能品尝到其他各国料理的美味。在起程前往各地旅游之前，让我们先用美味的料理和红酒来激发一下身体的活力吧。

 克尔斯餐厅 Ⓥ Ⓜ Ⓓ Ⓐ
(Uncles Tavern) MAP p.234-F

宾馆内设的舒适西餐厅

每日的菜单都不相同，用肉类和鱼类烹饪而成的主打菜系，价格在13澳元左右。另外，您也可以选择在吧台处只饮酒不用餐。该餐厅还有各种澳大利亚自产的诱人红酒。

✉ Cnr.Hartley St.&Gregory Tce. ☎08-8952-8977 🕐 6:00~9:00、12:00~14:00、18:00~21:00、23:00~深夜 休周日 💲10澳元~20澳元

 蓝草西餐厅 Ⓥ Ⓜ Ⓓ Ⓐ Ⓙ
(Bluegrass Restaurant) MAP p.234-F

一个会让您联想起地中海的浪漫隐秘之处

内设三个餐厅，露天的阳台特别受顾客们的欢迎。菜单会随着季节的变化更新，让您能够品尝到四季应时的美味。500克的大牛排是该餐厅的招牌菜，此外它拥有多达100种以上的红酒，该餐厅用美食和美酒迎接四方来宾。

✉ Cnr.Todd St.&Stott Tce. ☎08-8955-5188 🕐 17:00~21:00 休周二 💲12澳元~60澳元

239

澳大利亚 沙龙与西餐厅 Ⓥ Ⓜ Ⓓ Ⓐ Ⓙ
(Bojangles Saloon & Restaurant) MAP p.234-F

在用餐的同时，欣赏扣人心弦的美妙演奏

该餐厅入口处为沙龙，而内部却是一个雅致的餐厅，并且每天都有现场演奏。在这里您可以一饱口福，品尝到袋鼠肉、骆驼肉、鸸鹋肉等澳洲特有的肉类。

✉ 80 Todd St. ☎08-8952-2873 🕐 11:30~深夜 休全年无休 💲12澳元

 流浪人的牛排店 Ⓥ Ⓜ Ⓓ Ⓐ Ⓙ
(Overlanders Steakhouse) MAP p.234-F

直径20厘米、厚3厘米的大份牛排一定能够满足您的胃口

该餐厅有一项特色服务，就是在客人入座后，服务员会在餐桌上竖起其国家的国旗。在烹调料理时，厨师会根据它是骆驼肉、鳄鱼肉还是其他肉类来浇上相应的调味汁。

✉ 72 Hartley St. ☎08-8952-2159 🕐 17:30~21:30 休周日 💲15澳元~26澳元

 印度红烤肉西餐厅 Ⓥ Ⓜ Ⓓ Ⓐ Ⓙ
(Red Ochre Grill) MAP p.234-F

让我们一起来享受一番化身贵妇在中庭用餐的那份优雅吧

在该餐厅内，中庭和餐厅内部的座位是隔开的。每日的菜单分为早餐、午餐、下午茶和晚餐四类。

✉ 11 Leichhardt terrace ☎08-8952-9614 🕐 6:30~21:30 休全年无休 💲10澳元~25澳元

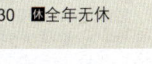

HOTEL

酒店

阿利斯·斯普林斯火车站的东边流淌着美丽的托德河。在托德河的沿岸零星地分布着一些酒店。从内设赌城的高档酒店到专供背包客们使用的价格便宜的旅馆，住宿设施的种类多种多样。游客们可根据自己的旅行目的地和旅游花费预算来选择合适的酒店。

度假汽车旅馆
(Best Western Elkira Resort Motel)   D V M A MAP p.234-F

茶色建筑外观的度假汽车旅馆以其适中的价格受到大家的青睐

坐落在凯玛特(KMART)对面的两层式标准型汽车旅馆。内有游泳池、自助烧烤区等配套设施。

65 Bath St. ☎08-8952-1222 FAX08-8953-1370 50室
$100澳元~ 电视、冰箱、电暖水瓶、室外游泳池、烧烤区及其他
http://www.bestwestern.com

沙漠绿洲酒店
(All Seasons Oasis)   V M D A J MAP p.234-F、-D

从这里步行至托德商业街只需10分钟，所处地段的交通非常便利

柔和的粉色建筑外观是这家酒店的标志性特色。客房也统一采用了柔和的色调来装饰，带给您一种明朗、舒适、温馨的感觉。该酒店内设的八角形游泳池也让人印象深刻。

10 Gap Rd. ☎08-8952-1444 FAX08-8952-3776 102室 $99澳元~ 室外游泳池、餐厅、酒吧及其他 http://www.accorhotels.com.au

皇冠假日酒店
(Crowne Plaza Alice Springs)   V M D A J MAP p.234-D

毗邻赌城、高尔夫球场的高档酒店

从客房的阳台放眼望去，麦克唐奈尔山脉的无限风光尽收眼底。除拥有迷人的周边环境外，酒店内的游泳池、健身中心等配套设施也很完善。

82 Barrett Dr. ☎08-8950-8000 FAX08-8952-3822 235室 $95澳元~（标准双人房） 电视、冰箱、电暖水瓶、室外游泳池、餐厅、酒吧、高尔夫球场及其他 http://www.ichotelsgroup.com

外交官汽车旅馆
(Diplomat Motel Alice Springs)   V M D A J MAP p.234-F

紧靠购物中心、观光景点的酒店

该酒店坐落在城市的中心部位、观光旅游咨询信息中心的对面。它距离商业街和旅游景点很近，所处地段各方面都很便利。

2Cnr. Hartley St. & Gregory Tce., Alice Springs ☎08-8952-8977
FAX08-8953-0225 81室 $135澳元 电视、冰箱、电暖水瓶、室外游泳池、餐厅、洗衣房 http://www.diplomatmotel.com.au

莱萨特赌城酒店
(Lasseters Casino & Hotel)   V M D A J MAP p.234-E

赌城设施完备的顶级度假酒店

该酒店内有一个很大的游泳池。客人在游泳之后还可在泳池旁享受自助烧烤的乐趣。至于夜生活，那当然是去赌城啰。

93 Barrett Dr. ☎08-8950-7777 FAX08-8953-1680 150室 $98澳元~（标准双人房） 餐厅、酒吧、洗衣房、网球场、烧烤设备、室外游泳池及其他 http://www.lhc.com.au

阿利斯·斯普林斯近郊
(Suburbs of Alice Springs)

阿利斯·斯普林斯这座城市将麦克唐奈尔山脉分割成了东西两段。其中西麦克唐奈尔山脉地区被指定为国家公园。以土著民的圣地——乌卢鲁为代表的内陆地区分布着许多壮观的自然景观，相信在观赏之后，您会更加深切地感受到大自然的博大无边和我们人类的渺小。另外，这片地区多为岩石或沙地的地貌，穿凉鞋的话会行动不便且易受伤，所以建议大家事先准备好轻便的运动鞋。由于内陆地区的区域非常广阔，旅游的话，还是建议您选择跟团。

辛普森峡谷
(Simpsons Gap)
MAP p.236-A

从阿利斯·斯普林斯出发驾车向西行驶约30分钟即可到达。该峡谷位于西麦克唐奈尔山脉近乎于中心区的地方。其红褐色的岩石有着一种强烈的震撼力。岩涧里还有清凉的泉水细细地涌出。山涧两侧尽是巨大的岩石，行走其间有时还能邂逅澳洲野狗、岩袋鼠等动物。这里是亲近大自然的绝佳地方。

斯坦德利峡谷

(Standley Chasm)

MAP p.241

斯坦德利峡谷坐落在辛普森峡谷以西、距离阿利斯·斯普林斯约50公里的地方。峡谷小道两侧耸立着红褐色的岩山，步行于小道上，游客们能够观赏到沐浴在夕阳中闪耀着红色光芒的魅力风景。

高达80米的陡峭岩壁极具震撼力

大自然怀抱中的天然游泳池

艾勒里溪谷

(Ellery Creek)

MAP p.241

艾勒里溪谷位于斯坦德利峡谷再往西50公里处。在该峡谷内，尤加利树、橡胶树及灌木类的花朵生长繁茂，置身其中您能闻到各种树木散发出来的清香味，非常舒爽。艾勒里溪谷还有可游泳的瀑布和供游客露营的区域。

奥米斯通峡谷

(Ormiston Gorge)

MAP p.241

该峡谷开设了攀岩活动项目，攀岩者沿着岩石的裂缝、仅借助于岩山上唯一的支撑物——橡胶树向上攀登。当您气喘吁吁地爬上岩山顶峰时，放眼远望，奥米斯通峡谷的全景尽收眼底，那种感觉恐怕不是一个"爽"字就能够表达出来的。夏季，您还可以在瀑布中游泳戏水，享受一份清凉。

雨水积成的水池中，有时还能看见有鱼儿在游动

私房信息

阿利斯·斯普林斯沙漠公园

(Alice Springs Desert Park)

MAP p.236-A

从托德商业街驾车至此约为10分钟车程
Larapinta Dr. ☎08-8951-8788 ⏰7:30~18:00
休圣诞节 $成人20澳元、儿童10澳元、学生14澳元

在这里，小编向那些虽然很想细致地感受一下澳大利亚这片土地的博大、雄伟，但因时间有限、希望简单地观赏一下各种动植物的游客们推荐一个好地方，那就是阿利斯·斯普林斯沙漠公园。该公园于1997年3月开始对外营业，总面积为1300万平方米。它是一个直接就地取材，原封不动地利用西麦克唐奈尔山脉山脚处的地形建造出的沙漠公园。在这座公园内，您可以观赏到包括生活在沙漠中的负鼠等在内的多达120种以上的动物和350种以上的植物。每日的10:00和15:30，在自然影院会上演两场由沙漠鸟类给我们带来的精彩表演。另外，公园内还

有用外语播放的旅游景点介绍和翻译成外语的旅游指南地图出售，这一点让外国游客倍感贴心。

此外，每日公园的大屏幕上会上映5场《The Changing Heart》，该影片用富有震撼力的声音和影像效果向游客们介绍经过几万年才形成的这片土地的自然环境变迁史。

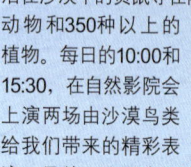

津津乐道地向游客们介绍各种夜行动物的习性及这片土地特色景点的导游

每次观看时都会呈现出不同形态的一块巨大岩石，极富神秘色彩

乌卢鲁-卡塔·楚塔国家公园
(Uluru-Kata Tjuta National Park)

拥有长达6亿年悠久历史的乌卢鲁是澳大利亚土著民的圣地。在广阔的红色平原大地中屹立着一块巨大的岩石——艾尔斯岩。这块岩石被当地人誉为"地球的肚脐"而受到人们的敬畏和膜拜。乌卢鲁也因此成为澳大利亚内陆区观光旅游的支柱景点之一。岩石的表面会随着阳光的移动变幻出各种美丽的"表情"，仰望其巍峨的身躯，震撼之感和敬畏之情不禁油然而生。

ULURU KATA TJUTA
乌卢鲁 卡塔 楚塔

在众多的旅游项目中，观赏日出、日落美景的旅游项目格外受欢迎。在太阳升起、下沉的时候，岩石面的颜色在阳光的照射下会发生微妙的变化。

乌卢鲁-卡塔·楚塔国家公园同时还是澳大利亚原住民的圣地。

ULURU KATA TJUTA 概况和交通

制成罗盘状的乌卢鲁登顶指示牌。
从山顶可以看见卡塔·楚塔（上图照片中）的全貌，景致格外迷人。

由于完全没有遮挡物，所以在山顶附近您会强烈地感受到风的力量。这对于发热的身体来说的确很凉爽、很舒服，但是您也要时刻注意脚下的安全，一步一个脚印，脚踏实地地行走。

●交通 从机场驾车前往艾尔斯岩度假村约为10分钟车程。机场巴士根据飞机航班的起飞和抵达时间来回接送乘客。此外，还有巡回于度假村内各酒店间的免费摆渡巴士。

艾尔斯岩·康奈尔机场是乌卢鲁-卡塔·楚塔国家公园的入口。该机场坐落在距离观光点艾尔斯岩度假村6公里的地方，澳洲航空公司的航班在此起航。飞抵该机场的直达航班分别有从阿利斯·斯普林斯起飞的航班（1天4班）、从悉尼起飞的航班（1天2班）、从凯恩斯起飞的航班（1天2班）以及从珀斯起飞的航班（1天2班）。另外还有从达尔文、堪培拉、布里斯班、阿德莱德等地起飞的过境航班。除飞机外，每天还有发自阿利斯·斯普林斯和阿德莱德的长途巴士。

乌卢鲁(Uluru)
艾尔斯岩(Ayers Rock)   MAP p.245

乌卢鲁-卡塔·楚塔国家公园位于阿利斯·斯普林斯西南约340公里处，是世界文化遗产之一。

著名的乌卢鲁（Uluru）是世界上最大的一块岩石。其周长约9.4公里、高348米，且这露出地面的部分仅是岩石整体的极小部分而已，据说地下还隐藏着深达6000米的岩层。从地面至岩石顶部的登山距离单程为1.6公里，所需时间约为2小时。而且该岩石几乎都是陡峭的斜面。

卡塔·楚塔位于乌卢鲁以西约35公里处，它与乌卢鲁一起构成了规模达1325平方公里的乌卢鲁-卡塔·楚塔国家公园（Uluru-Kata Tjuta National）。

私房信息
旅行纪念——"登顶证书"

在艾尔斯岩度假村的观光旅游与信息中心、报刊亭这些地方都有登顶证书出售。让咱们一起去让他们在"登顶证书"上签个字吧。需要注意的是这个证书在山顶上是没有卖的哦。

向攀登乌卢鲁发出挑战！
从山顶能够眺望到整个大平原

黎明或者傍晚时分的乌卢鲁分外美丽。以山顶为目标，用自己的双脚去亲身体验一趟巡回山麓游览，相信这会进一步加深您对此次旅游的记忆。当您走过一路上都是陡峭斜面的艰难路程到达山顶时，从山顶上放眼望去，矗立于一望无际大平原中的卡塔·楚塔的全景尽收眼底，非常壮观。

攀岩时请务必穿已经习惯了的合脚的鞋子

给旅途增添欢乐的导游员

艾尔斯岩游览

艾尔斯岩日出 登山之旅
(Ayers Rock Sunrise Climb Tour)
AAT King's ☎08-8956-2021 每日 日出前的75分钟 所需时间：约5小时 99澳元 ※在艾尔斯岩度假村的各大酒店接送

艾尔斯岩日出 登山与山麓风光巡游
(Ayers Rock Sunrise & Guided Cultural Walk Tour)
AAT King's ☎08-8956-2021 每日 日出前的75分钟 所需时间：约5小时 129澳元 ※在艾尔斯岩度假村的各大酒店接送

艾尔斯岩日落 赏景之旅
(Ayers Rock & Sunset Tour)
AAT King's ☎08-8956-2021 随时 日落前的90分钟 所需时间：约2小时 48澳元 ※在艾尔斯岩度假村的各大酒店接送.

乌卢鲁-卡塔·楚塔日落 赏景之旅
(KATA TJUTA & ULURU Sunset Tour)
AAT King's ☎08-8956-2021 每日 14:30（11月~翌年2月为15:30） 所需时间：约5小时 117澳元 ※在艾尔斯岩度假村的各大酒店接送

★倘若您想看南十字星的话…

夜空观赏
(Night Sky Show)
用双筒望远镜或普通望远镜观看南十字星、银河等在星空中闪烁的满天繁星。在有云雾的阴天，这里会举办幻灯片和录影带的放映会。
Ayers Rock Observatory ☎08-8956-2563 每日 出发时间：20:20（英语导游） 所需时间：1小时 33澳元 ※接送至艾尔斯岩度假村的各大酒店

阿利斯·斯普林斯

乌卢鲁·卡塔·楚塔国家公园

黎明时分的乌卢鲁,是最能感受其真实存在及无边沉寂的时间段

艾尔斯岩度假村

位于距离乌卢鲁20公里处的艾尔斯岩度假村被誉为是去乌卢鲁及卡塔·楚塔旅游的大本营。据说该度假村内有酒店、购物中心、餐厅、学校、银行、警察局、诊所等各种完善的基础设施,每日可接纳游客3000名。且假村内还配有完善的步行道供游客们散步,即使徒步来往于各个设施之间来回一趟也只需15分钟左右。绕整条路一周也只需30分钟,大概就是这样的一个长度。此外,每日10:30~18:00、18:30~0:30之间,都有巡回于各大酒店与购物广场之间的免费摆渡巴士。基本上每隔10~15分钟(夜间在设施的门口处)一趟,非常便利。如果您打算去拜访一下艾尔斯岩度假村的话,那么首先需要做的就是收集信息。在"来访接待中心",有专门的图片展示用于介绍度假村内各种信息、国家公园周边的地质及动植物、土著民的文化历史等。另外,位于购物广场内的"资讯中心"处设有各旅游公司、巴士公司、汽车租赁公司的办事处,受理各种旅行的预约和申请。若您想交流、了解相关信息的话,请咨询游客接待专柜。

在 Sails in the Desert 酒店一楼大厅,有专门工作人员常驻在此。这里还有外文

乘坐直升机,从空中领略乌卢鲁美景的空中之旅也很受欢

卡塔·楚塔 (Kata Tjuta)
奥尔加岩群 (The Olgas) MAP p.245

形状奇异的岩群充满着童话世界般不可思议的氛围

卡塔·楚塔距离艾尔斯岩度假村约5公里。在这里有大大小小36处圆形屋顶形状的岩石。其中最高的要数奥尔加山,它高达546米。卡塔·楚塔有两条旅游路线:一条是攀登峡谷之旅;另一条是前往风之谷的路线。在风之谷,除了有许多美丽的景观外,还能够听到从山涧吹出来的奇妙风声。一般来说,从艾尔斯岩度假村出发来此游玩,大家都选择各种跟团旅游项目(p.245)。说到旅游项目,它又分为日出、日落观赏旅游和住宿逗留旅游等类型。另外,如果您选择租一辆汽车自驾游的话,请别忘记提前准备好诸如汽油、饮用水、食品等必备物品。

宛如沙漠中的绿洲

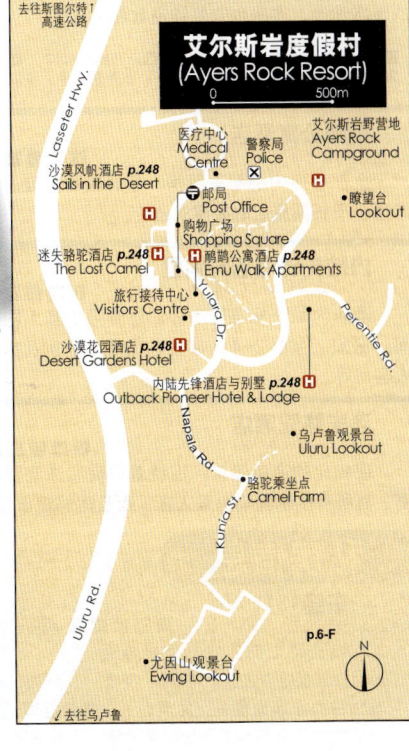

版的旅游指南手册。 但是,如果您想进入包括乌卢鲁和卡塔·楚塔在内的乌卢鲁-卡塔·楚塔国家公园内参观旅游的话,就必须买票。且无论是随团旅游参观还是您个人参观,票价都是25澳元(未满16周岁的免费)。只要您手持入园券,3日内都可凭此券自由出入国家公园。

AYERS ROCK RESORT 艾尔斯岩度假村

在艾尔斯岩度假村的中心地区有5家酒店。除此之外，这里还有从豪华的高档酒店到特别便宜的经济型旅馆等多种标准住宿设施。

全部酒店统一的预订处 VOYAGES HOTEL & RESORTS
☎02-8296-8010　http://www.ayersrockresort.com.au

沙漠花园酒店
(Desert Gardens Hotel)

V M D A J　MAP p.247

以茶色系为基调的客房宁静又舒适

矗立于一片红色土地中的白色建筑外观格外醒目。该酒店坐落在距离乌卢鲁以北18公里处，有的客房还可以遥望乌卢鲁。

Ayers Rock Resort, Yulara　☎08-8957-7714　FAX 08-8957-7716　160室　S 395澳元　餐厅、团体旅游接待处及其他

沙漠风帆酒店
(Sails in the Desert)

V M D A J　MAP p.247

乌卢鲁-卡塔·楚塔的豪华高档酒店

占地面积极广的国际豪华度假胜地。酒店内配备豪华的暖水泳池，客房也处处洋溢着奢华气息。

Ayers Rock Resort, Yulara　☎08-8957-7417　FAX 08-8957-7474　228室　S 480澳元　餐厅、酒吧、室外游泳池、洗衣房及其他

鸸鹋公寓酒店
(Emu Walk Apartments)

V M D A J　MAP p.247

全部客房内都配有厨房、起居室和餐厅，这是一家非常适合于长期旅居的公寓式酒店。

Ayers Rock Resort, Yulara　☎1300-139-889　FAX 02-9999-4332　56室　S 395澳元　厨房、游泳池、团体旅游接待处及其他

内陆先锋酒店与别墅
(Outback Pioneer Hotel & Lodge)

V M D A J　MAP p.247

酒店内除有标准客房外，还有可供多人同时使用的房间，例如：可供2~4人居住的简便小卧室及男女分开的多人客房等。

Ayers Rock Resort, Yulara　☎08-8957-7605　FAX 08-8957-7615　125室　S 152澳元　西餐厅、室外游泳池、洗衣房及其他

迷失骆驼酒店
(The Lost Camel)

V M D A J　MAP p.247

现代化的商务酒店。围绕着中庭和泳池而建的单间公寓。其所有的房间均为双人床，而且毗邻超市，非常便利。

Ayers Rock Resort, Yulara　☎08-8957-7650　FAX 08-8957-7301　99室　S 350澳元　西餐厅、酒吧及其他

私房信息

东经131°
(Longitude 131°)

V M D A J　MAP p.245

帐篷造型的高雅五星级酒店

该五星级酒店位于乌卢鲁-卡塔·楚塔国家公园内，其独特的帐篷造型设计独具匠心。宽敞舒适的客房、奢华的内部装饰及完善的配套设施，让您能够细细品味，尽情地享受舒适惬意的度假生活。

15室　S 3262澳元（一位客人住宿两晚的价格）　图书室、餐厅及其他　http://www.longitude131.com.au

最靠近亚洲大陆的、位于澳大利亚大陆最北端的乐园城市

达尔文市
（DARWIN）

北领地
NT

昆士兰州
QLD

WA
西澳州

SA
南澳州

新南威尔士州
NSW

首都特别地区ACT

VIC
维多利亚州

TAS
塔斯马尼亚州

达尔文市的概貌
(Outline of Darwin)

达尔文市——北领地最大的城市,是一个三面环海的海滨城市。站在港湾处放眼望去,远处地平线彼岸上西沉的夕阳特别迷人。这里是前往"北领地最北部(Top End)"观看沼泽或悬崖等景观的旅游点。

城市概貌

达尔文市是位于澳大利亚北端的一个港口城市。凭借"进化论"闻名于世的英国生物学家查尔斯·达尔文曾于1839年到此考察,人们为了纪念他而给这座城市取名为"达尔文"。

达尔文市创建于1869年,曾经遭受过两次重创。第一次是在第二次世界大战期间的1942年。它遭到日军多达数十次的空袭。第二次则是1974年遭遇超大台风——热带气旋特蕾西(Cyclone Tracy)的袭击。那次旋风导致40人死亡、5000人失踪,给达尔文市带来了深重的灾难。

在旋风过后,达尔文市完成了灾后重建和复兴。时至今日,达尔文市作为北领地的中心城市和前往"凯瑟琳峡谷"和"卡卡杜国家公园"旅游的门户,得到迅速繁荣和发展。

城市结构

被称为北领地最北部(Top End)的区域常年绿荫繁茂,到处都是热带雨林和沼泽地。在达尔文市也生活着大量华人、马来西亚人及其他亚洲国家的国民。另外,这里还有土著人、白种人等。它是一个各种人种共同生活、不分别的国际化多元城市。人口约为11万。

达尔文市三面环海,被范妮湾、弗朗西斯湾和达尔文港环绕着,其半径仅有1公里,因此即使徒步也能将整座城市完整地游览一圈。博物馆、美术馆等观光景点主要分布在它的西北部。

城市的中心区是史密斯街商业区。这里是达尔文最繁华的地方。它是一条齐聚众多各色餐厅和购物中心的步行街。在城市南部,达尔文港对面的码头区,斯托克斯希尔湾等滨水地带,分布着许多由以前的海鲜餐厅、仓库改建而成的豪华西餐厅。

气候

雨季和旱季格外分明是该地区的气候特征。11月~翌年3月为高温多湿、连降大雨的雨季;4月~翌年10月是旱季,虽然也是高温但却经常是万里无云,降雨量很少。这里的年平均气温为31℃,几乎没有因季节变化而产生的温差和早晚的温差,所以一件短袖衫就能够应对各种气候。

特别提示:由于旱季的阳光和紫外线非常强烈,所以您在游玩时需要做好防晒措施。

Information

它位于克努基街和米切尔街的交会处,让我们放松心情,一起去那里看一看吧。
■北领地最北部观光旅游
Tourism Top End
📍Beagle House, Mitchell & Knuckey Sts.
☎08-8936-2499
🕙9:00~17:30、周六9:00~15:00、周日10:00~15:00
📅全年无休
MAP p.253-B

去往达尔文市的交通

机场大巴根据航班的起飞和抵达时间来运行

 ## 飞机

从布里斯班飞抵达尔文市所需时间约为4小时。从凯恩斯飞抵达尔文市所需时间约为2小时30分。飞自布里斯班和凯恩斯的航班每日都有好几班,所以换乘线路也很便利。

● 达尔文国际机场

达尔文国际机场坐落在距离城市以东约8公里处。驾车至此所需时间约为20分钟。航站楼是一栋2层的建筑,无论是国际航线还是国内航线都从同一航站楼起飞和到达。1层为到达层,2层为出发层。在国际航线的到达口处,排列着外币兑换所、旅游咨询服务台、汽车租赁公司的业务柜台等公共服务设施。一般情况下,外币兑换所和旅游咨询服务台在国际航班到达的时间段内都是营业的。当外币兑换所未营业时,旅客可在旅游咨询服务台兑换外币。

机场周边地区恬静而又悠闲

 ## 长途巴士

从凯恩斯、阿利斯·斯普林斯、珀斯去往达尔文,可以选择乘坐Greyhound Australia公司的长途巴士。如果是从凯恩斯出发的话,则可在Towns Vill、Broome或者Tennant Creek换乘巴士然后再进入达尔文市。所需时间约为37小时(不包括换乘时间)。发自阿利斯·斯普林斯的长途巴士每日一班,途经凯瑟琳等地,全程约21小时。发自珀斯的长途巴士则途经布鲁姆,然后穿过凯瑟琳进入达尔文市。虽然它也是每日一班,但这条线路全程需要2个整天外加12小时,也就60小时。另外,还有连接卡卡杜国家公园(Kakadu)的班次,到达卡卡杜国家公园(p.262)所需的时间为3~4小时。抵达的车站是位于米切尔街内的Greyhound Australia巴士站。

 ## 火车

起点站为阿德莱德,途经阿利斯·斯普林斯,纵贯澳大利亚的"汉"号火车每周有2趟运行。您也可以选择乘坐这趟火车。

机场至市内的交通

机场大巴
(Airport Shuttle Bus)

机场大巴的乘车地点,位于国际航班到达口左侧的出口处。其运营时间与飞机的起飞、抵达时间一致。机场大巴巡回于市内各主要酒店之间,非常方便。其售票处在国际航班到达口的对面,票价为单程12澳元、往返22澳元。您也可以直接付款给大巴司机。当您要从市内去机场时,如果提前预约的话,机场大巴将会去您所在的酒店接您。
💲12澳元
📧Airport Shuttle Bus
☎08-8981-5066

出租车 (Taxi)

出租车乘坐点,位于机场航站楼的正门前。从机场至市内所需的时间约为20分钟。
💲20澳元~25澳元。

长途巴士
(Greyhound Australia)
☎13-1499(全国通用)

"汉"号火车 (The Ghan)

阿德莱德—阿利斯·斯普林斯—达尔文
💲716澳元
所需时间:约47小时
悉尼—阿德莱德—阿利斯·斯普林斯—达尔文
💲1024澳元
所需时间:73~74小时
📧Rail Australia
☎08-8213-4592

市内的交通

市内公共巴士

由 Darwinbus Service 运营的公共巴士，从市内至郊区大概有 26 条路线运行。巴士站主要设在各大具有代表性的购物中心的后门外。建议您在巴士站领取一份路线图和时刻表。若您想去范妮湾监狱博物馆、北领地博物馆等景点，乘坐 Route 4 的公共巴士会比较方便。起步价为 2.4 澳元。各条路线的运营间隔都不相同，建议您提前 30 分钟至 1 小时出发。另外，需要要注意的是，在周六、周日和节假日运营线路会减少。乘坐方法为从前门买票上车。当您快要下车时，按一下下车按钮告知司机。在市中心，从市内驶向郊区的公共巴士与从郊区驶入市内的公共巴士所走的路线是不同的。驶向郊区的公共巴士，在卡文街有两个公共汽车站，而驶入市内的公共巴士在米切尔街有 5 个公共汽车站，但都没有"公共汽车站"的标志，这一点您需特别注意。

公共汽车 (Darwinbus Service)
- ⓢ 2 澳元
- ⏰ 6:25~23:45
- 运营间隔：30 分钟~1 小时
- 公交车站营业时间：6:00~20:30
- Darwinbus
- ☎ 08-8924-7666

小巴

由于达尔文的观光旅游景点零星地散布在各处，为了节省时间、提高效率，建议您乘坐市内观光旅游巴士的小巴（Tourtub）依次去观看各个景点。所谓的小巴，是指巡游于市内各主要酒店与海景馆、战争博物馆、印度洋-太平洋水族馆等 10 个主要观光景点之间的迷你巴士。乘车地点位于克努基街一侧的史密斯街商业区旁边。乘车时直接从司机手中购买车票。乘坐小巴一整天您都可自由地上下车。如果提前跟司机预约的话，那么在周四可以享受它接送您至 Mindi Beach Markets 的服务，但这项服务仅限于周四。

小巴 (Tourtub)
- ⓢ 1日 35 澳元
- ⏰ 9:00~16:00
- 运营间隔：1 小时
- Tourtub
- ☎ 08-8985-6322

轻松地就能搭上出租车

出租车

若您是在清晨或深夜时需要乘坐出租车的话，最好提前打电话预约，以求稳妥。出租车的乘车点主要在小巴乘坐点对面的 Woolworths 超市前方及 Novotel Atrium 等主要酒店的前面。起步价为 4.10 澳元，每增加 100 米加收费用 0.1 澳元。另外还有私人包租的出租车，租车者可以指定用车时间和去往哪里。价格约为 15 澳元，您只需在入住的酒店让工作人员帮您预约即可。

出租车 (Taxi)
- Darwin Radio Taxis
- ☎ 131-008（仅限市内）

租赁汽车

虽然汽车租赁公司集中在斯图尔特公路沿线，但如果可以的话，建议您还是在机场提前预约，那样会比较方便省事。在众多租赁公司当中，有的公司在接到电话预约后会将车送至您所在的酒店。主要的汽车租赁公司为 Avis、Hertz、Territory、Budget 和 Britz 这 5 家。

租赁汽车
- 艾维斯租车 (Avis) ☎ 08-8981-9922
- 赫兹租车 (Hertz) ☎ 08-8941-0944
- 节省领地租车 (Territory Thrifty Rent-a-Car)
- ☎ 08-8924-0000
- 巴杰特租车 (Budget)
- ☎ 08-8981-9800
- 闪电租车 (Britz)
- ☎ 1800-331-454

别忘了咱们还可以利用"出租自行车"出游哦！

至于自行车，可以在面向"背包客"的旅馆或是"青年招待所"等便宜的旅馆租到。在战争博物馆和滨海艺术中心之间，有完善的自行车旅游车道，让我们一起去享受自行车旅游的乐趣吧。在租借时，您需要支付保证金 20 澳元，同时还要暂时把信用卡寄存在那里。费用为每小时 4 澳元，一整天的话约 16 澳元。

- Darwin City Youth Hostel Association
- ☎ 08-8981-3995

达尔文 ●Darwin

旅行指导 从达尔文出发、畅游北领地最北部(Top End)

在被称为"Top End"的这片地区,保留着许多人类尚未涉足的原始自然。为了能高效率地游历面积广大的国家公园,最便捷的就是跟随旅行团一起游览。认真倾听在这片土地上土生土长的司机导游的解说,尽情享受与大自然亲近的美好时光。

利奇菲尔德国家公园 瀑布1日游
(Waterfalls A Day in Litchfield Park)

利奇菲尔德国家公园坐落在达尔文以南约100公里处。游览包括富洛伦斯瀑布(Florence Falls)、托尔默瀑布(Tolmer Falls)等在内的利奇菲尔德国家公园多个瀑布的1日游活动。走访各个瀑布,享受戏水、游泳的悠然自得。

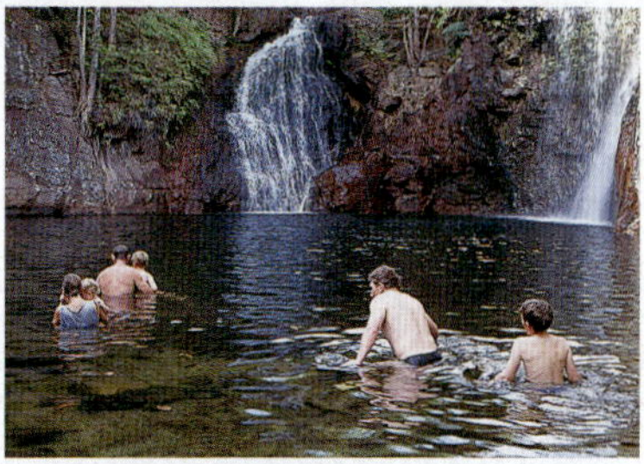

您还等什么,赶紧投身这天然的游泳池来畅游一番吧

Aussie Adventure Holidays ☎07-4124-9943 每日7:00 所需时间:11小时 成人129澳元、儿童65澳元 英语导游服务 ※在各主要酒店接送

卡卡杜国家公园1日游
(1 Day Kakadu Tour)

乘四驱车游览澳大利亚最大规模的国家公园——卡卡杜国家公园的1日游活动。旅游内容包括观赏生活在公园内的已被列入世界遗产的各种动植物,参观位于努兰吉巨岩(Nourlangie Rock)上的土著艺术壁画。在卡卡杜国家公园,您还能够贴近大自然、亲密地接触到沼泽、热带雨林、瀑布、悬崖绝壁等规模庞大的大自然景观。

AAT Kings ☎08-8923-6555 每日6:30 所需时间:12小时 成人199澳元、儿童100澳元(公园的门票另外收费) 英语导游服务 ※在主要酒店接送

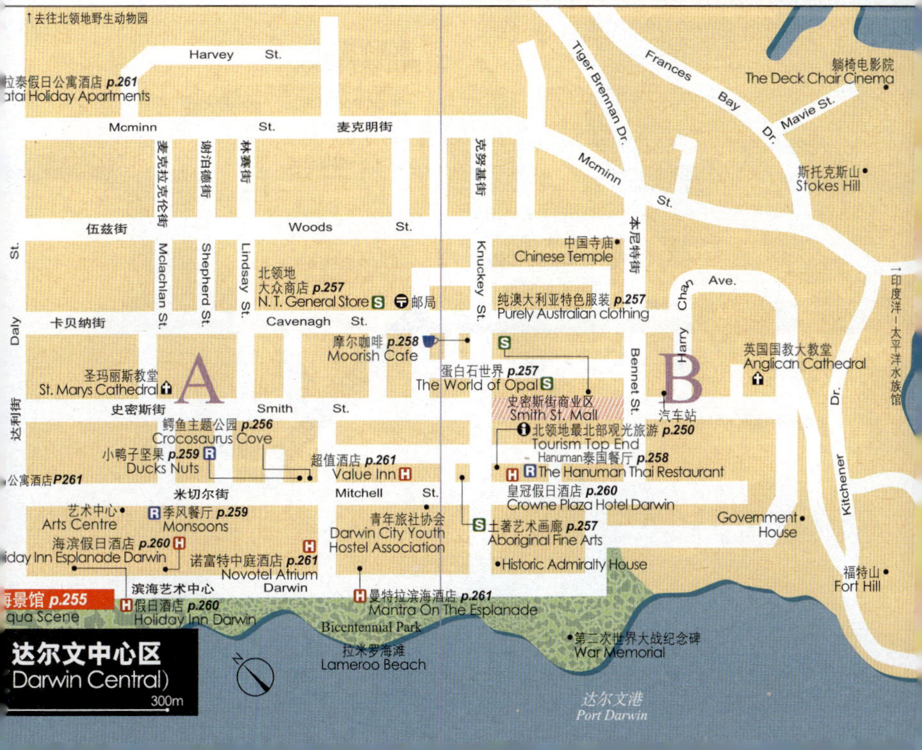

达尔文市

达尔文中心区
Darwin Central
300m

去往北领地野生动物园

Harvey St.
Mcminn St. 麦克明街
Woods St. 伍兹街
Cavenagh St.
Smith St. 史密斯街
Mitchell St. 米切尔街
Frances Bay
Tiger Brennan Dr.
Mcminn St.
Knuckey St.
Bennet St.
Harry Chan Ave.
Kitchener Dr.
Mavie St.

拉泰假日公寓酒店 p.261 atai Holiday Apartments
鳞椅电影院 The Deck Chair Cinema
麦克拉克伦街 / 林赛街 / 湖泊街 / 克努基街 / 本尼特街
斯托克斯山 Stokes Hill
中国寺庙 Chinese Temple
北领地大众商店 N.T. General Store 邮局 p.257
纯澳大利亚特色服装 Purely Australian clothing p.257
卡贝纳街
摩尔咖啡 Moorish Cafe p.258
蛋白石世界 The World of Opal p.257
英国国教大教堂 Anglican Cathedral
圣玛丽教堂 St. Marys Cathedral
史密斯街商业区 Smith St. Mall
北领地观光旅游 Tourism Top End 汽车站 p.250
鳄鱼主题公园 Crocosaurus Cove p.256
公寓酒店 P261
小鸭子坚果 Ducks Nuts
超值酒店 Value Inn p.261
Hanuman泰餐厅 The Hanuman Thai Restaurant p.258
艺术中心 Arts Centre
海滨假日酒店 Inn Esplanade Darwin
季风餐厅 Monsoons p.259
皇冠假日酒店 Crowne Plaza Hotel Darwin p.260
青年旅社协会 Darwin City Youth Hostel Association
土著艺术画廊 Aboriginal Fine Arts p.257
政府大厦 Government House
诺富特中庭酒店 Novotel Atrium Darwin p.261
曼特拉滨海酒店 Mantra On The Esplanade p.261
福特山 Fort Hill
滨海艺术中心
景馆 p.255 qua Scene
假日酒店 Holiday Inn Darwin p.260
Bicentennial Park
拉莫罗海滩 Lameroo Beach
第二次世界大战纪念碑 War Memorial
历史海军大厦 Historic Admiralty House
印度洋·太平洋水族馆
达尔文港 Port Darwin

Sight Seeing

精品旅游景点

海景馆
(Aqua Scene)

MAP p.253-A

从史密斯街商业区步行至此约5分钟。小巴(Tourtub)在此会停车　28 Doctors Gully Rd.　08-8981-7837　不确定（每日涨潮和落潮的时间不是固定的，所以每日喂鱼的时间也都不同）　圣诞节及其他时间　成人8澳元、儿童5澳元

数不清的鱼儿齐聚于此

每到满潮时，会有成群结队的鱼儿聚集在这里，包括鲤鱼科的鲅鱼、鳊鱼、鲇鱼等，吸引了许多游客前来喂食。成群结队的鱼儿朝着扔进海里的面包一起游过来，那争相抢食儿的场面着实精彩哦。喂食的时间因每日满潮的时间而异，所以建议您还是事先在酒店或信息咨询服务中心确认一下当日的满潮时间为好。

印度洋—太平洋水族馆
(Indo Pacific Marine)

MAP p.254-F

从史密斯街商业区步行至此约20分钟。小巴(Tourtub)在此会停车　The Wharf　08-8981-1294　10:00~17:00（4月~10月）、9:00~13:00（11月~翌年3月）　耶稣受难日、圣诞节　成人18澳元、14岁以下8澳元

这是一家既不安装净化过滤装置也不进行人工喂食等人为活动、保持了其原始自然状态的水族馆。据说水族馆水槽内的水12年间都没有进行过更换。在该水族馆内，您可以观赏到生活在达尔文近郊海域中的各种鱼类、浮游生物、珊瑚等多达8亿种的海洋生物。每当周三、周五和周日，这里还

持着原始自然状态水族馆内的水槽保

有包含一顿海鲜晚餐的夜间观光活动（需要预约），月光下的珊瑚投射出奇妙的光芒，带您去体验另外一个美妙的世界。

珍珠展览馆
(Pearling Exhibition)

MAP p.254-F

从史密斯街商业区步行至此约20分钟。小巴(Tourtub)在此会停车　The Wharf　08-8999-6573　10:00~15:00　耶稣受难日、节礼日、圣诞节、元旦　成人6.60澳元、儿童3.30澳元

在这里您能够详细地了解到各种关于珍珠的知识

这里是去往码头地区的入口。它和印度洋-太平洋水族馆在同一栋建筑当中。该展览馆内有专门的影像资料介绍澳大利亚的特产——南海珍珠的历史、珍珠采摘的过程及养殖技术等。

明迪尔海滩黄昏市场
(Mindil Beach Sunset Market)

MAP p.254-C

从史密斯街商业区步行至此约45分钟。有从各主要酒店到这里的机场大巴运行（往返3澳元）　Mindil Beach　08-8981-3454　周四17:00~22:00（5月~10月）、周日16:00~21:00（6月~9月）　上述营业日以外，以及下雨天　免费

这是拥有大量亚洲移民居住的达尔文市所特有的一个市场。市场两侧摆满了各种印度料理、马来西亚料理及其他亚洲风味的美食小摊，给人一种犹如走在亚洲夜市里的错觉。市场内还有许多手工艺人沿街摆摊叫卖各种首饰、小配件、绘画等手工制品，非常热闹。尤其是在太阳落山后，这里会聚集大量的人，整个市场都洋溢着一种浓厚的东方文化气息。在每年的6月~9月间，这里每周都会在周四和周日举行两次黄昏市场，吸引着众多游客和居民来此游玩。

轻松悠闲的氛围

北领地博物馆/美术馆
(Museum & Art Gallery of the Northern Territory)

MAP p.254-C

从史密斯街商业区驾车至此约5分钟车程。小巴（Tourtub）在此会停车 19 Conacher St., Fannie Bay 08-8999-8264 9:00~16:30（周六、周日10:00~）耶稣受难日、圣诞节 免费

　　该博物馆内展览着生活在北领地的各种动物、昆虫标本及丰富多彩的土著艺术作品、视觉艺术作品和东南亚地区的艺术作品。另外，馆内还收藏有关于1974年侵袭达尔文的热带旋风——特蕾西的各种详细资料。

土著艺术作品展览是来此旅游的必看项目

东波恩特公园（亚历山大湖）
(East Point Park<Lake Alexander>)

MAP p.254-A

从史密斯街商业区驾车至此约10分钟车程。小巴（Tourtub）在此会停车 East Point Rd., Fannie Bay

　　在达尔文东部的尽头栖息着许多种类的山鸟，是最适合观察鸟类的地方。在清晨，也许还能遇见野生的小袋鼠呢。东波恩特公园内的亚历山大湖周围设有可供淋浴的地方和沙滩，游客们可去那里游泳。

全家人一起戏水嬉戏，享受天伦之乐

东波恩特战争博物馆
(East Point Military Museum)

MAP p.254-A

从史密斯街商业区驾车至此约10分钟车程。小巴（Tourtub）在此会停车 East Point Park,East Point Rd., Fannie Bay 08-8981-9702 9:30~17:00 耶稣受难日、圣诞节 成人10澳元、儿童5澳元

　　东波恩特战争博物馆创建于1968年，是北领地最古老的博物馆。它坐落在东波恩特公园内。达尔文市是在第二次世界大战期间唯一遭受过日军袭击的城市，博物馆内每隔15分钟就会播放再现当时被日军轰炸场景的纪录片。除此之外，馆内还陈列着记录当时受侵袭情况的各种资料、照片及实际使用过的武器、军服、大炮、飞机等物品。

馆内保存着大量珍贵的资料

私房信息

鳄鱼主题公园
(Crocosaurus Cove)

　　鳄鱼主题公园位于达尔文中心区，园内饲养的动物以鳄鱼及其他爬行动物为主。该动物园推出了一项特别的体验节目"死亡之笼"（The Cage of Death）。所谓的"死亡之笼"是一个用钢化丙烯玻璃制作的透明笼子，待游客进入这个笼子当中后，工作人员会将笼子放入内有海湾大鳄鱼的水槽中，让游客与凶残的大鳄鱼进行超级刺激的"亲密接触"。当大鳄鱼猛撞笼子时，游客能感受到死亡来临却无处可躲的那种恐惧和绝望，真可谓惊心动魄。该体验项目惊险刺激程度达100%，特别受到游客们的喜爱。您不妨也去体验一回吧。

从史密斯街商业区步行至此约2分钟 Cnr. Mitchell & Peel Sts. 08-8981-7522 8:00~20:00（每日最后一次入园时间为18:00）、死亡之笼9:00~11:00、12:00~13:00 全年无休 成人28澳元、儿童16澳元，死亡之笼（需要预约）成人120澳元、2人160澳元

MAP p.253-A

SHOPPING

购物

达尔文市南北约1.2公里，东西约0.7公里，其大小正好适合您一边散步观光，一边随心购物。主街道就是史密斯街商业区。由于达尔文市居住着许多土著民，所以该街道内有许多富有民族特色的商店经营土著艺术作品。

土著艺术画廊(Aboriginal Fine Arts)
V M D A
MAP p.253-B

店内陈列着并出售各种精美的土著艺术作品

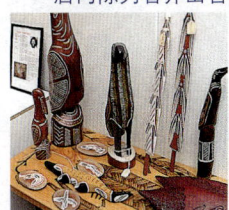

这是一个向人们介绍并展示土著艺术4万年发展历史的艺术馆。这里除各种绘画作品的展览外，还有曲形飞镖及其他摆设装饰品的展览。馆内所有的展品均对外出售。

1st Floor Cnr.Mitchell &Knuckey Sts. ☎08-8981-1315 ⏰9:00~17:00（周六~14:00，周日10:00~14:00）休全年无休

北领地大众商店(N.T.General Store)
V M D A J
MAP p.253-A

户外用品的专卖店

杂乱无章犹如一个大仓库的店内摆满了各种地图、户外运动服装、小刀等野营用品。

42 Cavenagh St. ☎08-8981-8242 ⏰8:30~17:30（周四、周五~18:00，周六~13:00）休周日

卡休厄里纳休闲广场(Casuarina Square)
每家商店支持的信用卡种类都不相同
MAP p.254-B

本市市民也经常来此光顾的特大型购物商业街

该商业区内入驻了各种类型的商店。虽然它与市内尚有一定距离，但从市内各主要酒店都有到这里的公共巴士或免费的区间巴士（4月~9月），所以交通还是非常方便的。

247 Trower Rd. ☎08-8920-2345 ⏰9:00~17:30（周五~21:00，周六~17:00）、周日及节假日10:00~15:00（一部分商店的营业时间有所不同）休耶稣受难日、圣诞节、澳新军团日

蛋白石世界(The World of Opal)
V M D
MAP p.253-B

店主拥有自己的矿山，店内所有商品均使用自产蛋白石加工制作而成

从开采到设计甚至包括精雕细刻，所有的工序都是在其店主自家公司完成的。如蛋白石首饰等。价格在50澳元~2000澳元之间不等。

Shop 3 52 mitchell st. ☎08-8981-8981 ⏰9:00~18:00（周六~15:00）、周一10:00~14:00 休全年无休（雨季，偶尔会休业）

纯澳大利亚特色服装(T Shirt World - Purely Australian Clothing)
V M D A J
MAP p.253-B

凭借其独特的设计受到顾客们青睐的休闲品牌

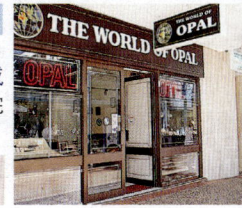

这里会聚了众多或源自澳大利亚文化特色的设计或以土著艺术为主题的包包及服饰等商品。其中特别受欢迎的是戴上帽子就变身为可爱袋鼠的儿童套头衫（29.95澳元）和澳大利亚金黄色的T恤（16.50澳元）等。

1/44 Smith Street Mall ☎08-8941-1557 ⏰8:30~17:00（周六9:00~15:00）休周日

RESTAURANT

餐厅

在澳大利亚最北部的城市达尔文，亚洲风味系的餐厅格外受欢迎。就连料理的调味料也是亚洲风味的。最近，在大家关注的区域——游艇港的对面，新建了多家豪华的咖啡馆和西餐厅。

Hanuman泰国餐厅 V M D A J
(The Hanuman Thai Restaurant) MAP p.253-B

无论是午餐还是晚餐，选择套餐都会比较合算

泰国料理和印度料理二者择一的午餐套餐价格为16.50澳元。晚餐套餐价格则为30澳元~40澳元。另外，这里还有种类丰富的美味红酒供您挑选。

📧93 Mitchell St. ☎08-8941-3500 🕛12:00~15:00、18:30~22:00（周五、周六至23:00、周六和周日仅有晚餐供应）休全年无休 💲20澳元~30澳元

克里斯托码头海鲜餐厅 V M D A
(Christos on the Wharf) MAP p.254-F

享受海风的吹拂、品尝美味的海鲜

位于码头顶端的一家特别有气氛的餐厅。该餐厅的主要菜系为各种海鲜料理。餐厅内设的席位多达350个，可同时接纳大量顾客，非常开阔。

📧Stokes Hill Wharf ☎08-8981-8658 🕛18:00~深夜 休周日 💲10澳元~40澳元

摩尔咖啡 V M D A J
(Moorish Cafe) MAP p.253-B

从清晨到夜晚，可做广泛使用的咖啡馆

餐厅内摆放着各种木质家具，给人一种温暖的感觉。早餐、午餐及晚上的自助餐等，每个时间段均有其各自的菜单。当然您也可以选择只品尝咖啡，不用餐。而且仅冷菜的菜品就多达28种以上，菜色非常丰富。晚上这里还有西班牙古典吉他、萨尔萨舞等现场演奏，非常有情调。

📧37 Knuckey St. ☎08-8981-0010 🕛10:00~14:30、18:00~22:30（周六10:00~22:00）休周日 💲20澳元

霍格的呼吸咖啡 V M D A
(Hog's Breath Cafe) MAP p.254-E

想痛快地吃一顿烤肉大餐的话，这里是最佳选择

这家餐厅的各种主要肉类料理都比一般澳大利亚料理的分量大，相信一定能够满足您的胃口。餐厅内还设有酒吧吧台，除烤肉大餐之外，您还可以尽情地品尝各类美酒。鸡尾酒的价格均为7澳元。

📧85 Mitchell St. ☎08-8941-3333 🕛11:30~深夜 休全年无休 💲19.95澳元~33.95澳元

您的咖啡
(Yots Cafe)

Ⓥ Ⓜ Ⓓ Ⓐ
MAP p.254-E

感谢荣获各种奖项的厨师长为我们精心烹饪的美味料理

　坐在毗邻游艇港的露天席位上，一边享受凉爽海风的吹拂，一边品尝美味料理，岂不妙哉？这里不仅用餐环境和气氛极佳，而且料理的味道也很正宗，每一道料理都闪耀着厨师长精湛的技艺。建议您不妨品尝一下诸如北部内陆地区的香肠、Kanga fillet等澳大利亚特有的食材。由于每份料理的分量都很足，很容易就会有饱腹感，所以建议您在点菜时每人少点一些，然后大家把各自点的不同种类的料理放在一起分享。这样大家就都可以品尝到更多种类的料理了。

🏠Shop 4, 54 Marina Blvd., Cullen Bay　☎08-8981-4433　🕒15:00~深夜
（不同季节营业时间有所不同）　🚫圣诞节~3月　💲20澳元

季风餐厅
(Monsoons)

Ⓥ Ⓜ Ⓐ
MAP p.253-A

一家热闹到拂晓时分的人气很旺的餐厅

　散发着英国小酒吧气息的啤酒餐厅。这里有以英国啤酒为代表的产自世界各国的啤酒。午餐和晚餐均为传统的澳大利亚料理或英国料理。餐厅内还有以牛排为主的儿童餐。而且它同时还是一家咖啡馆。这是集咖啡和美食料理于一身的餐厅，难怪人气会如此之旺。

🏠46 Mitchell St.　☎08-8941-7188　🕒10:00~翌日1:00（周五、六、日~翌日凌晨4:00）　🚫全年无休　💲午餐15澳元~、晚餐25澳元~

小鸭子坚果
(Ducks Nuts)

Ⓥ Ⓜ Ⓐ
MAP p.253-A

可以体验多种娱乐项目的娱乐休闲会馆

　这里齐聚了酒吧、餐厅、咖啡馆、点心店、伏特加社交所等，是一个复合型的娱乐休闲会馆。每日都有许多本地市民和游客来此游玩，整日都很热闹。在这里无论是早餐、午餐还是晚餐都是用澳大利亚烹饪法烹饪的，正宗又地道。这里的娱乐休闲方式丰富多彩，如，就着蛋糕品味意大利特浓咖啡(Espresso)、品尝对比各种伏特加的味道、观看现场演奏或大型屏幕电视等。无论哪个区域，其装饰设计都很现代化，处处都洋溢着现代化的都市气息。您还可以让服务员帮忙把料理搬到宽阔的露天阳台上去享受。

🏠76 Mitchell St.　☎08-8942-2122　🕒7:00~10:00（周六~翌日凌晨2:00）　🚫全年无休　💲18澳元

HOTEL

酒店

达尔文市是北领地最北部（Top End）的观光点。尽管它是一个小城市，但市内却有许多设施完善、服务一流的高档酒店。对于希望观赏到海景的游客来说，沿滨海艺术中心而建的酒店是最佳的选择。这些滨海酒店整体上都很宽敞明亮、温馨而又舒适。

皇冠假日酒店
(Crowne Plaza Hotel Darwin)

V M D A J MAP p.253-B

以温馨雅致的住宿环境为特色的四星级酒店

这是一家位于达尔文中心地带的高级酒店。其现代化的高雅建筑外观让人印象深刻。通顶设计、宽敞舒适的前堂大厅流淌着美妙的钢琴声，为我们营造出一个优雅舒适的空间。该酒店拥有233间客房，且均为豪华优雅、温馨舒适的独立客房。另外，酒店内还设有餐厅和雅致的酒吧等，让您足不出店也能够品尝到澳大利亚特有的鳄鱼、鸸鹋料理等特色美食。

豪华、开阔的大厅

简约、雅致的客房

📧32 Mitchell St.　☎08-8982-0000　📠08-8981-1765　233室　💲165澳元~（豪华双人客房）🍴餐厅、酒吧、游泳池、健身房及其他
http://www.ichotelsgroup.com

海滨假日酒店
(Holiday Inn Esplanade Darwin)

V M D A J MAP p.253-A

面朝达尔文港的高级酒店

穆尔建筑风格的建筑外观、铺着大理石地板的大堂、悬挂着精美土著艺术编织品的五层通顶设计的东侧大厅等，处处彰显着其奢华和独特氛围的四星级酒店。

📧The Esplanade　☎08-8980-0800　📠08-8980-0888　197室　💲145澳元~（豪华双人客房）🍴餐厅、酒吧、室外游泳池、桑拿及其他 http://www.ichotelsgroup.com

假日酒店
(Holiday Inn Darwin)

V M D A MAP p.253-A

以其一流的服务而备受好评、别有一番风格的城市假日酒店

该酒店拥有183间客房。在众多客房中，要数站在临海的阳台上能够观赏到热带风光的客房最有情调和特色。酒店还配套设有酒吧。其内部装饰绚丽多彩，设计别出心裁。在这里您可以品尝到多达200种的鸡尾酒。

📧122 The Esplanade　☎08-8943-3600　📠08-8981-5701　183室　💲159澳元🍴餐厅、酒吧、室外游泳池、洗衣房及其他
http://www.ichotelsgroup.com

曼特拉滨海酒店
(Mantra On The Esplanade)
Ⓥ Ⓜ Ⓓ Ⓐ Ⓙ MAP p.253-A

橙黄色、鲜艳的建筑外观格外引人注目

该酒店滨海而建，就坐落在沙滩前方，共有10层。客房内部装饰简约而又典雅，并配置有木质桌子和藤椅等，为客人们营造出一种温暖、舒心的环境。从拥有1间~3间卧室的组合套房内可以饱览美丽的海景。而且该酒店距离商业区和港口也很近，徒步只需5分钟，因此这里是一个不折不扣的购物、散步休闲的绝佳好地段。

✉88 The Esplanade & Peel St. ☎08-8943-4333 FAX 08-8943-4388 198室 ＄130澳元~（双人酒店客房） 餐厅、室外游泳池、商务中心及其他 http://www.mantra.com.au

舒适宽敞的豪华套房

在室外游泳池边，享受一份日光浴的惬意

诺富特中庭酒店
(Novotel Atrium Darwin)
Ⓥ Ⓜ Ⓓ Ⓐ Ⓙ MAP p.253-A

站在屋内静静地欣赏窗外的落日，特别迷人

在通顶设计的大厅内种有许多热带植物，飘荡着浓浓的热带气息。而且几乎这里的每间客房都可以看海景。

✉100 The Esplanade ☎08-8941-0755 FAX 08-8981-9025 140室 ＄220澳元 餐厅、酒吧、室外游泳池、桑拿、会议室及其他 http://www.novotel.com

天空之城酒店
(Skycity Darwin)
Ⓥ Ⓜ Ⓓ Ⓐ Ⓙ MAP p.254-E

该酒店明亮开阔的环境和舒适的氛围博得顾客们的广泛好评

该赌城酒店坐落在明迪尔海滩上，造型酷似金字塔。毫无疑问，这里的夜生活当然莫过于盛装出席赌博娱乐活动了。

✉Gilruth Ave., Mindil Beach ☎08-8943-8888 FAX 08-8943-8999 117室 ＄105澳元 餐厅、室外游泳池、网球场、健身俱乐部及其他 http://www.skycitydarwin.com.au

阿拉泰假日公寓酒店
(Alatai Holiday Apartments)
Ⓥ Ⓜ Ⓓ Ⓐ Ⓙ MAP p.253-A

该公寓酒店坐落在城市中心地带，共有三层。在酒店的中庭配备有游泳池。

✉Cnr. McMinn & Finniss Sts. ☎08-8981-5188 FAX 08-8981-8887 63室 ＄85澳元~（双人studio房间） 餐厅、桑拿及其他 http://www.alataiapartments.com.au

超值酒店 (Value Inn)
Ⓥ Ⓜ Ⓓ Ⓐ Ⓙ MAP p.253-A

该酒店坐落在距离达尔文过境签证中心步行只需2分钟的地方。周边交通特别便利。

✉50 Mitchell St. ☎08-8981-4733 FAX 08-8981-4730 93室 ＄85澳元 电视、冰箱、室外游泳池、空调及其他 http://www.valueinn.com.au

半岛公寓酒店 (Peninsular Apartments)
Ⓥ Ⓜ Ⓓ Ⓐ MAP p.254-E

这是一家雅致舒适的公寓式酒店。砖红色的墙壁和椰子树，给人留下深刻印象。

✉115 Smith St. ☎08-8981-1922 FAX 08-8941-2547 34室 ＄80澳元 室外游泳池、旅游咨询台及其他 http://www.peninsularapartments.com

富有神秘色彩的野生原始自然

卡卡杜国家公园
(Kakadu National Park)

卡卡杜国家公园南北间距约200公里，东西宽约100公里，面积达2万平方公里，是澳大利亚最大规模的国家公园。从达尔文市到设有旅客咨询中心的贾比鲁，大概为3小时的车程。想要环绕整个国家公园一圈，即使是驾车恐怕无论如何也都得花上一整天的时间。在这个规模庞大的国家公园内，遍布着人类尚未涉足的原始自然生态环境。在这里，游客们还可以见识到唯有北领地最北部（Top End）才有的典型地貌及各种珍稀动植物种群。据说卡卡杜国家公园内生长的植物种类多达1600种以上，而动物的种类甚至超过了1万种，让人不得不为之感到惊奇。

另外，公园内还有多处由澳大利亚土著民创造的土著艺术岩石壁画遗址，据说当中有些年代久远的壁画甚至是2万年以前的珍贵遗迹。卡卡杜国家公园是澳大利亚自然遗产与文化遗产并存的双重珍贵遗产，相信您一定能够在这里收获一份神奇的自然探险之旅。

前往卡卡杜国家公园的交通

一般来说，大家都采用下述路线：从达尔文市出发，沿着连接达尔文市和阿利斯·斯普林斯的全长约1400公里的斯图尔特高速公路南下，行驶至高速公路分岔口处后，拐弯进入阿纳姆高速公路，然后沿着阿纳姆高速公路前行直至目的地——卡卡杜国家公园。您也可以选择租一辆汽车，然后自己驾车前往卡卡杜国家公园，抑或是选择乘坐发自达尔文市的观光旅游巴士随旅行团一同前往。既有当日来回的团体旅游巴士，也有为期5日的团体野营旅游，游客们可根据各自逗留时间的长短来自由选择。此外，还有30分钟的空中游览飞行旅游供您选择。

飞泻而下的瀑布仿佛要将大地分割开来

土著艺术岩石壁画

Information

■ 波瓦理旅客咨询中心
Bowali Visitor Centre
Kakadu Highway, Jabiru
☎ 08-8938-1121
🕐 8:00～17:00　全年无休
MAP p.265-B

精品旅游景点

●吉姆吉姆瀑布
（Jim Jim Falls）　　MAP p.265-B

在天然瀑布中玩水、嬉戏

　　吉姆吉姆瀑布位于距离贾比鲁约70公里处。由于汽车在下卡卡杜高速公路后需要行驶一段长长的沙土路，所以只有四驱越野车才能进入这里。另外，由于进入雨季后，该沙土路会被封锁，所以吉姆吉姆瀑布的观光季节仅限于旱季。瀑布从顶部飞泻直下，高达21米，溅起无数的水花，特别壮观。游客们还可享受在瀑布潭中戏水、游泳的乐趣。虽然卡卡杜国家公园内分布着多个瀑布，但吉姆吉姆瀑布是众多瀑布中最著名的。从高高的砂岩悬崖当中奔腾而下的瀑布极为壮观。

瀑布潭内的水干净又清澈

●巴拉曼迪溪谷
（Barramundi Gorge）　　MAP p.265-B

在一片灌木丛中，欣赏溪谷之美

　　巴拉曼迪溪谷，位于贾比鲁西南约80公里处，即使驾驶着四驱越野车也只能行驶至半途中。游客们需要沿着巴拉曼迪河在茂密的灌木丛中步行约1公里路程。在溪谷深处有一个美丽的瀑布潭，您可以倾听到那静静的水流声。虽然巴拉曼迪溪谷比不上吉姆吉姆瀑布和双子瀑布的雄伟壮观，但是在这里您却可以静静地欣赏到溪谷的美丽景致。

●马姆卡拉湿地
（Mamukala）　　MAP p.265-B

经大自然长年累月冲刷而形成的湿地

　　该湿地位于贾比鲁以西约32公里处，是南阿利盖特河泛滥而形成的湿地。除鸽子、斑胸草雀、鹦鹉、鹭鸶、野鸭等鸟类以外，每逢旱季末期，会有数千只喜鹊、大雁等迁徙至此，是最适合观鸟的季节。绕湿地一周大约为3公里。在距离停车场100米和500米的地方分别设有湿地观鸟室和野鸟观察室。

●诺尔兰吉岩
（Nourlangie Rock）　　MAP p.265-B

它是具有代表性的土著文化遗址

　　诺尔兰吉岩位于贾比鲁以南约40公里处。原住民族部落从数万年前就在这片土地上繁衍生息，与大自然和谐共存，因此许多地方还残留着当时原住民生活的足迹。在诺尔兰吉岩风景区，游客们可以听到有关原住民的各种传说，并能参观各种描绘当时生物样态的岩石壁画。在岩石的后面还隐藏着原住民曾经生活、居住过的生活遗址。

●双子瀑布
（Twin Falls）　　MAP p.265-B

卡卡杜国家公园的著名景点之一

　　双子瀑布位于距离吉姆吉姆瀑布约5公里处。在茂密的热带雨林中，两道瀑布并排着倾泻而下，特别壮观。该瀑布位于溪谷深处、很难进入，游客必须将近500米左右或者乘气垫船才能到达这里。毫无疑问，在雨季这里是禁止通行的，但即使是在旱季，如果水很深的话，有时候游客们也只能"望而却步"了。

游客们还可以在瀑布潭中游泳

达尔文市　卡卡杜国家公园

●乌比尔岩
（Ubirr Rock） MAP p.265-B

在6月～10月间,国家公园管理人员会为游客提供免费的导游服务

乌比尔岩位于贾比鲁东北约40公里处。和诺尔兰吉岩一样，在这里游客们也能观赏到原住民创作的岩石壁画遗迹。登上岩石顶部您能够俯瞰整个湿地的全貌。黄昏时分的攀岩活动特别受游客们的欢迎。攀登至岩石顶部大概需要20分钟。

●黄水湿地
（Yellow Water） MAP p.265-B

乘观光游览船一起去湿地探险吧

卡卡杜是动物们的天堂

黄水是南北纵贯整个国家公园的南阿利盖特河的支流之一。在这里，游客们可以乘观光游览船享受湿地探险的乐趣。黄水湿地内的景观丰富多样，游客们既可观鸟，又可近距离接触鳄鱼及成群的水鸟等。在不同的季节，这里活动的动物和呈现的风景各不相同，来到这片湿地，您可以欣赏到一年当中大自然的各种美丽风光。在众多时段中，早上和晚上的观光旅游项目尤其受欢迎。

●土著文化中心
（Warradjan Cultural Centre） MAP p.265-B

要想了解土著文化就来这里吧

从达尔文市驾车至土著文化中心只需5分钟。该文化中心开业于1995年，内有关于原住民生活、文化等各种展览。其乌龟造型的建筑风格别有一番特色。

私房信息

跃出水面的鳄鱼
(Jumping Crocodiles) MAP p.265-A

2 Adelaide River Bridge.,Arnhem Hwy.
08-8978-9077 8:00~16:30 旅游团9:00、11:00、13:00、15:00 全年无休 成人35澳元、儿童（14岁以下）20澳元（门票价格）

从达尔文市出发驾车行驶约100公里即可到达这里。游客可乘坐观光游览船去探访那生活在阿德莱德河中的野生鳄鱼。若将挂有生肉的绳索投入河中，河中的鳄鱼会奋力跳出水面紧紧咬住投来的食物，那场面特别紧张、刺激。图中为全长达5米的野生大鳄跳出水面时的样子。

鳄鱼惊心动魄的一跃

当地的旅游项目

黄水湿地巡游
(Yellow Water Cruise)

沿着潺潺的流水慢慢游览黄水湿地的风貌

随我一起乘游览船去探秘流经国家公园中心区的南阿利盖特河的支流吧。游客可以一边享受乘坐游览船的惬意，一边欣赏周围的美丽风景。旅游的出发地点为Gagudju Lodge Cooinda。

Yellow Water Cruises 08-8979-0111
每日 出发时间：(2小时旅游) 6:45、9:00、16:30 (1小时30分钟旅游) 8:30、11:45、13:30、15:30 所需时间：2小时和1小时30分钟（12月～翌年4月期间只有1小时30分钟的旅游） 2小时60澳元、1小时30分钟45澳元 ※在卡卡杜国家公园内的各大酒店接送

半日垂钓之旅
(Half Day Fishing Tour)

体验在巴拉曼迪河钓鱼的乐趣

北领地的河流和生活在沿海海岸的大鱼，让巴拉曼迪钓鱼活动格外受澳大利亚钓鱼爱好者们的欢迎。据说您只要感受到一次在这里钓鱼的乐趣，就会迷恋上。您还可选择提供钓鱼渔具的1日游或者是自己包车去巴拉曼迪河垂钓。

Kakadu Fishing Tours 08-8979-2025 出发日期：每日（仅限4月～11月） 出发时间：6:00 所需时间：约10小时 半天160澳元、一天290澳元 ※在卡卡杜国家公园内的各大酒店接送

卡卡杜空中旅游30分
(1/2hr. Kakadu Fun Flight)

从空中观赏卡卡杜的美丽风光

乘直升机从空中观看悬崖峭壁、受侵蚀的砂岩、辽阔平原、沼泽湿地等富于变化的地貌景观。尽管只是一次30分钟的短暂之旅，但它绝对会是一次令您终生难忘的旅游，会让您感动于卡卡杜如画的风景。

Kakadu Air Services 08-8979-2411
每日 出发时间：8:00、10:00、12:30、14:30、17:00 所需时间：30分钟 成人130澳元、儿童104澳元

HOTEL 酒店

鳄鱼嘴的部分是酒店入口

卡卡杜鳄鱼假日酒店
(Gagudju Crocodile Holiday Inn)

V M D A J MAP p.265-B

从空中您会看见一条巨大的鳄鱼

从空中俯瞰，外观设计成鳄鱼形状的酒店，既可爱有趣又不失威严。卡卡杜鳄鱼假日酒店的这一鳄鱼造型受到许多客人的喜爱。该酒店不仅有可爱有趣的建筑，还有餐厅、洗衣房等完善的内部配套设施。

✉ Flinder St., Jabiru　☎ 08-8979-9000　📠 08-8979-9098　110室　💲 160澳元
🍴 餐厅、室外游泳池、超市、烧烤区及其他

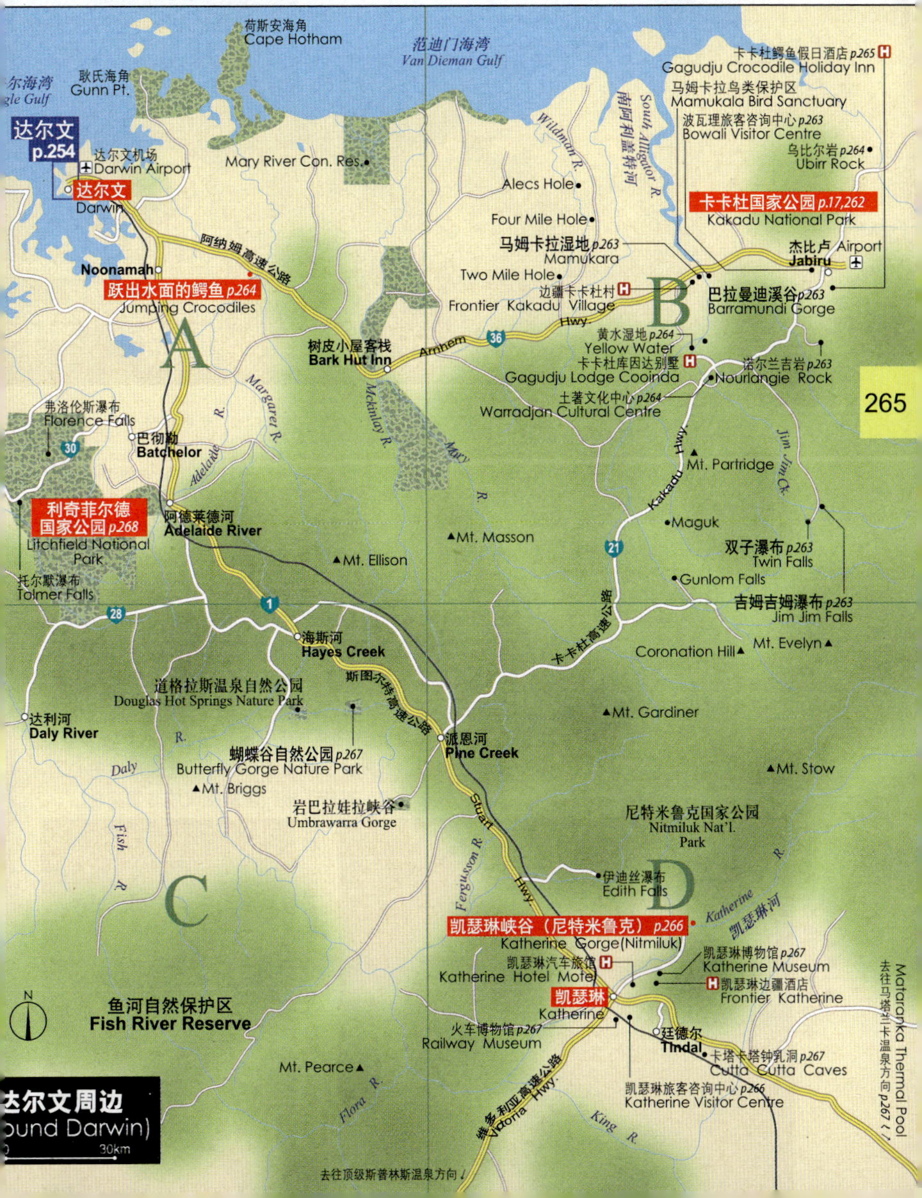

地图标注

- 荷斯安海角 Cape Hotham
- 范迪门海湾 Van Dieman Gulf
- 卡卡杜鳄鱼假日酒店 p265 Gagudju Crocodile Holiday Inn
- 马姆卡拉鸟类保护区 Mamukala Bird Sanctuary
- 波瓦理旅客咨询中心 p263 Bowali Visitor Centre
- 耿氏海角 Gunn Pt.
- 达尔文 p.254
- 达尔文机场 Darwin Airport
- 达尔文 Darwin
- Mary River Con. Res.
- 乌比尔岩 p264 Ubirr Rock
- Alecs Hole
- Four Mile Hole
- 马姆卡拉湿地 p263 Mamukara
- 卡卡杜国家公园 p.17,262 Kakadu National Park
- 杰比卢 Jabiru Airport
- 阿纳姆高速公路 Arnhem Hwy
- Two Mile Hole
- 边疆卡卡杜村 Frontier Kakadu Village
- 巴拉曼迪溪谷 p263 Barramundi Gorge
- 跃出水面的鳄鱼 p264 Jumping Crocodiles
- Noonamah
- 树皮小屋客栈 Bark Hut Inn
- 黄水湿地 p264 Yellow Water
- 卡卡杜库因达别墅 Gagudju Lodge Cooinda
- 诺尔兰吉岩 p263 Nourlangie Rock
- 弗洛伦斯瀑布 Florence Falls
- 巴彻勒 Batchelor
- 土著文化中心 p264 Warradjan Cultural Centre
- 利奇菲尔德国家公园 p.268 Litchfield National Park
- 阿德莱德河 Adelaide River
- Mt. Ellison
- Mt. Masson
- Mt. Partridge
- 托尔默瀑布 Tolmer Falls
- Maguk
- 双子瀑布 p263 Twin Falls
- Gunlom Falls
- 吉姆吉姆瀑布 p263 Jim Jim Falls
- 海斯河 Hayes Creek
- Coronation Hill
- Mt. Evelyn
- 道格拉斯温泉自然公园 Douglas Hot Springs Nature Park
- 斯图尔特高速公路
- 派恩河 Pine Creek
- Mt. Gardiner
- 达利河 Daly River
- 蝴蝶谷自然公园 p267 Butterfly Gorge Nature Park
- Mt. Briggs
- 岩巴拉娃峡谷 Umbrawarra Gorge
- Mt. Stow
- 尼特米鲁克国家公园 Nitmiluk Nat'l. Park
- 伊迪丝瀑布 Edith Falls
- 凯瑟琳峡谷（尼特米鲁克）p.266 Katherine Gorge (Nitmiluk)
- 凯瑟琳博物馆 p267 Katherine Museum
- 凯瑟琳汽车旅馆 Katherine Hotel Motel
- 鱼河自然保护区 Fish River Reserve
- 凯瑟琳 Katherine
- 边疆凯瑟琳酒店 Frontier Katherine
- 廷德尔 Tindal
- Mt. Pearce
- 火车博物馆 p267 Railway Museum
- 卡塔卡塔钟乳洞 p267 Cutta Cutta Caves
- 凯瑟琳旅客咨询中心 p266 Katherine Visitor Centre
- Matarenka Thermal Pool 去往马塔伦卡半温泉方向 p267
- 去往顶级斯普林斯温泉方向

达尔文周边 (Around Darwin)
30km

劈开热带雨林的红色断崖
凯瑟琳溪谷
（尼特米鲁克）
Katherine Gorge（Nitmiluk）

Information

■ 凯瑟琳旅客咨询中心
Katherine Visitor Information C
MAP p.265-D、p.6-B
Cnr Lindsay St&Katherine Tc
08-8972-2650 8:30~17:0
全年无休

紧贴着河流两侧的红色砂岩

前往凯瑟琳溪谷的交通

凯瑟琳溪谷观光点是位于河流下游的凯瑟琳城。一般来说，去凯瑟琳城通常是选择乘坐连接达尔文和阿利斯·斯普林斯的长途巴士。Grey-hound巴士公司每日有2趟发自达尔文的长途巴士，所需时间约为4小时。发自阿利斯·斯普林斯的为每日一趟，全程运行约16小时。位于城市中心区观光问询服务站的对面，是过境签证中心，同时还受理团体旅游的预订。另外，如果时间充裕的话，选择租一辆汽车、自己驾着车旅游也很便利。

凯瑟琳溪谷和卡卡杜国家公园一样，也是北领地最北部（Top End）观光旅游事业的招牌景点之一，由13处溪谷构成。从相距200公里之远的卡卡杜国家公园流淌出来的水在这里汇聚成了河流。河流冲击，在红色砂岩两岸形成了浅滩。该溪谷连绵约20公里，溪谷两侧高达40米~50米的悬崖峭壁林立。这些独特的地貌形成于遥远的16亿5000万年前的远古时代。大自然的鬼斧神工和河流长年累月的侵蚀，创造出了这些奇妙的悬崖峭壁。旅游项目丰富多样是凯瑟琳溪谷的特色。在这里，游客们可以体验观光游览船、皮划艇、漂流、丛林漫步等众多旅游项目。此外，在大约30公里外的凯瑟琳城中心区，酒店、购物中心、餐厅、银行等基础设施非常完善。

住想纵身湖中，畅游一番
清澈幽静的湖水让人忍不

游客们的身后耸立着一处处险峻的悬崖峭壁

看上去温顺美丽的笑翠鸟，实际上却是凶猛的食肉型鸟类

在野营时，也许还会有可爱的袋鼠来拜访你哦

精品旅游景点

●卡塔卡塔钟乳洞
（Cutta Cutta Caves） MAP p.265-D

洞内生活着巨大的蝙蝠及其他动物

卡塔卡塔钟乳洞位于凯瑟琳以南30公里处，形成于约5亿年前。全长约700米。这里生活着多种濒临灭绝的动物，如蝙蝠、蛇类等。管理人员为来访的游客提供导游服务。建议大家穿长筒皮靴去参观，因为长筒靴即使沾了水也无大碍。

☎08-8972-1940　⏰9:00~15:00　※团体旅游在每日的9:00、10:00、11:00、13:00、14:00、15:00出发　休圣诞节　$成人15澳元、儿童7.50澳元、五岁以下儿童免费

●马塔兰卡温泉
（Mataranka Thermal Pool） MAP p.265-D

顺道泡泡温泉，缓解一下旅途疲劳吧

从卡塔卡塔钟乳洞再南下70公里左右就到了马塔兰卡。在距离市内8公里外的地方就有温泉。如果您携带了泳衣的话，还可以在那里游泳戏水。从热带雨林中涌出来的温泉特别的宁静、温柔。

●蝴蝶谷自然公园
（Butterfly Gorge Nature Park） MAP p.265-C

该园因蝴蝶数量极多而得名

从凯瑟琳溪谷到这里的道路很陡峭，只能驾驶四驱越野车。在雨季，通往蝴蝶谷自然公园的道路会被封锁。溪谷的四周是郁郁葱葱的树木，周边环境特别凉爽和宁静。仔细观察岩间缝隙或岩石深处，可以看见许多群居于此的漂亮蝴蝶。因公园内的蝴蝶数量实在是太多了，人们索性就将该公园取名为蝴蝶谷自然公园。

●凯瑟琳博物馆
（Katherine Museum） MAP p.265-D

在此可了解到凯瑟琳的历史文化

从凯瑟琳旅客咨询中心步行至凯瑟琳博物馆只需5分钟左右。馆内通过图片展览、日用器具文物展览及其他多种形式的展览向游客们介绍凯瑟琳的历史文化。虽然它的规模不及国立博物馆、公立博物馆，但它的朴素、简约却给人一种亲近感。

●火车博物馆
（Railway Museum） MAP p.265-D

讲述已经消失的火车的历史

虽然现在在凯瑟琳已经看不到火车的形迹了，但在1926~1976年期间，这里一直铺设有连接达尔文市和凯瑟琳的铁路。如今火车站作为国家信托（National Trust）被原封不动地保存下来，成为博物馆，馆内展览着各种反映当时城市样貌和历史的相关资料。

当地的旅游项目

凯瑟琳溪谷观光游览船2小时游
（2 Hour Katherine Gorge Cruises）

穿梭在垂直峭立于凯瑟琳溪谷两侧的悬崖峭壁中，一边欣赏壮丽的景致，一边享受乘坐观光游览船的那份惬意。在这里游客们也能观赏到土著艺术壁画和鳄鱼。出发地点为凯瑟琳溪谷的游船乘坐点。

🌐Nitmiluk Gorge Cruises　☎08-8972-1253　每日出发时间：9:00、11:00、13:00、15:00　所需时间：2小时　$成人56澳元、儿童32澳元

夜间鳄鱼探险之旅
（Crocodile Night Adventure）

在傍晚的6:30，当周围渐渐暗下来时，开始我们的探险之旅。黑夜之中，一群人打着手电筒照着凯瑟琳河，一边缓慢地前行，一边寻找传说中的大鳄。晚饭是在野外品尝具有代表性的Bushfood面包、Damper面包和炖菜的美味。

🌐Travel North　☎08-8971-9999
每日（5月~10月）出发时间：18:30 所需时间：3小时　$成人55澳元、儿童27.50澳元

土著文化体验之旅
（Manyallaluk The Dreaming Time）

从凯瑟琳市驱车南下，行驶约1小时左右就到了曼雅拉鲁克（Manyallaluk），体验一次与土著文化交流的文化之旅。您不妨尝试一下亲手编制笼子、亲手绘制图画等项目。游客们还可以在地下涌出来的水中游泳。午餐为美味的袋鼠料理。

🌐Travel North　☎08-8971-9999　周一~周四（4月~10月）　出发时间：8:15　集合地点：凯瑟琳各大酒店的接送点　$成人199澳元、儿童95澳元

泡在清爽的瀑布潭中，放松一下
利奇菲尔德国家公园
(Litchfield National Park)

前往利奇菲尔德国家公园的交通
利奇菲尔德国家公园位于达尔文市以南约130公里处。沿着斯图尔特公路南下行驶。如果是从达尔文市出发，那么选择当日来回的团体旅游会比较便利。如果是自己驾车的话，在高速公路上行驶当然是没有问题的，但公园内许多道路是尚未铺设柏油的沙土路，比较难行。如果您驾驶的不是四驱车的话，那么建议您从巴彻拉绕道过来。

公园内，盛开着各种五彩缤纷的野花

MAP p.265-A

在丛林中自由阔步，与大自然亲密接触

利奇菲尔德国家公园是北领地最北部（Top End）新兴的旅游景点，非常受游客们的欢迎。从达尔文市开车到这里只需1小时30分钟，即使是当日来回的旅游也能够玩得很尽兴。因此它特别受短期逗留型游客们的喜爱。就面积而言，它没有卡卡杜国家公园和凯瑟琳溪谷那么大的规模，虽然在壮观上稍逊一筹，但公园内有众多河流和瀑布，在这里您可以领略到满目葱郁、盎然生机的大自然的雄伟景色。公园内小河潺潺流淌，且有4条瀑布，游客们甚至还可在其中的富洛伦斯瀑布或者Wangi瀑布中游泳。如果进入公园深处，展现在眼前的将是成排的柱状砂岩，让您不禁联想起古代城市的废墟遗址。没错，这里就是被称为"Lost City"的区域。另外在这里，您还可以见到一些大自然创造出来的不可思议的造型，诸如巨大的白蚁塔等。但是要进入那里的话，必须有四驱越野车才行。

在Wangi瀑布内游泳也别有一番感觉

在森林中行走，也许你会发现各种形状奇异的蚁塔

历史文化底蕴深厚的绿色花园城市

墨尔本
(MELBOURNE)

墨尔本的概貌
(Outline of Melbourne)

墨尔本是一座富有浓重英国维多利亚王朝气息的传统城市。城市环境优美，450多个公园将整座城市包围其中，因此，它还享有"花园之都"的美誉。在这里，现代建筑与古建筑群巧妙地融合在了一起，相得益彰。

城市概况

在19世纪30年代，塔斯马尼亚的开拓者们从塔斯马尼亚州移居到了菲利普港——墨尔本的前身。1837年菲利普港正式更名为墨尔本。自澳大利亚联邦成立的1901年至堪培拉建立的1927年间，墨尔本作为澳大利亚的首都支撑着整个澳大利亚历史和传统文化的发展。如今，墨尔本是仅次于悉尼的澳大利亚第二大城市，它因作为众多国际比赛项目的举办城市而驰名全世界，诸如：在弗莱明顿赛马场举行的墨尔本杯澳大利亚网球公开赛、高尔夫美国名人赛及F1赛车比赛等国际大赛。墨尔本是维多利亚州的首府，人口约为380万。

城市结构

墨尔本虽是澳大利亚城市，但它却洋溢着浓重的英伦气息，甚至可以说它是一座"小伦敦"风情的城市。另外，墨尔本作为一个移民城市，会聚了来自世界各地的各种人群，形成了其独特的文化传统。市内分布着450多处公园，满目葱郁，因此墨尔本同时还享有"花园之都"的美誉。除具有完善的基础设施外，墨尔本还非常重视文化艺术的建设与发展，市内建有许多博物馆、美术馆等文化设施。

流经墨尔本市中心的亚拉河（Yarra River）北侧，是宛如棋盘般井然有序、规划整齐的市区。市区内的各项设施建设都非常完善，从商业、金融机构到购物商业区、美食街和休闲娱乐设施等应有尽有，充满着无限活力。在市区的北部有意大利人集聚的莱贡街（Lygon Street）；东部有被称为越南街的"小西贡"（Little Saigon）繁华商业区；东北部则有唐人街的"小伯克街"（Little Bourke Street），充满了异国情调。

亚拉河的南侧是广大的南墨尔本地区，这里拥有众多面积辽阔的园林建筑。另外，在南部还有著名的海滩度假胜地——圣基尔达群岛。

气候

墨尔本的气候四季分明。在夏季，这里白天的平均最高气温在25℃左右，但偶尔也会出现超过40℃的高温天气。在冬季，虽然早晨和晚上的气温很低，但白天却只会让人感到有一点凉意而已。另外，就降雨天数来说，这里的月平均降水天数在10天左右。

Information

在这里游客们可以完成从旅游信息收集到住宿预订、团体旅游预约等所有的旅游相关手续。此外，伯克街商业区（The Bourke St. Mall）、里亚托塔广场（Rialto Tower Plaza）内都设有咨询服务台。

■维多利亚旅游资讯中心
Victoria Visitor Information Centre
☐ Federation Square
☎ 03-9658-8658
⊞ 9:00～18:00
✖ 耶稣受难日、圣诞节

MAP 剪切地图-35 p.285-K

从中国出发前往墨尔本的交通

从中国到墨尔本，上海浦东国际机场有东方航空公司运行的直飞航班，约需10小时45分钟；北京首都国际机场有中国国航运行的直飞航班，约需12小时；广州新白云国际机场有南方航空运行的直飞航班，约需9个半小时。从悉尼飞抵墨尔本大概为1小时30分钟；从凯恩斯飞抵墨尔本约需3小时；从布里斯班飞抵墨尔本约为2小时30分钟；从黄金海岸飞抵墨尔本约为3小时15分钟。在墨尔本，除了国际机场（俗称Tullamarine Airport）以外，还有阿瓦隆机场（Avalon Airport）——捷星航空（Jetstar Airways）的一部分航班在此起飞和降落。从阿瓦隆机场去市内，可以乘坐阿瓦隆机场的摆渡车，大概需要1小时的车程。

国际航线宽敞的航站楼

墨尔本国际机场
(Melbourne International Airport)

墨尔本国际机场距离市内约22公里，沿着塔拉马林高速公路行驶约40分钟即可到达。虽然国内航线和国际航线在同一栋建筑当中，但内部划分：中心部为国际航线的航站楼；东侧为澳洲航空公司的航站楼；西侧为维珍蓝航空国内航线的航站楼。无论哪一个航站楼，其1层都是到达层、2层都是出发层。在国际航线航站楼到达层和出发层的各个大厅内均设有兑换所，其营业时间与国际航线的起飞和到达时间一致。

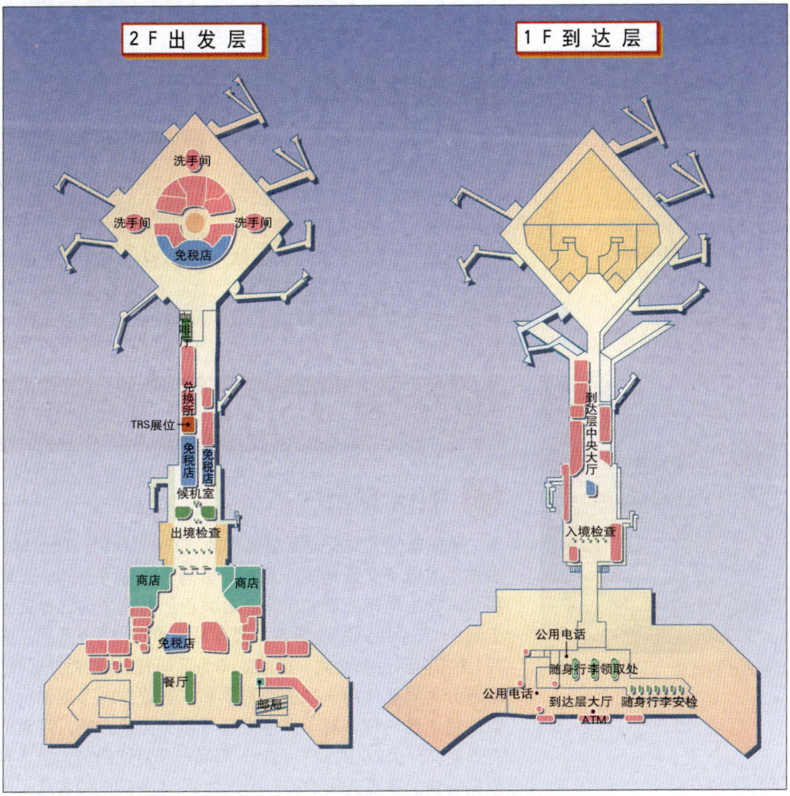

夜晚的机场显得格外的宁静

The Skybus
- 成人单程16澳元，往返26澳元；儿童单程6澳元，往返12澳元
- 24小时全天运营
  运行间隔：5:30~24:00为15分钟，24:00~5:30为30分钟
- Skybus ☎03-9335-3066

主要出租车与豪华轿车出租车公司
(Arrow)
☎13-2211（仅限市内）
Embassy
☎13-1755（仅限市内）

租赁汽车
艾维斯租车（Avis）
☎13-6333（仅限市内）
赫兹租车（Hertz）
☎13-3039（仅限市内）
巴杰特租车（Budget）
☎13-2727（仅限市内）
节省租车（Thrifty）
☎1300-367-227

环绕市内的电车

机场至市内的交通

Skybus

从机场至市内最便捷的代步工具就是车身为白色的Skybus。由于乘车地点位于澳洲航空、维珍蓝航空的各个航站楼前方步行约1分钟的地方，所以您要事先选好要从哪个乘车点乘坐。从机场到市内的斯潘塞街旁边的汽车客运总站所需时间约为25分钟。其运营时间为6:00~21:30（周六、周日为7:30~17:30）。将您入住酒店的名字告诉司机，到达该酒店时司机便会自动停车并提醒您下车。当您回国或者前往其他城市需要从市内去机场时，您可以在斯潘塞街的汽车客运总站乘车，但如果提前电话预约的话，车子将会去你所在的酒店接您。

出租车

在各航站楼前都有出租车乘车点。到市内所需时间为30分钟~50分钟之间。费用在45澳元~50澳元之间。如果是3人以上同坐一辆出租车的话，那么每人所支付的费用会比乘坐Skybus更加便宜。虽然也有去往市内的豪华轿车(出租车)，但它的费用较高，约为55澳元 。

租赁汽车

在机场到达层的大厅内，并排设有Avis、Hertz、Budget、Thrifty等多家大型汽车租赁公司的服务柜台。在这里办理相关手续，租一辆汽车去市内，然后驾驶着它去各地旅游观光，也是一种非常不错的旅游出行方式。

位于机场内的汽车租赁公司的服务窗口

市内的交通

● The Met

墨尔本的公共交通系统称为"The Met"。The Met由墨尔本城市交通局统一运营和管理，乘客可以凭一张通用票，自由地来回换乘电车、公共巴士、火车这三种交通工具。 它采用分段收费制，整座城市划分为3个区间。区间1为市内到近郊之间，区间2、3为区间1以外的郊外区域。车票分为只能使用一次的单程票和在有效期内不限使用次数的月票这两种，对于游客来说月票会比较方便。月票的有效期又分为2小时、一天、一周和一个月这四种，游客可根据各自的需要选择购买。除此之外，还有可供2名成人和

最多6个儿童共同使用一天的家族月票（Family Daily、23澳元）等其他特殊月票。

关于月票购买问题，您可以在火车站、电车内、公共巴士或者是悬挂有"The Met"招牌的商店及其他地方购买，非常方便。它的运营时间从早上5:00持续到深夜。如果您想有效利用The Met的话，最好是手上能有一份路线图和时刻表，并事先将自己想去的所有地点的交通路线都查清楚。关于路线图和时刻表，您可从维多利亚旅游资讯中心（参见p.270）、或者是位于市政厅内的The Met Shop（Cnr.Swanstom & Little Collins Sts.）获取。

The Met的月票价格（A$）

区间	2小时	1天	1周	1个月
1	3.70	6.80	27.60	109.60
2	2.80	4.80	19.00	73.40
1&2	5.80	10.60	46.60	169.00

The Met
5:00～深夜（周日7:30～23:00）
Metropolitan Transit
13-1638（仅限市内）
The Met Shop
13-1638（仅限市内）
MAP 剪切地图-35、p.285-G

电车

所谓的电车（Tram），是指环绕于墨尔本市内大片地区之间的市街电车。在市内和近郊不仅有多达190多个电车站点（通常称为Tram Stop），而且这些电车站点还与市内巴士路线是互相连通着的，所以出行特别便利。位于亚拉河北侧的市区内，在边长约2公里的四方形区域内，道路如同棋盘的格子一样错综复杂却又井然有序，站点则设置在道路的各个交叉点处。而且每个站点上都竖有标杆，很容易辨识和查找。

乘坐环境整洁的电车也很舒适、愉快

中间的标杆就是Tram Stop的标志

大家所熟知的电车车身一般都是绿色和黄色的，但最近新增了一批画有各式图案和花纹的电车。当您要乘坐的那趟路线的电车来了，请举手示意司机停车。木质的旧电车是从中门上下车，而新型的电车原则上是从前门上车、后门下车。当快要抵达目的地时，您可以通过拉拽吊在前进方向左侧车顶上的绳子，或者按响下车铃来示意司机停车。若下车地点比较难找或者难以把握时，建议您询问一下司机，拜托司机在适当的地方停车。

虽然票价在3.70澳元以上，但如果您购买The Met月票，就不用每次都考虑抵达目的地需要花多少钱了，而且还可自由换乘公共巴士或火车，总体上来说还是较为划算的。

▶▶ 公交车

毫无疑问，在市内乘坐电车出行绝对是最方便的，但如果是在郊外地区则公共巴士更为便利。因为在郊外，公共巴士的路线像网眼一样遍布整个地区，您能够到达想去的各个地方。乘车时请从公交车的前门上车，然后向司机购买车票。下车时请走中间的门。因为在公交站处只标有路线号，没有具体的站名，所以各个交叉道路的名称就成为记号，您可以一边看着路线图一边确认该在哪个站下车，也可事先跟司机打好招呼，拜托司机在您的目的地处停车。

郊外公交车的线路网很发达

▶▶ 火车

从市内去往郊区，较为便捷的是火车。去往郊外的路线以"市环线"（City Loop）为中心向郊区延伸，市环线呈环状环绕墨尔本的周边地区。其停车站共有5个，分别是弗林德斯街（Flinders Street）火车站、议会火车站、博物馆火车站、旗杆山（Flagstaff Hill）火车站和南十字星大学（Southern Cross University）火车站。火车路线从弗林德斯街和南十字星大学延伸至郊区。车票在车站内的售票点购买，也可使用The Met的月票。车门是要自己用手推开的，在下车时请注意安全。

弗林德斯街火车站

▶▶ 出租车

出租车(Taxi)
Silver Top
☎13-1008（仅限市内）
North Suburban
☎13-1119（仅限市内）
Embassy
☎13-1755（仅限市内）

虽然在各大主要酒店及弗林德斯街汽车站前方、十字路口附近等地都有出租车乘坐点，但在上述地点以外的其他地区，一般都需要通过电话预约。费用根据时间和距离两项来计算，起步价为3.20澳元，每增加1公里加收费用1.61澳元，且每增加1分钟加收费用0.56澳元。从凌晨至早上5:00期间采用夜间收费标准，市内的打车费增加20%。电话预约的话，还要另外支付预约费2澳元。

在出租车乘坐点等车

▶▶ 租赁汽车

若在您的计划中，已决定要租借汽车，那么下飞机后直接在机场预约会比较省事。当然，在市内也有许多大型的汽车租赁公司。在有电车（Tram）运营的墨尔本，驾车时如何做到不影响路面上电车的前进，是一件很重要的事情。由于在墨尔本右转弯的方法很特殊，所以您在驾驶过程中，在路面电车与车道交叉路口处需要特别小心。

> **注意右转弯的方法**
> 在路面电车与车道会的十字路口处右转弯时，要并入左面的车道。首先，在信号灯变成红灯之前，先进入左边的车道，然后打出右转向信号灯，在十字路口等待。接下来，当自己前进的右边方向的信号灯变绿后，再进行右转弯。即使当前进方向是绿灯时，您也无法立刻右转弯，这一点需要特别提醒您注意。

市环线电车（City Circle Tram）

巡回于市中心的红豆色免费电车。它分为环绕弗林德斯街、斯普林街、拉特罗布街、富特斯克雷街的外环线和内环线。环绕一圈大概需要30分钟。在车内，会有随车的导游提供导游服务和旅游指南。

区间观光巴士（Tourist Shuttle）

可以自由上车、下车的免费公共巴士。它巡回于墨尔本博物馆、皇家植物园、维多利亚女皇市场、墨尔本水族馆、唐人街等市内12个主要景点之间，全程历时约1小时。游客可以一边听车内播放的各种旅游资讯一边欣赏窗外美丽的风景。这趟巴士为每日运营。它往返于市内中心地区并连接贯穿着墨尔本南部和北部，所以对于想要领略整个城市风貌的游客来说，也是非常便利的交通工具。

市环线电车
(City Circle Tram)
免费
10:00~18:00 运营间隔：
5~10分钟 停运时间：耶稣受难日、圣诞节
Yarra Trams
1800-800-166

区间观光巴士
(Melbourne City Tourist Shuttle)
免费
9:30~16:30 运营间隔：
15~20分钟 停运时间：耶稣受难日、圣诞节
03-9658-9658

> **只是远远地观赏，也让人赏心悦目的电车（Tram）**
> 电车（Tram）称得上是墨尔本的一道独特风景线。作为路面电车，它拥有世界上最大的线路网，四通八达。轨道的宽度是1435毫米。虽然车内比较摇晃，但它却带给您一份浓浓的怀旧感。车身有黄、绿、红等多种颜色，单单欣赏它那绚丽的外观就会让人觉得心情愉悦。

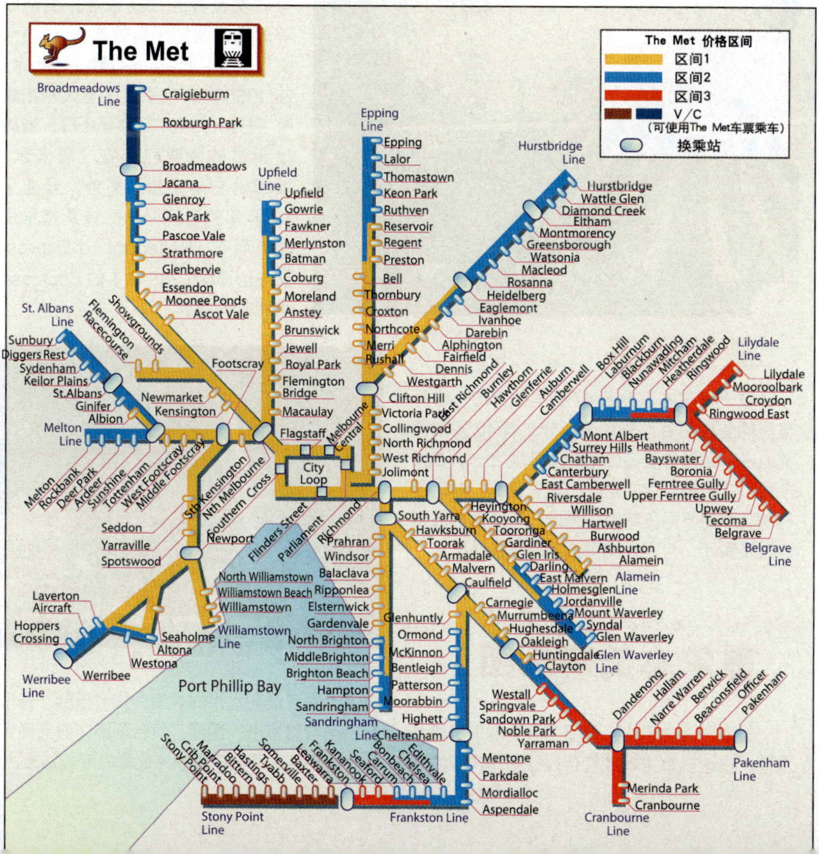

畅游墨尔本的  大关键词

① 电车 (参照p.273)

它和火车、公共巴士一样，是墨尔本市内主要的公共交通工具之一，为城市的风景增添了一道亮丽的色彩。它穿梭于各个街道之间，带我们去领略和感受各个地区的不同氛围。电车餐厅让游客们可以坐在车内一边享受美味一边欣赏窗外美丽的风景，非常有人气。

② 意大利浓缩咖啡

据说墨尔本的咖啡文化是在第二次世界大战结束后，由从欧洲战场回国的士兵带来的。"唐卡米"（Don Camillo MAP p.282-F）在1955年首次引进了意大利浓咖啡（Espresso），时至今日，当时使用过的咖啡机仍在"唐卡米"发挥着它的余热。另外，开业于1954年的老字号——佩莱格里尼咖啡酒吧（Pellegrini's Espresso Bar MAP p.285-G）的Espresso也特别好喝。

③ 亚拉河谷 (参见p.23、281)

位于墨尔本东北部47公里处、约1小时车程的亚拉河谷风景如画，分布着40多家葡萄酒庄，是世界著名的葡萄酒产地之一。在大多数酒庄中都可以品酒，一起去品味、对比各种葡萄酒的不同美味吧。另外，有些葡萄酒园还自设餐厅，为客人提供精美的餐饮服务。

④ 墨尔本交响乐团
(参见p.291、295)

维多利亚艺术中心是墨尔本交响乐团的大本营。在这里您可以欣赏到以歌剧为代表的众多澳大利亚最高水平的表演，如音乐剧、音乐会、芭蕾舞演出、话剧、舞台剧等，而且还经常有世界各国著名指挥家来此举办专场演出。

⑤ 街头艺术 (参见p.291)

在墨尔本市中心的街头,你会发现墙壁或者其他地方画着各种绚丽多彩的绘画、涂鸦、立体艺术作品等,有着丰富多彩的街头艺术文化。据说这种街头艺术是在20世纪60年代从美国传来的。它给街头巷尾增添了不少趣味和色彩。说不准在这里还能邂逅你所喜欢的作品。

⑦ SPA

从可供夫妻、情侣一起享受的双人SPA到受名人追捧的SPA沙龙等,这里的SPA种类丰富多样。据说位于墨尔本朗廷酒店内的CHUAN SPA,其受中国古老的"五行学说"启发而制作的护发素博得顾客们的广泛好评。此外,位于海滩度假胜地——圣基尔达群岛和亚拉河谷葡萄酒园内的"nut skin" SPA也特别有人气。

⑧ 世界遗产 (参见p.18)

为了举办1880年世界博览会而建造的皇家展览馆在2004年,与卡尔顿园林一起被列入世界遗产名录。这在澳大利亚全国范围内,是第16个被列为世界遗产的项目。它是兼具自然遗产和文化遗产双重特色的世界遗产。其美丽的城市景观设计非常值得一看。

⑥ 花园城市 (参见p.292)

在墨尔本市内,分布着450多个公园,故享有"花园之都"的美称。坐落在城市中心区的菲茨罗伊园林和建立于19世纪的英伦风情的皇家植物园等都是闻名世界的旅游名胜,同时它们也是市民休闲娱乐的好去处。卡尔顿园林已被列为世界遗产。

⑨ 小精灵企鹅 (参见p.297)

在距离墨尔本东南约137公里处的菲利普岛上,生活着野生考拉、海豹等多种动物,其中体长30厘米左右的小精灵企鹅特别受游客们的喜爱。傍晚日落时分,游客们可以观看到外出捕鱼归来的企鹅们游回海岸边的场面。尤其是小精灵企鹅那摇摇晃晃走路的姿态特别讨人喜爱。

⑩ F1

在每年的3月份当中选择4天时间,于阿尔伯特公园举行的盛大拉力赛事"F1大奖赛"受到了全世界的瞩目。比赛期间,位于公园内湖泊周边的地区成了比赛的赛道。在这里您可以近距离观赏到引擎声音轰隆、酷炫的赛车在赛道上飞驰,你追我赶异常激烈、刺激的比赛过程。"F1大奖赛"是一年当中最盛大、最刺激的赛事。毋庸置疑,对于粉丝而言这是一场翘首以盼的盛大活动。

墨尔本游览路线

在墨尔本,您在逛咖啡馆、商店时,还能顺道随便逛一逛几条富有特色的街道。这里林立着许多充满英伦风情的建筑。市内绿化面积达整个城市总面积的1/4,是一个不折不扣的"绿色花园城市"。虽然市中心的交通系统错综复杂,道路网犹如棋盘一样交织在一起,但是每条道路都标有路名,游客查找起来非常简单。

领略宁静、沉稳风格街道的游览路线 (所需时间约为5小时)

START
弗林德斯街火车站
↓ 步行1分钟
德格雷夫斯街
↓ 步行3分钟
皇家拱廊 & 布洛克拱廊
↓ 步行8分钟
维多利亚艺术中心
↓ 步行即可到
维多利亚国家美术馆
↓ 步行8分钟
皇家娱乐中心
↓ 步行6分钟
GOAL
尤里卡大厦

德格雷夫斯街内有许多装修精美的咖啡馆和餐厅,街道路面上铺着石板。整条街道内充满了成熟稳重的气息,您可以在这里好好放松一下。

建立于19世纪,具有悠久历史的拱廊街内,并排开着许多高级时装店。其拱廊设计使得即使是在下雨天您也可以愉快地购物。

艺术中心内除展览着安迪沃霍尔(Andy-Warhol)、李奇登斯坦(Roy-Lichtenstein)等著名艺术家的作品外,还陈列着美术、印刷、雕刻等方面的大量珍贵收藏品。白色铁塔是它的标志性建筑。

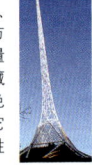

维多利亚国家美术馆是澳大利亚最大的美术馆。这里收藏的澳大利亚艺术作品及土著艺术作品达7万多件。

尤里卡大厦于2007年5月竣工。它是一座地上部分共有92层楼的高层大厦,整座大厦高达300米。站在88层的"天空甲板skydeck"上,您可以360°全方位地欣赏到整个城市的风貌,所看到的风景犹如一幅全景的立体画。

这里会聚了南半球最大的赌城和五星级酒店、电影院、餐厅、商店等众多娱乐设施,是澳大利亚最大的娱乐中心。该娱乐中心24小时全天营业。您可以将一整天的时间都泡在这里。

POINT

这是一条以弗林德斯街火车站为起点,在徒步游览市中心的各处景致后,再游历亚拉河沿岸各项旅游设施及其他观光景点的路线。市中心地区自不用说,就连被称为"Laneway"的小巷里也开设了许多咖啡厅和商店,无论白天还是晚上,都有许多商人、小贩和上班族来此聚会,非常热闹。渡过亚拉河,对面是象征着当今日墨尔本的地区,游客既可以选择参观美术馆,欣赏各种艺术作品,也可选择去皇家娱乐中心,尤里卡大厦等建立在亚拉河畔的娱乐设施游玩,另外,您还可乘观光游览船去领略亚拉河的美丽风光。

公园巡游和街道探秘游览路线

（所需时间约为5小时）

START
- 议院站
- 步行1分钟 ↓
- 菲茨罗伊园林
- 步行1分钟 ↓
- 圣帕特里克大教堂
- 步行1分钟 ↓
- 皇家展览馆和卡尔顿园林
- 步行1分钟 ↓
- 布伦瑞克街
- 步行1分钟 ↓

GOAL
- 唐人街

菲茨罗伊园林建于1857年。园林内有模仿英国国旗的形状来铺设的小路，还有各色各样的花草树木让我们感受到每个季节的美丽。这里同时也是市民休憩的好去处。

圣帕特里克大教堂，是一座从1858年开始动工建设，历时80年才建成的天主教堂。高达103米的尖塔是它的标志，教堂内安装的彩色玻璃窗也别有一番特色，值得一看。另外，圣帕特里克大教堂的夜景也特别美。

皇家展览馆是作为1880年举办的墨尔本世界博览会的展馆而建立的。它作为传承和见证当年历史的建筑物而列入了世界文化遗产名录。置身园林的大自然中，不禁心情愉悦、倍感放松。

唐人街兴起于1851年的"淘金热"之后，因此它可以称得上是一条有着深厚历史底蕴的街道。虽然在唐人街内有许多百年老店和大型商店，但在小巷里还是布满了各种平民化的小店铺。

长约1.5公里的街道上，遍布着各种杂货铺、咖啡馆等小建筑。这里有许多另类、富有个性的小店，仅仅步行游走于这些小店之间也有无穷的乐趣。另外这里还有许多维多利亚风格的建筑，商店外那立体造型的招牌格外引人注目。

POINT

以东墨尔本为中心，是游览各个著名公园及其他著名景点的旅游路线。这片地区属于幽静的高级住宅区，内部分布着公园、教堂、医院等完善的配套设施。在这里游客们可以感受到各个季节特有的风景。菲茨罗伊园林内有温室、音乐教室、库克船长的小屋、微型街道等著名景点，在它的西北方是列入世界文化遗产的皇家博物馆、展览馆和卡尔顿园林。园林中常年有四季应时的花朵开放，风景如画。漫步在布伦瑞克街头，各种设计独特、造型另类的招牌，别有一番情趣。当您发现自己喜爱的小店时，别犹豫，一定要进去逛一逛哦。另外，在唐人街还有许多面向学生族的价格合理的商店，不妨去看看。

游览观光基本知识

步行逛街的秘诀就在于要有选择性、有重点性地充分利用由公共交通运输公司The Met管理和运营的电车、公交车和火车这些交通代步工具。此外，环绕着中心区运行的市环线电车和连接南北部的区间观光巴士是免费的，所以还应该尽量充分有效地利用这两种交通工具。

徒步旅游小贴士

享乐
- 观光 ★★★★
- 购物 ★★★★
- 边吃边逛 ★★★★

交通工具的便利度
- 电车 ★★★★
- 巴士 ★★★
- 火车 ★★★
- 出租车 ★★★★

地区大小

城市中心区的道路交通网犹如棋盘一样规整，非常完善。它包括由斯普林街、拉特罗布街、斯潘塞街和弗林德斯街这四条街围起来的南北长约1公里、东西宽约2公里的一个区间范围。在中心区的北部是菲茨罗伊地区；隔着亚拉河，南部则是南亚拉地区。这里有著名度假胜地"圣基尔达群岛海滩"。

探寻开拓时代的气息，游览城市风光

圣帕特里克大教堂

1901年，澳大利亚联邦成立，将临时首都设在了墨尔本。墨尔本至今还保留着多处维多利亚殖民时代的建筑遗址。1854年竣工的公主剧院、国会大厦、菲茨罗伊园林及其他历史上有名的景点一定不容错过。1845年建造的旧墨尔本监狱，如今作为博物馆对外开放。沿袭文艺复兴样式建造的旧财政部大楼和圣帕特里克大教堂的哥特式建筑也颇值得一看。在图拉克和威廉斯敦也有许多会令您缅怀、追忆当时历史的建筑群。

亚拉河以南地区象征着现在的墨尔本

亚拉河以南是墨尔本的新潮时尚地区。绍斯盖特作为购物热点地区而受到关注，任何时候都有许多年轻人来此购物，异常繁华和热闹。还有诸如维多利亚艺术中心、维多利亚国家美术馆等大规模的艺术展览馆。而且这里距离引领最新时尚潮流的查普尔街也很近。

绿树成荫、风景如画的皇家植物园也是个好去处

主要旅游景点

- ●国会大厦
- ●旧财政部大楼
- ●旧墨尔本监狱
- ●圣帕特里克大教堂
- ●公主剧场
- ●菲茨罗伊园林
- ●库克船长的小屋
- ●卡尔顿园林
- ●维多利亚女皇市场
- ●里亚尔托塔
- ●皇家墨尔本动物园
- ●弗莱明顿赛马场
- ●绍斯盖特
- ●维多利亚艺术中心
- ●维多利亚国家美术馆
- ●皇家赌场
- ●皇家植物园
- ●国王域
- ●科莫楼
- ●阿尔伯特公园
- ●圣基尔达海滩
- ●墨尔本美术馆

每天街道都各有特色，十分有意思

唐人街的牌楼

实际上在墨尔本有许多来自中国、中东、近东、南欧及其他国家的移民。由此影响，每条街道都各有特色，呈现出不同的风貌。莱贡街是意大利人的聚集区；斯旺街周边是希腊人的聚集区；约翰斯顿街是西班牙人的聚集区；里士满街被称为"小西贡"，是越南人的集聚区；小伯克街（Little Bourke Street）则是广阔的唐人街。

真心导游 — 飘散着咖啡浓香的柯林斯街

在墨尔本土生土长，有过日本留学经历的约翰先生，是一位对墨尔本非常了解、性格直爽、开朗的澳大利亚人。他为我们推荐的是去一家宁静雅致的咖啡馆品尝一份绝品咖啡。在柯林斯街上，有许多环境氛围很好、味道也很不错的咖啡馆。

想了解墨尔本，找我准没错

墨尔本 ●MELBOURNE

旅行指导

这里的气候温和，一起去领略丰富的自然景观吧

有着众多著名历史建筑古迹和园林的市区毫无疑问是不容错过的，但如果您试着去郊外走一走的话，还能接触到各种美丽的自然景观。这里的葡萄酒庄、野生动物保护区等景点也非常精彩。

企鹅巡游
(The Penguin Parade)

能够观看到从黄昏到日落期间，小精灵企鹅外出捕鱼回到栖息处时那讨人喜爱的样子的旅游项目。除观看小精灵企鹅外，游客还可观赏到小袋鼠、鸸鹋等动物，且还能给大袋鼠喂食物。

Mr. John Tours ☎03-9399-2334（预约） FAX03-9391-7634 每日14:00 所需时间：约8小时 成人130澳元、儿童80澳元（根据出发时间的不同价格也有所差异） ＊在各大主要酒店接送

体长仅有30厘米的野生小精灵企鹅

大洋路
(Great Ocean Road)

从市区往西行驶就到了大洋路。首先在有着"冲浪天堂"美誉的澳大利亚海滩上游玩。接下来沿着海岸线逐个游览海岸线上的旅游景点，如，波浪自然冲击而成的巨岩Objet、伦敦桥（London Bridge）、十二使徒（Twelve Apstles）等。另外，导游还会带领大家去拜访野生考拉和大袋鼠。

Mr.John Tours ☎03-9399-2334（预约） FAX03-9391-7634 每日8:00 所需时间：12小时 成人140澳元、儿童85澳元 ＊在各大主要酒店接送

墨尔本

281

大自然创造的艺术杰作

葡萄酒庄园观光之旅
(The Winery Tour)

旅途中安排有至少4家葡萄酒园的访问行程，并有酒窖品酒活动。午餐是美味的葡萄酒及与葡萄酒搭配的料理等。毫无疑问，这里产的葡萄酒都是酒中极品。

Mr. John Tours ☎03-9399-2334(预约) FAX03-9391-7634
每日 9:15 所需时间：5小时 成人125澳元、儿童75澳元
＊在各大主要酒店接送

有许多葡萄酒园同时还开设了属于自己的餐厅

膨化比利,亚拉河谷,希勒斯维尔野生动物保护区
(Paffing Billy,Yarra Valley and Healesville Wildlife Sanctuary)

首先乘坐观光蒸汽机车"膨化比利"号（Paffing Billy）在位于市区东部丹德农丘陵山脚下的平原上驰骋，然后去拜访能够让游客们以极其自然的状态和动物们亲密接触的希勒斯维尔野生动物保护区。

Australian Pacific Tours ☎1300-655-965
FAX03-9277-8477 每日08:40 所需时间：8小时50分 成人170澳元、儿童85澳元 不含早餐成人128澳元、儿童64澳元 英语导游服务 ＊在各大主要酒店接送

享受一次极致的森林之旅

墨尔本繁华的街道

在富有个性、充满魅力的街头漫步

洋溢着英伦风情的维多利亚州首府——墨尔本，道路宛如棋盘般整齐划一，交通设施完善，最适合手持一张地图慢慢享受散步、闲逛的乐趣。在这里，咖啡厅和商店鳞次栉比，城市的中心地带非常繁华热闹，是一座充满活力的城市。比较有代表性的街道有：伯克街、有着许多欧式风格砂岩建筑的柯林斯街、有着众多高档商店的查普斯街及有着众多富有特色及另类商店的学生街——布伦瑞克街等。每条街道都有它独特的氛围，向游客们展现着不同的风貌，让游客能够切身体会到逛街散步的无穷乐趣。

位于中央邮局前方广场上的抽象寓意派艺术作品

等待游客的马车

具有百年历史的皇家拱廊

伊丽莎白街 Elizabeth St.

斯旺斯顿街 Swanston St.

如此逼真的雕塑作品，稍不留神还真会把"他"们当做过往的行人呢

柯林斯街

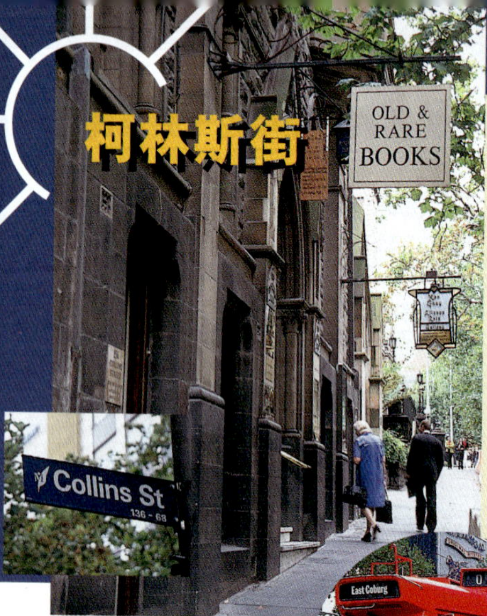
OLD &
RARE
BOOKS
Collins St
136 - 68

COllins St.

富有历史气息的林荫道

在柯林斯街，除有绿荫繁茂的林荫道外，还零星地分布着教堂、大会堂等富有韵味的建筑群。此外，这里还有许多英式风格的建筑和各类高档时装店，整条街都洋溢着高雅、时尚的气息。柯林斯街是墨尔本屈指可数的繁华街道之一。 MAP ●剪切地图-34、p.284-F

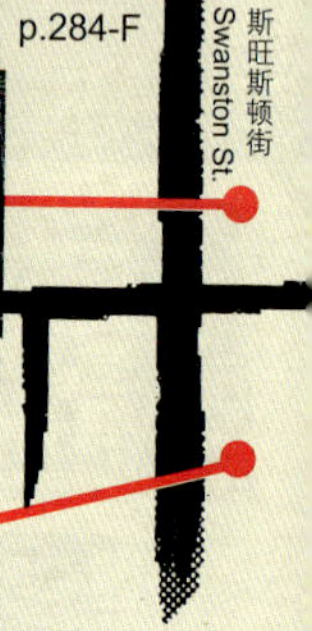
斯旺斯顿街
Swanston St.

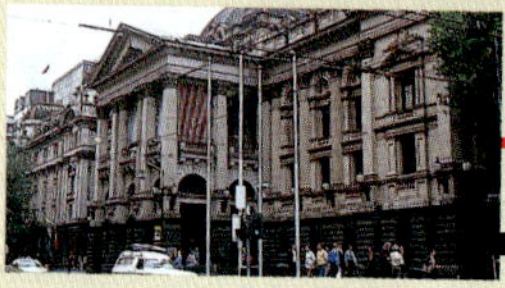

石筑的大会堂

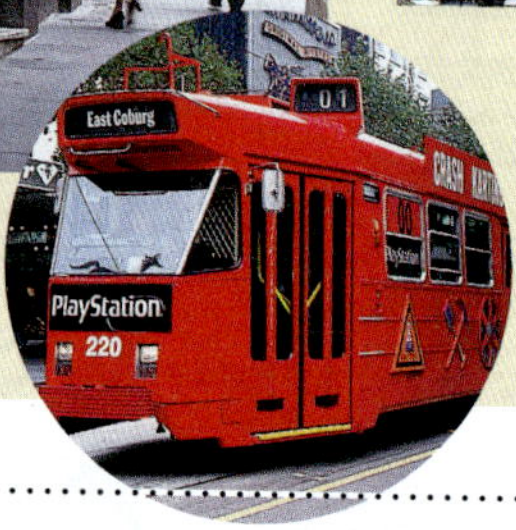
East Coburg
PlayStation
220

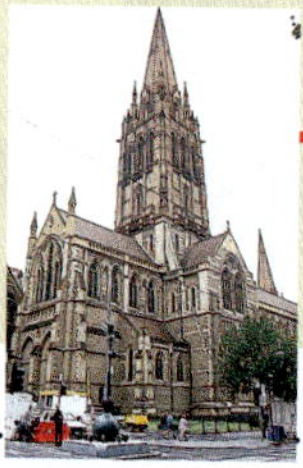

哥特式建筑风格的圣保罗教堂

Brunswick St. 布伦瑞克街

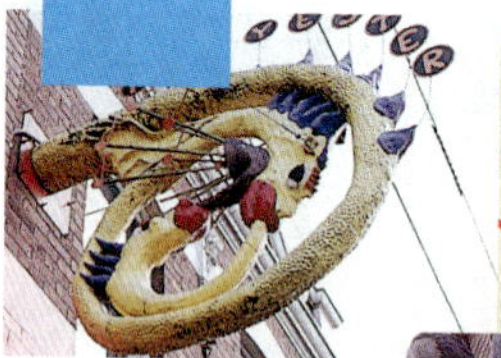

挂着吹着萨克斯管的招牌的是乐器店

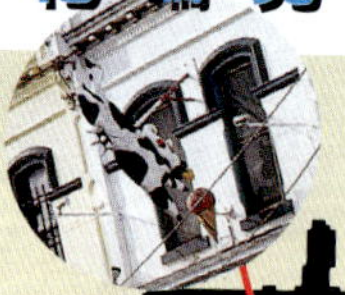

鲜牛奶冰激凌店

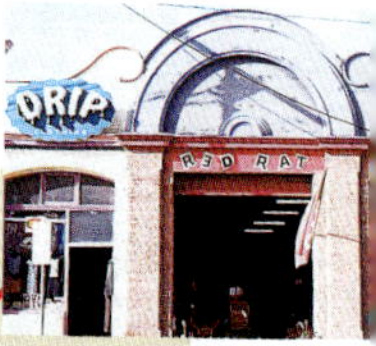
DRIP
RED RAT

出售各类旧家具的旧货店

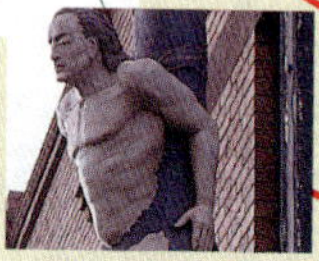

挂着半裸男雕塑的是一家咖啡馆

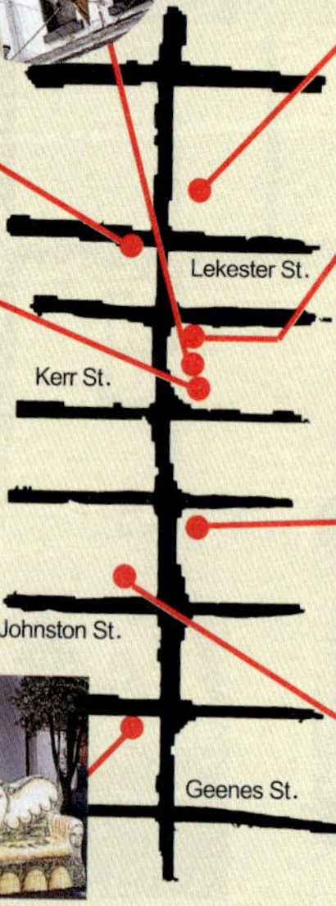
Lekester St.
Kerr St.
Johnston St.
Geenes St.

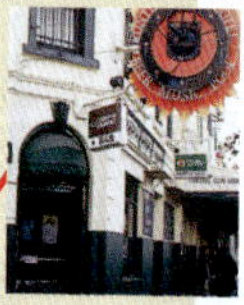

黄色的遮阳伞是咖啡吧的标志物

亲自动手做装饰是一件很快乐的事情

每天都有许多学生光顾布伦瑞克街，在这条街上有许多销售室内装饰品、园艺用品、艺术小装饰品的个性小店，所以就算不买东西，只是单纯地逛逛也会非常有趣。

MAP ●剪切地图-30、p.283-C、p.285-D

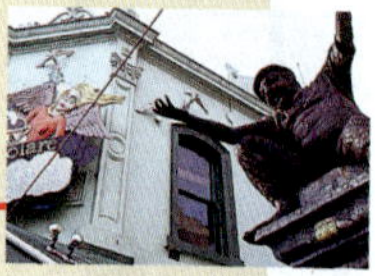

在咖啡馆的隔壁，出现了一位快乐的大叔

DATA

位于市中心东北约1.5公里处的街道。因为在布伦瑞克街以西约1公里处就是墨尔本大学，所以这里有许多面向学生族的商店。

交 乘坐11路电车沿着布伦瑞克街北上，在金斯街和勒科斯塔街的交叉路口下车。

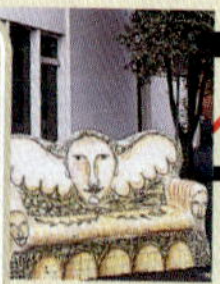

逛街逛累了的话，就在椅子上休息一会儿吧！

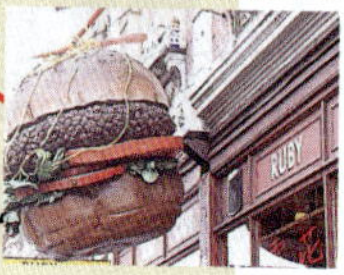

巨大的“汉堡王”是红宝石咖啡馆的招牌

Brunswick St.

SPORTS
体育运动

无论观赏性还是竞技性运动项目都很丰富

墨尔本气候条件优越、全年气候温和，非常适宜举办各种类型的运动项目，可以称得上是"运动的天堂"。从1月份举行的澳大利亚网球公开赛到12月份举行的世界板球锦标赛，闻名世界的体育运动赛事一个接着一个地在这里举办、贯穿整年。特别是被誉为赛马运动盛典的"墨尔本杯"和澳大利亚独有的澳式足球联赛等，都是绝对不容错过的经典体育赛事。而且网球场、高尔夫球场和滑雪场也都很近，轻轻松松就能找到一个让你痛痛快快出一身汗的地方。

足球与橄榄球

在墨尔本，澳式足球联赛和英式橄榄球联赛非常受球迷们的喜爱。澳式足球联赛是19世纪50年代在墨尔本诞生的澳大利亚特有的运动项目。它采取脚踢或手传球的方式来进球，如果用脚踢球通过球门柱之间进入球门的话就算得分，每球6分。每年的3月~8月间，澳式足球联赛的16支参赛球队在各自享有专营权的场地举行联赛、进行角逐，最后于9月份举行总决赛。比赛安排在周六的下午举行，有时候甚至在比赛的当日还可以买到观看的门票。英式橄榄球联赛和普通的橄榄球比赛不一样，一支队最多只享有连续5次进攻权，因此如何利用这5次进攻权来得分就是比赛的看点所在了。英式橄榄球联赛在每年的3月~10月间举行，比赛时间则选择在周五、周六和周日。至于门票，可以在比赛场馆买到当天的入场券。

顽强不屈的运动员之间在激烈地角逐

高尔夫球

在墨尔本，有100多个以非常低的价格就能够悠闲地、尽情享受高尔夫乐趣的高尔夫球场。对于一般的高尔夫球爱好者来说，他们选择的多半是半私立的高尔夫球场或者是公立的高尔夫球场。

在墨尔本有着大批的高尔夫球爱好者

网球

在国家网球中心（National Tennis Centre）(见p.285-L)有多处唯有澳大利亚网球公开赛举办城市才具有的理想的网球场，只需电话预约，就可轻松体验网球的乐趣。墨尔本网球公园咨询电话为03-9286-1244。

澳大利亚网球公开赛是四大运动盛会之一

板球

板球发祥于英格兰。虽然在中国板球还是一项较为陌生的体育运动项目，但是，在它的发源地英国联邦的各个成员国板球乃是一项非常盛行的运动项目。板球的比赛规则与棒球相似。在椭圆形球场内，投球手的位置上插着三柱门，击球手的任务就是将投球手投来的球打回去，同时还要保证不能让球撞上三柱门。板球的球季是在夏季，因此它是代表澳大利亚夏季的运动。就墨尔本来说，板球的比赛场地主要在墨尔本板球场MCG。另外，建议您选择在阳光灿烂、天气晴朗的日子观看比赛。

球触球棒的瞬间冲击

赛马

澳大利亚赛马是继承了英格兰赛马优良传统的赛马项目之一。在众多赛马项目中，于每年11月的第一个周二下午13:10、在弗莱明顿赛马场（参见p.282-A）定期举行的"墨尔本杯"年度种马赛是规模最大的，也是一项全国人民都为之兴奋的全民赛事。在维多利亚州，人们甚至把那天当做一个节日来庆祝。它是一项能够将全澳大利亚人都牢牢钉在电视机前的盛大比赛项目，人们对它的热爱、痴迷程度由此可见一斑。在这里，观众席成了社交场所，赛马场也化身为时尚T台，绅士和淑女们在这里上演一场场帽子和服装的时尚达人秀。这也是澳大利亚赛马闻名于世的原因之一。

这一天所有的人都盛装出席

ART
艺术活动

市民的高觉悟培养出了种种唯美的艺术

坐落在墨尔本南部的维多利亚艺术中心是音乐、戏剧的中心地。这里不是单纯地只有古典的艺术作品展，还有恐怖电影、原住民族土著人的艺术作品等众多类型的作品展览，展览项目和展品极其丰富多彩。位于卡尔顿的维多利亚国家博物馆在2000年进一步扩展了规模。它大约也许您花上一整天时间也未必能将整个博物馆逛遍。对于广大艺术爱好者而言，维多利亚国家博物馆是他们"垂涎"的对象，也是他们向往的地方之一。

传统土壤中绽放出最前沿的艺术之花

宁静街道的两侧是富有历史厚重感的建筑群和绿荫繁茂的林荫道。长年以来，墨尔本市民自觉地保护和守卫着这里美丽的城市风光。市民们的这份高度自觉，与他们对艺术和文化深深的爱是相通的，孕育了墨尔本人出众的艺术灵感和才华。在繁华的市民购物市场——维多利亚女王古董市场附近或购物商业区、散步广场等地方，漫步街头经常可以看见或在街道上作画、或玩小布包、或表演哑剧的街头艺人。

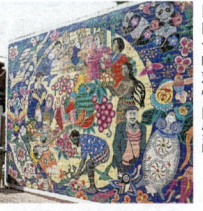

位于维多利亚女王市场内的一幅欢快的壁画

墨尔本艺术的核心

维多利亚艺术中心（参见p.295）被誉为是墨尔本的地标。位于该艺术中心内的墨尔本音乐厅（Melbourne Concert Hall）是墨尔本交响乐团的根据地。三大剧院（The theatres）又划分为歌剧、芭蕾舞表演、戏剧和前卫艺术等流派。同样位于这一区域内的维多利亚国家美术馆（参见p.295）划分为包括中国、印度、日本等国家在内的亚洲区、欧洲区、美洲区、澳洲区等展览区，便于游客们参观。除此之外，在市内还有100多个美术展览馆和画廊，您不妨在散步的途中随意进去看一看吧。

p.285-K

建议您一定要感受一下这里的美丽夜景

在盛夏，一起去享受滑雪带来的无限乐趣

逃离烈日炎炎的亚洲去享受一下夏日滑雪的无限凉爽和刺激，这也是澳大利亚特有的魅力之一。从6月的后半期至9月初是澳大利亚的滑雪季节。有从墨尔本市区发往滑雪场的公交车运行。滑雪用具租借系统都很完善，所以不会出现混乱现象。您可以在这里全身心地专注于滑雪。而且，许多滑雪场都采用了滑雪保证金制度，也就是当滑雪场内的积雪减少，无法进行滑雪运动的时候，会将住宿费和滑雪券退还给游客的制度。这对于游客来说是一件非常值得高兴的事情。

宽阔的滑雪场

推荐的滑雪场

MAP p.7-K 从墨尔本的斯潘塞街车站乘公交车3小时~5小时（每日1~2班）

布勒山（Mt.Buller）
25条滑雪场登山索道　03-5777-7800（全年）

大洋洲最大规模的滑雪场，澳大利亚屈指可数的滑雪胜地之一。拥有44条滑雪线路，无论是初学者还是高手都能在这里得到满足。另外这里的滑雪学校也很完善。

福尔斯克里克（Falls Creek）
15条滑雪场登山索道　1800-033-079

相对而言，这里主要面向中级和高级滑雪者。在每年8月的最后一个周六举办的Kangaroo Hoppet比赛，是世界上13大滑雪马拉松比赛。

荷斯安山（Mt.Hotham）
13条滑雪场登山索道　03-5759-3550

这里的各种设施都很高档而且景致美丽，让您饱享度假的舒适惬意。这里的积雪量很大，适合于中级滑雪者。关于交通方面，在墨尔本Southern Cross站或墨尔本机场都有抵达这里的公交车。

精品旅游景点

圣帕特里克大教堂
(St. Patrick's Cathedral)

MAP ● 剪切地图-30、p.285-D

吉思伯恩电车站附近，或从区间观光巴士的唐人街和剧院区站步行8分钟　Albert St.,East Melbourne　03-9662-2233　7:00~17:00　免费　●城区

错过的美丽风景

圣帕特里克大教堂的夜景也是不容

圣帕特里克大教堂是一座从1858年开始动工建设，历时80年才建成的天主教堂。它是澳大利亚最大的哥特式建筑物。用砂岩建筑的外观和高达103米的尖塔给人一种庄严肃穆的印象。另外教堂内安装的彩绘玻璃窗也别有一番特色。

州国会大厦
(Parliament House)

MAP ● 剪切地图-30、p.285-C

斯普林电车站附近，或从区间观光巴士的唐人街和剧院区站步行3分钟　Spring & Burke Sts.　03-9651-9811　周一至周五（会期以外的）　免费　●城区

这是一座1856年建造的科林斯式的建筑。从1901~1927年迁都堪培拉为止，这里一直被当做国家联邦国会大厦来使用。自迁都堪培拉以后，这里成为维多利亚州的州议事堂。国会大厦内配备有仿照威斯敏斯特教堂内家具样式制作而成的各种家具。整座建筑充满庄重的气氛。会期以外的时间，这里供游人免费参观（每周一~周五的10:00、11:00、12:00、14:00、15:00、15:45。需要预约）。

具有悠久历史的建筑至今仍在使用的

旧财政部大楼
(Old Treasury Building)

MAP ● 剪切地图-36、p.285-H

斯普林电车站附近，或从区间观光巴士的唐人街和剧院区站步行6分钟　Spring St.　03-9651-2233　9:00~17:00、周六、周日10:00~16:00　耶稣受难日、圣诞节　成人8.50澳元、儿童5澳元　●城区

虽古老却让人感觉很精致的一栋建筑

使用玄武岩建造而成的一栋3层楼的雅致建筑。它竣工于1862年，是在"淘金热"时期花了5年时间建造而成的。它属于新古典主义样式。其设计者是当时年仅19岁的John James Clerk。诸如石柱上的雕刻等的精美和优雅，是为全世界认可和赞赏的。在大楼内陈列着自19世纪以来的墨尔本建筑风格与社会发展史相关的各种资料。

菲茨罗伊园林
(Fitzroy Gardens)

MAP ● 剪切地图-36、p.285-H

惠灵顿大街电车站附近，或从区间观光巴士的运动管理区站步行10分钟　Wellington Parade, East Melbourne　03-9419-5766　全年无休　免费　●城区

整个园林内的道路都是仿照英国国旗（Union Jack）的形状铺设的。园林内雕塑、喷泉、花园、树木都整齐有序、相得益彰。在1930年建成的花卉温室（温室：夏季9:00~17:30、冬季~17:00）内，常年都有各色各样的四季应时花朵盛开着，五彩缤纷。另外，向人们展示都铎样式建筑风格的Mini Tudor Village也是必看的景点之一。

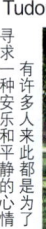

有许多人来此都是为了寻求一种安乐和平静的心情

库克船长的小屋
(Captain Cook's Cottage)

MAP ● 剪切地图-36、p.285-H

交 位于菲茨罗伊园林内 地 Wellington Parade, East Melbourne ☎03-9419-4677 开9:00~17:00（夏季7:30~） 休全年无休 S成人4.50澳元、15岁以下2.20澳元 ●城区

英格兰北部的居室样式

1934年，为了纪念墨尔本诞生100周年，将著名大航海家库克船长父母所居住过的房子从英格兰移建到了这里。小屋内摆设着18世纪中期的家具，向人们展示着当年英格兰北部的生活状态。在入口处的横木上刻着库克船长父亲的名字。卧室里摆着的皮箱据说是库克船长本人的物品。中庭内种植着香草、花等植物，给我们再现了一个家庭菜园。每周有一约1小时的库克船长小屋之旅（10:00、14:30 费用：4.15澳元，需要电话预约）。

在这里您能感受并想象出当时的生活状况

公主剧院
(Princess Theatre)

MAP ● 剪切地图-29、p.285-C

交 斯普林电车站附近，或从区间观光巴士的唐人街和剧院区站附近下车 地163 Spring St. ☎03-9289-9800 休全年无休 S根据所买座位而定 ●城区

剧场建成于1854年，位于市区东侧。"悲惨世界"、"怪兽传奇"、"美女与野兽"等热门百老汇音乐剧在这里上演。在这个有着深厚历史渊源的剧场，观剧时，大家都穿着礼服、盛装出席，剧场顿时成了华丽的社交场所。价格在69.90澳元以上。可以通过电话或者通过TICKETEK网站（http://www.ticketek.com）进行预订。

热门百老汇音乐剧在这里上演

墨尔本瞭望台
(Melbourne Observation Deck)

MAP ● 剪切地图-34、p.284-I

交 柯林斯街电车站附近，或从区间观光巴士的威廉路站步行4分钟 地525 Collins St. ☎03-9629-8222 开10:00~21:00（周六~22:00、周日~18:30） 休全年无休 S成人15.50澳元、儿童8.50澳元、学生10.50澳元 ●城区

从瞭望台上观看到的美丽风景

瞭望台高253米，共有6层。在晴朗的日子，从瞭望台能够瞭望60公里外的丹德农丘陵。乘电梯从底层至55层的瞭望台只需38秒钟。在咖啡厅内手持玻璃杯一边品尝红酒，一边眺望暮色将临时分的市区风景，特别享受。瞭望台内还有介绍维多利亚州各地景观的real vision（每隔20或30分钟上映一次）。

尤里卡大厦
(Eureka Tower)

交 乘电车在圣基尔达街附近下车，或从区间观光巴士的South Bank站步行4分钟 地Riverside Quay, Southbank ☎03-9693-8888（天空甲板Sky Deck） 开10:00~22:00（圣诞节~17:00、除夕~17:30） 休全年无休 S成人16.50澳元、儿童9澳元 ●南墨尔本

尤里卡大厦高297米，共有92层。它是南半球第二高的超高层商品住宅公寓楼。大楼的88层（285米高处）作为瞭望台对外开放。大楼内有快速电梯，从底楼至瞭望台只需40秒钟。更夸张的是，大楼还有伸出建筑外3米的玻璃边，让人看着不禁心惊胆战起来。

格外显眼的高层公寓

高达50米的Shot Tower

活动木偶大钟

墨尔本中心区
(Melbourne Central)

🗺 剪切地图-35、p.284-F

🚇市环线电车拉特罗布街站附近、市环线（City Loop）的博物馆站附近 📍300 Lonsdale St. ☎03-9665-0000 🈺因店而异 ❌元旦、耶稣受难日、澳新军团日、圣诞节 ●市区

直接连接着市环线（City Loop）博物馆站的大型购物中心。服装店、化妆品店、特产店、食品店、餐厅等170多家商店在此营业。在圆锥形玻璃屋顶的下面，有一座高50米用石头建造的Shot Tower。每天的11:00和14:00，塔内会有两次导游讲解介绍。另外，每到整点时刻都会奏响音乐，然后鹦鹉会跳起舞的巨大的活动木偶大钟，也是不容错过的景点。

旧墨尔本监狱
(The Old Melbourne Gaol)

🗺 剪切地图-29、p.284-B

🚇从市环线电车拉特罗布街站步行1分钟，或从区间观光巴士的墨尔本博物馆&卡尔顿园林站下车步行3分钟 📍Russell St. ☎03-9663-7228 🈺9:30~17:00 ❌耶稣受难日、圣诞节 💰成人20澳元、儿童10澳元 ●市区

在1851年建成后，这里是短期的拘留所，直到1923年才在实际意义上被当做监狱来使用。这里还是在澳大利亚犯罪史上留下大名的盗贼纳特柯利被处刑的地方。监狱内还陈列着他的死亡面具，以及据说是他曾经使用过的铁盔甲、铁头盔、单身牢房、拷问刑具、绞首刑台等物品。在夜间参观监狱（周三、周日19:00~21:00，成人15澳元、儿

内部装饰有着一种冷艳的美感

童8澳元，需要预约），昏黄的烛光摇动着，忽明忽暗，不禁让人觉得有一种毛骨悚然的感觉。让人感到意外的是，这种夜间监狱参观之旅却受到游客们的追捧。

维多利亚女王市场
(Queen Victoria Market)

🗺 剪切地图-28、p.284-A

🚇维多利亚街电车站附近，或从区间观光巴士的维多利亚市场站附近下车 📍Victoria & Queen Sts. ☎03-9320-5822 🈺周二、周四6:00~14:00（周五~18:00、周六~15:00）、周日9:00~16:00 ❌周一、周三、元旦、耶稣受难日、澳新军团日、墨尔本杯比赛日、圣诞节、节礼日 ●市区

维多利亚女王市场内的蔬菜

位于市区西北部澳大利亚市民的"厨房"。最初这里只有蔬菜市场，现在这里除有肉类、蔬菜类、鱼类等生鲜食材外，甚至还有许多服装店、皮革制品店、首饰珠宝店、手工艺品店、杂货店等各种类型的商店，非常繁华。周日这里还有跳蚤市场，就像庙会或赶集一样。由于它的面积实在是太大了，对于摸不着方向、担心迷路的游客来说，选择随团旅游会比较方便（Foodies Tour：周二、周四、周五、周六10:00~12:00，30澳元，内含试吃活动和喝咖啡的安排，需要电话预约）。

墨尔本水族馆
(Melbourne Aquarium)

🗺 剪切地图-40、p.284-I

🚇弗林德斯街、国王街电车站附近，或从区间观光巴士的south bank站下车步行3分钟 📍Cnr.Queens Wharf Rd.& King Melbourne ☎03-9620-0999 🈺9:30~18:00（仅1月份为9:00~21:00）❌全年无休 💰成人25澳元、儿童15澳元 ●市区

墨尔本水族馆位于亚拉河沿岸的国王桥畔。这里的游乐设施非常完善，无论是儿童还是大人都能够在此玩得尽兴。从大型水生动物鲨鱼、鳐鱼到小金枪鱼，水族馆内饲养

洋生物亲密接触
能够与各种珍稀客
在这里游

着约300种、数量达6000多只的海洋生物。水族馆是对外营业的。顶棚上甚至都装饰着艳丽的珊瑚礁,一边欣赏这些美丽的珊瑚礁一边慢慢步入仿佛置身海底世界的水族馆内。游客可以漫步于用透明钢化玻璃建造而成的隧道中,去体验深海的各种美丽风光,还可去海洋世界剧院观看饲养员如何给鲨鱼喂食。另外,在水族馆内,咖啡厅、小餐馆、潜水教学等设施也非常完备。而且还有能够进入舞台后台参观的旅游项目。

墨尔本博物馆
(Melbourne Museum)

MAP ● 剪切地图-29、p.282-F

🚋博物馆电车站附近,或从区间观光巴士的墨尔本博物馆站&卡尔顿园林站附近下车
📍Carlton Gardens　☎03-8341-7777
🕐10:00~17:00　休耶稣受难日、圣诞节　💰成人8澳元、儿童免费　●菲茨罗伊

前方是博物馆,后方是皇家博览会展览馆

墨尔本博物馆于2000年10月开馆,位于列入世界文化遗产名录的卡尔顿园林内。博物馆内的展览分为澳大利亚社会文化、土著文化、人类的心灵和身体、自然科学等6大主题。在这栋建筑的中央,有一座"森林艺术馆"种植着多达8000种维多利亚州的树木。在观看完展览后,来此小憩一会儿也不错。这里还同时建有IMAX剧院。

维多利亚艺术中心
(Victorian Arts Centre)

MAP ● 剪切地图-41、p.285-K

🚋圣基尔达街电车站附近,或从区间观光巴士的艺术馆管理区站附近下车　📍100 St. Kilda Rd.　☎03-9281-8000　🕐9:00~17:30　休耶稣受难日、圣诞节　💰根据设施种类区分收费;有导游带队的团体游(周一~周六11:00、15澳元,舞台后台参观旅游周日12:15、20澳元)　全程约1小时30分钟
●南墨尔本

维多利亚艺术中心,是指从弗林德斯街火车站出发,穿过位于亚拉河上的公主大桥

后,位于您右手边的墨尔本各大音乐厅和剧院大厦的总称。现代化建筑风格的白塔是它的标志性建筑。在剧院大厦内有大小三种规模的剧院,每日上演着以歌剧为代表的音乐剧、芭蕾舞、戏剧和其他艺术表演活动。与剧场比邻的圆形音乐会大厅能够容纳5800名观众。另外,维多利亚艺术中心还是已故的岩城宏之先生曾经担任过终身乐队指挥的墨尔本交响乐团的根据地,这一点让它为更多的人所知道(参见p.291)。

墨尔本文化的象征

维多利亚国家美术馆
(National Gallery Victoria)

MAP ● 剪切地图-41、p.285-K

🚋圣基尔达街电车站附近,或从区间观光巴士的艺术馆管理区站附近下车　📍180 St. Kilda Rd.
☎03-8620-2222　🕐10:00~17:00(周三~20:30)
休耶稣受难日、澳新军团日、圣诞节上午　💰免费(仅特别规划展收费)　●南墨尔本

正门前摆放着的独特设计的作品,上面画有多张脸谱

维多利亚国家美术馆是1861年设立的澳大利亚最古老也是最大的美术馆。美术馆的正门前装饰着一件设计独特的艺术作品,入口处则是一排喷泉,宛如面纱一样。就常设的展览来说,其展览作品不仅有众多澳大利亚作家的绘画作品、雕刻作品、草图,而且连勃朗特、毕加索等欧洲著名画家的作品也登上了这里的展台。除上述作品外,馆内还有众多土著艺术作品和亚洲风格的收藏品等,所收藏的作品总计达7万多件。对于想要休息片刻的游客来说,这里有各色餐厅可供选择。附近还有一些商店专门出售各种印有展品图案的美术明信片和画册等艺术纪念品。

2层楼建筑的潇洒府邸。在这里能够窥见那个时代上流阶层的富裕生活

这里成了市民们的休憩场所

皇家植物园
（Royal Botanic Gardens）

MAP ● 剪切地图-48，p.283-G

🚋Domain St.电车站附近，或从区间观光巴士的胜地和皇家植物园站附近下车 📍Birdwood Ave., South Yarra ☎03-9252-2300 🕐7:30～17:30（4月、9月、10月、11月～翌年3月期间～20:30） 休全年无休 💲免费 ●南亚拉

位于国王域内的、占地面积40万平方米左右的大型植物园。这座皇家植物园是在19世纪后期，由园林艺术家米勒设计建造的。在每一处角落都修剪得仔仔细细的园林内，栽培着1.2万多种植物，同时还有50多种野鸟生活在这里。此外，植物园内还有栽培着仙人掌的温室、自助式咖啡餐厅及商店等设施，各方面都很完善。选择在桉树、凤尾草生长繁茂的澳大利亚森林、美丽的玫瑰园和山茶树园内散步闲逛，度过一天的休闲时光是个很不错的主意。

科莫楼
（Como House）

MAP ● 剪切地图-42，p.283-K

🚋乘电车从查普尔街步行7分钟 📍Cnr.Williams Rd.& Lechlada Ave., South Yarra ☎03-9827-2500 🕐10:00～16:00 休耶稣受难日、圣诞节 💲成人12澳元、儿童6.50澳元 ●普拉兰

建在高级住宅区内、白色2层楼的公馆。科莫楼建成于1847年，曾一直为上流阶层人士所有，现如今它面向一般民众开放。从内设的会客室、台球室、舞蹈室、书房及19世纪的豪华家具和室内装修，能够窥见那个时代大富豪们的优雅生活。另外，在房子的周围是由担任皇家植物园设计师的园林艺术家米勒亲手建造的庭院。庭院有喷泉、花坛，非常美丽。每隔30分钟就有一趟由导游带队的观光之旅（需要预约）。

皇家墨尔本动物园
（Royal Melbourne Zoological Gardens）

MAP ● 剪切地图-28，p.282-B

🚋乘电车从威廉街55号站步行5分钟，位于市环线的皇家公园火车站附近 📍Elloott Ave.,Parkville ☎03-9285-9300 🕐9:00～17:00 休全年无休 💲成人24.40澳元、儿童12.10澳元 ●北墨尔本

"zoo"的装饰文字是其标志

皇家墨尔本动物园在1862年开馆。它是澳大利亚最古老的动物园，同时也是世界上第三古老的动物园。在几近原始的自然环境中，饲养着350种动物，数目达3000头以上。在澳大利亚动物群集的灌木林地，小袋鼠和大袋鼠采用放养方式来饲养。在动物园内，未经事先允许，游客禁止向猩猩投放食物。

卢纳公园
（Luna Park）

MAP ● 剪切地图-46，p.283-K

🚋乘电车从卡莱尔街步行15分钟 📍Lower Esplanade, St. Kilda ☎03-9525-5033 🕐周五19:00～23:00、周六11:00～23:00、3月下旬～9月中旬期间及周日、学校放假期间 11:00～18:00 休周一至周四（学校放假期间闭园）💲免费 ●圣基尔达

卢纳公园的大门是仿照人脸的轮廓而建的独特造型。它作为圣基尔达群岛的象征受到当地人的喜爱。卢纳公园于1912年开馆，虽然这里没有能让人大声疾呼的赛车那样的最新式乘坐物，但是却又有木质的云霄飞车、旋转木马和缆车等游乐设施，飘荡着淡淡的怀旧、复古气息。如果游客购买乘坐券（不限乘坐次数，成人39.95澳元、儿童29.95澳元，可以在公园内玩上一整天。乘坐一次的话，则是成人8.50澳元、儿童6.50澳元。

在这里云霄飞车也一样地有人气

菲利普岛
(Phillip Island)

在澳大利亚生活着考拉、大袋鼠等特有动物。即使是在这么多特有的动物当中，最受欢迎的还要算是生活在菲利普岛上的小精灵企鹅们。小精灵企鹅那可爱的样子格外讨人喜欢，在游客当中非常有人气，尤其受到女性和孩子们的青睐。

去往菲利普岛的路线
从墨尔本驾车至此大概是1小时30分钟的车程。建议您选择随团来此旅游。也可换乘V Line火车和公交车抵达这里。

区域面积
菲利普岛位于墨尔本东南约137公里处。体长仅有30厘米左右的小精灵企鹅是世界上最小的企鹅，菲利普岛上的小精灵企鹅非常有名，除此之外，岛上还生活着考拉、野生海豹及其他澳大利亚所特有的动物。

Information

■菲利普岛咨询中心
Phillip Island Information Centre
✉ Phillip Island Rd., Newheaven
☎ 03-5956-7447
⏰ 9:00~17:00　全年无休
MAP p.297-B

回到陆地上的企鹅多么可爱啊！

小精灵企鹅游行
不容错过

在菲利普岛上生活着约2万只小精灵企鹅。其中有1500只生活在萨默兰海滩（Summerland Beach）上。白天企鹅们会去海中捕鱼，日落后它们就会成群结队地回到巢穴里来。它们回家的样子特别逗人、可爱。夏天晚8:00、冬天傍晚5:30期间是企鹅们游行的时间段，游行会持续30分钟左右，有时候甚至会持续1小时。但岛上是禁止游客携带任何照相机和摄像机进入的。即使是在夏天，岛上也会格外地寒冷，所以游客们需要提前准备好防寒物品。除此以外，澳大利亚最大的海豹栖息地——锡尔罗克斯海洋中心、考拉保护区等也是动物爱好者们经常光顾的地方。

大洋路

(The Great Ocean Road)

这条路让游客们能够饱览大自然的神奇力量创造的各种天然艺术作品和茂密大森林的无限风光。虽然也可以当天来回，但是既然出来旅游了，当然得好好地放松一下啦，所以，建议您还是至少在此住上一晚，细细地享受美丽的风景和旅游的愉悦吧。这里也为大家准备了各种团体旅游项目可供选择。

瓦南布尔海事博物馆内陈列着一件陶瓷孔雀展品。它是从当年失事遇难的船只上打捞上来的文物。

十二使徒

区域的面积

从位于墨尔本西南部的托基（Torquay）海峡，沿着巴斯海峡（Bass Strait）一直延伸到瓦南布尔（Warrnambool），全长约214公里的车道。这里远离市区，大自然用它神奇的力量在过去长达4亿年的漫长岁月中，为我们创造出了一个又一个壮丽的景象，让我们一起去探访这片大地上的岁月痕迹吧。选择"跟团游"或"自驾游"的方式较为方便。

驾驶租赁汽车 潇洒漫游

出发地点——托基（Torquay）是维多利亚州具有代表性的冲浪胜地。在它周边地区分布着一些特别受年轻人喜爱的海滩度假地。其中，冲浪博物馆是需要付费的。驾车从洛恩（Lorne）出发经过阿波罗湾（Apollo Bay），然后从普林斯墩（Princetown）朝着坎贝尔港行驶，途中能够观看到"十二使徒"（Twelve Apostles）。由矗立在海边的岩石和陡峭悬崖峭壁组合而成的是一幅绝美的风景图。下午光线变成逆光，夕阳映照下的景观是按动您手中相机来捕捉美丽瞬间的绝佳机会。阿尔德湖峡谷（Loch Ard Gorge）位于距离坎贝尔港西边约6公里处。坎贝尔港是一个深入海岸线当中，常年波涛汹涌的港口。1878年，澳大利亚最后一艘移民船在这片海上失事遇难。该景点就是以那艘移民船的名字命名的。在入口处竖立着一块悼念当时遇难的52名船员的纪念碑。再往前行驶，就能够看见前方耸立着一座"伦敦桥"（London Bridge），因它与伦敦大桥非常相似，所以人们为它取了这个名字。令人遗憾的是由于常年受海水的侵蚀，现在桥的中间部位已经坍塌了。

大洋路的终点是在19世纪被开拓的港口城市——瓦南布尔。那里还有再现城市当年样貌的主题公园。在位于其东南方向约2公里处的洛根斯海滩（Logans Beach），每年的5月～10月期间，南露脊鲸家族都来此游玩。

街角一瞥

残留着"淘金热"时代风貌的奢华城市

巴拉瑞德和本迪戈

（Ballarat） MAP p.299-A　　（Bendigo） MAP p.299-A

保留有许多古老街道的本迪戈，绿意浓浓

巴拉瑞德位于墨尔本西北方向约110公里处。据说在19世纪50年代这里发现了金矿之后，顷刻间4万人闻讯蜂拥而至，所有人都梦想着一夜发财。站前利迪亚街道的两侧是一排排殖民建筑风格的房屋，步行15分钟左右就可抵达疏芬山（Sovereign Hill），在这里"淘金热"时代的金矿开采现场及当时的城市布局等得到再现。步行在街道上的行人仿佛也都热衷于那个时代的服装。毗邻的黄金博物馆内展览着当时开采出来的金块，并向游人们介绍城市的历史文化。

在曾因"淘金热"而繁华一时的巴拉瑞德的疏芬山，游客们能够体验到动手淘金的乐趣。

从巴拉瑞德继续往西北方向行驶约38公里就到本迪戈了。在19世纪80年代，许多中国人也受当时"淘金热"的影响，涌进了这座城市。城市内至今仍然保存着当时建造的那些优雅的街道。中国寺院、金龙博物馆等是这里的精品旅游景点。另外，直到1954年为止，曾经一直持续进行着金矿开采活动的金矿山"中央德博拉金矿"（矿山深达61米，允许参观）如今是对公众开放的。在这里游客们可以了解到诸如金矿开采方法等知识。

乘火车从墨尔本斯潘塞街车站至巴拉瑞德大概需要1小时50分钟，到达本迪戈大约需要2小时。

SHOPPING

购物

最繁华的要数柯林斯街。柯林斯街与展览街交会处一带被称为"Paris End"，在这一带高档咖啡厅、流行时装店等鳞次栉比。伯克街则是充满活力和朝气的年轻人的天堂。此外,现代化气息的绍斯盖特也是非常有人气的繁华地带。

牛头人(Minotaur)
V M D
MAP ● 剪切地图-35、p.284-F

找寻那似曾相识的味道

店内摆满了各种跟电影、电视节目、摇滚音乐、流行文化等相关的物品。此外，店内还有许多关于星球大战、蜘蛛侠、辛普森等相关书籍和DVD等，各种珍贵的、稀奇的物品琳琅满目。

✉121 Elizabeth St. ☎03-9670-5414 ⏰9:00~18:00（周四~19:00、周五~21:00、周日11:00~17:00）休全年无休 ●市区

纽曼斯巧克力店(Newman's Chocolates Shop)
V M D A J
MAP ● 剪切地图-30、p.283-G

在当地广受好评的巧克力专卖店

由巧克力工厂直接经营的分店。因为这里的巧克力价格与免税店相比大约便宜一半，所以许多墨尔本市民也是这里的常客。店内巧克力堆积如山，顾客可以一边试吃一边挑选喜爱的巧克力商品，真可谓是愉快购物啊。

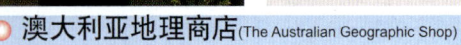

✉87 Church St. ☎03-9428-5068 ⏰9:00~17:00 休周日 ●市区

澳大利亚地理商店(The Australian Geographic Shop)
V M A
MAP ● 剪切地图-35、p.284-F

店内的商品琳琅满目，户外用品、日常杂货、园艺用品、玩具、连环画等应有尽有。这里是爱护环境的环保型人士必光顾的商店。

✉Shop 253,Melbourne Central,300 Lonsdale St. ☎03-8616-6726 ⏰10:00~21:00、周六10:00~18:00、周日10:00~17:00 休全年无休 ●市区

阿克兰蛋糕坊(Acland Cakes)
V M A
MAP p.283-K

品种丰富的、自己家烤制的蛋糕专卖店

这是一家1956年创业的老字号。由来自欧洲的移民经营是这家店的传统，店内洋溢着优雅、温馨的感觉。每天早上都有50多种自己家烤制的美味蛋糕出炉，个个都分量十足。

在众多类型的蛋糕中，果酱类蛋糕、点缀有酸果樱桃的水果芝士蛋糕、海绵蛋糕上点缀着猕猴桃或覆盆子的阿克兰特色蛋糕，价格都是4.50澳元一个，特别受到顾客们的青睐，非常畅销。

✉97 Acland St.,St Kilda ☎03-9534-3785 ⏰8:00~20:00 休全年无休 ●圣基尔达

威廉姆斯(R. M. Williams)
V M A 剪切地图-35、p.284-F

户外用品的老字号品牌。店内有各种牢固耐用的长筒皮靴，价格在180澳元以上。它的款式新颖时尚，设计成了可在城市内穿的样式。而且，店内还接受各项订制业务。防水外套195澳元~。其设计也是独一无二的。

Shop 237,Melbourne Central,300 Lonsdale St. ☎03-9663-7126 10:00~18:00（周五~21:00）、周日11:00~17:00 休节日 ●市区

维多利亚女王古董中心市场(Queen Victoria Antique Centre)
V M 剪切地图-28、p.282-F

28年前，因其现任店主对古董的喜爱越来越深，出于个人喜好就开办了这家古董店。店内的商品丰富齐全，从200年前的土著艺术作品到现代的作品，这里都有收藏。另外，店内的古董家具、餐具等物品也非常受顾客们的青睐。

456 Queen St. ☎03-9326-8451 6:00~14:00（周五~18:00、周六~15:00）、周日9:00~16:00 休周一和周三 ●西墨尔本

泰迪熊专卖店(The Teddy Bear Shop)
V M D A J 剪切地图-35、p.284-F

店内摆放着各式各样的泰迪熊。毫无疑问，给自己买一个可爱的泰迪熊留做纪念是一件非常有意义的事情，同时它还是非常适合于当做送给女性朋友或者儿童的礼物哦。除泰迪熊外，店内还有兔子和其他毛绒玩具供您挑选。

Galleria Shopping Plaza,385 Bourke Sf. ☎03-9670-7382 9:30~17:30（周五~21:00）、周六10:00~17:00 休周日 ●市区

石窟(The Grotto)
V M A 剪切地图-30、p.283-C

这是一家销售闭目养神、占卜、健康用品的商店。香味四溢的店内充满着异国情调。这里的香薰蜡烛3.95澳元~，餐具等非常受顾客们的喜爱。您不妨用2澳元的占卜仪器来预测一下自己的旅途运势。

295 Brunswick St., Fitzroy ☎03-9417-5563 10:00~19:00 休全年无休 ●菲茨罗伊

菲茨罗伊苗圃(Fitzroy Nursery)
V M A 剪切地图-30、p.283-C

园内有各式各样的由青年艺术家设计制作的流行园林设施。当然，园内还种植了丰富多样的花朵和观叶植物。

390 Brunswick St., Fitzroy ☎03-9417-3272 9:00~17:30（周六和周日9:30~） 休全年无休 ●菲茨罗伊

库里连接(Koorie Connections)
V M p.284-A

这是一个澳大利亚最早的由土著人经营的商店，所有的商品都是出自土著人之手。店内挂满了各种包括了土著艺术品在内的T恤、乐器、（曲形）飞镖等商品。

155 Victoria St., City ☎03-9326-9824 9:00~16:00 周一和周三 ●西墨尔本

RESTAURANT 餐厅

在墨尔本这座汇集了来自世界各地移民的城市，您可以饱享巧妙使用各种新鲜山珍和海鲜等食材烹饪而成的各色料理的美味。如果想品尝意大利料理的话可以去莱贡街，想品尝越南系料理的话则可去维多利亚街等，不妨根据您当日的心情进行选择吧。

中国 东方小酒馆（美味又经济的餐厅） V M D A

(Oriental Bistro) MAP ●剪切地图-29，p.285-C

轻松舒适的氛围、经济合理的价格

底料丰富的面食类料理8澳元~，且可外带。用新鲜活鱼蒸煮而成的料理16澳元，也非常美味。顾客可以自己挑选活鱼，保证食材绝对新鲜。店面位于唐人街内。

✉195 Exhibition St. ☎03-9663-9080 ⏰12:00~翌日凌晨2:00
休全年无休 ⓢ10澳元~20澳元 ●市区

澳大利亚 贾纳比 V M D A

(Tjanabi) MAP ●剪切地图-35，p.285-K

欣赏着土著艺术，享受澳大利亚传统料理的美味

在这里，顾客们可以品尝到袋鼠肉汉堡、油炸鳄鱼肉等新奇的土著料理。店内充满了一种宁静、安详的氛围。

✉Atrium Federation Square,Flinders St. ☎03-9662-2155
⏰12:00~22:00（周一~16:00） 休全年无休 ⓢ25澳元 ●市区

泰国 库奇饼干店 V M D A

(Cookie) MAP ●剪切地图-35，p.284-F

广受好评的泰国料理酒吧与餐厅

这里除有泰国风味的咖喱、面食类料理之外，还有烤肉类料理和海鲜料理等。它有着各色菜单和菜品供顾客挑选，饮料方面也很丰富。这里有大约10种生啤和600多种葡萄酒供您选择。由于周六、周日顾客会非常多，所以建议您提前预订。

✉252 Swanston St. ☎03-9663-7660
⏰12:00~翌日凌晨3:00 休全年无休
ⓢ25澳元 ●市区

咖啡 碧云咖啡厅 V M
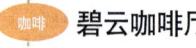
(Jasper Coffee) MAP ●剪切地图-30，p.285-D

逛累了，不妨挑个露天座位休息片刻

这里常备有45种澳大利亚、巴西、非洲各地的咖啡豆。还设有店铺，同时这里还有30多种不同口味的红茶可供顾客选择。

✉267 Brunswick St.,Fitzroy ☎03-9416-0921 ⏰10:00~18:00（周六9:00~） 休全年无休 ⓢ2澳元~5澳元 ●菲茨罗伊

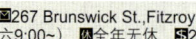

越南

明新酒家
(Minh Tan)

V M
MAP ● 剪切地图-30、p.283-G

既新鲜又健康的越南料理

餐厅位于越南人聚集的维多利亚街内。如果一行是4~6位的话,推荐您选择以大量海鲜和蔬菜烹饪而成的套餐,25澳元~。

✉190 Victoria St.,Richmond ☎03-9427-7131 🕐11:00~15:00、17:00~23:00（周末10:30~23:00） 休全年无休 ⑤10澳元~40澳元 ●里士满

意大利

意大利咖啡厅
(Cafe Italia)

V M D A
MAP ● 剪切地图-29、p.282-F

从点心到晚餐,菜单非常丰富

给人一种欧洲中庭感觉的店内,充满了轻松、舒适的氛围。意大利面8.50澳元、鸡胸脯肉的沙拉13.50澳元,样样都分量十足。

✉56-66 University St., Carlton ☎03-9347-0638 🕐12:00~23:00（周五、周六~24:00、周日11:00~）休全年无休 ⑤15澳元~25澳元 ●卡尔顿

303

海鲜

埃斯波西托
(Esposito)

V M
MAP ● 剪切地图-29、p.282-B

在充满现代化气息的店内品尝美味的海鲜

26澳元的新鲜鱼类烹饪的料理,虽然价格有点偏高,但还是会让您忍不住打扮一番来此品尝。

✉162 Elgin St. ☎03-9347-9838 🕐12:00~15:00、18:00~22:00 休周日和周一 ⑤40澳元 ●卡尔顿北部

牛排

乡绅阁楼牛排店
(Squires Loft Steak)

V M D A
MAP ● 剪切地图-48、p.283-K

在炭火上烤生熟程度恰到好处的澳大利亚牛肉

添加了薯片和烤土豆的牛排17澳元。另外,这里的沙拉和葡萄酒品种也非常丰富。

✉166 Toorak Rd.,South Yarra ☎03-9824-0023 🕐12:00~15:00、18:00~22:00（周六和周日仅晚间营业）休全年无休 ⑤15澳元~40澳元 ●南亚拉

速食点心

格兰姆斯剑鱼餐厅
(Clamms Fast Fish)

不支持信用卡支付
MAP ● 剪切地图-46、p.283-K

分量十足的鱼和炸薯片

在圣基尔达的海边,让我们一起去享受热腾腾的鱼和炸薯片的超爽感觉吧(4.90澳元)。另外,这里还有日本人板先生捏制的寿司,6.90澳元。

✉141 Acland St., St. Kilda ☎03-9534-1917 🕐9:00~21:00 休全年无休 ⑤5澳元~10澳元 ●圣基尔达

Night Spot 夜总会

墨尔本的娱乐设施丰富多彩，歌剧、音乐会、戏剧、电影鉴赏这些自不用说，还有豪华赌城等高档娱乐场所。爱尔兰酒吧、红酒酒吧、爵士乐、戏剧等的现场表演等也暗藏人气。

台球吧 查尔顿 (Charlton's)
V M D A
MAP ● 剪切地图-35、p.285-G

能够痛快地玩上一整夜
这里配备有23张台球桌及酒吧等完善的娱乐设施。每人只要花上5澳元就可以从12:00玩到21:00（周五除外）。DJ的音乐时间（22:00~翌日凌晨3:00）也非常有人气。饮料4澳元。

✉ 2F Coverlid Pl. ☎ 03-9662-1433 🕐 14:00~翌日凌晨3:00（周六、周日16:00~） 休 全年无休 $ 5澳元~10澳元 ● 市区

夜总会 地铁夜总会 (Metro Night Club)
V A
MAP ● 剪切地图-29、p.285-C

墨尔本有名的夜总会之一
既有音乐又有舞蹈的令人高兴的场所。在夜总会或酒吧，每天都有现场音乐演奏、时装秀等丰富多彩的娱乐活动。

✉ 20 Bourke St. ☎ 03-9663-4288 🕐 21:00~翌日凌晨5:00 休 周日~周三 $ 10澳元 ● 市区

Pub 布赖恩斯酒吧 (P.J.O'brien's)
V M D A
MAP ● 剪切地图-41、p.284-J

内部装饰也仿佛在向我们推介这个正统派的爱尔兰酒吧
它位于高雅、繁华的绍斯盖特内，是成人们休闲娱乐的场所。店内的装修都是木制的，充满浓浓的爱尔兰色彩，凝聚着古色古香的氛围。这里的吉尼斯啤酒每升（中瓶容量左右）7澳元。

✉ Southgate Arts&Leisure Precinct, Southbank ☎ 03-9686-5011 🕐 11:30~翌日凌晨3:00 休 全年无休 $ 5澳元~40澳元 ● 南墨尔本

爵士吧 曼彻斯特巷夜总会 (Manchester Lane)
V M A
MAP ● 剪切地图-35、p.285-G

当地人聚会的好去处
它位于一幢建于1913年具有历史感建筑的地下。丝绒窗帘的装点，让这里散发着一种豪华感。这里的现场音乐演奏以爵士乐为中心，同时还有布鲁斯乐[又译"蓝调(blues)"]、拉丁等。有时顾客还可以一边欣赏现场演奏一边用餐。

✉ 234 Flinders Lane ☎ 03-9663-0630 🕐 12:00~15:00、18:00~翌日凌晨1:00（周六仅夜晚营业） 休 周日 $ 8澳元~30澳元 ● 市区

红酒吧 吉米·屈臣氏 (Jimmy Watson's)
V M D A J
MAP ● 剪切地图-29、p.282-B

藏有产自澳大利亚、智利和欧洲的80种红酒
白色的墙壁让整个店内有一种宛如葡萄酒酒窖般的氛围。顾客可在入口处左边的柜台处订购红酒。将您的喜好和品位告诉工作人员，他们会帮您挑选合适的葡萄酒。另外，顾客还可在这里享用午餐。午餐的菜单每日一换。意大利面价格为16.50澳元。

✉ 333 Lygon St.,Carlton ☎ 03-9347-3985 🕐 12:00~15:00、18:00~22:00（周一除外） 休 周日 $ 10澳元~30澳元 ● 卡尔顿

HOTEL

酒店

这座城市整体上都洋溢着浓浓的历史气息,连最新的酒店也仍旧是雅致的英伦风格。这里还有许多向人们展示着昔日风情的历史悠久的老牌酒店。在那里您能够切身感受到环境氛围的优雅、舒适。另一方面,市内也不乏许多价格实惠的经济型酒店。

咒论公园
(Mantra On The Park)

V M D A J MAP ●剪切地图-29、p.285-C

潇洒雅致的样式与古都的街道融为一体

该酒店坐落在展览街和拉托罗布街的交会处,是一家高档而又典雅的酒店,全部房间都是套房式的。内设1~2张床的卧室套房里配备有雅致的家具和日用具,同时还有设施齐全的厨房。每一间客房都非常宽敞和舒适,在这里您可以饱享奢华的酒店生活。另外,这里所有的房间都附带私人阳台,而且非常精致,从阳台上放眼望去,卡尔顿园林和墨尔本的街市都尽收眼底。此外,屋内还设有暖水游泳池及桑拿,在这里痛快地让自己出一出汗,享受片刻的健康休闲时光也是一个不错的选择。

全部房间都附带有厨房

✉333 Exhibition St. ☎03-9668-2500 ℻03-9665-2599 144室
💲165澳元(双人间) 🍴餐厅、桑拿、游泳池及其他 ●市区
http://www.mantra.com.au

极富开放感的室内游泳池

墨尔本洲际里亚托酒店
(Intercontinental Melbourne The Rialto)

V M D A J MAP ●剪切地图-34、p.284-I

宛如古城一般、厚重的哥特式建筑

这是一家于1891年开业的有着悠久历史的著名五星级酒店。酒店共有9层,是一栋原封不动地采用了维多利亚王朝时代的哥特式建筑,并在原有建筑的基础上对其内部进行了改装和装修。咖啡厅位于通顶设计的大厅内,您可以去那里享受片刻的优雅时光。

在酒店内的咖啡厅,享受优雅时光

✉495 Collins St. ☎03-9620-9111 ℻03-9614-1219 244室 💲324澳元 🍴餐厅、酒吧、游泳池、体育馆、健康SPA馆及其他
http://www.ichotelsgroup.com ●市区

内部装修现代化的双人房

凯悦酒店
（Park Hyatt）

V M D A J　MAP ● 剪切地图-36、p.285-H

受都市派青睐的简约、高雅的高档酒店

现代气息的客房

它是墨尔本屈指可数的高档酒店之一。坐落在市中心地带，毗邻国会大厦、圣帕特里克大教堂等著名旅游景点。而且这里也处于购物和市内观光的绝佳地理位置。充满了现代化高档气息的客房，为您提供无微不至的配套设施及服务，让您享受惬意的度假时光。各个房间都配备有4部电话。

设计新颖的大厅格外引人注目

✉1 Parliament Square, Melbourne　☎03-9224-1234
FAX 03-9244-1200　240室　$270澳元　餐厅、游泳池、网球场、健身房、桑拿及其他
http://www.melbourne.park.hyatt.com　●市区

索菲特酒店
（Hotel Sofitel Melbourne）

V M D A J　MAP ● 剪切地图-36、p.285-G

酒店坐落在市中心地带，旅游和购物都非常便利

柯林斯复合大楼由两栋高塔组合而成，索菲特酒店就位于东边的这座高层塔内。35层以上是客房，每个房间都能欣赏到壮丽的墨尔本风光。

✉25 Collins St.　☎03-9653-0000　FAX 03-9650-4261　336室
$220澳元　餐厅、酒吧、超级俱乐部、体育馆、桑拿及其他
http://www.sofitelmelbourne.com.au　●市区

皇冠假日酒店
（Crowne Plaza Hotel）

V M D A J　MAP ● 剪切地图-40、p.284-I

距离市中心也很近的河畔酒店

皇冠酒店，位于墨尔本风景如画的亚拉河畔。其充满着现代化气息的豪华大厅让人印象深刻。这是一家与众不同的四星级酒店，客房宽敞明亮，内部设计均为实用型的简约风格。

✉1-5 Spencer St.　☎03-9648-2777　FAX 03-9629-5631　383室
$260澳元　餐厅、洗衣房、酒吧、游泳池、体育馆及其他
http://www.crowneplaza.com.au　●市区

希尔顿酒店
（Hilton on the Park Melbourne）

V M D A J　MAP ● 剪切地图-36、p.283-G

该酒店面向客人提供多种完善的服务

希尔顿酒店坐落在美丽的菲茨罗伊公园对面，四周绿树成荫，环境宁静。客房宽敞舒适，室内设计典雅大方。即使是初次体验海外旅游的游客，也能在这里找到安心的感觉。

✉192 Wellington Parade, East Melbourne　☎03-9419-2000
FAX 03-9419-2001　404室　$255澳元　餐厅、酒吧、游泳池及其他
http://www.hilton.co.jp　●墨尔本东部

号角酒店
(Clarion Suites Gateway)

Ⓥ Ⓜ Ⓓ Ⓐ Ⓙ MAP ●剪切地图-34、p.284-J

在这里客人可以领略美丽的亚拉河风光、享受多彩的夜生活

酒店毗邻美丽的亚拉河、国王域和奥林匹克公园等众多公园，而且距离大型皇家赌场也很近，旅游、娱乐各方面都很便利。

✉1 William St. ☎03-9296-8888 📠03-9296-8880 125室 💲185澳元
🍴餐厅、咖啡店、酒吧、游泳池、洗衣房及其他
http://www.clarionsuitesgateway.com.au ●墨尔本南部

维多利亚大酒店
(Victoria Hotel)

Ⓥ Ⓜ Ⓓ Ⓐ Ⓙ MAP ●剪切地图-35、p.285-G

最适合当做观光旅游据点的酒店

维多利亚大酒店以其经济合理的价格吸引着众多的游客前来住宿。虽然它规模较小，但经济实用型是它秉持的设计理念。另外，它距离购物中心商业区和商务金融街也很近，各方面都非常便利。

✉215 Little Collins St. ☎03-9669-0000 📠03-9669-0001 464室
💲110澳元~（标准双人房）🍴餐厅、社交活动室、洗衣房、商店及其他
http://www.victoriahotel.com.au ●市区

宜必思酒店
(Hotel Ibis)

Ⓥ Ⓜ Ⓓ Ⓐ Ⓙ MAP ●剪切地图-28、p.284-B

对于热衷购物的游客来说，这里是最佳的选址

宜必思酒店位于墨尔本中央区域的中心地带，与食品种类极为丰富的维多利亚女王市场及墨尔本最大的购物中心毗邻。其优越的地理位置使得无论是购物还是观光都非常方便。另外，酒店还准备了附带厨房的公寓式客房供客人选择。

✉15-21 Therry St. ☎03-9639-2399 📠03-9639-0050 250室
💲109澳元 🍴餐厅、酒吧、洗衣房及其他
http://www.accorhotels.com.au ●市区

柯林斯诺富特酒店
(Novotel Melbourne on Collins)

Ⓥ Ⓜ Ⓓ Ⓐ Ⓙ MAP ●剪切地图-35、p.284-F

简约、高雅的一流豪华酒店

酒店地处繁华的柯林斯街，附近有高档流行时装店、餐厅等约70多家。这里所有的客房都是统一的配套设置。

✉270 Collins St. ☎03-9650-5800 📠03-9667-5805 324室 💲315澳元
🍴餐厅、酒吧、游泳池、体育馆、桑拿、洗衣房、商务会议中心及其他
http://www.novotel.melbourne.com.au ●市区

瑞德斯酒店
(Rydges Melbourne)

Ⓥ Ⓜ Ⓓ Ⓐ Ⓙ MAP ●剪切地图-29、p.285-C

环境轻松舒适、内部设计典雅

墨尔本瑞德斯酒店毗邻议院火车站。它坐落在繁华的金融商业街一角，充满了简约、舒适的氛围。

✉186 Exhibition St. ☎03-9662-0511 📠03-9663-6988 363室
💲180澳元（标准双人房）🍴餐厅、酒吧、游泳池、桑拿、商务会议中心及其他 http://www.rydges.com.au ●市区

朗廷酒店
(Langham Hotel Melbourne)

V M D A J　MAP　●剪切地图-41、p.284-J

俯瞰亚拉河美丽风光的豪华高层酒店

墨尔本朗廷酒店的客房均为欧式风格设计。从客房放眼望去，墨尔本城市的美丽风光尽收眼底。其绝佳的景致为顾客们所公认。

✉ One Southgate Ave., Southbank　☎03-8696-8888　FAX 03-9690-5889　387室　$520澳元　酒吧、餐厅、游泳池、体育馆、桑拿及其他
http://www.langhamhotels.com
●墨尔本南部

凯悦大酒店
(Grand Hyatt Melbourne)

V M D A J　MAP　●剪切地图-35、p.285-G

凯悦大酒店地处墨尔本最繁华的地带"Paris End"

墨尔本凯悦大酒店位于商务、娱乐的中心地带，且离美术馆和各大剧场也很近。客房宽敞舒适，设计简约之中洋溢着豪华感。客房的取景也特别美。

✉ 123 Collins St.　☎03-9657-1234　FAX 03-9650-3491　547室　$199澳元　餐厅、酒吧及其他　http://www.melbourne.grandhyatt.com
●市区

斯坦福假日酒店
(Stamford Plaza, Melbourne)

V M D A J　MAP　●剪切地图-35、p.285-G

英伦风情简约而又现代化的建筑外观

全部客房均为豪华套房的4.5星级酒店。客房内部装修采用温馨柔和的色调，且配套设有顶级浴室、起居室、餐厅、厨房，设施完善。

✉ 111 Little Collins St.　☎03-9659-1000　FAX 03-9659-0999　283室　$210澳元　酒吧、餐厅、游泳池、桑拿、健身馆及其他
http://www.stamford.com.au
●市区

格鲁吉亚酒店
(Georgian Court Bed And Breakfast)

V M D A　MAP　●剪切地图-36、p.283-G

附赠乡村风味的早餐

格鲁吉亚酒店毗邻菲茨罗伊园林。客房的内部装饰充满了古色古香的氛围。配套设施有球场等。

✉ 25 George St.,East Melbourne　☎03-9419-6353　FAX 03-9416-0895　35室　$89澳元　冰箱及其他
http://www.georgiancourt.com.au　●墨尔本东部

纳戈米公寓酒店
(Nagomi Apartment Hotel)

V M D A　MAP　p.283-G

豪华舒适的公寓式酒店

酒店位于亚拉河南侧，坐火车至市内只需5分钟。游客可安心入住。

✉ 4 Darling Street, South Yarra　☎03-9820-0377　FAX 03-9864-6123　17室　$158澳元（双人、单床房间）　起居室、厨房、洗衣房及其他
http://www.nagomi.com.au　●亚拉河南部

北墨尔本瑞德斯酒店
(Rydges North Melbourne)

V M D A　MAP　●剪切地图-28、p.282-B

3层楼的舒适雅致的酒店

这里距弗林德斯街等中心地区仅2公里。酒店内设有24小时营业的餐厅。室内摄像免费。

✉ Cnr. Harker St.& Flemingston Rd., North Melbourne　☎03-9329-1788　FAX 03-9329-9950　70室　$240澳元　酒吧、游泳池、桑拿及其他
http://www.rydges.com　●墨尔本北部

华美达酒店
(Ramada Inn)

V M D A　MAP　●剪切地图-28、p.282-B

毗邻高尔夫球场和动物园

2层楼的汽车旅馆风格的酒店。四周绿树成荫，环境幽静，还设有专门的"蜜月套房"。

✉ 539 Royal Parade, Parkville　☎03-9380-8131　FAX 03-9388-0519　41室　$120澳元　餐厅及其他
http://www.ramadainn.com.au　●卡尔顿

堪培拉的概貌
Outline of Canberra

堪培拉是规划新颖的现代化人工美和壮丽的自然美融汇、编织而成的杰作。澳大利亚是一个建国才200年的年轻国家，而首都堪培拉更是一个年轻的城市。整个城市的规划以美丽的格里芬湖为中心，全城树木苍翠、环境宜人、空气清新。

城市概况

堪培拉是澳大利亚联邦的首都。人口约33万。虽然在面积和繁华程度上无法与悉尼媲美，但是它却是实实在在的管辖整个澳大利亚领土的联邦首都。

堪培拉虽为澳大利亚联邦的首都，但其知名度和影响力却很薄弱，之所以这样，是因为它是一座历史很短的年轻城市。

建立堪培拉这座城市的契机，可以归结于为了化解当时墨尔本和悉尼这两大城市的"定都之争"。1901年，澳大利亚联邦政府成立以后，围绕着定都问题，墨尔本和悉尼这两大城市之间燃起了激烈的首都争夺战。虽然当时墨尔本被定为临时首都，但是悉尼仍不肯让步，双方一直争执不下。因此，联邦政府通过决议，从新南威尔士州划出一块区域来建立一个新首都，并很快将此决议付诸实施。建设工程从1911年开始实施，在1927年堪培拉建成，并迁都于此。

担任堪培拉城市设计的是美国建筑家沃尔特·伯里·格里芬（Walter Burley Griffin）。沃尔特以自己的名字命名的人造湖格里芬湖为中心，将堪培拉城市规划设计为：市中心区域——北堪培拉和政府机关所在的行政区域——南堪培拉这两大部分。这样一个行政、商业和住宅区有机分开的、协调融合的美丽城市就此诞生了。

城市结构

城市中心部的整齐的规划街道，以伯里·格里芬湖（Lake Burley Griffin）为界，划分为北堪培拉和南堪培拉。北堪培拉的中心为城山（City Hill）。六角形形状的伦敦电路（London Circuit）周边地区会聚了众多的购物中心、餐厅、咖啡厅及时装店等，是一大观光点。南堪培拉的中心则是国会山（Capital Hill）。这里是国会大厦、最高法院等重要政府机构及大使馆的所在。这里可以称得上是掌管着澳大利亚联邦中枢的司法、立法、行政机关的政府要地。

在堪培拉的郊外则分布着国家公园及其他许多自然保护区等，风景宜人、树木葱郁。这里壮观的自然美与市区人工建造的现代化城市美形成鲜明的对比。堪培拉的确是一个与众不同的城市。

气候

属于温带气候的堪培拉，全年气温都相对偏暖，是一个非常舒适的城市。夏季的日最高气温在27℃左右，冬季则平均为15℃左右。但是一天当中的温差很大。这里全年降雨量都不是很多，但在冬季降雨量会增加。

Information

在这里您不仅可以了解到详细的相关旅游信息，还可以咨询到住宿、文娱活动、比赛等各方面的信息。

■堪培拉旅客咨询中心
Canberra Visitor Centre
330 Northbourne Ave.
02-6205-0044
9:00—17:30（周六、周日-16:00）
全年无休

MAP p.312-B

去往堪培拉的交通

飞机

堪培拉机场位于城区以东7公里处。澳洲航空、维珍蓝航空都有从悉尼、布里斯班、墨尔本等地飞往堪培拉的航班。悉尼飞往堪培拉的航班每日约有30趟，所需时间约为50分钟。墨尔本飞往堪培拉的航班每日约有20趟，所需时间约为1小时。

长途巴士

以"澳大利亚灰狗"（Greyhound Australia）长途汽车公司为代表的长途巴士，基本上都到达位于诺斯大街的乔利蒙特旅游中心（Jolimont Tourist Center）堪培拉线的终点站（Canberra Coach Terminal）。

火车

每日都有2~3趟往返于悉尼和堪培拉之间的堪培拉快车（Canberra Express）运行。所需时间约为4小时，单程票价为48澳元。到达南堪培拉的堪培拉火车站后，可立即转搭通往市中心的巴士。从墨尔本至堪培拉大概需要7小时，在距离堪培拉约60公里的亚斯（Yass）火车站下车，然后转乘巴士进入堪培拉市内。

市内交通

城市观光巴士

市内设有周游于市内各主要观光旅游景点之间、自由上、下车的观光巴士。观光巴士每趟之间的间隔时间在30~60分钟之间。游客可以在自己感兴趣的地点下车，按照自己的节奏来观光。观光巴士从始末站出发，环绕一圈约需要1小时。主要的停车站点为堪培拉赌场、战争纪念馆、国会大厦等景点。

公共巴士

堪培拉唯一的公共交通工具就是ACTION巴士。途经主要观光景点的3路巴士非常有利用价值，但是它每隔30~60分钟才发一趟，而且即使是在早上高峰期也是每隔20分钟才有一趟，趟数不多。另外，有些路线到了傍晚后会停运，所以建议游客随身携带一张时刻表。游客可在旅客咨询中心和各大站点交会处买到车票、路线图和时刻表。而且，在各大站点交汇处出售的旅游宣传小册子中，会有旅游地的相关信息及巴士乘车路线的介绍，非常便利。

ACTION巴士

堪培拉的机场

机场至市内的交通

机场区间巴士

从机场到市内可乘坐机场区间巴士，乘车地点位于中央车站的正前方。机场区间巴士的运行间隔时间为1小时，巡回于市内的主要酒店之间。从机场至市内大约需要20分钟。从市内前往机场，如果提前打电话预约的话，区间巴士提供到酒店接送上车的服务。
- 💰9澳元
- 🕘8:00~18:35 周一~周五
- Airliner Shuttle
- ☎02-6299-3722

出租车

乘坐地点位于汽车站前。用小小的服务岗亭中的对讲机呼叫，出租车就会一辆接一辆有秩序地进来。到市中心约15分钟，💰14澳元~16澳元之间。

长途巴士
（Greyhound Australia）
☎13-2030（全国公用）

火车
预约：Countrylink
☎13-2232（全国公用）

城市观光巴士
（City Sightseeing Bus）
- 💰全日观光票（不限搭乘次数）成人25澳元、儿童10澳元
- 🕘9:00~17:25
- 运营间隔：1小时~1小时30分钟
- ☎0500-50-5012

公共巴士 （ACTION）
- 💰一圈3.80澳元，日观光票（Day Sightseeing Tickety）7.40澳元
- 🕘6:00~23:00，周六为7:00~11:00，周日为7:00~19:00
- Action
- ☎13-1710（仅限市内）

经济实惠的车票
（Shoppers Off Peak Daily）
平日只限在9:00~16:30期间和18:00以后的期间使用，周末全天都可使用的全日观光票。如果选择乘坐ACTION巴士在堪培拉观光游的话，这将是一张非常便利的车票。另外，它的价格为4.10澳元，比普通的日观光票便宜。

Sight Seeing

精品旅游景点

伯里·格里芬湖
(Lake Burley Gliffin)

MAP p.312-C

交 从国会大厦步行20分钟

库克船长纪念喷泉

格里芬湖将市区划分为南堪培拉和北堪培拉两部分。湖中有一座著名的喷泉，是为纪念库克船长登陆200周年而建，从湖底喷出的水柱高达130米。格里芬湖湖区辽阔，碧波荡漾，四周绿树成荫。游客们可在此划船、乘坐观光游览船巡游或者钓鱼。而且，从国王公园延伸至格里芬湖中的阿斯彭岛上建有一座钟塔。每到周三、周日及节日，钟塔上的53个钟就会奏响美妙的和谐之声。

国会大厦
(Parliament House)

MAP p.312-F

交 乘3路公共巴士在国会大厦下车，乘坐城市观光巴士在国会大厦站下车　地 State Circle　☎02-6277-5399　开 9:00~17:00　休 圣诞节　S 免费

1988年建成的现国会大厦是澳大利亚的政治中心。这里有许多值得一看的景观，如，大理石建造的大厅、历代首相和总督的肖像画和大会堂内悬挂的大幅织锦等。另外，站在国会大厦的楼顶放眼远望，市区的风景宛如一幅全景立体画一般，格外美丽。在国

政治的中枢澳大利亚

会开会期间，如果事先向国会提出申请预约的话，还有可能旁听。游客进入大厦参观时，需要进行安检。

澳大利亚国立美术馆
(National Gallery of Australia)

MAP p.312-D

交 乘3路公共巴士在美术馆前下车，乘坐城市观光巴士在美术馆站下车　地 Parkes Pl.,Parkes　☎02-6240-6411　开 10:00~17:00　休 圣诞节　S 免费　（特殊展览另外收费）

澳大利亚国立美术馆面向伯里·格里芬湖而建。馆内展示有澳大利亚美术作品、土著艺术作品、亚洲太平洋地区的美术作品等来自世界各国的20世纪的优秀美术作品。除馆内收藏有数量众多的雕像之外，在室外树与树之间还有一个展览着许多雕像作品的"雕塑花园"，也特别受到游客们的欢迎。此外，美术馆还设有室外餐厅，在如此优雅的环境中用餐也是一个非常不错的体验。

澳大利亚国立美术馆内收藏有约9.5万件艺术作品

QUESTACON（国立科技中心）
(QUESTACON-The National Science and Technology Centre)

MAP p.312-D

交 乘3路公共巴士在科技中心前下车，乘坐城市观光巴士在国立科技中心站下车　地 King Edward Terrace,Parkes　☎02-6270-2800　开 9:00~17:00　休 圣诞节　S 成人18澳元、儿童11.50澳元（4~16岁）

诸如使用没有琴弦的竖琴来演奏音乐，体验地震、雷的发生过程等，游客们可以在这里体验和接触到200多种新奇的科技展品。让我们慢慢地、细细地去观察一下科学技术是如何与我们的日常生活息息相关的吧。

向游客们通俗易懂地介绍各种科学技术

堪培拉　313　精品旅游景点

使馆区
(The Embassies)

MAP p.312-E

从国会大厦步行10分钟至此 Yarralumla/Forrest

新西兰大使馆

中国大使馆

巴布亚新几内亚大使馆

这是唯有首都堪培拉才有的旅游景点。它位于国会大厦所在的国会山的西边。这里是各国大使馆及与大使馆同级别的高等政府机构聚集的区域。其中，中国大使馆、美国大使馆、泰国大使馆、印度大使馆及巴布亚新几内亚大使馆等特别有人气。在众多大使馆中，除了巴布亚新几内亚大使馆外，也还有一些大使馆是对外开放的。

黑山电信塔
(Black Mountain Tower)

MAP p.312-A

从市中心驾车至此约5分钟的车程　Black Mountain Dr.,Acton　02-6219-6111　9:00~22:00　全年无休　成人7.50澳元、儿童3澳元

建在黑山山顶上的澳大利亚黑山电信塔，并非单纯是一处著名的观光景点，同时还是一座仍在实际工作运营的电视、收音机、手机信号发射塔。该电信塔高195米。在塔周60米的附近地区还设有露天观景台、回转餐厅和开放式的观景廊。

电信塔高195米

澳大利亚体育学院
(Australian Institute of Sport)

MAP p.312-A

从市中心驾车至此约5分钟的车程　Leverrier-Cresc-ent Bruce　02-6214-1444　(观光时间)10:00、11:30、13:00、14:30　耶稣受难日、圣诞节　成人15澳元、儿童8澳元

这里是澳大利亚最尖端的运动研究所。其占地面积十分广阔。在如此宽阔的区域内配备有世界级的各种竞技运动设施和器材。在此集训的奥运会参赛选手还会为参观者做向导，带领大家参观。因此，在这里您不仅可以观看到各种设施和器材，还可以活动一下您的身体来检验一下自己的运动能力。另外，这里还有与运动相关的学问研究设备，游客们可以通过录像带了解和学习运动科学、技术、营养学、医学等前沿信息。

科金顿格林小王国
(Cockington Green)

MAP p.312-B

从市中心驾车至此约10分钟的车程　Gold Creek Rd.,Gungahlin　02-6230-2273　9:30~17:00（最后一次的入场时间为16:15）　圣诞节、节礼日　成人16.50澳元、儿童9澳元（4~16岁）

按照现实建筑物1/12大小尺寸建造而成的迷你村庄。村庄内除坐落于美丽庭园中的小房屋之外，还有设计精致的亭台和植物等，让人感觉仿佛置身于小人国之中。周游园内的迷你SL（另收费2澳元）也非常受游客们的喜爱。

澳大利亚战争纪念馆
(Australian War Memorial)

MAP p.312-D

从市民广场步行10分钟至此，乘坐城市观光巴士在战争纪念馆站下车　Anzac Parade　02-6243-4211　10:00~17:00　耶稣受难日、圣诞节　免费

馆内展览着涉及澳大利亚所有战争的相关物品和军事历史资料文件。参观为悼念所有为这个国家献身的无名战士而建的"无名战士墓"，在为这些阵亡者祈求冥福的同时，一起去观赏那美丽的镶嵌壁画和彩绘玻璃窗吧。而且建筑这座纪念馆所使用的600多万块意大利瓷砖是由战争遗孀们一块一块贴上去的。此外，这里还陈列着前日本海军的特殊潜水艇、零号战斗机等武器。

SHOPPING

购物

堪培拉有各种各样的购物场所，供游客尽情选购喜爱的物品。大型百货公司、设计师服装品牌店、澳大利亚特有的旅游纪念品店等，都可在此找到。

澳大利亚内在和谐 (Inner Harmony Australia)
V M A　　MAP p.312-A

店内摆满了各种芳香疗法的用品

店内的设计给人一种"星空"的感觉，里面摆放着海豚等动物造型的香薰蜡烛（10澳元）、治疗仪器、香料（4澳元）等种类丰富的芳香疗法用品，所以游客们也许可以在这里找到一些比较有特色的特产礼物。另外，店内还有戒指、项链等首饰品出售。店内摆放的那些可爱的商品让人哪怕仅仅只是观看都会觉得赏心悦目。

DG128, Canberra Centre　02-6247-1987　9:00~17:30（周五~21:00，周六~17:00），周日、节日10:00~16:00　圣诞节

MOOBLE专卖店 (Mooble)
V M A J　　MAP p.312-B

一个对衣服布料非常考究的新品牌

这是一家专注于使用天然材质来制造各种亲肤型羊毛服装及其他物品的商店。其舒适轻便的裁剪及制工、衣服的开衫设计等时尚的设计风格受到顾客们的青睐。店内既有各类男士服装同时也有各色女士服装出售。

Shop 6, Bailey's Corner, 143 London Circuit　02-6162-4985　周一~周五9:00~17:30，周六10:00~16:00　周日

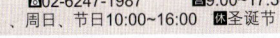

米尼沙夫特 (Mineshaft)
V M D A　　MAP p.312-A

拥有属于自己矿山的蛋白石专卖店

店内出售的大部分蛋白石都是店主皮特先生自己开采、切割打磨而成的。除蛋白石之外，店内还有各色各样、品质丰富的水晶商品和其他的宝石类商品。

DG22, Canberra Centre　02-6247-5432　9:00~17:30（周五~21:00，周六~17:00），周日11:00~16:00　节假日

澳大利亚地理商店 (The Australian Geographic shop)
V M A　　MAP p.312-E

如果想找到与澳大利亚自然相关的各种物品的话就交给我吧

这里出售各种与澳大利亚自然、动植物相关的书籍和毛绒玩具、绘画、明信片、芳香疗用的CD、T恤等物品。向热爱大自然的游客们强烈推荐这家商店。

DG111 Westfield Shopping Centre, Woden　02-6260-4860　9:00~17:30（周五和周六~17:00），周日10:00~16:00　全年无休

Restaurant

餐厅

作为澳大利亚的首都,堪培拉汇集了世界各地的特色料理,其种类之繁多,经常让游客们踌躇,不知该选择哪家餐厅。而且,在各国要人和大使馆成员光临的高级餐厅中,还为顾客们提供各国原汁原味的地道料理。

奥拓餐厅
(Alto Restaurant)

V M D A
MAP p.312-A

位于黑山电信塔内的旋转观光餐厅
在这里顾客们可以品尝到大袋鼠、鸸鹋等澳大利亚特有食材的美味。

✉ Telstra Tower, Black Mountain Dr., Acton ☎ 02-6247-5518 ⏰ 12:00~14:30(午餐仅周四、周五、周六才有)、18:00~22:00 休 圣诞节 💲 25澳元(午餐)、40澳元(晚餐)

帆船赛点甲板餐厅
(The Deck at Regatta Point Restaurant)

V M D A
MAP p.312-D

面向伯里·格里芬湖的一家舒适餐厅
这家餐厅有着优越的地理位置,顾客可以一边欣赏库克船长纪念喷泉的美丽景色一边享用美味的料理。甲板上的美丽风光自不用说,即使站在店内放眼望去,其景色也特别漂亮。

✉ Barrine Dr., Parks ☎ 02-6230-7234 ⏰ 9:00~17:00(周六、周日8:00~16:00) 休 全年无休 💲 10澳元~30澳元

德拉广场咖啡厅
(Caffe Della Piazza)

V M D A
MAP p.312-B

该咖啡厅位于市中心繁华街道的商业区内
这里有Foccacia、Pane、Spuntino等品种丰富的意大利面包及多种风味的意大利面。

✉ 19 Garema Pl. ☎ 02-6248-9711 ⏰ 10:30~23:00(有时候也会营业至翌日凌晨1:00左右) 休 节日 💲 8澳元~20澳元

生姜室
(The Ginger Room)

V M
MAP p.312-D

位于旧国会大厦内的高级餐厅
这是一家提供现代新式澳大利亚料理的格调高雅的餐厅。顾客可在面向中庭的自助式餐厅内任意地享用午餐。

✉ Old Parliament House, Queen Victoria Terrace ☎ 02-6270-8262 ⏰ 6:00~17:00、18:00~24:00(仅限周二~周四) 休 全年无休 💲 30澳元

阿里巴巴
(Ali Baba)

不支持信用卡支付
MAP p.312-D

有着像冰激凌商店那样精致华丽的店面外观
烤羊肉串10澳元,由刀工精细的荷兰芹、西红柿、洋葱混合而成的Tabbouleh等蔬菜料理是热门菜品。

✉ Cnr. Bunda St. & Garema Pl. ☎ 02-6257-2538 ⏰ 10:00~22:00(周五、周六~翌日凌晨3:00) 休 全年无休 💲 10澳元~20澳元

意大利

泽菲里餐厅
(Zeffirelli)

V M A
MAP p.312-B

比萨饼非常出名的一家餐厅
在这里顾客不仅可以品尝到意大利面、比萨饼，还可品尝到牛排等美味料理。比萨饼有3种尺寸可供挑选。

5/55 Woolley St. Dickson ☎02-6262-5500 ⏰11:30~14:30（午餐只限周四和周五）、17:00~20:00（周日12:00~、周六和节假日仅晚间营业）休全年无休 $10澳元~30澳元

澳大利亚

木炭烧烤餐厅
(Charcoal Grill Restaurant)

V M D A J
MAP p.312-C

荣获多个奖项的著名餐厅
在这里顾客们可以品尝到最高级的牛排和澳大利亚高档葡萄酒。每一道菜都搭配有咖啡或者红茶及葡萄酒。

Melbourne Bldg, 61 London Cirt ☎02-6248-8015 ⏰12:00~14:30、18:00~22:00（周六18:00~）休周日和节假日 $80澳元~90澳元

澳大利亚

赫米蒂奇餐厅
(The Hermitage Restaurant)

V M D
MAP p.312-D

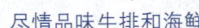

尽情品味牛排和海鲜
该餐厅位于市民广场附近，是一家具有30年历史的知名人气餐厅。厨师们利用从澳大利亚全国各地运抵这里的食材，烹饪出7~10种各色料理供客人选择。其中冷盘15澳元、主菜27澳元等。

170 London Circuit ☎02-6230-0857 ⏰12:00~14:00、18:00~22:00（周六：仅晚上营业）休周日 $15澳元~50澳元

澳大利亚

湖畔的船屋
(The Boathouse by the Lake)

V M D A
MAP p.312-F

每到傍晚时分，黑天鹅们便会聚集于此
在它附近的伯里•格里芬湖，每到傍晚时分就会有许多黑天鹅和鹈鹕聚集于此。晚餐过后，人们会围着暖炉一边品酒一边闲聊。

Grevillea Park, Menindee Dr., Barton ☎02-6273-5500 ⏰12:00~14:30、18:00~21:00（周六：仅晚上营业）休周日 $60澳元

意大利 咖啡馆

托索利尼餐厅
(Tosolini's)

V M D A
MAP p.312-A

享受面包圈和卡布奇诺带来的休闲时光
这里的意大利风味面包圈特别有人气。使用土耳其面包，自己挑选面包当中要夹的食材，制作的focaccia，分量十足。

Cnr. London Circuit & East Row ☎02-6247-4317 ⏰7:00~22:00、周日7:30~17:30 休全年无休 $3.60澳元~18澳元

HOTEL

酒店

堪培拉不愧为澳大利亚的政治中心——首都,在市中心地区有着许多与其首都地位相符的高档豪华酒店。这些酒店无论是在服务水平方面还是设施条件方面都非常完善,堪称一流。另外,以伯里•格里芬湖为中心,在诺斯大道一带分布着诸多的旅游景点和酒店。

凯悦酒店
(Hyatt Hotel Canberra)

▼ Ⓜ Ⓓ Ⓐ Ⓙ MAP p.312-C

感受19世纪初那个古老而又美好的时代

美丽的花园引人入胜,装饰艺术派风格的建筑样式简约而又奢华,甚至是每个细节都流露出其高雅的格调和高贵的地位。该酒店还被指定为澳大利亚文化遗产。酒店的工作人员都统一穿着19世纪20年代的制服。他们的着装也为营造出那个古老而又美好的时代的氛围起到了烘托作用。这里毗邻伯里•格里芬湖、国会大厦等风景名胜,其优越的地理位置吸引着许多游客。

✉ Commonwealth Ave. ☎ 02-6270-1234 📠 02-6281-5998 249室 💲 350澳元 🍴酒吧、餐厅及其他
http://canberra.park.hyatt.com

皇冠假日酒店
(Crowne Plaza Canberra)

▼ Ⓜ Ⓓ Ⓙ Ⓐ MAP p.312-D

与堪培拉街道风景非常相符的、现代化风格的豪华大酒店

会聚了前台大厅、长廊、餐厅等,顶棚高挑、宽大、气派的中央大门特别引人注目。客房洋溢着一种简约、雅致、明朗的氛围。

✉ 1 Binara St. ☎ 02-6247-8989 📠 02-6247-4903 295室 💲 250澳元 🍴酒吧、餐厅、游泳池、健身房及其他 http://www.ichotelsgroup.com

诺斯亭酒店
(Pavilion On Northbourne)

▼ Ⓜ Ⓓ Ⓐ Ⓙ MAP p.312-B

经济合理的价格深受顾客们的喜爱和好评

这里既有普通的标准酒店客房,也有附带厨房的公寓式客房。中庭则充满了热带风情。

✉ 242 Northbourne Ave.,Dickson ☎ 02-6247-6888 📠 02-6248-7866 102室 💲 149澳元 🍴酒吧、餐厅及其他 http://www.pavillioncanberra.com

福雷斯特公寓酒店
(Forrest Hotel And Apartments)

▼ Ⓜ Ⓓ Ⓐ MAP p.312-F

可以俯瞰科林斯公园的酒店

除普通的标准酒店客房外,还设有配备厨房的公寓式客房。酒店四周绿树成荫,其优雅、宁静的环境深受顾客们的喜爱。

✉ 30 National Circuit Forrest ☎ 02-6295-3413 📠 02-6295-2119 102室 💲 110澳元 🍴餐厅及其他 http://www.forresthotel.com

阿德莱德的概貌
(Outline of Adelaide)

蜿蜒在城市中心区的河流——托伦斯河。
在感悟历史、鉴赏艺术的浪漫时刻，
绿树环绕的阿德莱德总是那么的宁静、和谐。

城市概况

阿德莱德是澳大利亚南澳大利亚州的首府，是仅次于悉尼的澳大利亚第二古老的城市。具有历史沧桑感的石头建造的古建筑群构成了这座城市英伦风情的街道。其人口约115万。

移民开始迁入阿德莱德是在1836年。由此，一项由英国移民及来自欧洲各地的自由移民发动的城市建设工程开始如火如荼地开展起来。与悉尼及墨尔本这些作为英国流放殖民地而发展起来的城市相反，阿德莱德是由一批自愿来到这片土地上的移民们建造的自由城市。阿德莱德，是怀有开辟一片新天地远大抱负和富有进取精神的一群移民，用他们勤劳的双手一步步规划、设计、建设而成的城市。

城市结构

托伦斯河将阿德莱德划分为北阿德莱德区和南阿德莱德商业区。而威廉王路则将这两大区连接在了一起，其长度不是很长，步行就可以来回。在北阿德莱德的中心处建有惠灵广场，南部商业区的中心处建有维多利亚广场，像这样，整座城市以广场为中心，市区街道规划整齐，宛如棋盘的格子一样井然有序。南北两区四周都以标有Terrace字样的道路所包围，且在这个方块外围便是公园。街道构造非常简单，一目了然，这也是阿德莱德的特征之一。

城市的设计是由当初移民开始迁入时负责测量工程的威廉·赖特上校亲手规划设计的。他的设计直到现在仍然受到很高的评价。

在各个广场上，音乐家、歌手和街头艺人们各按所好，表演其各自的技艺，非常活跃和热闹。另外，在位于托伦斯河沿岸的阿德莱德节日中心，每逢偶数年份都会举行盛大的"阿德莱德艺术节"。每次艺术节都会吸引来自世界各地的许多游客，热闹非凡。

在阿德莱德近郊地区，有许多能够让游客们饱享美丽自然风光的旅游景点，如，造酒厂的宝库巴罗萨河谷、野生海狮和鸸鹋等珍稀动物栖息的袋鼠岛等。

气候

阿德莱德属于典型的地中海气候。就日平均气温来说，夏季和冬季相差较大，在夏季的12月~2月期间，气温在30℃上下，而在冬季的6月~8月期间，气温会降至15℃左右。

阿德莱德夏季的降雨量很少，整体上都较为干燥。但在5月~9月期间，降雨量会变多。

Information

在这里游客们还可以领到外文版的旅游指南小手册。

■南澳大利亚州政府旅游接待中心
South Australian Government Travel Centre
✉18 King William St.
☎08-8303-2033
🕐8:45~17:00，周六和周日以及节日9:00~14:00
休全年无休
MAP p.330-C

去往阿德莱德的交通

飞机

澳洲航空和维珍蓝航空每日都有从悉尼、墨尔本、布里斯班等地飞往阿德莱德的航班。悉尼飞往阿德莱德的航班所需时间约为2小时。墨尔本飞往阿德莱德的航班所需时间约为1小时15分钟。布里斯班飞往阿德莱德的航班所需时间约为2小时35分钟。

如从国内出发,还可从首都国际机场乘坐马来西亚航空的航班,经由吉隆坡抵达阿德莱德;另外,还可乘坐国泰航空的航班,经由中国香港抵达阿德莱德。

火车

有两趟定期的长途火车——"印度洋•太平洋"号和"汉"号火车驶入阿德莱德。其中,"印度洋•太平洋"号(Indian Pacific)火车每周有2趟发自悉尼或珀斯的车次,"汉"号(The Ghan)火车则每周各有一趟发自阿利斯•斯普林斯和达尔文的车次。这两趟火车的出发/到达站都是位于南部商业区以西的凯瑟克火车站(Keswik Rail Terminal)。不仅如此,所有连接澳大利亚全国各个城市之间的车次,都是以此站为出发站/到达站。车站内有咖啡店、小酒馆等配套服务设施。从车站可以乘坐迷你巴士去往市内各主要酒店,所需时间约10分钟。

长途巴士

从悉尼、墨尔本、布里斯班、阿利斯•斯普林斯去往阿德莱德,都可乘坐"澳大利亚灰狗"(Greyhound Australia)长途汽车公司运营的长途巴士。长途巴士的出发/到达站都是位于富兰克林街沿边的阿德莱德中央汽车总站。而且该汽车总站距离主街道——威廉王路也很近。

机场至市内的交通

机场区间巴士

Skylink的路线是:从国际航线的航站楼出发绕道国内航线的航站楼,然后再驶往凯瑟克火车站,之后再去往阿德莱德中央汽车总站。它途中会绕道至市内各主要酒店,所以非常便利。全程所需时间约为15分钟。从市内前往机场的话,可以选择提前打电话预约,让它到酒店接或自己前往汽车站乘车。

出租车

乘车地点位于国际航线和国内航线各自航站楼1层的出口处前方。从机场—市区大概需要15分钟。由于距离很近,所以价格仅为20澳元左右。

阿德莱德机场的国内航线航站楼

阿德莱德机场 (Adelaide Airport)

阿德莱德机场位于距离阿德莱德市中心以西约7公里处。虽然国际航线航站楼与国内航线航站楼之间相隔约1公里,但在两个航站楼之间每隔30分钟就有一趟机场区间巴士运行,所以30分钟左右就可在两个航站楼之间来回一趟。无论是国际航线还是国内航线的航站楼,到达/出发手续都是在其各自的一层办理。

印度洋•太平洋号火车
(Indian Pacific)
阿德莱德—悉尼
💲308澳元
阿德莱德发车时间:周二、周五10:00
悉尼发车时间:周三、周六14:55
所需时间:约24小时

"汉"号火车 (The Ghan)
●阿德莱德—阿利斯•斯普林斯
💲358澳元~
阿德莱德发车时间:周三、周日12:20
阿利斯•斯普林斯发车时间:周四12:45、周日15:15
所需时间:19~20小时
●阿德莱德—达尔文
💲716澳元
阿德莱德发车时间:周三、周日12:20
达尔文发车时间:周三10:00、周六9:00
所需时间:约51小时
📧Rail Australia
☎08-8213-4592
Keswik Rail Terminal ☎13-2232
(仅限市内)

长途巴士出发/到达站
(Central Bus Station)
☎08-8415-5533
📍111 Franklin St.

机场区间巴士
💲8.50澳元
🕐6:15~22:25
运行间隔:1小时
📧Skylink
☎08-8332-0528

机场区间巴士的停靠点

客运信息中心
(Passenger Transport Information Centre)

TA（Trans Adelaide）包括公共巴士在内的所有公共交通工具。游客们可以在位于威廉王路和柯里街交会点上的客运信息中心（Passenger Transport Information Centre）拿到公共巴士运行路线图和时刻表。同时工作人员还会告诉您前往目的地的公共巴士乘车路线等信息。

🚇 Currie & King William Sts.
☎ 08-8210-1000
🕗 8:00~18:00、周日10:30~17:30
🅿 全年无休

葡萄色车身的典雅电车

电车（Tram）
💲 4.40澳元
🕕 6:00~23:50
（从市内发车驶往格莱内尔格）

出租车（Taxi）
(Suburban Taxi)
☎ 13-1008（仅限市内）

独特喷绘的公共巴士

租赁汽车

大型汽车租赁公司在机场和市中心都同时设有办公室。在市内租借的汽车用完之后，可以在机场归还。

艾维斯租车(Avis)
☎ 08-8410-5727
赫兹租车(Hertz)
☎ 08-8231-2856
巴杰特租车(Budget)
☎ 08-8223-1400
节省租车(Thrifty)
☎ 08-8410-8977

市内交通

 ## Metro Ticket

在堪培拉有一种称为"Metro Ticket"的通用票，无论是公共巴士、火车、还是电车等，只要是阿德莱德的公共交通工具，无论哪个都可以凭此票乘坐。根据使用的频度、时间和距离的不同，Metro Ticket分为3大类型，共有9种不同的票。

仅能乘坐一次的为单程票（Singletrip Ticket），使用次数不限的为多次往返票（Multitrip Ticket），仅限在一天当中可以去任何地方且不限次数的为1日游票(Daytrip Ticket)。

而且，单程票和多次往返票又各自分为2大区域内和2大时间段内的间期票和全时间段票，加起来共计8种不同种类的票。在3公里以内短距离行驶的为2区间票，从开始使用之时算起2小时内有效的为时间段票。间期票，是指仅限在周一~周五的9:00~15:00期间使用的不限乘坐次数的票。而全时间段票，则是指在任何时间段都可以使用的票。

Metro Ticket价格表

	间期票		全时间段票	
	时间段票	2区间票	时间段票	2区间票
单程票	A$2.60	A$ 1.70	A$4.20	A$ 2.50
多次往返票	A$15.30	A$11.70	A$27.80	A$15.10
1日游票	A$8.00		A$27.80	

 ## 公共巴士

如果能够随身携带巴士路线图，充分灵活地使用公共巴士的话，可以提高旅游的效率。近150条的公共巴士路线将市区和郊区紧紧地连接在一起，其线路像渔网一样遍布各个地方。车票使用Metro Ticket。

 ## 电车 (Tram)

电车(Tram)行驶于商业区的维多利亚广场和格莱内尔格海滩度假胜地之间，全程约30分钟。葡萄色车身的电车，悠闲地行驶于各个住宅区之间。如果乘车时间不超过2小时的话，往返一次可以只付单程的费用。

 ## 火车

从位于North Terrace上的阿德莱德火车站有6条路线向郊区各个方向延伸。"印度洋•太平洋"号火车和"汉"号火车等长途火车的始发/到达车站固定为位于市内西侧的凯瑟克火车站。

 ## 出租车

由于在阿德莱德很少能够看到串街揽客的出租车，所以需要打电话叫出租车。有的出租车还支持信用卡支付。

车站上标有路线编号

小蜜蜂线

小蜜蜂线是环绕市内运营的免费环形公共巴士。人们冠之以"小蜜蜂"的爱称,让人感觉特别亲切。小蜜蜂线网罗了阿德莱德南部商业区的各个主要景点,对于游客而言,是条非常有利用价值的巴士路线之一。它从维多利亚广场出发,穿过威廉王路,环行于North Terrace、乔治街、欣德利街、West Terrace和East Terrace之间。每个巴士站都设有小蜜蜂的标志,非常容易辨认。为了让轮椅和婴儿车等也可以轻松地上下车,车门设计得很宽,这一点对于乘客来说是需要特别注意安全的。

小蜜蜂线(Bee Line)
■7:30~18:00(周日~21:20)、周六8:30~17:30、周日和节日期间10:00~17:30 运行间隔:5~10分钟(周六、周日、节日间隔时间为15分钟)

阿德莱德探索号

一眼看上去像电车(Tram)一样的观光巴士——阿德莱德探索号,周游于阿德莱德的各大景点之间,且随车还配有专门的导游人员。由于探索号允许自由上下车,所以游客们可以在自己喜欢的景点下车,等慢慢地游览之后再上车。出发地点位于威廉王路和朗德尔商业区交叉角处的旅游中心前面。环绕市内的线路沿途经过维多利亚广场、East Terrace、北阿德莱德、动物园等18个旅游景点。环绕海滨的线路沿途经过凯瑟克火车站、格莱内尔格海滩、阿德莱德机场和North Terrace等10个地方。合计约2小时30分钟环绕26个景点一圈。票价为30澳元,有效期为2天。由于在2009年11月它停运了,所以乘车之前建议先确认一下它的运营情况。

小蜜蜂线途经的主要路线
维多利亚广场
中央市场
欣德利街
艺术中心
阿德莱德火车站
南澳大利亚博物馆
阿德莱德植物园
欣德马什广场

阿德莱德探索号
(Adelaide Explorer)
S30澳元(仅市内为25澳元)
出发时间:市内路线9:05、10:30和13:30;海滨路线10:30、12:00和15:00(9月和1~4月为每日5趟)
■Adelaide Explorer
☎08-8293-2966

享受轻松愉快的山地自行车之旅
围绕着阿德莱德市区的公园地势都比较平坦且环境幽静。在如此美丽又安静的公园中租一辆山地自行车慢慢地闲逛,是一件很快乐的事情。
Linear Park Bike Hire
✉Elder Park, King William Rd.
☎08-8223-6271
■9:00~17:00

323 阿德莱德 阿德莱德的概貌

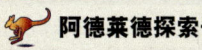
阿德莱德探索号

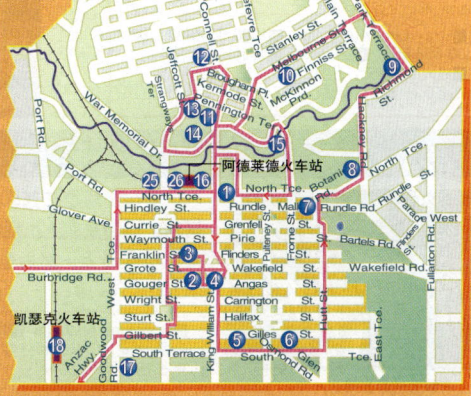

━━━ 探索号路线 ━━━ 火车路线
①38 King William Street
②~⑯市内路线 ②Hilton International Hotel ③Greyhound Bus Terminal ④Victoria Sq. ⑤Holiday Inn Motel ⑥Apartments on the Park ⑦11 East Tce ⑧National Wine Centre ⑨North Eastern Entrance to Botanic Park ⑩Melbourne Street ⑪St Peter's Cathedral ⑫Hotel Adelaide International ⑬Light's Vision ⑭Adelaide Oval ⑮Zoo ⑯War Memorial ⑰~㉖海滨路线(⑰South Park Motel ⑱Keswick Interstate Rail Terminal ⑲Sorrento Meridien Apartments ⑳Glenelg ㉑HMS Buffalo Replica Ship Restaurant ㉒Adelaide Shores Holiday Village ㉓Adelaide Shores Caravan Resort ㉔Airport ㉕NorthTerrace ㉖Hyatt Regency Hotel)

旅行指导

游览观光基本知识

就市内观光来说,最佳的方式是步行

阿德莱德原本是来自欧洲的移民为了寻求和开辟一片新天地而建设的一个完善的模型城市。其城市构造简单而又整齐,这一点对于旅行者的出游来说也非常方便。而且阿德莱德的街道都是小型的,所以基本上都可以徒步旅游。在托伦斯河的南北两侧,南部的阿德莱德商业区和北部的北阿德莱德的街道都井然有序。小而精致的城市坐落在一个边长为1.6公里的方块区域内,方块区域外围则被绿意浓浓的公园包围着。

里面有很多食品店

这里是满足购物欲望和美食欲望的好地方

就购物方面来说,有着长500米用砖铺设的步行街的朗德尔商业区是一个非常便利的地方。它是一条与North Terrace的南部平行的街道。这里是步行者的天堂,有拱廊的商店街、百货商场、老字号店铺、时装店等鳞次栉比。在位于朗德尔商业区尽头的朗德尔街内,有着一排排高档的咖啡厅、餐厅和酒吧等。这里是夜间游玩的好去处,非常热闹。如果您想找一间舒适餐厅的话,那么建议一定要去欣利街看一看,那里有希腊料理、薄煎饼、印度料理等众多美味、舒适的餐厅。唐人街位于中央市场附近的歌治尔街(Gouger St.)内。

在人来人往的朗德尔商业区散步

在巴罗萨河谷,品尝美味的红酒
(Barossa Valley Wineries)

巴罗萨河谷分布着许多葡萄酒造酒厂,这里是澳大利亚屈指可数的产酒地之一。可参观拜访3家造酒厂,在酒窖品尝美味红酒,享受品酒的乐趣。造酒厂还自设餐厅,在那里顾客们可享受一顿搭配红酒的丰盛午餐。

到处蔓延着葡萄园

Gray Line Australia ☎1300-85-8687 ℻1300-858-600 每日9:30 所需时间:8小时 成人123澳元、儿童61.50澳元 英语导游
※各大主要酒店接送

袋鼠岛之旅
(Kangaroo Island Cruise)

前往距阿德莱德80公里处澳大利亚第三大袋鼠岛的旅游活动。在袋鼠岛上生活着考拉、企鹅等数量众多的野生动物。乘飞机去岛上,然后坐渡轮返回市区的旅游项目价格为316澳元。

企鹅早上一起去海边

Gray Line Australia ☎1300-85-8687 ℻1300-858-600 每日6:45 所需时间:15小时45分钟 成人240澳元、儿童154澳元 英语导游
※在各大主要酒店接送

到阿恩多夫,漫步德国风情的街道
(Hahndorf Adelaide Hills)

位于阿德莱德郊区的阿恩多夫,保留着许多德国风情的街道。在街上走一走,逛一逛古董店、珠宝店,然后品尝一下当地啤酒的味道或者品一品红茶休息片刻。

Adelaide Sightseeing ☎08-8231-4144 ℻08-8410-2269 每日13:30 所需时间:4小时 成人59澳元、儿童30澳元 英语导游
※在各大主要酒店接送

从阿德莱德启程,享受一次**浓郁飘香**的葡萄酒之旅

巴罗萨河谷
(Barossa Valley)
MAP P.325-B

近年来,澳大利亚产的葡萄酒格外受到瞩目。在众多葡萄酒产地当中,距离阿德莱德约1小时车程的巴罗萨河谷是澳大利亚国内屈指可数的著名酿酒区之一。在长达30公里的河谷内,分布着50多个酒庄。

展馆内描绘着葡萄酒酿造过程的各个情景,给人一种强大的冲击力和震撼力

葡萄酒在酒桶中存放几年甚至几十年会让酒变得更加香醇

去往巴罗萨河谷

可跟团旅游也可乘坐巴士,或者租一辆车自己驾车旅游会更加便利。如果选择巴士的话,可以乘坐从中央汽车总站发出的开往坦达的那班巴士。到达坦达大概需要1小时15分钟。该巴士周一~周五为每日3班,周六为每日2班,周日为每日1班。

了解巴罗萨的葡萄酒

■ 巴罗萨葡萄酒及旅客接待中心
(Barossa Wine&Visitor Center)

为了通晓巴罗萨的城市及其久负盛名的葡萄酒,需要先在这里了解一些相关信息。

📍66-68 Murray St. ☎08-8563-0600 🕘9:00~17:00、周六、周日及节日期间为10:00~16:00
🚫耶稣受难日、圣诞节 💲免费

■ 巴罗萨河谷1日游
(A Day in the Barossa Valley)

不妨去体验一下参观4个酒庄、欣赏附近风景名胜的巴罗萨河谷1日游吧。

📍Adelaide Sightseeing ☎08-8231-4144
📅周一、周三、周五、周六9:30 所需时间:8小时 💲99澳元

参观酒庄这一旅游项目极富人气

就参观酒庄来说，几乎所有的酒庄在参观完后都可以试饮葡萄酒，这一点非常受顾客们的欢迎。在品酒专柜，工作人员会少量地给您斟葡萄酒，如果碰到您喜爱的葡萄酒，可以不用拘束地尽情品尝。但是，虽说葡萄酒好喝，但如果太过得意忘形、喝得太快的话，也是容易喝醉的。所以游客们在品酒时一定要注意，千万不要贪杯哦。

一望无际的葡萄园

MAP p.325-B　V M D J A

亚尔伦巴酒园 (Yalumba Winery)

古老的酒园

1849年设立的老字号酒园。从其青色大理石的建筑中就能感受到其深厚的历史底蕴。亚尔伦巴酒园占地面积达600公顷，是澳大利亚规模最大的家族经营模式的酒园。其品酒室也非常的宽敞、豪华。向您推荐这里的Pewsey Vale的加本力苏维翁(Cabernet Sauvignon)等顶级红酒。顺便说一下，红酒搭配奶酪可谓绝配，您不妨试试。

✉ Eden Valley Rd., Angaston
☎ 08-8561-3200
🕙 10:00~17:00
休 耶稣受难日、圣诞节

亚尔达拉酒庄 (Chateau Yaldara Estate)

MAP p.325-B　V M D A

有着300年以上悠久葡萄栽培技术经验的萨姆家族，在1947年创立了这家酒庄。支撑着这家酒庄久盛不衰的是其传统经典的口味。它继承了德国葡萄酒的浓香。这里的香槟酒(Sparkling Wine)已是久负盛名，另外听说这里的Vintage系列的葡萄酒价格便宜，深受好评，不妨去探探真假吧。除有参观酒庄的旅游之外，还有参观古董店、鉴赏古玩等旅游项目。

✉ Hermann Thumm Dr., Lyndoch　☎ 08-8524-4200　🕙 9:00~16:30
有导游带队的团体游　出发时间：10:15、13:30　所需时间：30分钟　💰 6.50澳元　休 耶稣受难日、圣诞节

导游队员为我们进行简洁易懂的说明

奥兰多葡萄酒 (Orlando Wines)

MAP p.325-B　V M D A

葡萄酒种类丰富

最畅销的杰卡斯葡萄酒（Jacob's Creek）早已扬名国际，除此之外，还有其他许多曾经荣获过各种奖项的优质葡萄酒，无论哪一款都堪称顶级。汇集了高品质、甘醇口感和价位适当三大优点的这款奥兰多葡萄酒，可以称得上是名副其实的巴罗萨代表作。在此向您推荐果味的霞多丽(Chardonnay)和浓醇口感的香槟酒(Sparkling Wine)。

✉ Barossa Valley Way, Rowland Flat
☎ 08-8521-3140　🕙 10:00~17:00（周六、周日、节日、公共假日~16:00）　休 圣诞节

如果您想要购买大量的葡萄酒送往中国

也许有的游客想要购买大量的葡萄酒作为礼物带回中国，但是又会因为太重，不能将它们作为随身行李带上飞机而感到惋惜和惆怅。现在你们大可放心啦！因为大多数的酒庄都会提供寄送服务。运费会视商品重量的多少而有所差异，但是一般来说，一纸箱葡萄酒（10瓶）的运费约184（不含税）澳元。虽然从这里送抵中国大概需要花1~2周的时间，但如果自己带回中国的话可能会在途中因不小心而被打碎，所以还是这个方式比较有保障。然而，如果只是运送少量葡萄酒的话，有可能加起来的成本甚至会比在国内购买的价格高出许多，建议您事先计算、权衡一下。就1日游来说，因为游客在一天当中会参观好几家酒庄，所以很可能在不知不觉中就购买了很多的葡萄酒。对于这些人群来说，酒庄提供的寄送服务就显得特别方便了，不仅是一个好帮手，而且若购买的瓶数不多时，您还可以跟朋友一起办理寄送服务。

袋鼠岛 (Kangaroo Island)

大自然的宝库——袋鼠岛，位于阿德莱德西南约143公里处。据说袋鼠岛总面积约4430平方公里，是澳大利亚第三大岛屿，因岛上生活着以袋鼠为代表的多种珍贵野生动物而出名。另外，岛上还有丰富多样的观光景点。金斯科特（Kingscote）是袋鼠岛的中心。

去往袋鼠岛的路线

●飞机

从阿德莱德机场，乘坐区域快线航空、南方航空等航空公司的航班。飞行时间约为30分钟，每日都有航班飞行。

●渡轮

从阿德莱德的中央汽车总站乘巴士行驶约2小时到达杰维斯角海角，然后换乘渡轮，航行约1小时即可抵达潘尼萧（Penneshaw）。如果继续转乘大巴还可到达美洲河（American River）、金斯科特（Kingscote）（巴士+渡轮，单程成人43澳元、儿童24澳元；往返成人86澳元、儿童48澳元。汽车，送至距杰维斯海角5米处，单程84澳元）。

✉ Kangaroo Island Sealink：
☎ 08-8202-8688

这里是袋鼠岛上最有人气的观光景点之一——海狮湾自然保护区的入口。从观景台上可以看到成群的海狮在沙滩上休息的画面。想要更近距离观看海狮的游客，就选择有导游带队的团体旅游吧。

◆ 在海狮湾自然保护区，与野生海狮们近距离接触

海狮湾自然保护区（Seal Bay Conservation Park）是世界上唯一一个能够如此近距离观看野生海狮的地方。从海里游上岸的几十头海狮在沙滩上享受日光浴的样子是多么地惹人喜爱啊。这里生活着约150头海狮。这些海狮早已习惯了游客们的来访。它们或试着靠近你的身边，或随性地躺下休息，用它们独特的动作赢得观看者们的欢心。野生海狮们相互打斗、嬉戏的样子是在其他地方无法欣赏到的珍贵场面，所以赶快把握好抓拍的时机，按下快门来留住这精彩的瞬间作为永久的纪念吧。

◆ 让我们一起来遵守自然保护区的规章制度，做一个文明的游客吧

全世界的动物学家们都在关注的海狮被指定为保护动物，所以在没有管理员做导游的情况下，游客是禁止进入保护区内的。这一点游客们需要注意。另外，虽然海狮属于温顺的动物，但是为了安全起见，请不要太靠近海狮，与之保持6米以上的距离。全程约

高兴地在蓝色大海中游动的海狮

海狮已经习惯了人类，反而会向人类靠近

45分钟的团体参观,其时间段为每日的9:00~17:00。去袋鼠岛旅游,首先想要拜访的就是这个保护区。相信与爱亲近人的海狮的邂逅一定会给您留下一段美好的回忆。

向洗净心灵的自然胜地出发

好想近距离地观察野生动物啊!有这个愿望的游客,不妨随我一起去南澳大利亚最大的国家公园——弗林德斯蔡斯国家公园(Flinders Chase National Park)看一看吧。在这片面积达73,622平方公里的广阔原始森林当中,您可以观察到大袋鼠、考拉、小袋鼠、鸭嘴兽、针鼹等许许多多的野生动物。在入口附近设有国家公园管理所,在这里游客们可以在喜爱与人亲近的大袋鼠、小袋鼠的簇拥下,享受用午餐的乐趣。但是,为了保护这些可爱的动物,请不要给它们喂食。

如果您想饱览大自然的鬼斧神工所创造的各种唯美艺术品的话,那么非凡石(Remarkable Rocks)和旗舰拱门(Admiral's Arch)是您的必去之处。经过长年累月的海水强风侵蚀而形成的岩石,形态千奇百怪,让您能够真切地感受到大自然的无穷力量。

此外,袋鼠岛还是一座美丽的"地上乐园",每年的春天和夏天,岛上会有750多种的花朵盛开,五彩缤纷、如画一般的美丽。漫步找寻前所未见的珍稀花朵、在路边邂逅野生动物,是唯有在这座岛上才能够体验到的。让我们一起尽情享受大自然的无限风光吧!

这是被侵蚀成拱门形状的旗舰拱门(Admiral's Arch)。从这里还能观察到新西兰海狗。另外,这里的海岸线也很美。

在弗林德斯蔡斯国家公园,考拉、大袋鼠、小袋鼠等众多野生动物迎接您的到来。

这就是因受到海浪和强风侵蚀而形成的奇岩——非凡石(Remarkable Rocks)。高达30米的岩石有着一种强大的原始生命力和生动的艺术感。

阿德莱德　329　袋鼠岛

Sightseeing 精品旅游景点

南澳州博物馆
(South Australian Museum)

MAP p.330-D

从旅游接待中心步行5分钟　North Terrace　08-8207-7500　10:00~17:00（澳新军团日13:00~）　耶稣受难日、圣诞节　免费

建筑物前面是一片绿意盎然的草坪

石头建筑的博物馆内收藏着以澳大利亚自然文化史为代表的，包括新几内亚文化、美拉尼西亚文化在内的成千上万的古迹和各种资料等。在众多收藏品中，与原住民土著民族相关的资料堪称是世界上最齐全的。另外，从世界各地收集而来的各种珍奇野兽的标本也非常值得一看。在博物馆的入口处，展览着一副全长达98.8米的巨型蓝鲸骨骸标本，仿佛在迎接游客们的到来似的。博物馆内还有商店及咖啡馆等配套设施。

南澳州美术馆
(Art Gallery of South Australia)

MAP p.330-D

从旅游接待中心步行6分钟　North Terrace　08-8207-7000　10:00~17:00（耶稣受难日13:00~）　圣诞节　免费（特别规划的展览有时也许会收费）

紧挨着博物馆的建筑就是南澳州美术馆。南澳州美术馆于1881年开馆，馆内展览着各式各样的绘画作品、陶瓷器和各国的钱币等收藏品，且收藏的作品数目巨大，范围非常广泛。在如此多的收藏品中，18世纪以后的澳大利亚绘画作品、装饰品和土著艺术作品，以及16世纪以后的英国美术作品等颇有意思。在亚洲展区内也有许多珍贵的收藏品。在每天的11:00和14:00这两个时间段，馆内会有由导游讲解的集体参观活动（需要预约）。

美术馆内经常举办各种各样的展览

艾尔斯故居博物馆
(Ayers House Museum)

MAP p.330-D

从旅游接待中心步行10分钟　288 North Terrace　08-8223-1234　10:00~16:00（周末和节日期间13:00~）　周一、耶稣受难日、圣诞节　成人8澳元、儿童4澳元

用青石建造而成的优雅建筑物

这里是靠开发铜矿来聚集财富并在1857~1893年期间历任南澳州州长的亨利•艾尔斯爵士的官邸故居。室内布置摆设着他生前使用过的维多利亚王朝后期的家具和日常用具。博物馆的一部分被改造成了餐厅，现在这里是博物馆兼餐厅。

阿德莱德植物园
(Adelaide Botanic Gardens)

MAP p.330-D

从旅游接待中心步行15分钟　North Terrace　08-8222-9311　8:00~17:30（开放时间每个月都不相同）　全年无休　免费（进入温室馆内 成人4.50澳元）

阿德莱德植物园是在1855年创建的。它坐落在市区东侧，作为绿意浓浓的休憩场所受到市民们的喜爱。修剪仔细的草坪遍布园内，在几近原始自然状态下向游客们展示着各种澳大利亚特有的植物和来自世界各国的树木及植物。植物园内还有为了纪念建国200周年而建造的南半球最大的温室（参观时间10:00~16:00）。温室内仿佛真实地再现了一个热带雨林世界。

南半球最大的温室

一起去接触并了解澳洲土著文化吧

坦达尼亚国家土著民文化研究所
(Tandanya National Aboriginal Cultural Institute)

MAP p.330-D

🚋从旅游接待中心步行13分钟 📍253 Grenfell St. ☎08-8224-3200 🕗8:00~17:00 🚫耶稣受难日、圣诞节、元旦 💰成人5澳元、儿童3澳元（画廊是免费的）

这里是传达土著民族的历史，保存并介绍土著文化的地方。在画廊内展览着众多由土著民绘画的美术作品。用于表演的专门区域，在每周末的12:00会有精彩的土著舞蹈现场表演。研究所内并设的商店有绚丽的画册(8.95澳元)、录像带(225澳元)，及以澳大利亚动物为主题的文化T恤衫和装饰品等出售。坦达尼亚(Tandanya)是自古以来生活在这片土地上的土著民的语言，意思是"红色袋鼠的领地"。

中央市场
(Central Markets)

MAP p.330-E

🚋从旅游接待中心步行15分钟 📍Gouger St. ☎08-8203-7494 🕗周二7:00~17:30（周三、周四9:00~、周五~21:00、周六~15:00）🚫周一、周日、节日

在这里可以窥见澳大利亚人的生活形态

阿德莱德中央市场靠近维多利亚广场，在格罗特街（Grote Street）和歌治尔街（Gouger Street）之间，是一个与市民日常生活密切相关的市场，创建已有120年的历史了。 在中央市场的同一屋檐下，开设着生鲜食材、快餐外带食品、医疗、宝石、日常杂货、特产店等250多家商店，鳞次栉比。这里还有一些具有中东、中国等外国风情的商店。阿德莱德中央市场是一个富有特色并充满活力的市场。

格莱内尔格海滩
(Glenelg Beach)

MAP p.325-C

🚋从维多利亚广场乘电车（Tram）行驶约25分钟，在终点站下车

从市区乘古老样式的电车，行驶约25分钟。到达电车的终点站后，展现在您面前的将是一片美丽的白沙海滩。在电车车站所在的广场上，竖立着开拓者纪念碑，向现代的人们讲述着殖民时代的历史。在主街道上，有一排排的咖啡馆、餐厅和特产店，让人能够品味到几分度假胜地的感觉。一起去体验一下游泳累了之后爬上沙滩、拿出带来的食品在沙滩上悠闲享用午餐的那种惬意吧。在海滩附近的码头上还有通往袋鼠岛的轮渡。

风平浪静的海面一望无际

莱特将军瞭望台
(Light's Vision)

MAP p.330-C

🚌从威廉王路乘182路、22路公共巴士，下车后再步行5分钟 📍Montefiore Hill, North Adelaide

阿德莱德的城市规划宛如棋盘的格子一样整齐有序。在位于市区北部的北阿德莱德的小山丘上，竖立着当年指挥建设阿德莱德城市的威廉·莱特上校的铜像。铜像的台座上刻着"让后人来判断我的州都选址正确与否"的名言。这里的远景也格外地出众。

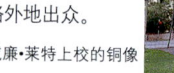

威廉·莱特上校的铜像

SHOPPING   购物

阿德莱德的购物核心地带是朗德尔商业区。位于其东侧的朗德尔街引领时尚潮流，是年轻、时尚的风向标。像West End和中央市场这些地方，哪怕不购物，单是参观和闲逛都会让人心情愉快。

迪特斯干果店 (Ditters)
V M D A   MAP p.330-D

阿德莱德名产——干果的老字号

店内有品种丰富的南澳大利亚特产干果和坚果果仁。其中，香蕉干每千克14.80澳元、咸味花生每千克9.50澳元。另外，店内常年都有多达140种不同的干果出售。

📍26 Gawler Pl. ☎08-8232-0915
🕐9:30~17:30（周五~20:30、周六~17:00、周日11:00~17:00） 全年无休

皮革与商品 (Skins&Things)
V M D A J   MAP p.330-B

如果您想购买独创设计的皮革制品的话，就请来这里吧

这是一家经营皮革制品的专卖店，店内有各种皮革商品，如皮夹克、皮裤子、皮带等，品种丰富齐全。这家店还接受订制，因此想要购买独创的皮革制品的朋友一定要到这里来看一看哦。但是，订制的物品制作完成至少也要一周时间。

📍140 Melbourne St.,North Adelaide ☎08-8267-4638 🕐10:30~17:30（周四~18:00、周六~17:00） 周日

蛋白石宝石场 (Opal Field Gems)
V M D A J   MAP p.330-C

经营蛋白石等珠宝首饰的珠宝店

店内摆放着使用阿德莱德郊区开采而来的蛋白石加工制作而成的项链、戒指、耳环、手表等各式各样的装饰品。在这家店内，录像带播放着各种商品加工制作的过程，同时还有实地演示——现场制作展示。内部镶嵌着化石的蛋白石收藏珍品是绝对不容错过观赏的，而且店内还有简单的小礼物10澳元出售。

📍33 King William St. ☎08-8212-5300 🕐9:00~18:00（周五~19:00、周六~17:00、周日10:00~17:00） 复活节、圣诞节

果酱工厂 (Jam Factory)
V M D A J   MAP p.330-C

现代艺术品的汇集地

这是一家经营和销售南澳州艺术品的工厂。从花瓶到家具，这里的商品应有尽有。因为运输系统非常完善，所以即使是易碎品也大可放心地托运。购买这里的商品还提供免费的精美包装。

📍19 Morphett St. ☎08-8410-0727
🕐9:00~17:00（周五~17:30、周六10:00~17:00、周日13:00~17:00） 耶稣受难日、圣诞节

达雷尔利巧克力店 (Darrell Lea Chocolate Shop)
V M A J

MAP p.330-C

店内的巧克力堆积如山

这是一家有着75年历史且在当地设有多家分店的老字号巧克力商店。它坐落在繁华的威廉王路上,店内五彩缤纷,堆满了各种流行的巧克力。单单看着那些包装精美的巧克力就让人觉得赏心悦目,忍不住要流口水。除散装的巧克力外,店内还有品种丰富的礼盒装巧克力,非常适合当做礼物赠送给朋友。味道浓厚的Rocky Road价格为4.50澳元。热情开朗的店员用他们灿烂的笑脸迎接每一位顾客的到来。

42 King William St.
08-8231-3828
9:00~17:30(周六~17:00、周日11:00~17:00)
圣诞节

纯澳大利亚服饰公司 (Purely Australian Clothing Company)
V M A

MAP p.330-D

这里有澳大利亚丛林帽及其他澳大利亚品牌

色彩艳丽且设计独特、新颖的毛衣250澳元;印有考拉、大袋鼠等图案的T恤衫19.95澳元。电影《鳄鱼邓迪》(Crocodile Dundee)中那熟悉的丛林帽等也非常畅销。

Shop 34 Gawler Pl. 08-8234-4003 8:30~22:00(周六9:00~15:00) 全年无休

斯诺古姆 (Snowgum)
V M D A

MAP p.330-D

经营户外用品的专卖店

使用Polartec面料制作而成的日常着装版羊毛外套99澳元。店里除了有帐篷、睡袋等户外用品外,耐用性能良好的露营专用物品也很丰富。这里的商品不仅设计独特而且价格也适中。

192 Rundle St. 08-8223-5544 9:00~17:00 圣诞节

茱丽 (Jurlique)
V M A

MAP p.330-C

充分利用阿德莱德的天然资源制作而成的化妆品

这是一家经营销售化妆品、护肤品和保健品的专卖店。它位于时尚、繁华地带——朗德尔商业区的一角。其特点在于,是原封不动地直接利用无农药有机栽培植物的天然颜色和香味制作而成的。因此,它作为纯天然化妆品受到广大顾客们的青睐。位于阿德莱德的香草种植园是该系列天然化妆品的发祥地。这片土地自然条件优越,有着纯净的土地、水源和新鲜的空气。

Shop G2A,Rundle Mall Plaza 08-8410-7180 9:00~17:30(周五~21:00、周六~17:00、周日11:00~17:00) 圣诞节、耶稣受难日

Restaurant

餐厅

如果想去豪华咖啡馆的话，还是朗德尔街好；如果想去体验一下富于变化的不同美味的话，还是位于中央市场附近的歌治尔街好；如果想要体验一下民族特色系列料理的话，还是欣德利街好。用适中的价格，享受正宗地道的味道。

 纽曼斯苗圃与托皮茶坊 不支持信用卡支付
(Newmans Nursery and Topiary Tea House) MAP p.330-B

逛累了就在这里休息片刻吧
位于阿德莱德郊区的一家园林商店和茶坊。享受一下红茶和美餐的休息时间。

■Northeast Rd., Topiary ☎08-8264-2661 ■9:00~17:00（周六、周日10:00~17:00）休全年无休 ⑤5澳元~15澳元

 阿马尔菲比萨餐厅 V M D A
(Amalfi Pizzeria Restaurant) MAP p.330-D

不讲求花哨，为顾客提供地地道道的意大利料理
向您推荐的是大蒜风味的贻贝和内含大量海鲜的意大利面——Marinara。

■29 Frome Rd. ☎08-8223-1948 ■12:00~14:30，17:30~22:30（周五、周六~23:30，周六仅晚间营业）休周日 ⑤20澳元~30澳元

335

 周记餐厅 V M D A J
(House of Chow) MAP p.330-F

敬请品尝非常适合搭配红酒的地道中国菜
建议您一定要尝一尝香辣四川风味的炒牛肉（11.50澳元）搭配着红酒（23.50澳元）一起享用的那份美味。而且这里的餐后甜点种类也非常丰富。

■82 Hutt St. ☎08-8223-6181 ■12:00~15:00，17:30~22:30（周五、周六~23:30，周日仅晚间营业）休全年无休 ⑤30澳元

 通用红酒酒吧 V M A
(Universal Wine Bar) MAP p.330-D

享受一顿红酒和澳大利亚料理的大餐
酒吧内的葡萄酒以澳大利亚自产的葡萄酒为主，种类多达100种以上。真想一边手里抓着约克半岛打捞上来的牡蛎（15.50澳元）等海鲜，一边细细品尝澳大利亚美味的葡萄酒。用澳大利亚特有食材烹饪的料理也广受好评。这家酒吧在当地非常有名气，所以若想在周末光顾这里的话，最好提前预约。在周末，酒吧内还有爵士乐现场音乐会，作为大人们的优雅时间，非常热闹。午餐时间为周一~周五的12:00~15:00。

■285 Rundle St. ☎08-8232-5000 ■12:00~15:00，18:00~22:30 休全年无休 ⑤10澳元~20澳元

现代日本料理店
(Kenji Modern Japanese)

V M D A J
MAP p.330-F

日本料理与现代澳大利亚料理融和而成的混合风味。不妨去品味一下用巴罗萨河谷产的猪肉烹饪而成的红炖猪肉（30澳元）等独创风味的料理吧。

Shop 5, 242 Hutt Street　08-8232-0944　18:00~22:00　休周日　$60澳元

 蒙特苏马
(Montezma's)

V M D A
MAP p.330-B

热门菜品玉米片（Nachos）价格为7.50澳元，蘸着辣椒吃的玉米卷饼（Enchilada）价格为8.95澳元。在露天的席位上享受中午的咖啡时光。

134 Melbourne St.,North Adelaide　08-8239-0949　12:00~14:15、17:00~21:00（周六、周日~22:00）　休全年无休　$8~15澳元

 贝尔乳业冰激凌商店
(Dairy Bell Ice Cream)

不支持信用卡支付
MAP p.330-B

在众多口味的冰激凌当中，香草口味和巧克力口味的特别受欢迎。最小尺寸的圆筒冰激凌价格为0.50澳元。香蕉船冰激凌（3.20澳元）和奶昔冰激凌（2澳元）的分量十足。买一份冰激凌在商店前面的凉台上休息片刻吧。

6/168 Melbourne St.,North Adelaide　08-8267-5499　10:00~22:00　休全年无休　$2澳元~5澳元

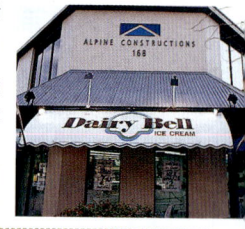

 温迪波恩特餐厅
(Windy Point Restaurant)

V M D A
MAP p.325-C

该餐厅位于贝莱尔国家公园附近。它是一家可以观赏到街道全景的高级餐厅。这里用有袋鼠岛的牡蛎、鸵鸟以及大袋鼠的里脊肉烹饪的各种高档美味料理。通过玻璃的屋顶还可以仰望星空的美景。

Belair Rd., Belair　08-8278-8255　18:00~23:00　休周日、圣诞节、复活节、澳新军团日　$22澳元~30澳元

 安德斯咖啡厅
(Cafe Anders)

不支持信用卡支付
MAP p.325-C

玻璃柜内摆放着香喷喷的蛋糕、三明治（2.90澳元）和乳蛋饼（Quiche, 2.30澳元）。虽然您可以选择在店内吃，但选择外带的话会比较便宜。店内还有香醇的咖啡（2澳元）。

53 Jetty Rd., Glenelg　08-8295-4569　8:30~18:00　休元旦、圣诞节　$5澳元~10澳元

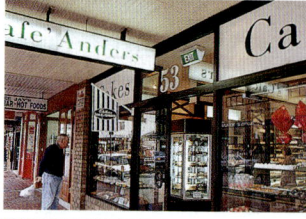

 红赫石
(Red Ochre)

V M D A
MAP p.330-C

它建在托伦斯河沿岸，周边的风景特别美丽。在这里您可以品尝到新鲜的鳞介类、大袋鼠肉、鸸鹋肉等澳大利亚特有的新颖料理。

War Memorial Drive, North Adelaide　08-8211-8555　18:00~22:30　休周日、节日　$15澳元~40澳元

HOTEL

酒店

高档酒店主要集中在会聚了众多博物馆、美术馆、大学等文化设施的繁华而又便利的市中心——North Terrace。追求幽静环境的游客则不妨查询一下位于北阿德莱德或城市郊区南侧、西侧的酒店。

欣德利街休闲酒店
(Breakfree On Hindley Adelaide)

V M D A J MAP p.330-C

附带厨房的高级酒店客房受到长期旅居者的好评

红砖砌建的建筑外观与阿德莱德质朴的氛围非常相称。酒店客房还附带有厨房，客人可以把它当做家一样来生活。客房洋溢着家一般的温馨，让人感觉特别愉快、舒适。

255 Hindley St. ☎08-8217-2500 FAX08-8217-2519 142室
$112澳元 餐厅及其他
http://www.breakfree.com.au

斯坦福假日酒店
(Stamford Plaza Adelaide)

V M D A MAP p.330-C

面向North Terrace而建的豪华酒店

斯坦福假日酒店是阿德莱德屈指可数的高档酒店之一。几乎从所有的客房都可以望见埃尔德公园、托伦斯河、节日剧院等景点，地理位置和取景都非常优越。装饰艺术派风格的室内家具及装修让人赏心悦目。

150 North Tce. ☎08-8461-1111 FAX08-8231-7572 336室
$195澳元（双人间、不指定房号）餐厅、酒吧、游泳池、桑拿室、无烟房及其他　http://www.stamford.com.au

洲际酒店
(InterContinental Adelaide)

V M D A J MAP p.330-C

这座高达128米的高层酒店是阿德莱德的标志性建筑之一

建立在托伦斯河畔的高级酒店。从宽敞的客房可以观赏阿德莱德那绿意浓浓的街道风景。另外，它还毗邻阿德莱德赌场，因此夜生活非常丰富。

North Tce. ☎08-8238-2400 FAX08-8231-1120 367室
$200澳元 餐厅、酒吧、游泳池、桑拿室、健身房及其他
http://www.ichotelsgroup.com

希尔顿大酒店
(Hilton Adelaide)

V M D A J MAP p.330-E

即使是英语不好的游客也可安心居住的酒店

希尔顿大酒店面向维多利亚广场而建，是一家18层的高档酒店。它坐落在市中心，因此观光旅游非常方便，而且内部还有网球场、游泳池等，配套设施非常完善。

233 Victoria Sq. ☎08-8217-2000 FAX08-8217-2001 379室
$195澳元 餐厅、酒吧、网球场、游泳池、体育馆及其他
http://www.hilton.com

欣德利街大臣酒店
（Grand Chancellor Adelaide on Hindley）

V M D A J MAP p.330-C

热带植物生长繁茂、热带风情的游泳池是它的骄傲
位于市中心的15层精品酒店。酒店内还设有附带厨房的公寓式客房，这对于长期旅居者来说再合适不过了。建议您体验一下在充满热带风情的泳池里悠闲享受日光浴的那种美妙感觉。

65 Hindley St. ☎08-8231-5552 FAX08-8237-3800 180室 S135澳元
餐厅、酒吧、游泳池、体育馆、桑拿室及其他
http://www.ghihotels.com

奇利夫大酒店
（Grand Chifley Adelaide）

V M D A MAP p.330-F

能够纵览South Terrace美丽绿化带的酒店
这是一家在2009年2月改建后重新开张的高级酒店。其南面是帕克兰兹公园，酒店周边的景色很美。酒店内设有能够品尝到阿德莱德自产葡萄酒的餐厅。

08 South Tce. ☎08-8223-2800 FAX08-8224-0519 134室 S132澳元 餐厅、酒吧、游泳池、洗衣房及其他 http://www.chifleyhotels.com.au

格罗夫纳美居酒店
（Mercure Grosvenor Hotel）

V M D A J MAP p.330-C

大理石点缀的古雅酒店
它位于市中心地带，距离购物街、节日剧院都很近，地理位置出众，非常便利。在酒店内设的社交室，每周周五和周六的晚上都会定期举行现场音乐会。这一点博得了顾客们的一致好评。

125 North Tce. ☎08-8407-8888 FAX08-8407-8866 290室
S99澳元～（双人标准房）餐厅、鸡尾酒酒吧、桑拿室、体育馆、洗衣房及其他 http://www.accorhotels.com.au

梅迪纳商务大酒店
（Medina Grand Adelaide Treasury）

V M D A J MAP p.330-E

由历史悠久的旧财政部大厦改建而成的高档酒店
梅迪纳商务大酒店面朝阿德莱德的中心——维多利亚广场，毗邻大会堂，地理位置极佳。它是由19世纪建立的旧财政部大厦改建而成的著名五星级酒店。公寓式客房内设有1~2间卧室，可以有多种利用方式。酒店内还设有餐厅、体育馆、游泳池等完善的配套设施。在此您能享受一段豪华的度假时光。在夜间，酒店石筑的外墙上会亮起绚丽的霓虹灯，呈现出与白天不一样的面貌。

宽敞的客房

2 Flinders St. ☎08-8112-0000 FAX08-8112-0199 80室 S470澳元 餐厅、体育馆、游泳池及其他 http://www.medina.com.au

欧洲风格的宏伟建筑

天鹅河畔宁静、明朗的城市
珀斯
(PERTH)

珀斯的概貌
(Outline of Perth)

高层建筑林立的现代化大城市的旁边，细细流淌着美丽的天鹅河（Swan River，也称斯旺河）。也许是得益于其温和的气候，整个城市的节奏也非常轻快，悠闲自在。

城市概况

珀斯是西澳州最大的城市。人口约155万。早在欧洲移民到来之前，许多土著居民早已在斯旺河流域定居多年了。1829年，由英国詹姆斯·斯特林（James Stirling）船长率领的开拓移民团迁移至此，并开始了珀斯城市的基础建设。在那之后，随着英国移民的陆续迁入，城市慢慢地发展起来。在19世纪70年代，这里的黄金及其他矿藏的开采产业规模迅速扩大，同时得益于"淘金热"浪潮的推动，珀斯取得了迅速的发展。现在的珀斯是一座位于美丽的天鹅河河畔的高层建筑鳞次栉比的现代化大都市。在珀斯，现代气息与绿荫繁茂的自然和谐相融、怡然自得，绝不会产生大都市特有的那种快节奏和喧闹感。附带说一下，天鹅河这一名字来源于河上栖息着大量的黑天鹅。现在，黑天鹅已成为西澳州的标志。

城市结构

城市的中心地带规模并不大，步行就可逛一圈。美丽的珀斯以天鹅河为界分为南北两部分。天鹅河北岸为市区，南岸为南珀斯。在天鹅河两岸分布着以"国王公园"为代表的众多公园，向我们展示着一幅碧水、绿树辉映的美丽风景画。在珀斯的市中心商业区，有海伊步行街（Hay Street）购物中心和莫瑞街（Murray Stree）购物中心这两大步行者的天堂，以及与之交会的多个市场、百货商场、商店、餐厅等，数百家商店云集于此。

位于珀斯中央车站北侧被称为"Northbridge"的地区，是珀斯NO.1的繁华地带。这里聚集了众多老字号酒吧，中国、意大利、法国、希腊等各国料理餐厅，以及欧式风格的咖啡馆等，总是那么的热闹和繁华。从中央车站乘火车往西行驶2站就是萨伯卡车站，这一带有许多特色餐厅、酒吧和市场等，是最近比较热门的地区。而天鹅河南岸则是一片片的高级住宅区。

珀斯西濒印度洋，在其西边的郊外是连绵不断的白沙海滩。这片美丽的海滩作为度假胜地极富人气，吸引着众多游客来此游玩。港口城镇的弗里曼特尔保留了许多殖民开拓时代的旧建筑和古迹，是一个有着深厚历史文化底蕴的著名城镇。另外，在距弗里曼特尔海面上19公里处的蓝色大海中，有一座名叫"罗特内斯特"的美丽岛屿。

气候

珀斯一天的日照时间平均为8小时。它以澳大利亚日照时间最长、天气最好的城市而闻名。12月~2月期间的夏季，日平均气温为29℃；6月~8月的冬季，日平均气温为18℃。5月~8月期间，这里的降雨量急剧增加，因此珀斯的冬季非常潮湿。

Information

向游客提供西澳州所有的资讯
■西澳州政府观光旅游局
Western Australian Visitor Centre
✉ Forrest Place, Cr. Wellington St ☎1300-361-351
⏰8:30~18:00（周六~12:30）
呼叫中心6:00~18:00，周六8:30~12:30 休周日

MAP p344-I

从中国前往珀斯的交通

从中国到珀斯，广州新白云国际机场有直飞珀斯的航班，约需7小时。另外，北京首都国际机场和上海浦东国际机场有马来西亚航空、国泰航空、新加坡航空、泰国航空等航空公司运行的转机航班，价格相对合算，但所需时间较长。另外，如果从其他的城市转乘航班再进入珀斯的话，则可乘坐悉尼或者布里斯班至珀斯的直达航班。

机场至市内的交通

  ## 机场巴士

从国际航线航站楼和国内航线航站楼分别有驶往各大主要酒店之间的机场巴士。机场巴士的运行时间与航班的时间一致。从国际航线的航站楼乘车的话，票价为20澳元，到达市内大概需要40分钟。从国内航线的航站楼乘车的话，票价为15澳元，到达市内同样需要约40分钟。

从市内去机场，如果提前打电话预约的话，机场巴士会去各大主要酒店接您。

珀斯国际机场
(Perth International Airport)
珀斯国际机场位于市区东北16公里处。国际航线和国内航线的航站楼以夹在二者之间的跑道为界划分在东西两侧，二者之间相距约5公里。两大航站楼之间的移动使用机场市区摆渡车。所需时间为5~10分钟，票价为8澳元。乘坐澳洲航空、寰宇一家（Oneworld）、Quantas share-code flight的乘客只要出示您的机票可免费乘坐。

机场巴士服务(Airport Bus Service)
S 20澳元（国内航线15澳元）
所需时间：约40分钟
Feauture Tours ☎08-9475-2900

  ## 公共巴士

从国内航线航站楼，每日都有市营巴士的36路、37路和40路的各趟巴士驶往市内的中心地区。36路和40路巴士的终点站为滨海艺术中心巴士站，37路巴士则途经贝尔蒙多论坛购物中心，开往终点站国王公园。
S 3.60澳元
所需时间：约45分钟　运行间隔：30分钟
Transperth ☎13-6213（仅限市内）

  ## 出租车

出租车乘车地点分别位于国内航线和国际航线各自航站楼正前方的大门前。从国际航线航站楼至市内大概需要30分钟，费用在35澳元左右。从国内航线航站楼至市内大概需要20分钟，费用在30澳元左右。

 ## 租赁汽车

在国内航线和国际航线各自的航站楼一层都设有汽车租赁公司的办事处。汽车租赁公司有以下5家公司。
艾维斯租车(Avis)
☎08-9477-1302
赫兹租车(Hertz)
☎08-9479-4788
巴杰特租车(Budget)
☎08-9277-9277
节省租车(Thrifty)
☎08-9464-7333
欧洲汽车租车(Europcar)
☎08-9226-5033

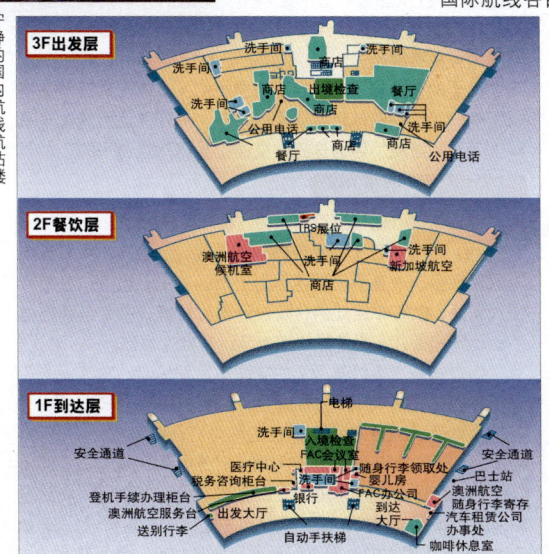

充满怀古气息的Tram电车

市内的交通

Transperth 运输系统

Transperth是珀斯的公共交通管理机构,公共巴士、火车、渡轮均由它进行统一管理和运营。上述三种交通工具使用同一种车票。采用分段收费制,根据距离长短、时间段划分为8种不同的价格。其路线从市中心向郊区呈发射线状延伸,分为8个区间,根据移动的区间数来计算费用。

就车票的有效期来说,1~4区间为发售后的2小时以内有效;5~8区间为发售后的3小时以内有效。只要在有效期以内,可以在该区间内自由移动。而且,市内中心部的0区间是免费乘坐的。

除车票外,还有乘车价格能够便宜15%~25%的Smart Rider卡。该系统要求先花10澳元购买一张Smart Rider卡,并向卡内充值后再使用。

打折类型的车票,则可在Transperth 咨询中心或报刊亭等处买到。

Transperth价格表

区间	标准价格
2 Section	A$1.70
1	A$2.40
2	A$3.60
3	A$4.50
4	A$5.30
5	A$6.50
6	A$7.40
7	A$8.50
8	A$9.30

＊2 Section仅能在单程运费限定的短距离区间内使用。

Transperth咨询中心
在这里您可以买到车票、时刻表和区间地图。
●珀斯火车站站内
●威廉街的巴士站站内
●连接海伊街和墨累街购物中心的广场拱廊商场内
🕐6:30~22:00(周六、周日、节日期间为7:00~) 全年无休
📞Transperth Information Centre ☎13-6213(仅限市内)

公共巴士

路线巴士

市营巴士的路线像网一样遍布珀斯市内和郊外的各个地方。其中心巴士站为惠灵顿街(Wellington St.)的巴士站和芒特湾路(Mounts Bay Rd.)的市区巴士站。收费同样遵照Transperth划分为8个区间的分段收费制,在同一区间内都是2澳元。且从北边的纽卡斯尔街、南边的天鹅河码头和西边的托马斯街到东边天鹅河河岸的范围划定为0区间,在该区间内可免费乘坐。

巴士的车票可以通过自动售票机购买,或者乘车时直接向司机购买你目的地所属区间的车票。另外,还可凭此车票乘坐火车和渡轮,因为这三种交通工具的票是通用的。

CAT

在珀斯中心地带运行的名为"CAT"(The Central Area Transit)的免费巴士,是市民们的重要代步工具,而且其车辆数目很多,一直不间断地环行于市区的中心地带,非常方便。另外,CAT车门处的台阶设计得比较低,主要是考虑为了让轮椅和婴儿车也能轻松地上车,非常人性化。

银色车身上喷绘着可爱的猫图案是其标志。车身上的图案根据路线的不同分为3种颜色。红色的称为"Red Cat"、蓝色的称为"Blue Cat"、黄色的称为"Yellow Cat"。"Red Cat"以惠灵顿街和墨累街为端点,东西穿行市区;"Blue Cat"以珀斯火车站为中心,以威廉街和皮拉克街为端点,南北穿行市区;"Yellow Cat"则从市中心出发向东行驶。"Blue Cat"周五和周六的运营时间至翌日凌晨1:00,更为方便。

路线网遍布珀斯市内的公共巴士

Red Cat
🕐周一~周五6:50~18:20、周六、周日10:00~18:15
运行间隔:约5分钟(周六、周日约25分钟)

Blue Cat
🕐周一~周四6:50~18:20 (周五~翌日凌晨1:00)、周六8:30~翌日凌晨1:00(周日10:00~18:15)
运行间隔:约7分钟(夜间、周末约15分钟)

Yellow Cat
🕐 周一~周五6:50~18:20 (周六、周日10:00~18:10每隔30分钟一班)
📞Transperth☎13-6213(仅限市内)

去往北部郊区的卡伦巴伊的火车

电车(Tram)

葡萄色的有轨电车,环绕市内各个旅游景点一圈约需1小时30分钟。在珀斯,每日有7趟电车运行,且运行间隔为90分钟。就车票来说,全天可自由上下车,不限乘坐次数的车票30澳元,是最理想的观光旅游代步工具。

电车 (Tram)
S 30澳元(1日游票,不限乘坐次数)
8:00~16:30
运行间隔:约90分钟
Perth Tram Company
08-9322-2006

电车的路线
海伊街565号地→国王公园→墨累街→巴拉克街码头→海伊街565号地→希尔街→波斯伍德度假村

火车

Transperth共有从珀斯市区开往郊区东、西、南、北部4条路线的火车运行。这4条路线都从珀斯火车站出发,分别驶向东部郊区的米德兰(Midland)、西部郊区的弗里曼特尔(Fremantle)、南部郊区的阿玛代尔(Armadale)和北部郊区的卡伦巴伊(Currambine),且每趟全程都为30分钟左右。费用同样划分为8个区间,采用分段收费制,在珀斯火车站、市西火车站、麦基弗火车站和克莱斯布鲁克火车站这4个站之间可以免费乘坐。

另外,Trans WA则连接珀斯和南部的班伯里(Bunbury)及东部的卡尔古利(Kalgoorlie)。前往班伯里,应在珀斯火车站上车,所需时间约为2小时30分钟。去往卡尔古利则应在东珀斯火车站上车。去往卡尔古利的火车每周有9趟,全程约为7小时15分钟。

火车 (Train)
Transperth 13-6213
（仅限市内）
Trans WA 1300-6622-05
（仅限国内）

渡轮

Transperth的渡轮每日都营运。渡轮位于天鹅河两岸,连接着巴拉克街码头和位于南珀斯的梅兹街埠头。渡轮的船票,可以使用与Transperth的巴士车票及火车车票一样的票。除Transperth的市营渡轮外,各大私营渡轮公司也都有去往罗特内斯特岛及其他地区的渡轮运营。

渡轮 (Ferry)
S 单程1.30澳元
6:50~19:24（周五、周六~21:15）
航行间隔:10~30分钟
Transperth
13-6213（仅限市内）

出租车

在珀斯火车站站前和位于威廉街内的马来西亚航空公司门前、海伊街角的大会堂都有出租车的乘车点。平日6:00~18:00之间的起步价为3.60澳元,超出起步距离后每增加一公里加收费用1.47澳元。平日夜间和周六、周日,起步价为5.20澳元。

出租车 (Taxi)
Swan Taxi 13-1330（仅限市内）
Black and White 13-1008（仅限市内）

租赁汽车

在珀斯,大型的汽车租赁公司主要为Hertz、Budget、Thrifty和Europcar这4家。就Hertz的价格来说,中型汽车租借1天的基本价格约为114澳元。在珀斯,不系安全带的话将被罚款165澳元,因此驾驶时一定要牢记系上安全带。另外,一旦离开珀斯周边地区之后,加油站数目会骤然减少。因此,要经常注意油箱内汽油剩余量的变化,及时加油。

租赁自行车 (About Bike Hire)
08-9221-2665
（位于巴拉克码头附近）
10:00~17:00（周日9:00~17:00）
全年无休

租赁自行车

在自行车车道纵横交错的珀斯,骑着自行车巡游也非常惬意。但是,规定每个人都必须佩戴头盔,所以在租赁自行车的地方还会同时租给你头盔。价格预计为4小时25澳元左右。

渡去对岸的渡轮也很便利

旅行指导

游览观光基本知识

市内观光选择乘坐免费CAT巴士

虽然市内旅游名胜分布的范围并不是很广,步行就可把所有的景点游览一圈,但还是乘坐车身上画有"小猫"标志的CAT巴士游览会比较方便。如果您还想在观光的同时,顺道去市中心的商业区、购物中心的话,那么选择乘坐巡回于惠灵顿街、墨累和海伊街之间的红色CAT巴士是最合适的。在珀斯的北桥区除有位于车站北侧的3个美术馆之外,还有各国餐厅和许多豪华咖啡厅等,非常热闹。去往这里的话,建议乘坐巡回于威廉街、巴拉克街之间的蓝色CAT巴士。

颇具风情的London Court街道

在商业区尽情地购物

在市中心,有与墨累街和海伊街平行的两大商业区。购物中心由拱廊连接在一起,商业区内云集了数目众多的商店,对于喜欢购物的游客来说,即使在这里逛上一整天也不会觉得腻烦。因为这里是步行街,所以游客大可在此悠闲地慢慢逛街、散步。在森林广场设有旅游咨询处,您不妨到那里去收集一些相关信息吧。

商业区中也有街头艺人表演

罗特内斯特岛一日游
(1 Day Rottnest Island Discovery Package)

从珀斯去罗特内斯特岛全程均有旅行社包办的包价旅游(费用包括乘渡轮渡过天鹅河的费用、周游观光船的费用和观光费用)。旅游项目和内容包括早茶、豪华自助午餐和乘巴士游览岛内2小时,且全程都有导游带队。

Boat Torque 2000　08-9430-5844　每日8:45(从珀斯出发)、7:30、9:30(从弗里曼特尔出发) 所需时间:9小时15分钟　从珀斯出发:成人195澳元、儿童95澳元;从弗里曼特尔出发:成人175澳元、儿童90澳元

波浪岩和土著洞窟壁画1日游
(1 Day Wave Rock & Aboriginal Cave Paintimgs)

从珀斯出发向西行驶前往海登(Hyden)的1日自驾游。目的地为缓坡斜面的奇岩——波浪岩。全程约720公里,大概需要行驶12小时30分钟。途中还会参观保留有古代土著居民所绘壁画的Mulka's Cave等景点。

Australian Pinnacle Tours　08-9221-5411　每日8:00　所需时间:12小时30分　成人91澳元、儿童45澳元 英语导游 ※在各大主要酒店接送

尖峰石阵、卡尔巴里与猴子米亚海豚度假村3日游
(3 Day Pinnacles, Kalbarri and Monkey Mia Dolphins)

从珀斯出发北上,途经龙虾渔业水产城市——唐加拉(Dongara)、杰拉尔顿(Geraldton)等地后,到达猴子米亚海豚度假村,在那里住宿一晚。第二天早上,在观赏完聚集至鲨鱼湾的野生海豚后驱车南下,前往卡尔巴里国家公园游览。最后一天,则顺道去南邦国家公园(Nambung National Park)观光,在参观完有着许多令人不可思议的奇岩怪石的"尖峰石阵"后,结束全部的旅程。

Australian Pinnacle Tours　08-9221-5411　每周周五8:00　所需时间:2晚3天　成人999澳元(包全食宿)、儿童854澳元(观景,包全食宿)英语导游

Sight Seeing
精品旅游景点

会让您联想起英国古城的建筑外观

圣乔治大教堂
(St. George's Cathedral)

MAP p.344-I

🚶从珀斯火车站步行5分钟　📍38 St.Georges Tce. (Between Barrack&Pier Sts.)　☎08-9325-5766　🕐7:00~18:00　休全年无休

　　即使是在教堂数目众多的珀斯，圣乔治大教堂也是一座特别有历史的教堂。由悉尼建筑家爱德蒙布·拉凯特设计的英国维多利亚哥特样式建筑，外观端庄、典雅、美丽。它是珀斯市民的骄傲。教堂内部，光线穿过彩绘玻璃呈十字交叉射入，让人感觉在清寂当中还有一种纯洁和清爽。在教堂旁边有出售赞歌集和蜡烛的商店。

西澳州美术馆
(The Art Gallery of Western Australia)

MAP p.344-E

🚶从珀斯火车站步行1分钟　📍Perth Cultural Centre James St.　☎08-9492-6622　🕐10:00~17:00（澳新军团日~13:00）　休周二、耶稣受难日、圣诞节　💲免费（特殊展览收费）

美术馆内还收藏有丰富的土著艺术作品

　　西澳州美术馆因馆内收藏有毕加索、雷诺阿、塞尚等著名大师的作品而有名。除此以外，馆内还展览着现代澳大利亚绘画界代表作家的作品和土著艺术作品。它位于珀斯文化中心的一角，毗邻西澳州博物馆。

皇家剧院
(His Majesty's Theatre)

MAP p.344-F

🚶从珀斯火车站步行5分钟　📍825 Hay St.　☎08-9265-0900　🕐10:00~16:00　休周六、周日（除公演日）　💲免费

　　该剧院始建于1904年，并在1978年进行了重建。它是一座有着很高地位的剧院，白色的外观是它的标志。它以其大理石的台阶和圆形拱顶的魅力而出名。剧院内的坐席呈圆形摆放，一共有1200个席位。这里上演歌剧、芭蕾舞、舞蹈、音乐剧等众多表演。周一~周五10:00~16:00，如果您有需求的话，还可以免费获得馆内引导服务。

剧院内的摆设也非常美丽

珀斯现代美术馆
(Perth Institute of Contemporary Arts)

MAP p.344-E

🚶从珀斯火车站步行2分钟　📍51 James St.　☎08-9228-6300　🕐11:00~18:00　休周一　💲免费（特殊展览收费）

展览内容每隔一个月更换一次

　　珀斯现代美术馆是位于西澳州的现代艺术中心地。这里主要展览、介绍活跃在澳大利亚的艺术家们独具创意的作品。这里定期变换展览内容，展出的作品经常是当前最新颖、最前沿的创作，并以其划时代的意义而为世界所了解和关注。

富有深厚历史感的外观

伦敦巷
(London Court)

MAP p.344-I

从珀斯火车站步行5分钟　London Court　每家商店的电话都不同　开9:00~17:30（周五~21:00、周六~17:00、周日12:00~17:00）　休全年无休

洋溢着伦敦平民居住区的氛围

伦敦巷是连接圣乔治街和海伊街的拱廊商店街。这条街道整体上都是仿照中世纪要塞建造的，到了晚上还会将铁栅栏放下来。虽说如此，但是入驻在这里的却基本上都是T恤店、首饰店、冰激凌店和巧克力店等类型的商店。

珀斯铸币厂
(Perth Mint)

MAP p.345-G

从珀斯火车站步行10分钟　310 Hay St.　08-9421-7222　开9:00~17:30（周六、周日~13:00）　休圣诞节、元旦、拳击比赛日、耶稣受难日、澳新军团日　S成人15澳元、儿童5澳元

在此游客们可以参观金币的铸造过程

珀斯铸币厂设立于1899年，是澳大利亚最古老的铸币厂。其铸造金条和金币的历史可追溯到19世纪中期的"淘金热时代"。在金店有金币等出售。海外游客只要出示护照和机票就可享受免税的优惠。

国王公园
(Kings Park)

MAP p.344-F

从珀斯火车站步行5分钟　King's Park,West Perth　08-9480-3600　开24小时全天　休全年无休　S免费

面朝天鹅河、位于伊丽莎山上的大型

战争纪念碑

自然公园。占地面积4平方公里。从公园内的观景台放眼望去，高层建筑林立的珀斯街道风景尽收眼底。另外，公园内还有散步道、战争纪念馆等设施，常年都有很多人在此散步、骑自行车。公园内的餐厅——弗雷泽斯（开7:00~22:30）因其美丽的远眺景观而著名。

风车小屋
(The Old Mill)

MAP p.344-J

从珀斯火车站步行5分钟　Mill Point Rd.,South Perth　08-9367-5788　开10:00~16:00　休全年无休　S免费

风车小屋建在海峡大桥（Narrows Bridge）桥畔，与国王公园隔着天鹅河相望。它是南珀斯的标志性建筑。建于1835年开拓时代的风车小屋，被原封不动，完整地保存了下来。如果支付入场费（2澳元），还可进入小屋内参观。

白色的墙壁格外美丽

蒙格湖
(Lake Monger)

MAP p.344-A

从珀斯火车站乘车行驶15分钟，在利德维尔火车站下车后徒步10分钟

在湖畔，经常可以看到跟爱犬一起散步或慢跑的身影，没错，这里是珀斯市民们休闲的好去处。蒙格湖位于市区的西北部，在湖面上经常可以看到西澳州的州鸟——黑天鹅在静静地优雅自若地游着。另外，在湖的周边地区还有可供烧烤的区域。

市内到处分布着像这样的绿色景观

赛特探知馆
(Scitech Discovery Centre)

MAP p.344-B

交 位于市西火车站附近　地 Cnr.Sutherland St.& Railway Parade,West Perth　电 08-9215-0700
时 9:30~16:00（周六、周日、节日10:00~17:00）
休 圣诞节　费 成人14澳元、儿童9澳元

该科学博物馆能够让您在游戏中学到电能、太阳能及身体各项机能等方面的相关知识。在馆内，输入身高和体重，就会显示您的肝脏分解酒精的时间，跟踪声音制作出的蒙太奇照片格外受欢迎，既通俗易懂又趣味无限，真可谓寓教于乐啊。在西澳州大地上驰骋的赛车机器当中，不仅会出现相向而行的车辆，而且还会凌空飞出大袋鼠，颇有意思。

天鹅钟塔
(The Bell Tower)

MAP p.345-G

交 乘Blue Cat在巴拉克广场下车　地 Barrack Square
电 08-6210-0444　时 10:00~16:00　休 全年无休
费 成人11澳元、儿童8澳元

建在位于天鹅河畔巴拉克广场上的钟塔。在它内部竖立着1988年为纪念澳大利亚建国200周年，伦敦圣马丁大教堂赠送给西澳州的天鹅钟塔。每周三和周五的11:30~12:30，周一、周二、周四、周六、周日的12:00~13:00，钟塔内会传出阵阵悦耳动听的钟声。这里还有时间为20分钟的钟塔观光旅游项目。

西澳州水族馆
(Aquarium of Western Australia)

MAP p.350-A

交 从华威火车站乘423路公共巴士行驶15分钟，在希尔里斯博特港下车　地 Hillarys Boat Harbour, 91 Southside Dr., Hillarys　电 08-9447-7500　时 10:00~17:00　休 全年无休　费 成人26.50澳元、儿童15澳元

坐落在高档咖啡厅鳞次栉比的希尔里斯博特港一角的水族馆。全长达3米的鲨鱼和鳐鱼在水中优雅游泳的样子颇为壮观。馆内每天都有三场海豚表演，演出时间分别在10:30、13:30和16:00。在夏天，还可以在这片区域洗海水浴。

水族馆内有多达2000种以上的海洋生物

库胡努考拉公园
(Cohunu Koala Park)

MAP p.350-B

交 从阿马代尔火车站驾车行驶10分钟　地 103 Nettleton Rd., Byford　电 08-9526-2966　时 10:00~17:00　休 全年无休　费 成人15澳元、儿童5澳元

能够让游客抱着可爱的考拉拍照留念的服务（10:00~16:00、25澳元）非常受欢迎。除考拉外，在这里游客还可以体验给大袋鼠和小袋鼠们喂食的乐趣，同时还能与澳洲野狗、鸵鸟和凤头鹦鹉等动物亲密接触。在库胡努考拉公园，大袋鼠和小袋鼠们不是被束缚在冰冷的铁笼子里，而是三三两两地在公园内自由自在地享受阳光。这是一座典型的澳大利亚风情动物园。另外，游客还可坐在公园内的饮食小店（11:00~15:00）一边欣赏远处的风景一边吃点小零食，休息片刻。

无论在哪里，考拉永远都是『宠儿』

旧弗里曼特尔监狱

弗里曼特尔
(Fremantle)

弗里曼特尔是珀斯市西南19公里处的一个港口小镇。它是天鹅河流入印度洋的出海口。虽然弗里曼特尔离珀斯不远,但它与现代化都市的珀斯不同,这里几乎没有什么摩天大楼,有的只是旧城街道和狭窄的小路。它是一个洋溢着英伦风情的小镇。MAP p.350-A

◆ 宁静的街角荡漾着现代与怀古的和谐之美

弗里曼特尔是位于珀斯西南约19公里处的一个港口城镇。其美丽的街道由一栋栋面向印度洋的石筑建筑构成。1829年来自英国的殖民者在天鹅河沿岸设立的据点就是弗里曼特尔的最初雏形。小镇内完好地保存了许多建于19世纪前半期的殖民古建筑,营造出一种浓浓的复古气息。它的面积不大,步行就可将整个小镇逛一圈。因此,这里是最适合于悠闲散步的好地方。

从珀斯到弗里曼特尔,乘坐渡轮大概需要1小时,乘坐巴士的话则大概只需30分钟。

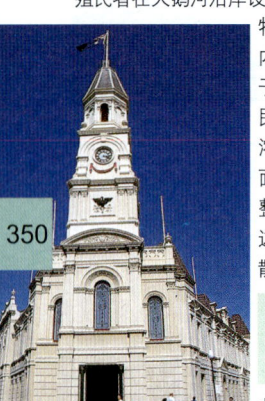

大会堂的钟塔

◆ 拥有100年历史的周末市场

弗里曼特尔市场的历史可追溯到1879年。它位于South Terrace和亨德森街的交会处,每到周末这里就非常热闹。这里的商店种类琳琅满目,除了销售水果、蔬菜等的食材店以外,还有许多出售首饰、民间艺术品、杂货及香草等的各种商店。另外,这里的旧弗里曼特尔监狱、历史博物馆、美术馆、美丽的港口码头等旅游名胜,也是不容错过的精品景点。

人头攒动的繁华市场

罗特内斯特岛
(Rottnest Island)

漂浮在印度洋当中的一座度假岛——罗特内斯特岛。从珀斯出发去往罗特内斯特岛可当日来回。岛上生活着各种珍稀野生动物。西澳州水族馆（Aquarium of Western Australia）被誉为"野生动物的宝库"。 MAP p.350-A

为了保护自然环境，限制私家车进入岛内。时间在这里静静地流淌

岛内的交通工具仅限政府运营管理的公共巴士和租赁的自行车（1天18澳元）。虽然这里也有高低不平、起伏很大的道路，但是相比之下，选择沿海岸环行的自行车车道，在天气晴朗的日子里骑车会感觉心情特别舒畅。岛上有能够跟蜥蜴、各种鸟类和野生短尾袋鼠亲密接触的地方，还可以给它们喂食。虽然岛上也有巴士环岛游，但因为岛的面积不大，所以即使是骑自行车环岛一周也只需4~5个小时。

皮划艇、潜水……这里有丰富多彩的活动项目

漂浮在印度洋中的罗特内斯特岛。游客们可以在翠绿色的大海中尽情享受潜水、浮潜等海上运动带来的欢乐。而且这里的高尔夫等陆上运动项目的设施也很完善。

在港口有许多海鸥停泊，逗留于此

去往罗特内斯特岛的交通

有从珀斯出发经由弗里曼特尔到达罗特内斯特岛的渡轮（往返60澳元）。所需时间约为1小时30分钟。如果从弗里曼特尔到罗特内斯特岛，可以直接乘坐快船，大概只需30分钟。另外，如果从珀斯搭乘小型飞机——"空中出租车"（一架飞机乘坐4人，单程共收费180澳元）的话，仅需15分钟即可抵达。

宁静舒适的街道

西澳大利亚自然风光

珀斯所在的西澳大利亚州风光旖旎。其丰富多彩的自然风景极富魅力。让我们一起去感受一下那毫不逊色于内陆地区的荒凉原野、五彩缤纷盛开着的野花及与动物的亲密接触吧。这里所有的一切都以其压倒性的规模给人一种强烈的震撼感。

波浪岩
(Wave Rock)

波浪岩位于珀斯东南约360公里处。所谓的波浪岩，是指其外观仿佛就像一片席卷而来的波涛巨浪的岩石。其高度达15米，长约100米。登上波浪岩岩顶，周围的景色尽收眼底。在它的周围还有外观仿佛河马张着嘴巴一样的岩石"河马的哈欠"（Hippo's Yawn)，残留有壁画的洞窟"蝙蝠洞"等景点。

在波浪岩周边地区还残留着一些土著壁画

从珀斯驾车至波浪岩大概需要4小时　MAP

班古鲁·班古鲁山脉
(Bangle Bangle)

班古鲁·班古鲁山脉，属于位于南部城市——金伯利以南约300公里处的波奴鲁鲁国家公园（Purnululu National Park）的一部分。它是一段砂岩岩石群连绵起伏的多层次山脉。据说班古鲁·班古鲁山脉还被称为是"澳大利亚最后的秘境"。

前往班古鲁·班古鲁山脉，建议您参加从金伯利出发的团体旅游，随团参观　MAP p.6-B

您不妨乘坐直升机从空中俯瞰班古鲁·班古鲁山脉的雄姿

尖峰石阵
(The Pinnacles)

尖峰石阵位于珀斯以北约250公里处的南邦国家公园内，是一片沙漠中的石灰岩石群。它是由地质变化所形成的自然景观，是大地被风化和原始森林风化后所遗留下来的奇特地貌。而且它还有一个别称——"荒野中的墓标"。尖峰石阵是澳大利亚神秘的景观之一。

从珀斯驾车至尖峰石阵大概需要3小时　MAP p.350-B

大自然在漫长的岁月中创造出来的神奇景观

兰斯林大沙丘
(Lancelin Sand Dunes)

从尖峰石阵至南边的兰斯林,中间是一望无际的白沙丘。虽然您也可以驾驶一般的私家车行驶至兰斯林大沙丘的入口处,但是如果参加从珀斯出发的团体旅游的话,则可体验到在沙丘上"滑沙"(沙丘版的滑雪)及其他旅游活动的乐趣。

从珀斯驾车至兰斯林大沙丘大概需要3小时
MAP p.6-E

一望无际的白沙沙丘

挑战"滑沙"运动

猴子米亚海豚度假村
(Monkey Mia)

位于珀斯以北约830公里处的猴子米亚海豚度假村,因其港口聚集有许多野生海豚而著名。从早上到下午,港口附近会聚集许多野生海豚。游客们可以与乖巧可爱的海豚们进行亲密接触和交流。

从珀斯驾车至猴子米亚海豚度假村大概需要10小时 MAP p.350-B

您不妨尝试一下给海豚喂食吧

野花 (Wild Flower)

每年的8月~11月是观赏野花盛开的季节。据说在西澳大利亚州的各个地方,共盛开着将近12 000种的野花。在这里,相信无论是那些您前所未见的珍奇花朵还是路边的小野花,都一定能够让您赏心悦目,享受一顿野花带来的"视觉美餐"。在珀斯每年9月还会举行盛大的"野花节"。

平日里经常可以看到的"山龙眼"(Banksia)

西澳大利亚州的州花——"袋鼠爪"(Kangaroo Paw)

虽然它的形状跟我们日常使用的瓶刷子有些不同,但它的名字也叫做"瓶刷子花"(Bottlebrush)。

西澳大利亚州是世界上屈指可数的"野花的天堂"之一。

353

西澳大利亚自然风光

SHOPPING

购物

珀斯被誉为"购物天堂"，在市内的商业区有多个繁华的购物中心。您在选购名牌商品的同时，别忘了顺道去看看本地特色品牌的商品——土著工艺品、杂货等，享受购物巡游的乐趣哦。

● 本土创意小店 (Creative Native)
Ⓥ Ⓜ Ⓓ Ⓐ

MAP p.344-I

店内摆放着各种土著艺术作品

这家店主要经营根据澳大利亚原著居民土著民的传统设计制作而成的富有创意的各种杂货。著名的"点画"绘画（Dot Painting），每一幅都是那么的绚丽多彩。此外，店内还出售由迪吉里杜管（Didgeridoos）等原住民乐器演奏的CD等其他的商品。

✉ Shop 58, Forrest Chase ☎ 08-9221-5800 🕙 9:00~17:30（周六~17:00、周日11:00~17:00）休 圣诞节、元旦

● 澳大利亚地理商店
(The Australian Geographic Shop)
Ⓥ Ⓜ

MAP p.344-F

澳大利亚的"大自然的商品"

店内摆满了各种以动物、植物、自然、天文学、户外等为主题的书籍、玩具和小物件商品，琳琅满目。除用天然材料制作而成的洗发水、鞋子、帐篷等外，诸如像澳大利亚的星座表、立体大袋鼠的折纸等特色商品也很丰富。对于喜爱自然的朋友来说，这里是必逛的商店。

✉ Shop H1-2, Carillon City ☎ 08-9322-8026 🕙 9:00~17:30（周五~21:00、周六、周日~17:00）休 全年无休

● GAM 澳大利亚专卖店 (G.A.M Australia)
Ⓥ Ⓜ Ⓓ Ⓐ

MAP p.344-I

风格独特的皮革制品专卖店

在这里您可以买到用袋鼠皮、鸵鸟皮、鳄鱼皮等这些澳大利亚独有材料制作而成的皮革制品，如，钱包、手提包、公文包、皮带、鞋子、帽子等。这里所有的商品均为原创设计、独一无二。另外，店内还有品种丰富的澳大利亚特产礼物，如，土著艺术作品、曲形飞镖、迪吉里杜管、画报等。

✉ 37-39 London Court ☎ 08-9225-5512 🕙 9:00~17:30 休 全年无休

RESTAURANT

餐厅

在西澳州最大的城市——珀斯，您可以品尝到世界各国的美味料理。尤其是在北桥区，各种亚洲料理店、民族风味料理店、豪华雅致的咖啡厅鳞次栉比，在夜间这里会更加热闹非凡。

印度 黄金唐杜里印度美食餐厅
(Golden Tandoori Indian Cuisine)

V M A
MAP p.345-G

松软的烤馕和地道的印度咖喱

在这里顾客可以品尝到由印度厨师长烹饪的唐杜里鸡（tandoori chicken）、各种烤肉串（kebab）、印度炒饭（biriyani）、咖喱等地道的南/北印度美味料理。

📧 128 James St., Northbridge　☎ 08-9228-8280　🕐 17:30~22:30、周五12:00~14:30　休 全年无休　$ 3澳元~24澳元

咖啡餐厅 莫兹小姐瑞典餐厅
(Miss Mauds Swedish Restaurant)

V M D A
MAP p.344-I

种类丰富的自助餐

这是一家欧式风格的让人回味无穷的自助餐厅。早餐自助餐价格为24澳元（周日为28澳元）。午餐自助餐价格为31澳元（周六32澳元），且料理的种类非常丰富，您可以尽情地享受一顿大餐。

📧 97 Murray St.　☎ 08-9325-3900　🕐 6:45~22:00　休 全年无休　$ 19.95澳元

咖啡 茶叶与咖啡商人
(The Merchant Tea & Coffe Company)

不支持信用卡支付
MAP p.344-I

作为购物之余的休息场所，这里再合适不过了。朝着购物中心的露天座位非常引人注目。店内的咖啡铁定的价格为3.80澳元，双层巧克力松饼的价格为3.90澳元。

📧 183 Murray St.　☎ 08-9221-1323　🕐 7:00~18:00（周五~21:00、周日9:00~）　休 全年无休

澳大利亚 黄铜猴酒吧
(The Brass Monkey)

V M D A J
MAP p.344-E

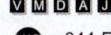

珀斯夜生活的会聚点

它是北桥区生意最红火、最热闹的酒吧。该酒吧的二楼开设有各种烧烤餐厅、海鲜餐厅及其他类型的餐厅。

📧 209 William St., North Bridge　☎ 08-9227-9596　🕐 11:00~翌日凌晨2:00（周日12:00~22:00）　休 周一、周日（仅二楼餐厅）　$ 5澳元

月亮与六便士英国酒吧
(Moon & Sixpence British Pub) ⓥ Ⓜ Ⓓ Ⓐ Ⓙ MAP p.344-I

洋溢着浓浓英伦气息的酒吧
这里的氛围让人感觉安静、舒适。在不是特别炎热的季节，建议选择露天的座位。在这里，您可以喝着啤酒、品尝用三文鱼和鳄梨制作的沙拉（13.00澳元）等特色料理。

📍300 Murray St. ☎08-9481-0727 🕐11:00~24:00（周五~翌日凌晨2:00、周六~翌日凌晨1:00）、周日11:00~22:00 休全年无休 💲13澳元~25澳元

 贝尔咖啡餐厅
(Bells Cafe and Function) ⓥ Ⓜ Ⓓ Ⓐ Ⓙ MAP p.345-G

在能够观赏到天鹅河美丽风光的咖啡厅度过片刻悠闲时光
在贝尔咖啡餐厅的前面就是细细流淌着的天鹅河。这里的氛围让人感觉自由和舒适。店内有咖啡（3.00澳元）等饮品和B.L.T三明治等简易料理。

📍Eastern Pavillion, Barrack St, Jetty ☎08-9221-2344 🕐8:00~15:00 休全年无休 💲3澳元~20澳元

 中国龙海鲜餐厅
(Dragon Seafood Chinese Restaurant) ⓥ Ⓜ Ⓓ Ⓐ MAP p.344-I

在午餐期间，可以品尝到流动手推车提供的各式茶点
这是一家能够品尝到海鲜、铁板烧等料理的中国广东料理餐厅。周末午餐时间，这里会非常拥挤，需要注意避开这个时间段或者提前预约。

📍108 James St., Northbridge ☎08-9227-8882 🕐10:30~15:00、17:30~深夜 休全年无休 💲10澳元

 阿里郎韩国烧烤餐厅
(Arirang Korean BBQ Resutaurant) ⓥ Ⓜ Ⓓ Ⓐ Ⓙ MAP p.344-I

在装修精美的店内享受韩国烧烤的美味
店内的氛围让人感觉像身在酒吧或者俱乐部。在这里顾客可以品尝到石锅拌饭（14.50澳元）、韩国烤肉（18.95澳元）等地道、正宗的韩国家庭料理。

📍91/93 Barrack St. ☎08-9225-4855 🕐11:30~15:00、17:30~21:30 休全年无休 💲21澳元

费雷泽餐厅
(Fraser's Restaurant) ⓥ Ⓜ Ⓓ Ⓐ Ⓙ MAP p.344-F

可以纵览整个珀斯城的高档餐厅
费雷泽餐厅坐落在国王公园内，是珀斯屈指可数的澳大利亚现代高档餐厅之一。这里海鲜料理的口碑格外响亮。由于餐厅周围的取景非常美丽，因此，这里还经常被选做举办结婚典礼或聚会的场所。

📍Fraser Ave., Kings Park ☎08-9481-7100 🕐12:00~23:00 休全年无休 💲30澳元

HOTEL

酒店

因为珀斯本身就是一座小型城市，所以基本上所有的酒店都能够作为购物、旅游、商务活动的据点。酒店的类型多种多样，在选择时您只要将重点放在住宿条件和享受周边风景这两个方面即可。

美居酒店
(Mercure Hotel Perth)

V M D A J MAP p.344-I

就观光、购物来说，这里处于绝佳的地理位置

该酒店坐落在中央法院对面，在酒店的一楼还设有邮局和购物中心。它距离市中心地带、海伊街商业区仅有500米。

✉10 Irwin St. ☎08-9326-7000 FAX08-9221-3344 229室 S140澳元
餐厅、游泳池、体育馆、桑拿室及其他 http://www.mercure.com.au

帕门利亚·希尔顿大酒店
(Parmelia Hilton Perth)

V M D A J MAP p.344-F

俯瞰天鹅河、有着深厚历史底蕴的豪华大酒店

开业于1968年的高档豪华酒店。帕门利亚·希尔顿大酒店坐落在商业街的中心区，且距离购物街也很近。客房的内部装饰采用的是柔和色调，既宽敞又明朗，窗外则是静静流淌的天鹅河。

✉14 Mill St. ☎08-9215-2000 FAX08-9215-2001 273室 S157澳元 餐厅、酒吧、游泳池、桑拿室、体育馆及其他
http://www.hilton.com

凯悦大酒店
(Hyatt Regency Perth)

V M D A J MAP p.345-G

高档城市酒店的现代化建筑外观特别引人注目

顶棚一直通到酒店的最高层、通畅明亮的大厅是珀斯凯悦大酒店的特色之处。店内装饰着许多现代艺术作品，客房也都洋溢着雅致的现代气息，让您身在喧闹的大都市，却能够饱享度假胜地的休闲时光。这里最适合度假和休闲。

✉99 Adelaide Terrace ☎08-9225-1234 FAX08-9325-8899 367室 S285澳元 餐厅、酒吧、游泳池及其他 http://perth.regency.hyatt.com

皇冠假日酒店
(Crowne Plaza Hotel Perth)

V M D A J MAP p.345-G

夕阳映照下的天鹅河分外美丽

酒店的地理位置极佳，可以俯瞰兰利公园和天鹅河的美丽风光。从河景房内向远处眺望，夕阳映照下的天鹅河风景可谓绝佳。客房的氛围轻松舒适。

✉54 Terrace Rd. ☎08-9325-3811 FAX08-9221-1564 191室
S200澳元 餐厅、酒吧、游泳池、体育馆、会议室及其他
http://www.ichotelsgroup.com

珀斯贝斯伍德洲际酒店
(Intercontinental Perth Burswood)

V M D A J MAP p.345-H

洋溢着东方情调、毗邻赌场的酒店

坐落在珀斯郊区天鹅河河畔的一家占地面积很大的豪华酒店。其白色金字塔形的建筑外观格外醒目。它毗邻24小时全天开放的赌场。客房内通过安装日本纸拉门式的推拉门等设计，导入了一种日式情调。另外，毗邻酒店的18球洞的高尔夫球场也受到高尔夫爱好者的广泛好评。

洋溢着东方情调

盛装挑战赌场

✉ Great Eastern Hwy., Burswood　☎08-9362-7777
FAX 08-9470-2553　413室　$208澳元　餐厅、酒吧、游泳池、健身馆及其他
http://www.burswood.com.au

兰林·诺富特酒店
(Novotel Langley Perth)

V M D A J MAP p.345-G

这里不仅风景优美，且购物、旅游都极为便利

酒店坐落在阿德莱德街道沿岸，最适合于购物和观光旅游。从这里观看到的天鹅河的风光也非常美丽。另外，酒店的餐厅、酒吧等配套设施都很完善。

✉ Cnr. Adelaide Terrace Hill & Street　☎08-9221-1200
FAX 08-9221-2830　253室　$270澳元　餐厅、酒吧、体育馆、桑拿室、会议室及其他　http://www.novotelperthlangley.com.au

喜来登大酒店
(Sheraton Perth Hotel)

V M D A J MAP p.345-G

提供晚餐、行李打包等周到的服务

所有客房均为可观水景的高档豪华酒店。铺设着豪华地板的客房内还配套设有大理石浴室。

✉ 207 Adelaide Terrace　☎08-9224-7777　FAX 08-9224-7788
369室　$325澳元　餐厅、酒吧、桑拿室、体育馆及其他
http://www.starwoodhotels.com/sheraton

温特沃斯假日酒店
(Wentworth Plaza Hotel)

V M D A MAP p.344-I

外观和内饰都充满着古典优雅气息的英式风格酒店

温特沃斯假日酒店坐落在墨累街商业区旁边。酒店还为顾客准备了附带厨房的客房。

✉ 300 Murray St.　☎08-9338-5000　FAX 08-9321-2443　94室
$123澳元　餐厅、酒吧、复印店、商务中心、桑拿室及其他
http://www.wentworthplazahotel.com.au

塔斯马尼亚的概貌 (Tasmania)

一望无际的绿色山峦和森林、缓缓流淌的河流、宁静的湖泊。塔斯马尼亚有着极为优越的自然环境条件。其将近1/4的地区被指定为国家公园。塔斯马尼亚作为漂浮在澳大利亚大陆东南部的"户外运动的天堂"也非常有人气。

塔斯马尼亚地处巴斯海峡以南,与澳大利亚本土隔海相望。它的面积仅为6.78万平方公里,是澳大利亚面积最小的州。在1642年,比库克船长发现大陆的时间还要早,荷兰人塔斯曼(Abel Tasman)发现了这座岛。在白人尚未侵入这座岛的18世纪,和澳大利亚大陆一样,塔斯马尼亚居住着多个原住民部落。据说在19世纪初期,这里居住着2500~7000名原住民,然而当白人入侵岛内之后,因白人的杀戮和疾病的肆虐,原住民的数目急剧减少,最终难逃灭绝的悲惨命运。现在,岛上再也找不到纯粹的塔斯马尼亚原住民了。

位于塔斯马尼亚东南部的霍巴特是塔斯马尼亚州的首府,它可以称得上是塔斯马尼亚的门面,同时还是一座保留着殖民时代气息的港口城市。朗塞斯顿(Launceston)是霍巴特北部的中心地。朗塞斯顿被称为"花园城市",市内到处都能看到美丽的园林。而德文港(Devonport)则相当于塔斯马尼亚的海上门户。

塔斯马尼亚岛内,到处都是绿荫繁茂的森林、高原和积雪的山脉。另外,岛上还生活着以"塔斯马尼亚恶魔"(Tasmania Devil)为代表的唯有这座岛上才有的珍稀动物。

前往塔斯马尼亚的交通

霍巴特机场内的汽车租赁服务窗口

 ## 飞机

澳洲航空和捷星航空等航空公司均有从悉尼、墨尔本、布里斯班等各大城市起飞,飞往霍巴特、朗塞斯顿、德文港的直达航班。最便捷的路线是从墨尔本飞抵霍巴特这条路线。澳洲航空公司每天有6~7趟航班飞往塔斯马尼亚。从墨尔本飞抵霍巴特约需1小时,从悉尼飞抵霍巴特约2小时,从布里斯班飞抵霍巴特约需4小时。此外,维珍蓝航空公司也有飞往霍巴特等城市的航班。

 ## 渡轮

大型渡轮豪华客船"The Spirit of Tasmania"往返于墨尔本和塔斯马尼亚北部的门户——德文港之间。墨尔本和德文港之间的渡轮每天(旺季时期会增加班次。另外,在特殊的日子有时会停运,这一点需要注意)从各大城市起航。这趟渡轮是傍晚起航,第二天早上到达的夜间船次。全程所需时间约为11小时。其票价,根据船舱的等级划分为7~8个不同价位。此外,也有往返于悉尼和德文港之间的船次。

渡轮 (Ferry)
⑤95~395澳元(乘坐1300人)
所需时间:约11小时
🕐每日19:30分别从墨尔本、德文港各大城市起航(有时起航时间会有所调整和变动)
📧TT-Line
☎1800-634-906

主要汽车租赁公司
艾维斯租车(Avis)
☎03-6234-4222
巴杰特租车(Budget)
☎03-6234-5222
赫兹租车(Hertz)
☎03-6237-1111
节省租车(Thrifty)
☎03-6248-5678

岛内的交通

 ## 巴士

塔斯马尼亚Redline Coach 和Tassie Link这两大长途巴士公司均有连接霍巴特、朗塞斯顿、德文港、伯尼、昆斯坦、德文特桥、斯特拉汉等岛内各大城市的专线巴士。另外,Tassie Link发行了在有效期内不限乘坐次数的"周游票",所以如果您计划乘坐巴士环游岛内的话,建议购买该"周游票"。

 ## 租赁汽车

在塔斯马尼亚岛内移动,租一辆汽车、自己驾车游览是最便利的。在机场及各大主要城市均设有汽车租赁公司的办事处或营业点。

使用巴士"周游票"环游岛内
向想要慢慢游览岛内风光、在岛上漫步的游客们推荐"周游票"。"周游票"是由长途巴士公司Tassie Link发行的,在指定期间内,乘客可以自由上下车,且价格设定也相对比较便宜。
●探险通行证
(Explorer Pass)
7 Day Pass 208澳元
📧Tassie Link
☎03-6231-6090(霍巴特)

霍巴特的概貌
(Outline of Hobart)

在这个小而古老的港口城市，保留了许多从殖民时代遗留下来的迹象。霍巴特面朝德文特河，永远是那么的安宁、平静。充满活力的、轰轰烈烈的世界遗产探险之旅也从这里起程。

城市概况

霍巴特位于塔斯马尼亚岛的南部，是塔斯马尼亚州的首府。人口约为20万。城市的建设始于1804年，当时它的名字为"霍巴特镇"。

塔斯马尼亚原本是流放那些在澳大利亚本土犯了重罪的重刑犯人，来此接受惩罚的居留地。在霍巴特市内，至今还保留有许多由那些重刑犯建造的建筑，而且在近郊的阿瑟港还保留着当时的监狱。之后囚犯们被移送至其他地方，该监狱就被废弃了，塔斯马尼亚也不再是流放罪犯的居留地。而霍巴特则作为港口城市兴盛起来，并一直繁荣发展至今。

城市结构

在里士满，维多利亚样式和格鲁吉亚样式的建筑物鳞次栉比，萨拉曼卡广场的石筑仓库让人不禁缅怀起捕鲸盛行时代。霍巴特的街道充满了独特风情。在城市近郊，则有众多能够尽情享受大自然美好风光的景点，如，费尔德山国家公园、黑斯廷斯洞窟、塔斯马尼亚恶魔公园、波诺隆野生动物公园等；而且还有很多能够亲密接触各种动物、植物的主题公园。

另外，在7月~8月的冬季期间，前往城市中央的山区还能够体验滑雪的无限乐趣；在圣诞节的季节举行的远洋船只航行比赛，也以其扣人心弦的震撼力而受到人们的追捧。

气候

首先，即使是夏季，霍巴特也不会出现日最高气温超过30℃的情况。这里夏季的平均气温在20℃左右，非常凉爽。冬季的平均气温也在13℃上下，温暖舒适。在山区或者森林地带，气温会比平均气温低一些。

月平均降雨天数为10天~15天，而且整年几乎都保持在这个程度，所以这里的降雨量相对比较丰富。

Information

■旅客咨询中心
Visitor Information Centre
■Cur.Davey & Elizabeth St.
☎03-6230-8233
■8:30~17:15；周六、12月~4月期间的周日、节日为9:00~16:00；5月~11月的周日~13:00
■圣诞节　　MAP p.363-F

机场至市内的交通

机场区间巴士
行驶于机场和霍巴特转运中心之间。
■单程15澳元
所需时间：30分钟
■Airport Service
☎0419-382-240

出租车（Taxi）
到市内约需15分钟，价格在25澳元左右。

市内的交通

公共巴士

通称为麦德龙（Metro）的巴士，其路线遍布市内和郊区的各个地点。自乘车起的90分钟期间，乘客可以自由下车和再上车。车票分为全天不限乘坐次数的"Day Rover"通行证、无使用期限的（用一次撕一张的）本票等种类。车票可以在Metroshop或乘车时直接向司机购买。
■2.20澳元~5.00澳元　■6:30~深夜
■Metro Tasmania　☎03-6233-4232
1日券（Day Tripper）　■4.40澳元
使用时间：9:00~16:30、18:00以后（周六、周日、节日无限制）
10次券（Metro 10）　■17.60澳元

麦德龙商店（Metroshop）
位于伊丽莎白街中央邮局对面。可免费获得巴士路线图和时刻表。
■GPO Building,9 Elizabeth St.
☎03-6233-4219
■8:00~17:15
■周六、周日　　MAP p.363-F

出租车

虽然可以在的士站等出租车，但是打电话叫出租车会比较稳妥。起步价为3.30澳元，每增加1公里加收费用1.77澳元。
City Cabs　　☎13-1008（仅限市内）
Taxi Combined　☎133-300（仅限市内）

Sight Seeing
精品旅游景点

塔斯马尼亚博物馆和美术馆
(Tasmanian Museum and Art Gallery)

MAP p.363-F

从大会堂步行1分钟　40 Macquarie St.
03-6211-4177　10:00~17:00　耶稣受难日、澳新军团日、圣诞节　免费

红砖建造的建筑外观雅而不华

馆内陈列着各种与塔斯马尼亚的历史和塔斯马尼亚原住民文化相关的珍贵资料。该馆还展览着只生活在这个岛上但却已经灭绝的珍奇动物——塔斯马尼亚虎的珍贵标本。塔斯马尼亚虎的大小与小狼差不多，属于有袋类动物，身体上有条状花纹是它的特征。每周三~周日下午2:30，馆内会有免费导游讲解参观，参观时间为50分钟。

喀斯喀特酿酒厂
(Cascade Brewery)

MAP p.363-E

从富兰克林广场乘47路、49路Metro巴士，行驶约10分钟后，在No.17巴士站下车　140 Cascade Rd.　03-6224-1117　8:00~17:30　圣诞节
工厂参观旅游 成人20澳元、儿童10澳元

喀斯喀特酿酒厂是塔斯马尼亚本土的酿酒厂，在当地极富人气。位于霍巴特的酿酒厂据说是在1832年开业的，是澳大利亚最古老的啤酒酿造厂。能够进入现场参观酿

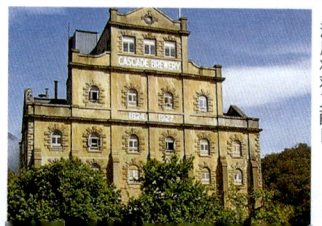

酒厂壮观又醒目石头建造的酿

参观酿酒生产线

造过程（历时约2小时）的工厂参观旅游每天有两次，分别为11:00和13:00，需要提前预约。在酿酒厂马路对面是展览介绍酿酒厂发展历史的喀斯喀特博物馆。在博物馆旁边还有美丽的Wood Stock花园，所以游客可以在参观酿酒厂的同时顺便去那里看一看。

萨拉曼卡广场
(Salamanca Place)

MAP p.363-C

从大会堂步行约5分钟　澳新军团日、圣诞节

广场内分布着许多个建于捕鲸活动盛行的19世纪30年代的仓库群。仓库都是用砂岩建造而成的，在原有仓库旧址的基础上，对其内部进行重新装修，昔日的仓库就变身为豪华的购物中心了。高品质的餐厅、古董店及汇集了众多塔斯马尼亚特有商品的拱廊商店等，共聚集有100多家商店。每周六8:00~14:30期间是露天市场营业时间。这里会举办萨拉曼卡露天市场，销售新鲜的蔬菜、手工艺品等，热闹非凡，您不妨去感受一下那种气氛吧。

会聚一大群顾客

这里甚至还有面包出售

皇家剧院
(Theatre Royal)

MAP p.363-D

交 从大会堂步行约5分钟　住 29 Campbell St.　☎ 03-6233-2299

有着历史沧桑感的厚重建筑外观

皇家剧院是在1834年由霍巴特经济界巨头出资建造的。它是澳大利亚最古老的剧院。从剧院内部的壁画及装饰当中可以窥见那个时代的影子。这里除有大量著名演员的演出之外，还有各种无论大人还是儿童都能够欣赏的各种剧目、音乐会、表演、杂技表演等众多表演节目。通顶设计高挑的顶棚营造出一种温暖的氛围。可以在剧院一层的包厢办公室预约。

巴特里角区
(Battery Point)

MAP p.363-C

交 乘55路等Metro巴士在巴特里角站下车即到

宁静祥和的气氛

巴特里角区是一片古老的市区，保留着许多在19世纪初叶由欧洲移民建造的房屋遗迹。昔日的乔治风格样式、维多利亚样式的房屋，现在已经变身为高级住宅区了。看着那些建筑群让人不禁缅怀起那个逝去的年代。巴特里角区坐落在高岗上，从这里眺望，德文特河的风光尽收眼底。巴特里角这个名字起源于当时这里曾经设有炮台。这里还有许多由当时遗留下来的旧建筑物改建而成的咖啡厅、餐厅、古董店等。

囚犯礼拜堂和刑事法院
(Penitentiary Chapel and Criminal Courts)

MAP p.363-C

交 从大会堂步行10分钟　住 Cnr. Brisbane & Campbell Sts.　☎ 03-6231-0911　开 仅限旅游时间　休 耶稣受难日、圣诞节　$ 成人8澳元、儿童6澳元

"幽灵之旅"的恐怖审判吸引着游客们的好奇心

该建筑建于19世纪30年代，被指定为澳大利亚的"National Trust"。如果不参加参观法院、单身牢房和听导游讲解有关霍巴特监狱的历史、审判的过程、刑罚如何执行等方面情况的旅游（每天有4次，时间分别为10:00、11:30、13:00、14:30），就无法进入这里。晚上20:30的"幽灵之旅"也非常有人气。

塔斯马尼亚海事博物馆
(Maritime Museum of Tasmania)

MAP p.363-C

交 乘55路等Metro巴士在萨拉曼卡站下车，步行5分钟即到　住 Cnr.Davey & Argyle Sts.　☎ 03-6234-1427　开 9:00～17:00　休 全年无休　$ 成人7澳元、儿童4澳元

塔斯马尼亚海事博物馆建在能够俯瞰德文特河的高岗之上，是一栋建于1831年的乔治风格的建筑。馆内陈列着欧洲移民开拓时代使用过的帆船模型、罗盘针等展品，通过系列的风景画展览向游客们介绍作为捕鲸、南极探险等的发祥地而繁荣起来的塔斯马尼亚海洋发展史。在BGM内流淌着海风吹拂的声音，特别有氛围。您在巴特里角区观光时，不妨顺便到这里来感受一下吧。

这里展示着昔日航海的面貌。在这里您还可以观看到因捕鲸而繁荣的时代使用过的用具，非常有趣。

皇家塔斯马尼亚植物园
(Royal Tasmanian Botanical Gardens)

MAP p.363-A

🚌乘17路Metro巴士在霍巴特植物园站下车即到
📍Queens Domain ☎03-6236-3050
🕐8:00～17:00（每日的闭园时间因季节不同而异）
休全年无休 💰免费

塔斯马尼亚皇家植物园

皇家塔斯马尼亚植物园坐落在市区北部的女皇域内，占地面积13.5万平方米。这里种植着以塔斯马尼亚和澳大利亚为代表的来自世界各地的多达6000种以上的植物。馆内还设有便于游客观赏的玫瑰园、香草园、桉树和凤尾草园等。霍巴特与日本静冈县烧津市是"姐妹城市"，所以在1987年这里增设了日本庭院。庭院内栽培着樱花、小杜鹃花、槭树等，季节感浓厚。在宽阔的植物园内设置有许多长椅，有当地市民带着家属来此散步或野餐。

雷斯特角赌城
(Wrest Point Casino)

MAP p.363-E

🚌乘52路、54路、55路等驶向赌城方向的Metro巴士，在赌城站下车即到　📍410 Sandy Bay Rd.
☎03-6225-0112　🕐桌面游戏为14:00～深夜　休全年无休

这家赌城在1973年开业，是澳大利亚第一家获得政府许可的合法赌城。别名"塔斯维加斯"。在轮盘赌、巴卡拉、扑克牌等桌面游戏专用赌场的入口处，安装有自动取款机，非常方便。19:30以后盛装出发前往赌城。另外，这里还有（一个人玩的）自动赌博机、预测运动赛事输赢情况来下赌注的TAB等其他赌博娱乐项目。从赌城酒店17层的回转餐厅可以欣赏到霍巴特美丽的夜景。

位于赌城17层的回转餐厅其远景取景非常美丽

纳尔逊山
(Mt. Nelson)

MAP p.360-B

🚌从市中心驾车经由A6抵达，车程约20分钟
🕐大门的开放时间为9:00～17:30

纳尔逊山位于市区南部。在这里可以纵览霍巴特街道、港口、德文特河的美丽风光。在山顶的公园，有专供游客散步的小路，同时沿途还设有长椅。游客们可以坐在茶坊里，一边品茶一边欣赏远处的风光，而且傍晚时分的景色格外美丽。

在这里霍巴特全景尽收眼底

波诺隆野生动物公园
(Bonorong Park Wildlife Centre)

MAP p.360-B

🚌从市中心驾车沿国道1号线北上行驶约25分钟即可到达　📍593 Briggs Rd., Brighton　☎03-6268-1184
🕐9:00～17:00　休圣诞节　💰成人16澳元、儿童9澳元

"波诺隆"在土著语中，是"大自然的朋友"的意思。波诺隆野生动物公园一直坚持收留失去父母或受伤的野生动物，为它们进行治疗，并在治愈后将其放归大自然的活动，因此这里有特别多的动物幼崽。在园内，生活着可以让游客喂食（动物饵料会在公园入口处发放）的大袋鼠、小袋鼠、考拉、袋熊、塔斯马尼亚恶魔及各种鸟类。电影《塔斯马尼亚故事》中的动物出演者都是由这里提供的。游客们用1小时左右的时间可绕园内一圈，另外，还可在这里品尝到传统澳大利亚风味的烧烤午餐。

和可爱的动物们拍照留念吧

SHOPPING

购物

伊丽莎白街、卡奇和费尔德拱廊商业街及萨拉曼卡广场等,是当地居民经常光顾的地区。让我们也一起去那里慢慢闲逛,寻找自己喜爱的商品吧。

◎ 肯特与肯特古董店 (Kent and Kent Antiques)
V M D A
MAP p.363-F

店内摆着2000余件古董

雅静的店内,摆放着一排排年代久远的雕花木桌、柜子等众多古董。除年代久远的古董收藏品之外,这里也有20世纪初叶的收藏品和维多利亚风格的家具等。项链(65澳元)、烟灰缸(80澳元)等小物件也很丰富。

✉ Constitution Dock, 3 Morrison St. ☎ 03-6231-3113
🕐 10:00~16:30(周六~15:00) 休 周日、圣诞节

◎ 羊皮与蛋白石世界 (Sheepskin&Opal World)
V M
MAP p.363-C

这里有种类丰富的蛋白石项链和皮革制品

蛋白石项链(50澳元)、羊皮的毛皮坐垫(85澳元)。来自海外的游客可享受10%的免税优惠。

✉ 92-94 Elizabeth St. ☎ 03-6234-4966 🕐 9:00~18:00(周六~17:00、周日~16:00) 休 全年无休

◎ 天然塔斯马尼亚 (Naturally Tasmania)
V M D A
MAP p.363-C

请到这里来挑一挑塔斯马尼亚的特产礼物吧

该店位于萨拉曼卡广场内。这里网罗了塔斯马尼亚各式各样的名特产,是最适合挑选、购买特产礼物的地方。

✉ 59 Salamanca Place ☎ 03-6223-4248 🕐 8:00~20:30(营业时间可能会根据季节的不同而有所调整) 休 圣诞节

◎ 美丽与小蜜蜂 (Beauty & The Bees)
V M A
MAP p.363-C

源自塔斯马尼亚大自然的护肤产品

店内摆满了各种天然护肤品,如,使用香草、蜂蜜、热带雨林的天然水等纯天然材料,充分利用其自然的护肤美容成分制作而成的手工香皂(5.95澳元~)、天然洗发水等。

✉ Centrepoint Shopping Centre,70 Marray St. ☎ 03-6236-9977
🕐 9:00~17:30(周六~16:00) 休 周日

◎ 设计元素 (Aspects Design)
V M D
MAP p.363-C

宛如美术展览馆般的手工艺品专卖店

它位于萨拉曼卡广场内。在店内可以看到雕金师兼设计师现场制作的项链等手工艺品。

✉ 79 Salamanca Pl. ☎ 03-6223-2642 🕐 9:30~17:30、周六、周日10:00~17:00 休 圣诞节

RESTAURANT

餐厅

塔斯马尼亚有着优越的自然条件。在这里您可以品尝到保留、发挥各种新鲜食材自然原味的美味料理。在港口周边地区,有许多牡蛎等鳞介类水产品的专卖店。另外,您不妨品尝一下那口感醇厚的塔斯马尼亚自产葡萄酒。在用餐时,塔斯马尼亚人会提供质朴、温馨的服务,让您感受到一种宾至如归的感觉。

海鲜 穆赫海上餐厅
(Mures Upper Deck)

V M A J
MAP p.363-F

推荐菜品——三文鱼、布卢艾伊炭烤料理

该餐厅位于Mures海鲜中心的2楼。它是一家创立于1974年的餐厅。在这里顾客们可以享受一边欣赏静静的港口、停泊的渔船,一边悠闲地用餐。另外还可在餐厅所属的船上钓鱼。除生吃牡蛎、熏烤三文鱼等料理外,这里还常年有各种新鲜食材。冷盘(8.50澳元~)、主菜(19.50澳元~)、甜点(7.50澳元~)等,这里有丰富的菜色可供挑选。1层还有日本料理店"千纸鹤",在那里可以品尝到寿司等日本料理。

✉Victoria Dock ☎03-6231-2121 ⏰12:00~14:30、18:00~21:00(节日期间仅晚间营业)休全年无休
💰15澳元~90澳元

烤肉 Ball & Chain 烧烤餐厅
(Ball & Chain Grill)

V M D A
MAP p.363-C

分量十足的烤肉餐厅

因为这里的烤肉都是用炭火烤的,所以肉里面多余的油脂已经被除去了,留下的就是美味扑鼻的烤肉了。烤里脊180克10.30澳元、300克16.30澳元。

✉87 Salamanca Pl. ☎03-6223-2655 ⏰12:00~14:00、17:30~22:00(节日期间仅晚间营业)休全年无休 💰15澳元~40澳元

面包 班卓斯面包店
(Banjo's)

V M A
MAP p.363-C

新鲜出炉的香喷喷的面包

顾客可以在店内吃也可以外带。丹麦面包2.30澳元、肉桂面包3.20澳元、肉松面包2.70澳元。

✉85 Elizabeth St. ☎03-6233-9988 ⏰6:00~19:00 休全年无休
💰2澳元~8澳元

海鲜 "醉酒的海军上将"海鲜餐厅
(Drunken Admiral Seafood Restaurant)

V M D A J
MAP p.363-C

宛如海盗船一样的海鲜餐厅

该餐厅建立在霍巴特港口对面,是一家由旧仓库改建而成的餐厅。在充满情调的灯光照射下,享受各种鱼类海鲜料理(26澳元~)。

✉17Hunter St. ☎03-6234-1903 ⏰18:00~21:00 休全年无休 💰30澳元

HOTEL

酒店

在霍巴特，林立着众多与其港口城市身份非常符合的、石头建筑的欧式风格酒店。

大臣酒店
(Hotel Grand Chancellor Hobart) **V M D A** **MAP** p.363-D

酒店工作人员提供的优质服务得到顾客的好评

位于市中心的高级酒店。也可以把这里当做工作、出差时居住的商务酒店。

1 Davey St. ☎03-6235-4535 FAX03-6223-8175 234室 S295澳元 餐厅、酒吧、游泳池、健身房、桑拿室及其他 http://www.ghihotel.com

米德城市酒店
(Hobart Mid City Hotel) **V M D A J** **MAP** p.363-C

其合理的价位深受顾客们的欢迎

该酒店位于市中心，以完善的内部设施和经济合理的价位吸引着众多顾客。

96Bathurst St. ☎03-6234-6333 FAX03-6231-0898 145室 S105澳元 餐厅、酒吧、咖啡厅及其他 http://www.hobartmidcity.com.au

美居酒店
(Mercure Hotel Hobart) **V M D A J** **MAP** p.363-C

景色优美的现代化大酒店

该酒店以白色为基调的雅致客房和豪华的酒吧，深受顾客们的青睐。

156 Bathurst St. ☎03-6232-6255 FAX03-6234-7884 140室 S98澳元 餐厅、酒吧及其他 http://www.mercure.com

伦娜酒店
(Lenna of Hobart) **V M D A J** **MAP** p.363-C

洋溢着中世纪欧式风情的豪华酒店

从客房内远眺巴特里海角的风光，特别迷人。

Cnr.Runnymede St. & Salamanca Pl. ☎03-6232-3900 FAX03-6224-0112 50室 S185澳元 餐厅、酒吧及其他 http://www.lenna.com.au

雷斯特角赌城酒店
(Wrest Point Hotel Casino) **V M D A J** **MAP** p.363-E

下设赌城的豪华娱乐酒店可纵览德文特河美丽风光

它距离市中心约3公里，依山傍水，地理位置非常优越，周围的风景也很美丽。

410 Sandy Bay Rd. ☎03-6225-0112 FAX03-6225-3744 194室 S225澳元 餐厅、酒吧、游泳池、赌城及其他 http://www.wrestpoint.com.au

埃尔姆斯酒店
(The Elms of Hobart) **V M D A** **MAP** p.363-C

有着悠久历史的公馆酒店

建于20世纪初叶的传统式酒店。其被绿意浓浓的园林环绕着的殖民建筑风格的白色建筑让人印象深刻。客房内摆放着各式古董家具，奢华而又典雅。

452 Elizabeth St.North Hobart ☎03-6231-3277 FAX03-6231-3276 6室 S172澳元 彩色电视、红酒酒吧、社交娱乐室及其他 http://www.theelmsofhobart.com

塔斯马尼亚北部的城市
(North Tasmania)

享有"花园城市"美誉的朗塞斯顿,因市内到处可见绿荫繁茂的公园而著名。

德文港
(Devonport) MAP p.360-B

德文港位于塔斯马尼亚岛北岸近乎中央的位置。它是塔斯马尼亚北部的门户,人口约为2.5万。这里有墨济崖灯塔(Mersey Lights)、美丽的海岸线、Tiagarra原住民文化美术中心(Tiagarra Culture and Art Centre)等精品旅游景点。它同时也是连接塔斯马尼亚和澳大利亚本土的海上门户。

私房信息

克莱德尔山 (Cradle Mountain)

它位于德文港西南约150公里处,是巡回山麓游览的胜地。克莱德尔山海拔1545米。这里有各式各样的巡回山麓游览项目,吸引着来自世界各地的登山旅游爱好者,既有半日登山旅游的初次体验者,也有会在此逗留好几天的真正的登山运动员。夏天,山上会盛开各种美丽的野花,是最适合丛林散步的好地方。

去往塔斯马尼亚北部的路线

去往塔斯马尼亚北部地区,有多条路线。第一条路线,是乘坐往返于墨尔本和德文港之间的豪华渡轮"The Spirit of Tasmania"(参照p.361);第二条路线,是从墨尔本搭乘飞机飞抵德文港和朗塞斯顿,所需时间约为1小时10分;第三条路线,是乘飞机至霍巴特,然后从霍巴特乘巴士到达这里。从霍巴特开往德文港和朗塞斯顿的巴士每日都有2~4趟。所需时间分别为4小时和2小时30分。

朗塞斯顿
(Launceston) MAP p.360-B

朗塞斯顿是仅次于霍巴特的塔斯马尼亚的第二大城市。人口约为9.85万。这里的街道让人不禁联想起19世纪前半期英国那淳朴的田园小镇。朗塞斯顿最大的旅游景点是位于城市西南方的激流峡谷(Cataract Gorge)。正如您无法相信在距离市区步行仅15分钟的地方竟然会有如此壮观的峡谷一样,这里的美丽风景也会让您倍感惊奇。此外,这里还有诸如:介绍这座城市在19世纪初期面貌的佩尼皇家世界(Penny Royal World),展览着众多与塔斯马尼亚的历史、自然、美术等相关作品的维多利亚女王博物馆(Queen Victoria Museum)等旅游景点。

旅行信息[中国篇]

旅行计划………………………	**p.372**
旅行方式研究……………………	**p.374**
研究出发日期一览表……………	**p.376**
护照的办理………………………	**p.378**
签证的办理………………………	**p.378**
酒店选择…………………………	**p.380**
货币与兑换………………………	**p.382**
手机的使用………………………	**p.384**
电话与邮件………………………	**p.385**
相关证件和资料…………………	**p.386**
行李打包…………………………	**p.387**
旅行会话…………………………	**p.388**
机场指南…………………………	**p.398**

旅行计划
到澳大利亚的哪些地方去旅游?

各州的政府旅游局网站:
昆士兰州旅游局
http://www.queensland.com.cn
新南威尔士州悉尼旅游局
http://www.sydney.com
维多利亚州墨尔本旅游局
http://www.visitmelbourne.com
南澳大利亚州旅游局
http://www.southaustralia.com/cn
西澳大利亚州旅游局
www.cn.westernaustralia.com
北领地官方旅游网站
http://cn.travelnt.com
塔斯马尼亚州旅游局
www.discovertasmania.net.cn

制订出行计划

澳大利亚国土面积广阔,如果想在有限的时间内游完整个澳大利亚,出行之前制订好计划十分重要。首先,要明确自己在澳大利亚想做什么,即此行的目的是什么。这样一来,旅行目的地便可确定下来了,旅行所需的时间自己心里也就十分清楚了。

澳大利亚大陆

澳大利亚国土面积辽阔。单从地图上来看,也许感觉不是很明显,实际上在澳大利亚境内旅行,路上所需要的时间是很长的,尤其是往返于几个城市之间的旅行。不同的交通手段,可能导致旅行费用和日程进度有所变化。车票的购买及车辆的租赁,最好在出国之前事先安排好。在出发之前,要大致规划一下旅行计划。不过,如果把日程安排得过于细致,当发生意外事件之时难免会应付不来。请您安排出较宽裕的旅行计划,以便充分享受旅行的乐趣。

澳大利亚的气候

位于南半球的澳大利亚,气候与中国正好相反,12月~翌年2月为夏季,6月~8月为冬季。还请牢记"越往南走温度越低"这个气候特征。澳大利亚北部为热带气候,即使在冬季也十分炎热。内陆地区则一天之中温差较大,为大陆性气候。旅行之时,建议您前往冬季温暖的北部和夏季清凉的南部。此外,内陆地区除冬季之外,日间气温较高,气候炎热。澳大利亚堪称丰富的自然宝库。如果旅行的目的为赏花和观看动物,可多方收集最佳旅游地的气候相关信息,选择最佳出行时间。

行政区划

澳大利亚设6个州、2个特别行政区(各个州与特别行政区的简介见p.8)。由联邦政府与各州政府、各地方政治机构共同行使行政权。澳大利亚属于英联邦国之一,国王为伊丽莎白二世。

旅游信息收集

在制订旅行计划之前,首先要进行旅游信息的收集。自己想看的东西位于哪个地区?自己想做的事情在哪里可以完成?为了不虚此行,还须事前积极地收集信息。是否了解全面的旅游信息,会让旅游中所享受的乐趣具有天壤之别。

政府旅游局的官方网站(www.australia.com),旅游信息十分丰富

■各城市间的距离（公里）

	布里斯班	黄金海岸	凯恩斯	堪培拉	墨尔本	阿德莱德	达尔文	阿利斯·斯普林斯	珀斯
悉尼	1001	921	2495	286	872	1412	4034	2830	4078
布里斯班		80	1716	1261	1674	2045	3463	3038	4457
黄金海岸			1796	1341	1754	2125	3543	3118	4537
凯恩斯				2567	2981	3352	2882	2457	5764
堪培拉					648	1196	4195	2707	3954
墨尔本						731	3753	2264	3512
阿德莱德							3022	1533	2781
达尔文								1489	4205
阿利斯·斯普林斯									3696

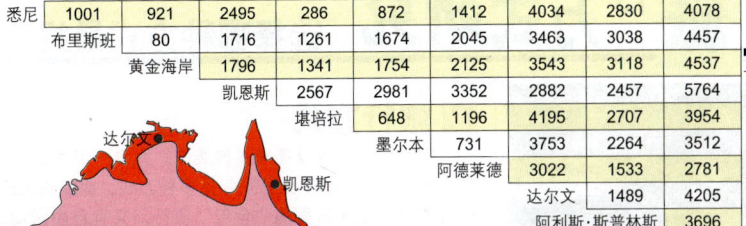

■气象分布图

热带气候
温带气候
亚热带气候
热带雨林气候
沙漠气候

国土面积辽阔，从最北端的约克角至最南端的塔斯马尼亚岛，南北直线距离约为3700公里，从珀斯至悉尼的东西直线距离约为4000公里。

澳大利亚政府旅游局网站

在澳大利亚政府旅游局的网站上，可以得知澳大利亚的最新旅游信息、基本旅游信息、各个地区的观光要点及酒店信息等全方位的旅游消息。以政府旅游局的网站为首，各个州的网站上几乎都设有中文版本。

网络

利用搜索网站可以找到澳大利亚的相关旅行网站。在旅行社的网页上可进行飞机票和导游行程的预订，在酒店的网页上可进行房间的预订，在电影院的网页上可购买电影票。支付方法为现场支付和信用卡支付两种方式。与预付方式不同，现场支付时使用信用卡会要求登记信用卡的号码和有效期。要记得将对方所回的邮件打印出来，作为预约成功的证据，然后拿着打印的文件前往相关场所。

推荐网站
●YHA青年旅舍网站
网站上有简体中文订房系统，如果要使用的话，建议办理YHA会员卡，可以获得一定的优惠。http://www.yha.com.au
●携程旅行网
国内很好用的订房网站之一。有旅馆的基本信息介绍，还可看到相关图片，有各种价位的旅馆可供选择。http://www.ctrip.com

澳大利亚的"北"在下？

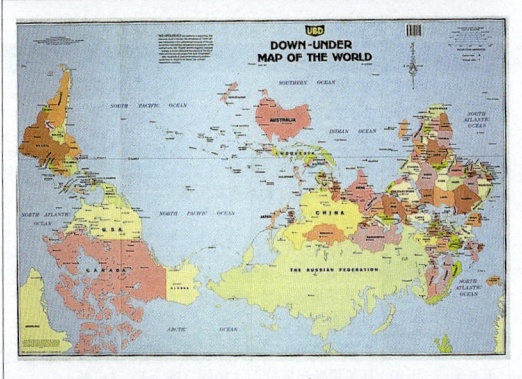

一般来说，北半球地图中的方位设置都是北在上。然而，在澳大利亚则会发现地图的方位是南在上，也就是说把南极放在了地图的上部。"地球的北部在上是谁规定的？"——这是澳大利亚人的抗议。这么一想，似乎也有些道理。"北方炎热"、"圣诞节时迎来了夏季"等澳大利亚气候特征，完全颠覆了"北半球常识"。放眼一望澳洲广阔的大陆，会发现原来是自己先入为主的想法在作祟，自然也会重新对地球是圆的这个事实产生更加深刻的认识。

旅行方式研究 选择哪种方式最好？

旅行方式

出境旅行，可以选择多种类型。大致可分为随团旅行和个人自助游。其中又分别包括多种方式。比如随团旅行，既有安排了全部行程的"全包"旅行，又有自由活动时间充裕的"半包"旅行，还有具有特定目的的主题旅行和价格低廉的特价旅行等。

个人自助游中，飞机票、酒店、当地的交通（铁路、公交、租赁车辆）等事宜都需要由自己来准备。虽然表面上感觉比较便宜，但实际上，如果与具有相同行程安排的随团旅行相比，个人旅行所花费用有时候反而会高出许多。因此，最近将"飞机票+酒店"、"飞机票+当地门票"等部分托付给旅行社的游客增加了不少。此外，通过背包游的方式，住在帐篷里或者小宾馆来降低旅行费用的游客也不在少数。

不管怎样，仔细考虑一下，自己的旅行计划与哪种方式最吻合，合理吸取随团旅行和个人旅行的优点，最终就可实现一段充实、快乐的旅程！

随团旅游研究

随团旅行

从出国到回国，全程都有导游的陪伴。除住宿外，当地的交通、观光、饮食等全部为团体行动。由于观光景点从一开始便已敲定，即便是"想去昨天看见的那个公园去逛逛"，也难以实现。当然，不会出现迷路、想去的餐厅关门等让人烦恼的现象。

向这样的游客推荐→对于初次出境旅游的游客及单独出行时会感到不安的游客而言，再也没有比随团旅行更让人放心的了！

■随团旅行示例（悉尼—黄金海岸—凯恩斯）

日程	安排	饮食
第一天	晚上：从中国出发	飞机餐
第二天	早晨：到达悉尼后市内观光 晚上：海上巡游	早餐、午餐 晚餐
第三天	整天：自由活动（自选旅行）	早餐
第四天	上午：从悉尼出发→到达布里斯班 下午：黄金海岸观光 晚上：Dinnershow	早餐 午餐 晚餐
第五天	整天：自由活动（自选旅行）	早餐
第六天	上午：从布里斯班出发→到达凯恩斯 下午：凯恩斯观光	早餐 晚餐
第七天	整天：大堡礁（Great Barrier Reef）观光	早餐
第八天	下午：从凯恩斯出发→到达中国（晚上）	飞机餐

当地信息

儿童也须懂得遵守礼节

胸襟豁达的澳大利亚人对儿童自然是十分宽容的。他们自己也经常携带家眷一起出游。带孩子出行，行李增加、安排好的行程未按预期完成等问题，经常会使得游客们急躁不安。不过，在澳大利亚经常会受到素不相识的路人的帮助。人们之间全新的交流也得以展开。澳大利亚人喜欢随身携带家人的照片，在飞机上或者长途火车上，说不定会有人对您说"我的孩子跟您的一般大"，并掏出照片来与您分享。

然而，虽说是小孩子，不遵守公共秩序也不太好。在美术馆、餐厅等地，当人们轻轻走动、心情放松之时，孩子却吵闹不安……父母们应当适当提醒孩子。控制好局面是成年人带孩子出游须注意的一大要点。

旅行方式选择表

旅行方式	全包团	半包团	个人自助游
初次海外旅行，略显紧张	◎	○	×
觉得申请手续很麻烦	◎	△	×
有老人与儿童随行	◎	○	○
希望自由自在地畅游各地	×	○	◎
讨厌团体旅行	×	○	◎
想周游比较多的城市	△	△	◎
与市内观光相比，更喜欢欣赏自然美景	△	○	◎
购物为首要目的	◎	○	○
非初次前往澳大利亚旅游	×	△	◎

※◎最佳选择　○特定场合可选　△可选　×不可选

"半包"旅行　是飞机票与酒店住宿事宜由旅行社进行预订的自由旅行计划。是否包括餐饮根据旅游团而有所不同。如果合理控制好交通费，整个旅程价格会特别低廉。

由于重游澳大利亚的游客可以重点欣赏自己想去的地方，故"半包"旅行为最佳旅行方式。

主题旅行　潜水之旅、摩托车之旅、新婚之旅等根据游客目的而特别设定的旅行计划。适合具有明确旅行目的和兴趣爱好的游客。

特价旅行　在促销和试销活动中推出的特价优惠旅行，由于酒店等级及交通方式等费用比较低廉，可能会有不尽如人意的地方，请做好一定的心理准备。对于不管怎样都想去澳大利亚看一看的游客，特价旅行是以低廉的价格来实现梦想的最佳机会。

个人自助游研究

这部分游客中不仅有利用数天假期访问亲友的游客，还有辞去了工作，并无明确目的背包客。个人旅行计划根据游客的具体情况各有不同。包括飞机票在内，所有的物品都得由自己准备。也许很多人会觉得手续特别的麻烦，然而通过个人旅行，也许会拥有许多在随团旅行中体验不到的宝贵经验。

向这样的游客推荐→追求自由，能积极地与素不相识的人进行交流，遇事慎重的游客。

随团旅游？个人自助游？想要实现自己的梦想，还请充分考虑行程时间、旅行预算。

参加市内观光行程

在参加市内观光旅行时，游客们乘坐巴士往返于各个观光景点之间或反复地被搁置在购物中心等处的情况较多。这主要是因为通过将游客带往指定的商店进行消费，商店可能会支付给旅行社一定的促销费用。也就是说，只要是参加了这个观光行程，去商店走上一趟就成了游客要做的事情（当然，买或不买是游客个人的自由）。这种观光行程对于需要购买当地特产的游客来说固然很方便，然而对于没有购物需求的游客来说，在报名参加旅行时就要好好考虑并仔细确认行程安排了。

十分便利的当地自选旅游项目

当地自选旅游项目，是指当地旅行社主办的景点观赏旅游行程，还可通过这个项目进行酒店的预订。多为随团游客在自由活动时，以及个人自助游者在前往交通不便之地时利用。最近，除单一的景点观赏之外，自选旅行项目中还增添了多种体验活动。在澳大利亚，骑马、蹦极、4WD越野、潜水等可选择的活动种类丰富，游客们不妨试一试。此外，提供汉语导游服务的旅游项目也较多，通常还可到酒店接送游客，值得期待。

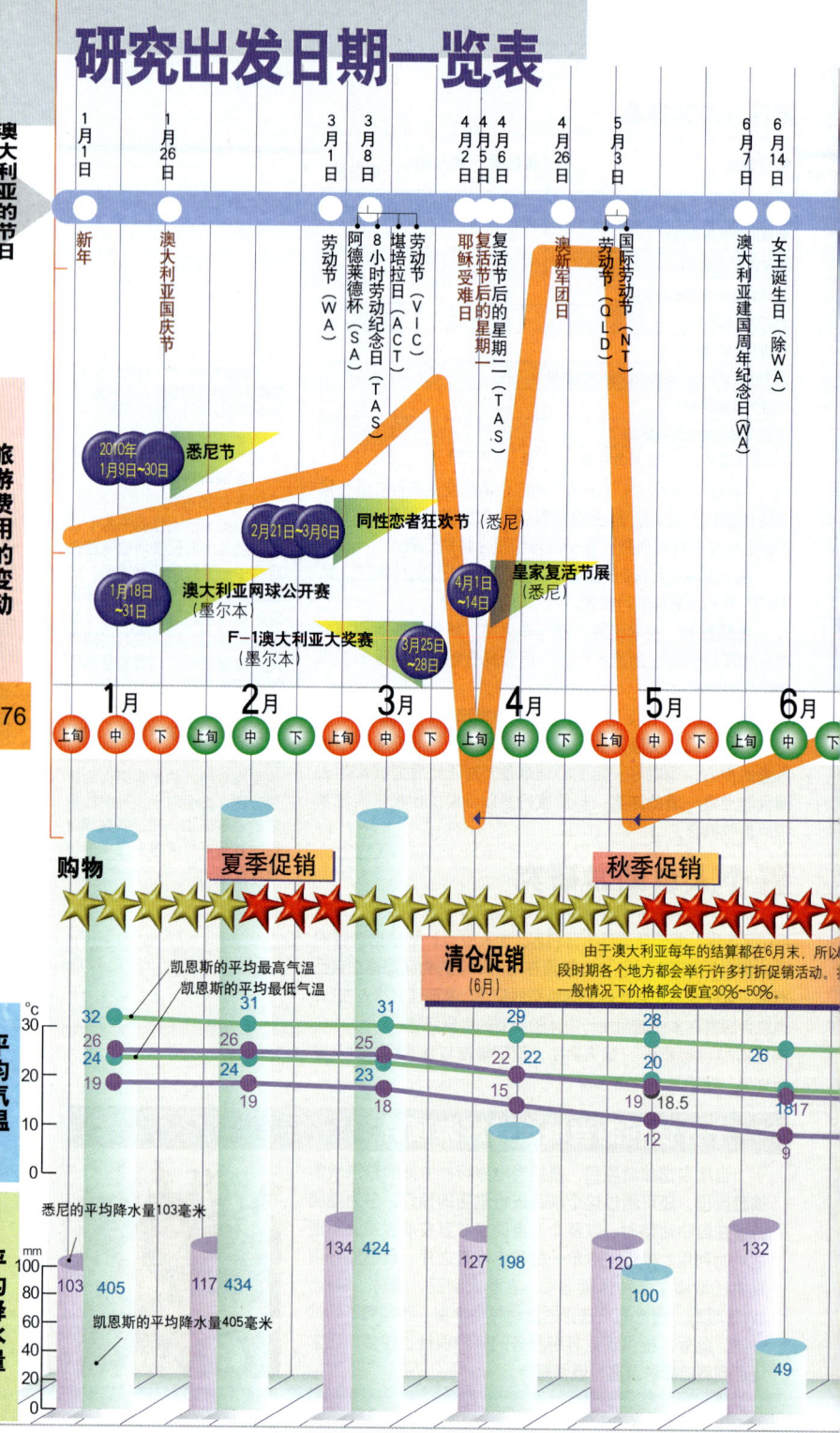

研究出发日期一览表

旅行信息【中国篇】

最高费用

- 8月2日 银行假日（NSW）
- 野餐日（NT）
- 9月27日 女王诞生日（WA）
- 10月4日 劳动节（NSW、SA、ACT）
- 11月2日 墨尔本杯（VIC的一部分城市）
- （12月30日）
- 12月25日 圣诞节
- 12月27日 节礼日

- ●茶色字体部分为澳大利亚全国统一节日。
- ●日期为2010年。
- ●节日、赛事活动举办日期根据年份的不同会有所变化。（详细的信息请参照p.422）

- 9月1日~30日 国王公园野花节（珀斯）
- 9月19日 悉尼马拉松比赛（悉尼）
- 11月2日 墨尔本杯（墨尔本）
- 9月11日~10月10日 Floriade花展（堪培拉）
- 12月26日~1月1日 悉尼—霍巴特游艇比赛（悉尼—霍巴特）
- 7月4日 黄金海岸马拉松比赛（黄金海岸）

| 7月 | 8月 | 9月 | 10月 | 11月 | 12月 |

上旬 中 下 | 上旬 中 下 | 上旬 中 下 | 上旬 中 下 | 上旬 中 下 | 上旬 中 下

最低费用

冬季促销 — **春季促销**

悉尼的平均最高气温
悉尼的平均最低气温

26	27	28	29	31	31
		22	22	24	25
17	18	20	21	16	23
16	18	19	14	22	17
8	9	11			

| 98 | 80 | 70 | 78 | 83 89 | 176 80 |
| 30 | 27 | 35 | 38 | | |

377

护照的办理　没有护照寸步难行

护照可到这里办

护照办理地点为各地公安局出入境管理处。

北京市公安局出入境管理处
地址：东城区安定门东大街2号
咨询电话：(010) 8402 0101
人工咨询：周一~周五8:30~12:00，13:00~17:00（法定节假日除外）
语音咨询：24小时服务
办公时间：周一~周六（法定节假日除外）8:30~14:30

上海市公安局出入境管理处
地址：上海市浦东区民生路1500号
咨询电话：(021) 2895 1900
办公时间：周一~周六（法定节假日除外）9:00~17:00

签证可到这里办

北京大使馆签证处
E-mail：immigration.beijing@dfat.gov.au
电话：(010) 5140 4424
传真：(010) 5140 4164
地址：中国北京市朝阳区东直门外大街21号　邮编：100600
电话咨询服务：13:30~16:00（周一~周五）

🟫 护照

护照是一个国家的公民出入本国国境和到国外旅行或居留时，由本国发给的一种证明该公民国籍和身份的合法证件。去国外旅行，护照可是必须携带的物品之一。我国护照分为普通护照、外交护照和公务护照三种。公民出境旅行，办理普通护照即可。普通护照的有效期为10年；申请人未满16周岁的，签发5年期护照。护照有效期不足6个月，需要更换护照。

🟫 护照的申请

（以北京市公安局护照办理为例。）

护照首次申请　首次办理普通护照时，申请人要提供：申请人近期正面免冠彩色照片（2寸白色或淡蓝色背景）1张；本人户口本、居民身份证的原件及复印件；填写好的"中国公民因私出国申请表"（可在各派出所、公安局出入境管理处网点领取，也可从网上下载）；其他特殊人员需提供的材料。建议您事先联系相关部门确认各项资料。工本费需200元。

护照换发申请　护照的签证页快使用完毕；护照有效期不足6个月，或者有效期不符合前往国家要求的，可以申请换发护照。提交材料与首次申领护照相同，另外，还要提交原护照的原件及复印件。

护照补发申请　普通护照损毁、遗失、被盗，可申请补发护照。申请人要在户籍所在地申请补发护照。申请人除提交与首次申请护照相同的材料外，还应提供损毁、遗失、被盗的相关说明材料。

领取护照　办理护照的时间为5个工作日，到时携带本人户口本、居民身份证和取证回执单，就可以领取办理好的护照。

签证的办理　入境澳大利亚

🟫 签证

签证，是由目的地国家的驻外使馆所发放的允许入境的许可证。到澳大利亚旅游，一定要申请澳大利亚签证。如果访澳的目的为度假、观光、探亲访友或购置私人房产等，需要申请旅游签证；如果访澳的目的是参加3个月以内（含3个月）的非正式课程或培训，也可申请旅游签证。旅游签证是为了满足申请人短期访问澳大利亚的需求，一般情况下，持此签证不能在澳停留12个月以上，也不得在澳工作。

根据不同情况，澳大利亚驻华使、领馆可向申请人签发单次或多次入境签证，在澳停留期限为每次3个月、6个月或12个月。申请人可根据需要申请相应的入境次数和停留时间。签证官则会根据申请人的个人情况决定是否同意给予相应的签证。一般情况下，3个月的旅游签证已经能够满足绝大多数访澳者的需要。如需签发停留期限更长的签证，则需要符合特定的条件，例如，申请人为澳大利亚公民或永久居民的父母，并且已经递交了移民申请，但移民签证尚未批准等。

申请澳大利亚旅游签证

申请澳大利亚旅游签证所需准备的材料

首次申请赴澳旅游签证和非首次申请赴澳旅游签证（过去5年中曾以个人名义访问过澳大利亚）的申请人所需提交的材料有所不同，具体情况可查询以下网址：http://www.china.embassy.gov.au/bjngchinese/DIMAcn3212.html。

申请方式　可以通过邮寄方式递交旅游签证申请，将您的申请表、护照和申请材料邮寄到相关使、领馆签证处，签证处地址参见侧栏"签证可到这里办"。也可亲自到相关使领馆签证处递交申请，但这并不意味着可以加快签证申请流程。递交申请的同时，还须缴纳相应的签证申请费用，赴澳旅游签证的申请费为800元人民币。递交在北京签证处的申请，还须先行支付用于返还护照和签证结果的20元EMS快递费。

申请时间和领取事宜　自收到签证申请之日起，澳大利亚驻中国使、领馆的审批时间一般为5个工作日。递交在北京和广州签证处的护照和签证结果，会通过EMS邮政快递寄还给申请人，递交在上海签证处的护照将通过顺丰速递寄还给申请人。如果被拒签会被告知拒签的理由。

窗口对外服务：周一~周五上午9:00~12:00，对个人开放
周一、二、四、五下午2:00~4:00，对专办员开放

上海总领事馆签证处
E-mail：immigration.shanghai@dfat.gov.au
电话：(021) 6279 8098
地址：上海南京西路1376号上海商城401房澳大利亚驻上海总领事馆签证处
邮编：200040
电话咨询服务：上午8:30~12:00，下午13:30~15:30（周一~周五，周三下午除外）
窗口对外服务：上午8:30~12:00，下午13:30~15:30（周一~周五，周三下午除外）

广州总领事馆签证处
E-mail：visaenquiries.guangzhou@dfat.gov.au
电话：(020) 3814 0250
传真：(020) 3814 0251
地址：广州市天河区珠江新城临江大道3号发展中心12楼
邮编：510623
签证递交：8:30~12:00（周一~周五，发展中心11楼）
签证贴签：10:00~11:00（周一~周五，发展中心12楼）
电话咨询服务：14:00~16:30（周一、周二、周四、周五）

提交签证申请的地点

居住地为北京、天津和河北的申请人须在澳大利亚驻北京大使馆办理旅游探亲签证。

居住地为下列省、市、自治区的申请人须在澳大利亚驻上海领事馆签证处办理旅游探亲签证：上海、重庆、江苏、浙江、安徽、江西、湖北、黑龙江、吉林、辽宁、山东、内蒙古、山西、河南、宁夏、陕西、四川、甘肃、青海、新疆、西藏。

居住地为下列省、市、自治区的申请人，须在澳大利亚驻广州领事馆签证处办理旅游探亲签证：广东、福建、湖南、广西、云南、贵州、海南。

酒店选择
从一流酒店到农家住宿

季节更迭带来的费用变化
与飞机票一样，酒店的住宿费用也随着季节的更迭有着较大的变化。消费级别一般根据旅游旺季、旅游季节、旅游淡季来划分。在举行节日欢庆等大型活动时，酒店的住宿费用自然会上涨，由于人数增多，预订就会变得比较困难。此外，大型的连锁酒店还独家推出了信用卡会员优惠和其他各种优惠手段。在预订酒店时还请多加注意。

低价酒店情报收集
收集低价酒店情报最简单的方法，便是前往机场及公交客运站附近的信息中心。在那里您能获得一手的城市基本信息和优惠信息。第二个方法，就是向其他游客打探消息，尤其是入住背包客之家和露营场地的游客，能够轻松获得低价酒店情报。与各种各样的游客进行交流，可以交换旅游相关信息。

🟧 澳大利亚的住宿设施

澳大利亚既有像悉尼一般的大都市，又有着广阔的野外空间。正因如此，住宿地点的选择十分多样，不仅仅能在高级酒店体验一回皇族待遇，也能在大篷车公园享受野营的乐趣。是当国王？还是当探险家？由于住宿在很大程度上影响着旅行的质量，还请慎重选择。

酒店的种类
城市酒店　一般意义上的酒店。位于拥有一定规模的城市当中。一流酒店为200澳元，中级酒店为135澳元~195澳元，最便宜的价格为75澳元左右。一般来说，城市规模越大，酒店的费用越高。消费标准 70~400 澳元。

度假酒店　位于黄金海岸等海边及国立公园附近的疗养地。其中大部分都设有游泳池、餐厅、消费中心，极尽奢华之感。消费标准 70~600 澳元。

休闲公寓　以单个家庭或者独立的房间为单位进行租赁的住宿设施。在时间上要求至少租赁1周以上。人数较多的时候比较划算。由于不提供日常的饮食，需要自己在厨房进行烹饪。十分适合好友或者家庭旅行。在黄金海岸及乌卢鲁国家公园附近有着大量此类住宿设施。消费标准 2人一周 250 澳元。

汽车酒店　汽车为交通手段是入住的前提，通常位于郊外。具有商业酒店功能的汽车酒店也不在少数。消费标准 40~80 澳元。

B&B　提供床铺和早餐，为"Bed"和"Breakfast"两个词语的简称。一般情况下，是指在子女成年独立之后，老年人夫妇将空出的房间进行出租。家庭的舒适感为其一大卖点。消费标准 65~100 澳元。

青年酒店（YHA）　原则上为一间房屋多人住宿的标准。入住时需要国际会员证等证件。消费标准 10~35 澳元。

背包客之家　多为携带大件行李（背包）进行旅行的游客入住，也因此而得名。适合经济型旅行中的长期逗留游客。消费标准 12~35 澳元。

露营　在露营设施十分完备的澳大利亚，无论到哪个乡间小镇，都有着被称为"大篷车公园"的露营场地。即使没有携带露营设备，也可在固定的露营车上借到。消费标准 5~10 澳元。

农场住宿　如字面解释一般，是指在农场等地住宿。不仅能体验农场生活的美妙，还能参加各种农场工人的节日。为亲身体会澳大利亚日常生活的绝佳机会。消费标准 140~300 澳元。

蓝天白云之下的游泳池,为度假酒店的一大特征　　小酒馆也十分注意细节

■ 在国内进行预订

　　初次到访一个陌生的国家,在出发之前就预订好到达之时入住的酒店十分必要。那么,身在中国,却要预约国外的酒店,怎样做才好呢？

　　直接预订　只要事先查好想入住的酒店的联系电话（TEL、FAX）,又有一定的英语水平,就可以自己直接进行预订。

　　网上预订　国内的多家旅行网站都提供预订饭店服务,如携程网等。可事先多方查找信息,确定入住酒店后,通过网站进行预订,还是很方便的。另外,澳大利亚的大型酒店、B&B、住宿农场等多种多样的住宿设施都通过自己的网站对外发布最新的住宿信息并接受网上预订。可通过电子邮件或者直接在网站上将预订事项传达给对方。网站上还会有酒店主人的照片和简介,去之前有必要详细了解一下相关酒店的住宿信息。

■ 申请YHA国际青年旅舍会员卡

　　国际青年旅舍会员卡是国际青年旅舍联盟会员身份证明,全球通用。拥有会员卡,可以享受国内外国际青年旅舍住宿价格的优惠,同时还可预订国外青年旅舍（只有会员才能入住国外青年旅舍）。

　　除在入住国内外青年旅舍享受房价上的优惠外,会员还可在世界各地享有食、住、行、游、购、娱等3000多项优惠,如,在全球多个国际机场和车船站,凭HI会员卡兑换外币可免收手续费；观光、租车、购物、参团、购买车船票等均可能有折扣。

　　费用　会费为50元人民币,有效期1年。第一年续卡可获9折优惠,第二年续卡开始8折优惠。

　　申请方式　可在网上申请。登录中国青年旅舍官方网站（http://www.yhachina.com）,在网上填表,会费和回邮费用可通过网上支付或邮局汇款,费用收到后,会收到寄回的会员卡。也可向各青年旅舍或当地的YHA国际会员卡代理商申请,办妥手续后可即时取卡。到总部办理：先在网上填表,再到国际青年旅舍中国总部付款办理会员卡,办妥手续后可即时取卡。同时,总部免费提供各国旅舍的资料,方便大家外出旅行。

澳大利亚青年旅舍
http://www.yha.com.au

澳大利亚廉价旅馆
http://www.cheaperthanhotels.com.au

货币与兑换
货币单位为澳大利亚元A$

澳大利亚的硬币（实际大小）

5¢

10¢

20¢

50¢

A$1

A$2

■ 货币与兑换

澳大利亚的货币单位为澳元（A$），1澳元=100澳分。有5种面额的纸币：5澳元、10澳元、20澳元、50澳元、100澳元。6种面额的硬币：5澳分、10澳分、20澳分、50澳分和1澳元、2澳元。另外还有1澳分、2澳分的硬币，如今已经停产，市面上很难见到。

关于货币的兑换，可在中国国内银行进行。不过，由于银行一律不接受硬币的兑换，所以回国之后想把硬币换成人民币比较困难，所以还是尽量在澳大利亚逗留期间将硬币全部花完。此外，由于每次进行兑换时都会收取一定的手续费，而且汇率也有所浮动，所以在国内兑换的时候最好想好适合的金额。如果到最后还剩下零钱的话，那么最好的办法就是用现金与信用卡一起支付。如果数额较小的话，那么捐助给联合国募捐项目也很有意义。澳元与人民币的换算比例为：1澳元=6.5元人民币（2012年11月7日）。

■ 旅行支票

对出境旅游的游客来说，旅行支票是一种比较方便实用也比较安全的货币携带方式。尤其是支付大笔金额时，更为方便。为了避免不必要的麻烦，海外旅行时尽量不携带太多现金是比较明智的策略。游客可以考虑购买旅行支票，完成一次安全舒心的旅行。

由于旅行支票仅限购买人使用，具有"偷来也没什么意义"（一般不会被盯上）的特征。此外，即便是不小心丢失了，由于银行保留着购买时的数据，可以获得补发（因此，必须将发行编号与旅行支票分开进行保管，并保管好当时购买的合约书）。旅行支票不仅能代替现金进行货款的支付，还能在兑换处和银行直接提取现金，回国之后也能换成人民币（但需要一定的费用）。不过，有些商店不能使用旅行支票的支付功能，还请事先进行确认。

购买旅行支票，可前往中国国内具有此项业务的银行。购买之后先在持有人签名一栏内写上自己的姓名，使用之时则在店员面前再次签名即可。有时会被商家要求提供能证明身份的护照。

持有人签
购买，
在持有人
栏内写上

账户签名
使用
候，在商
前再次在
处签名。

信用卡

出境旅游支付各种费用的时候，信用卡既方便又安全。除安全性能外，信用卡有时还能作为身份证明。比如，在进行车辆租赁及办理酒店入住手续时，经常会被要求提供信用卡。此时，如果没有信用卡的话，如租车，就有可能会被拒绝，在办理酒店入住时也可能会被要求提供高额的押金（保证金）。

取款提现 只要与信用卡公司签订合约，就能通过ATM终端提取现金，还能在当地提取当地货币现金。根据取款时间，汇率有所变化，手续费也是必需的。然而，每次提取现金时，有着最高额度的限制。

使用注意 在账单上签名之前请务必确认付款金额！只要签了名，即便是发现了差错，日后进行索赔请求也无济于事。此外，请将消费记录妥善保存，以备不时之需。如果万一出现了金额错误等现象，只要手中有之前的消费记录，就能证明正确的金额是多少。另外，在澳大利亚使用信用卡时，有时会被额外要求支付商品价格之外的手续费。

国际信用卡

国际信用卡，可通过海外的 ATM 终端机（自动取款机），从中国国内的银行账户中提取当地货币现金。取款需要一定的手续费，通过取款当天的汇率（银行之间各不相同）进行货币的换算。当账户内的余额不够用时，住在国内的家人可向卡内蓄款，以保证海外旅行的顺利完成。

在澳大利亚使用中国银联卡

近年来，国内普遍使用的银联卡，在澳大利亚的使用范围也逐渐得以发展。中国银联于 2006 年正式开通了银联卡在澳的受理业务。现在，澳大利亚全境有数万家银联卡受理商户。主要包括各大旅游免税店、特产店、品牌店、车行等，给中国游客提供了很大的方便。在澳大利亚可用银联卡提款的 ATM 机已经有近万台，如澳大利亚国民银行（NAB）和 Cashcard 的 ATM 机等均可使用银联卡，直接提取澳元现金。其中部分机器还会设置中文操作界面。

使用前，请确认机器上有银联标志。使用银联卡在商家消费，免收 1%~2% 不等的货币转换费，比较划算。不过，在境外使用银联卡在 ATM 机上取款，按国家主管部门规定，银联借记卡单卡每日累计取款不超过 1 万元人民币的等值外币，银联信用卡单卡每日累计取款不超过 5000 元人民币的等值外币。

澳元纸币

澳大利亚物价标准

价格因城市、地方或商店排名而异，基本价格标准如下所示。

咖啡：2.50 澳元～
矿泉水：1.50 澳元～
出租车：2.90 澳元～（起步价）
汽油：1.40 澳元 / 升～
市内电车：1.80 澳元～
电影：12.50 澳元～

手机的使用　方便的通信联络

国内主要移动运营公司
● 中国移动
咨询电话：10086
网站：www.10086.cn

● 中国联通
咨询电话：10010
网站：www.10010.com

澳大利亚主要移动运营公司
● 澳都斯（Optus）
网站：http://www.optus.com.au/home
● 澳大利亚电信公司（Telstra）
网站：http://www.telstra.com.au
● 沃达丰（Vodafone）
网站：http://www.vodafone.com.au

■ 短期逗留，可选择国际漫游服务

如果在澳大利亚只是待上一段比较短的时间，可向国内运营商咨询相关信息，并申请开通手机的国际漫游业务。不过，国际漫游业务的资费并不便宜，可事先查好通话和短消息的费用。

确认机种　国内大部分的手机在澳大利亚都可以使用，出发前，要先确认一下。澳大利亚的手机网络有3G（WCDMA）和GSM两种。

通话费用　如果开通了国际漫游服务，即便出国之后仍然可以继续使用自己的手机，所以时常会有人从中国打电话过来，要是不想花费太多的钱，一定要做好心理准备，事先向国内运营商咨询各种通话费用。

拨打电话的方法　从当地往中国拨打电话时，要先拨打澳大利亚的国际字冠"0011"，再拨打中国国家代码"86"，然后拨打城市区号（如果首数字是0，要去掉）。如果拨打当地电话，直接输入号码即可。

■ 频繁往返、长期逗留，可选择租机服务或购买当地手机卡

如果长期在澳大利亚境内逗留的话，在当地租用一部手机比较方便也比较省钱。另外，如果自己的手机经过确认可以在当地使用，可考虑购买一张当地的手机卡。这样一来，便可使用手机的中文系统，联系起来比较方便。当然，也会有人选择购买当地手机，因为一般是签约购买，有服务时间的约定，所以不太适合短期旅游的游客。

通话费用　手机本身为免费，只需支付通话费。一般来说，各个公司通话费有所不同。建议事先查好资料，确定哪一家公司的通话费用最适合自己的要求后，再做决定。

申请　可在当地的手机店进行租赁，如果在出发之前申请的话，可以提前得知自己的电话号码。

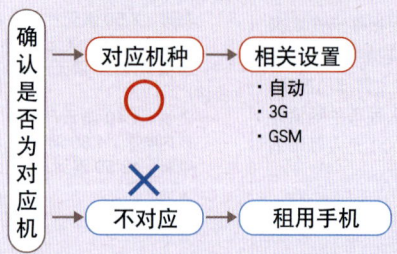

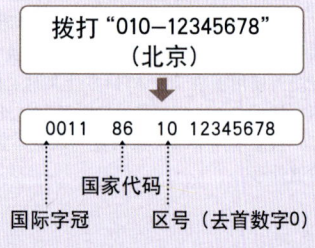

电话与邮件 从中国到澳大利亚 从澳大利亚到中国

■ 从中国到澳大利亚

电话
比如，拨打悉尼的号码"02-1234-5678"，首先拨中国的国际字冠"00"，然后拨澳大利亚的国家代码"61"，再拨城市区号"2"（首数字是0要去掉），最后拨当地的电话号码"1234-5678"即可。通话费用根据时间段而略有差异。

■ 从澳大利亚到中国

电话
能在公共电话上使用的为10澳分、20澳分、50澳分和1澳元的硬币。电话卡有面值5澳元、10澳元、20澳元、50澳元四种，可在街头有"News Agency"或者"Phonecard Sold Here"等标记的店铺购买到。市内通话无时间限制，40澳分。长途通话费用根据距离和时间而有所变化。此外，可购买澳大利亚当地出售的专门打回亚洲国家的国际电话卡，如"Hello Asia"等。可主动向老板咨询哪种电话卡打回中国最划算。

当然，如果网络条件便利，使用网络电话也比较省钱。

邮件
澳大利亚邮政属于国营公司，信用等级高，值得信赖，可放心通过邮局邮寄相关物品，可用中文书写收信人地址和姓名，只须在最后写上"China Air Mail"即可。澳大利亚的国内邮费为：明信片、信件50澳分。寄往中国的邮费为明信片1.40澳元、信件1.45澳元（50克以内）。邮费根据所寄物品的重量和大小有所不同。邮票可在邮局或酒店前台购买到。

买了礼物之后，行李重量会大大增加，此时可选择包裹（Percelpost）或者国际快件（EMS）寄送服务。以上两种邮寄方式皆可在邮局办理。利用国际快件进行邮寄时，1个包裹的最大限重不超过20千克。一般一周内即可到达。

传真
在澳大利亚邮局可以发传真，一般只收取电话费，没有手续费。如果在酒店的前台发传真的话，则须收取手续费。

澳大利亚主要城市区号
中东部地区（新南威尔士州、澳大利亚首都地区及维多利亚州北部部分地区，包括堪培拉、悉尼）区号为02。

东南部地区（塔斯马尼亚州、维多利亚州大部分地区和新南威尔士州南部部分地区，包括墨尔本、霍巴特）区号为03。

东北部地区（昆士兰，包括布里斯班）区号为07。

中部及西部区域（南澳大利亚州、北部地区及西澳大利亚州，包括珀斯、阿德莱德、达尔文）区号为08。

拨打中国国内电话的国际直拨方法

0011
▼
86
▼
10
▼
12345678

① 键入澳大利亚的国际识别号码0011
② 键入中国国家代码86
③ 键入去掉0之后的对方城市区号，如，北京010，变为10
④ 键入对方的电话号码

邮局的营业时间
周一～周五：9:00～17:00
周六、周日、法定假日休息

相关证件和资料 带上这些证件吧!

申办国际学生证(ISIC)、国际青年证(IYTC)

国际学生证协会中国办公室(国际学生证申请费用为人民币85元,国际青年证申请费用为人民币100元)

地址:北京市朝阳区东三环北路甲2号京信大厦2145(100027)

电话:(010)65981876,(010)65981976,(010)65981955

全国统一热线:4006-100-116
网址:http://www.isic.cc

* 以上资讯时有变动,出发前请再次确认。以上办证地点均可面向全国邮寄办理(邮资自付),且另有其他多家机构可代办国际学生证、国际青年证,但请注意谨慎确认其资格后再委托办理。

🟥 申办国际学生证(ISIC)

在世界使用最普遍的国际学生证(ISIC),无论是购买车票、机票、门票,还是住宿、购物,都可能会获得不错的优惠,是出国旅游省钱的好帮手。值得特别注意的是,此证以新学期开学的9月份作为划分期限,如果是在9月前办理,有效期限是到当年的12月底,如果9月以后办理,有效期限则到次年的12月底。申请资格为:国内外教育部认可的初中、高中及大专院校以上的全日制学生,需年满12周岁。

🟥 申办国际青年证(IYTC)

若年龄未满26岁,但已非学生,建议申办国际青年证(IYTC),同样可以在旅途中享有一定的折扣和优惠,如,一些博物馆票、车票、演出票、门票等。有效期为申请日起一年。

🟥 中国驾照国外行

如有国际驾照,就可在澳大利亚当地租车旅游了。我国不签发国际驾照。不过,中国公民持有国内驾照的,可以在出国前到国内的公证机关开具英文版的公证文件,凭此公证件和驾照原件,就可以在澳大利亚租车旅行了。澳大利亚有广阔的野外观光地,建议租用GPS,更好地享受自驾游的乐趣。

🟥 购买出境旅游保险

出国旅游的时候,由于气候、饮食、生活习惯等均发生了变化,游客语言不通、心理紧张,再加上各种意外事件层出不穷,可能会带来身体的不适和一些突发情况。虽然旅行社会为游客提供旅行责任险,但由于游客个人过失导致的人身伤亡和财产损失,以及由此导致的各种费用等,不在旅行社责任险的赔付范围之内。为了保证自己的健康和安全,购买一份旅游意外保险是一个不错的选择。这类保险可自行咨询保险公司,也可请旅行社代为办理。

在购买出境旅游保险时,一些业内人士建议,最好包括紧急救援和医疗垫付两项功能。目前,国内多数保险公司都与一些国际救援机构合作推出境外紧急救援服务。如果游客遇到险情,可与投保公司合作的救援机构取得联系,救援公司就会提供包括治疗救援等一系列服务。

各家保险公司推出的保险种类、内容各有不同,建议仔细了解保险产品的投保范围和所提供的服务,同时还要根据旅游目的地国家的情况来考虑是否要搭配不同的险种。

行李打包 只须带上最需要的物品

旅行的准备

"好不容易出一次国,不管什么都一股脑地装进行李箱内,到最后却都没派上用场。"这是最常听到的一句话。当然,什么都不带就上路是不现实的,但还是要尽量去掉多余的东西,轻松踏上旅途。一些小物品大可待到达当地之后再购买。

旅行包

先不说背包游客,对于普通游客来说,外出旅行最便利的还是要用行李箱。行李箱不仅能装入比外观看起来多得多的行李,在飞机场进行托运时也不怕被压坏。能否拉着走(带轮子)是选购行李箱的要点。为了应对购物过多装不下的情况,另外携带一个手提包是个好办法。

此外,用于存放护照等贵重物品的小提包也是必需品。现金、旅行支票、驾照公证件和酒店预订确认书之类的重要物品请一定随身携带。

行李打包

最占地方的还要数衣物。与其带上多套换洗衣物,不如在旅行中把衣服送去干洗比较方便,内衣内裤自己清洗即可。打包的时候,按照衬衫类、裤子类进行分类,然后装入小袋中,取出时也比较方便。T恤如果对半折好放进箱子里会变得皱皱巴巴,卷成筒状后打包是个好办法。在旅游用品商店等处可以买到将衣物体积压缩到几分之一的真空包装袋。

有关携带液体物品的小提示

从2007年开始,超过100ml的液体(含啫喱状、喷剂)被禁止带入机舱内部。如果不得已必须带入飞机内,请注意以下必要的处理事项:

●将液体装入100ml之内的容器里,然后将容器放入容积为1公升之内的透明拉锁口袋中。

※医药物品及儿童奶粉除外。

注意:规定之外的液体(除了化妆品),即使是在机场免税店内购买的,在随后换乘时仍有可能被要求开封检查,请多加注意。

随身物品检查清单

必要性	物品名称	检查栏	必要性	物品名称	检查栏
◎	护照		◎	漱洗用具	
◎	飞机票		△△△	太阳镜	
◎	信用卡		△	帽子	
◎	签证		△△	泳装、防水衣裤	
◎	现金		△△△	相机、数码相机	
◎	旅行支票		△△△	胶卷、记忆卡、充电器	
○	旅行伤害保险		△	缝纫用品	
○	驾照公证件		△△	防晒霜	
○	手机		△	雨具	
○	上装		△	电子词典、英语会话书	
◎	裤装		◎	旅游指南(自由行)	
◎	袜子		○	笔记用具	
△	睡衣		△	手帕、卫生纸	
△△△	药物、化妆品		○	变压器	

※◎绝对需要　○特定场合需要　△有了更方便（最多个数为3）

旅行会话

想要实现随心出游，就必须能够将自己的意思完整正确地表达出来。当地人一般都会认真倾听游客的话语。在解决问题时，语言更是一个强有力的助手。请不要害羞，尽量自信地将想要表达的意思清楚地说出来。

最基础的 ●必须掌握的旅游必备单词及会话

早上好	Good morning	请问	Excuse me	我的名字叫……	My name is...
您好	Hello	对不起	I'm sorry	请问你叫什么名字?	What's your name?
晚上好	Good evening	我（我们）	I (we)	先生（先生们）	man (men)
再见	Good bye	你（你们）	you (you)	女士（女士们）	woman (women)
是的	Yes	他（他们）	he (they)	我不明白	I don't understand
不是	No	她（她们）	she (they)	救命！	Help!
谢谢	Thank you	请问多少钱	How much is it?	我不会说英语	I can't speak English.
不用客气	You're welcome	我是中国人	I am a Chinese.		

基本单词

今天	today	10000	ten thousand	好	good
明天	tomorrow	右边	right	坏	bad
昨天	yesterday	左边	left	贵	expensive
早上	morning	上	up	便宜	cheap
中午	noon	下	down	热	hot
傍晚	evening	大	big (large)	冷	cold
晚上	night	小	small	去	go
上午	morning	长	long	来	come
下午	afternoon	短	short	购买	buy
周	week	多	many (much), a lot	吃	eat
月	month	少	a few (a little)	看	see, look, watch
日	day	早	early	走路	walk
1小时	1 hour	快（速度）	fast, quick	付款	charge
1分钟	1 minute	迟	late	乘坐	ride
100	one hundred	（速度）慢	slow	下车	get off
1000	one thousand				

旅行基本单词

休业（闭馆）	close
营业（开馆）	open
几点至几点营业	open from ...am to...pm
促销	sale
售完	sold out
出口	exit
入口	entrance
按	push
拉	pull
禁止进入	no admittance/no entry
禁止触碰	Don't Touch
售票处	ticket office
空座（空房）	Vacancies
无空座	No Vacancies
指定座位	Reserved (seat)
单程	one way
往返	return
故障中	out of order
洗手间	bath room (toilet)
使用中	occupied
空的	vacant
手续费	handling charge
预约/预定	reservation
退还	refund
折扣	discount
禁止拍照摄影	no photographs
禁止使用闪光灯（镁光灯）	no flash photography
旅游问讯服务站	Tourist Information
美术馆	art museum
遗址	remains/ruins
城堡	castle
禁止未成年人进入	No Minors
请勿打扰进入	Private
谢绝饮食	No food or drink
要求出示身份证	ID required
人行横道	crosswalk
玩	play
停留/住宿	stay
晴天	clear weather
阴天多云	cloudy weather
雨	rain
风暴	storm
天气预报	weather forecast
禁烟座位	no smoking seat
吸烟座位	smoking seat
止步	stop
恐怖/害怕	scary
半日游	half day sightseeing tour
一日游	one day sightseeing tour

旅行信息[中国篇] 旅行会话

记住一些澳式英语

由于澳大利亚曾是英国殖民地，所以澳大利亚的通用语是英语。但是，与美式英语不同，它基本上都是使用英式英语。例如"行李"用美式英语来说，是Baggage，而英式英语则为Luggage；美式英语的Call对应的英式英语为Ring等。另外，一层称为Ground Floor，二层称为1st Floor等让人产生迷惑的单词也很多。

澳大利亚特有的澳式英语（Aussie English）的特点，在于其发音。它将[ei]的音发成[ai]，Sunday读成[ˈsʌndai]，Eight读成[ait]，OK读成[əuˈkai]。另外，像Aussie所代表的那样，澳式英语中有很多缩写形式，就像把足球Football缩写成Footie，将一杯茶A Cup of Tea缩减成Cuppa这样。

常用的有俗语Outback（荒野）、Mateship（友情）等。Good Day (G'Day) Mate (你好，朋友）是寒暄的固定用语。

■另外一些澳式英语
Tah：谢谢 (Thank You)
Arvo：下午 (Afternoon)
Crust：金钱 (Money)
Tucker：食物 (Food)
Sack：床 (Bed)
Sheila：女士 (Woman)
Bloke：男士 (Man)

基本会话

〈在飞机上〉

●我想将行李放在上面的行李架上，您能帮个忙吗？
I would like to put my bag in the luggage compartment. Could you help me?

●我的灯（耳机）坏了。
My light(earphones) isn't working.

●我能将我的座椅放倒吗？
May I put my seat back ?

●请回到您的座位上。
Please return to your seat.

●您要喝点什么吗？→有什么饮料？→请给我咖啡。
Would you like anything to drink?
What drinks do you have?
Coffee, please.

●鱼肉和牛肉（鸡肉），请问您需要哪个？
Which would you like, fish or beef(chicken)?

●我觉得有点不舒服。
I feel sick(bad) .

●我想看看免税商品。
May I see the duty free items?

〈在机场〉

●您此趟旅程的目的是什么？→观光旅游。
What is the purpose of your trip?
Sightseeing.

●您有什么需要申报的吗？
Do you have anything to declare?

●我的行李箱不见了。
I can't find my luggage.

●您的行李有什么特征吗？请描述一下。→是一个大型的黑色行李箱。
What does your luggage look like?
Please describe your luggage.
A large black suit case.

●您好，我想兑换外币。
I would like to change some money.

●请给我也换一些零钱。
Please include some small bills.

●请问出租车乘坐点（旅客资讯服务站）在哪里？
Could you tell me where the taxi stand （tourist information）is?

●出发时间　　　departure time

●按时地　　　　on time

●延迟　　　　　delayed

●（飞机）登机牌；船票；车票
boarding pass

●办理乘坐手续　　check in

●转乘　　　　　　transfer

〈回国时在机场柜台〉

●请给我一张禁烟座位的票。
A no smoking seat, please.

●麻烦给我过道旁边（窗户旁边）的座位票。
An aisle seat(window seat), please.

●您好，我想跟我的好朋友坐在一起。
I would like to sit on the next to my friend.

●您好，我想确认(我的机票)。
May I reconfirm(my flight)？

〈乘坐出租车〉

●请把我送到ABC酒店。
ABC hotel please.

〈在酒店〉

●我是预订了房间的江山。请帮我办理入住手续。
I have a reservation for Jiang Shan. Can I check in?

●我想使用你们的洗衣服务。
I would like to use your laundry service.

●我想祛除上面的污渍。
I would like a stain removed.

●您好，我是123房间的江山，请将咖啡送至我的房间。
This is Mr.Jiang Shan speaking in room 123.
Please bring me coffee.

● 请给我123房间的钥匙。
Can I have the key to room 123?

● 麻烦您帮我叫一辆出租车。
Will you call a taxi?
Please call a taxi for me.

● 我想预订3月14日早上8:00的餐位，人数为2人。
I would like you to make a reservation for me for dinner for two people at 8 p.m. on March 14th.

● 我将钥匙遗忘在房间里了。
I have left my key in my room.

● 这里能够寄信件吗？→可以/不可以。
Can you mail this for me?
Yes, of course. ／ I am afraid not.

● 请帮我来搬一下行李（请帮我叫一个大堂服务生）。
Please take down my luggage. (Please ask the bell man to take down my luggage.)

● 在我8点出发之前，能否将行李寄存在这里。
Please hold my luggage until my departure at 8 p.m.

● 您有什么需要转达给我的吗？
Do you have any messages for me?

● 我能够再住一晚吗？
Can I stay one more night?

● 电视无法正常使用。
The TV doesn't work.

● 可以使用旅行支票吗？
Do you accept (take) traveller's checks?

● 您好，我想退房。
I would like to check out, please.

● 这是什么的费用？
What is this charge for?

● 我没有使用过房间内的迷你吧。
I didn't use the mini-bar.

● 可以用信用卡付款吗？
Do you accept (take) this credit card?

《逛街时》
● 美术馆距离这里远吗？
Is it far from here to The Art Museum?

其他会话范例

USA说的是美式英语，UK说的是英式英语。

● 订做→semi-custom made

● 洗衣→laundromat (USA)
　　　　laundry launderette (UK)

● 长筒袜→panty hose

● 连衣裙→dress

● 收银台→cashier ／ cash register (USA) ／ till (UK)

● 自助餐→buffet

● 加入咖啡当中的牛奶→cream

● 早晨（早餐）→breakfast

● 信用卡→credit card

● 爆胎→flat tire (USA) flat tyre (UK)

● 倒挡→reverse gear

● 燃油→gas (USA) petrol (UK)

● 加油站→gas station (USA)
　　　　　petrol station (UK)

● 夜场（比赛）→Nightgame

● 插座→plug

● 巴士的运行间隔是多久?
How often do the buses come?

● 能否麻烦您到了我要下车的地方时提醒我?
Could you tell me when I'll reach my destination?

● 请问这趟巴士（火车）去……吗?
Is this bus(train)going to... ?

● 不用找零了。
Please keep the change.

● 请问有汉语(英语)导游陪同的团体旅游吗?
Do you have a tour with a Chinese (English)tours?

● 我想将信件（包裹）寄往中国。
I would like to mail this letter（parcel）to China.

● 请问可以拍照吗?
Can I take a picture for me?

● 您好，能否劳驾您帮我拍个照?
Can you take a picture for me?

● 请问这里有能够拍24张照片的胶卷吗?
Do you have a 24 exposure film?

● 请问几点关门?
What time do you close?

● 请给我两张票。
Two tickets please.

〈购物时〉
● 谢谢，我只是随便看看。
No, thanks. Just looking.

● 能再便宜点吗?
Can you give me a discount?

● 请问可以试穿吗?
Can I try this one on?

● 请问试衣间在哪里?
Can you tell me where the fitting room is, please?

● 您好，我要买这个。
This one please. I'll take this.

● 现金付款还是信用卡付款?
Pay cash or in a credit card?

● 可以使用这种信用卡付款吗?
Can I use this credit card?

● 请问我可以申请退税吗?
Can I get tax refund?

● 您能帮我将它送到酒店吗?
Can you deliver it to my hotel?

〈在餐厅〉
● 您好，我想预订。时间是3月14日早上8:00，人数为2名。
I would like to make a reservation for dinner for two people at 8p.m. on march14th.

● 您好，我是预约了的江山。
I have a reservation for Jiang Shan.

● 您有什么推荐的料理吗?
What dish do you recommend?

● 给我来一份跟那边那个人吃的一样的东西。
I would like the same dish as those people over there.

● 请您挑选一款红酒搭配这道料理。
Please select a good wine for this meal.

● 我们的菜还没做好吗? 我们可是在30分钟前点的菜。
Our order hasn't come yet.
I ordered over than 30 minutes ago.

● 这跟我们所点的不一样。
This is not what I ordered.

● 您找错钱了。
I think my change is wrong.

● 我们忘记还点了这道汤了。
I dropped this spoon.

● 您好，结账。
Check, please.

〈娱乐〉
● 今天晚上有什么节目安排啊?
What is showing tonight?

● 我现在还能买票吗?
Can I still get a ticket?

● 请问入场券多少钱?
How much is the ticket? / How much is it to get in?

〈事故、问题〉

●浴缸里的水溢出来了。
My bathroom has flooded.

●太冷了,麻烦您将空调调高一点。
My room is too cold.
Could you adjust the air-conditioner?

●我把钱包遗忘在出租车上了。
I have left my purse(wallet) in the taxi.

●请帮我把信用卡注销。
Please cancel my credit card .

●我没赶上去往北京的飞机。
I have missed the flight to Beijing .

●请帮我预订下一趟能够赶上的航班。
Please make a reservation for the next available flight.

●我有加入旅游意外保险。
I have travel insurance.

●请帮我叫救护车。
Please call an ambulance.

●我想看医生。
I would like to see a doctor.

●麻烦您带我去医院。
Please take me to a hospital.

●有点发烧。
I have a fever.

●肚子痛。
I have a pain in my stomach.

●头痛。
I have a headache.

●这个不能用,麻烦您给我换一个。
This one doesn't work. Please change it.

●请退钱给我。
Please give me a refund .

●我的包被盗了。
My bag has been stolen.

●请问有会说汉语的朋友吗?
Is there anybody here who can speak Chinese?

如果有人对你说这些话时就危险了

没有被卷入麻烦当中那当然是最好的了,但有时候也难免会碰到意外突发情况。为了让自己不会受到致命伤害,最好了解一些警告的用语。同时还举出了应对的用语,请一并记住。

●举起手! Spread'em!

●后退! Get back!

●不许说话! Shut up! / Be quiet!

●把它扔掉! Drop it!

●趴下! Hit the floor ! / Get on the floor!

●不许动! Hold it ! / Don't move !
Freeze! / Stay where you are!

●给我靠墙站着! Get against wall. / Face to wall!

●站住! Stop!

●照我说的去做! Do what I Say!
Do what I tell you!

●敢逃跑的话,小心我杀了你。
Move and you're dead.

●我可不是在开玩笑。I mean it .

●救命啊! Help!

●抓小偷啊! Stop, thief!

●求求你,不要杀我! Don't kill me!

●滚开! Go away!

●住手! Please stop.

●请不要开枪。Don't shoot.

●滚出去! Get out!

●不要碰我! Don't touch! / Hands off !

●不感兴趣。 I am not interested.

●抱歉,我赶时间。 Sorry. I'm in a hurry.

定做服装也交给我吧
购物用语

好不容易来到国外购物，一定要挑选几件各方面都很喜欢的衣服。与其到时由于语言不通而买到不中意的东西，倒不如将这一页拿在手中，哪怕是指着这上面的图案与店员沟通，也要买到您所喜爱的物品。

衬衫 shirt

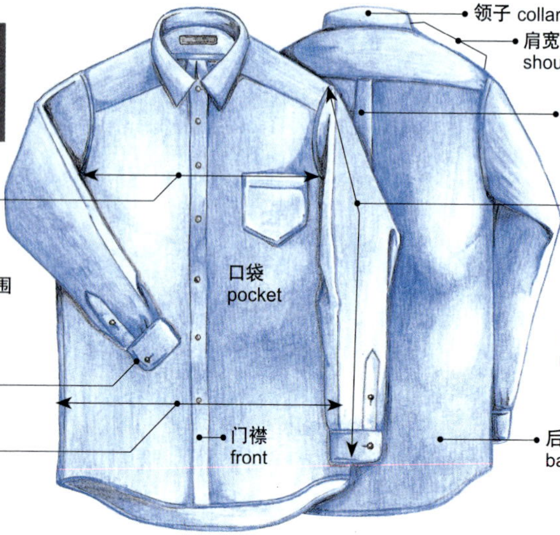

- 领子 collar
- 肩宽 shoulder length
- 衣褶 pleat
- 男士胸围 chest
- 女士胸围 bust
- 袖长 the length of the s[leeve]
- 口袋 pocket
- 尺寸 measurement
- 袖口 cuff
- 腰围 waist
- 门襟 front
- 后摆 back

材质 material	羊毛 wool	纽扣 button	针织毛衣等 knit wear
丝绸 silk	麻布 linen	袖扣 cuff links	套头衫 pullover
棉质 cotton	人造纤维 man-made fabric	针脚 seam	开衫毛衣 cardigan sweater
			刺绣（手工、机绣） embroidering（by hand, by machine）

● 稍微有点紧（宽松、长、短、朴素、华丽）。
It's a little small.（big, long, short, plain, gaudy）

● 请给我大一号的。
Could you bring me one size larger?

● 这件还有其他的颜色吗？
Do you have a same thing in a different color?

颜色名字

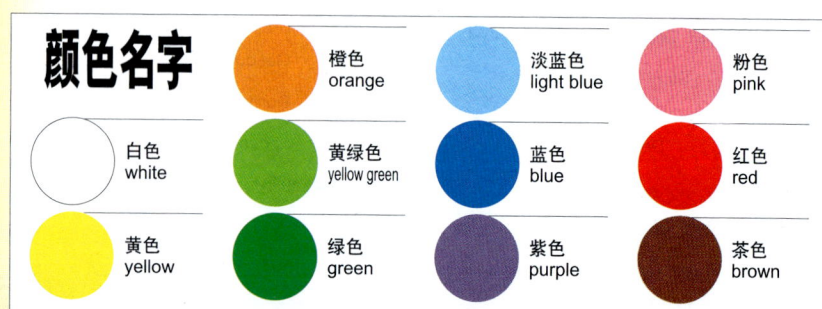

- 橙色 orange
- 淡蓝色 light blue
- 粉色 pink
- 白色 white
- 黄绿色 yellow green
- 蓝色 blue
- 红色 red
- 黄色 yellow
- 绿色 green
- 紫色 purple
- 茶色 brown

鞋子 shoes	漆皮鞋 patent-leather enameled shoes	 装饰的金属链 chain	鞋跟 heel
	麂皮 suede		
	皮革 leather		

鞋面 instep
鞋头 sole
表面装饰 tassel
拼接 stitching
鞋宽 width
鞋头 tip

手提包 bag	 提手 handle

高度 height
盖子 cover
包扣 clasp
厚度 depth
宽度 width

隔层 divider
肩带 strap
拉链 fastener / zipper
口袋 pocket
栓钉 stud

皮革 leather	羊皮 goat skin	鸵鸟皮 ostrich leather	钱包 wallet
小牛皮 calf leather	蛇皮 snake skin	人造皮革 artificial leather	零钱袋 coin purse
鳄鱼皮 crocodile	猪皮 pig skin	羊羔皮 kid skin	

 米色 beige

黑色 black

 灰色 gray

在表示颜色的色调时

鲜明的 vivid	明亮的 bright		
淡色的 pale	深色的 deep	浅灰色的 grayish	
浅色的 light	灰暗的 dark	暗淡的 dull	

● 麻烦您拿再亮一点的颜色给我。
Could you show me a little brighter?

● 请拿这两个颜色中间色的给我。
Could you show me something in between these two shades?

问路

在陌生的城市迷路了。一个人到处逛也是一种旅行的乐趣，同时还给您提供了与当地人沟通交流的绝好机会。要想让别人帮忙指路，要掌握一些必需的短语词组，才能到达目的地。

在前面一个转角处向右拐，第三个建筑物就是了。
Turn right at the first corner. It's the third building from the corner.

2个街区远
2 blocks away

往前直走，很快就可以到达。
Go straight and you'll see it soon.

●您能在地图上给我指一下它的位置吗?
Could you show me the location on the map?

●我迷路了。
I'm lost.

●请帮我在地图上指一下我现在所处的位置。
Where am I now? Please show me on this map.

●在……的旁边有什么标志吗?
Are there any landmarks near ... ?

●东西南北
east, west, south, north

●禁止进入
no admittance/no entry

●左侧通行
keep (to the) left

●请站在右侧
stand on the left

●旅游名胜
sightseeing spot/tourist attraction

●旅游咨询服务站
Tourist Information Centre

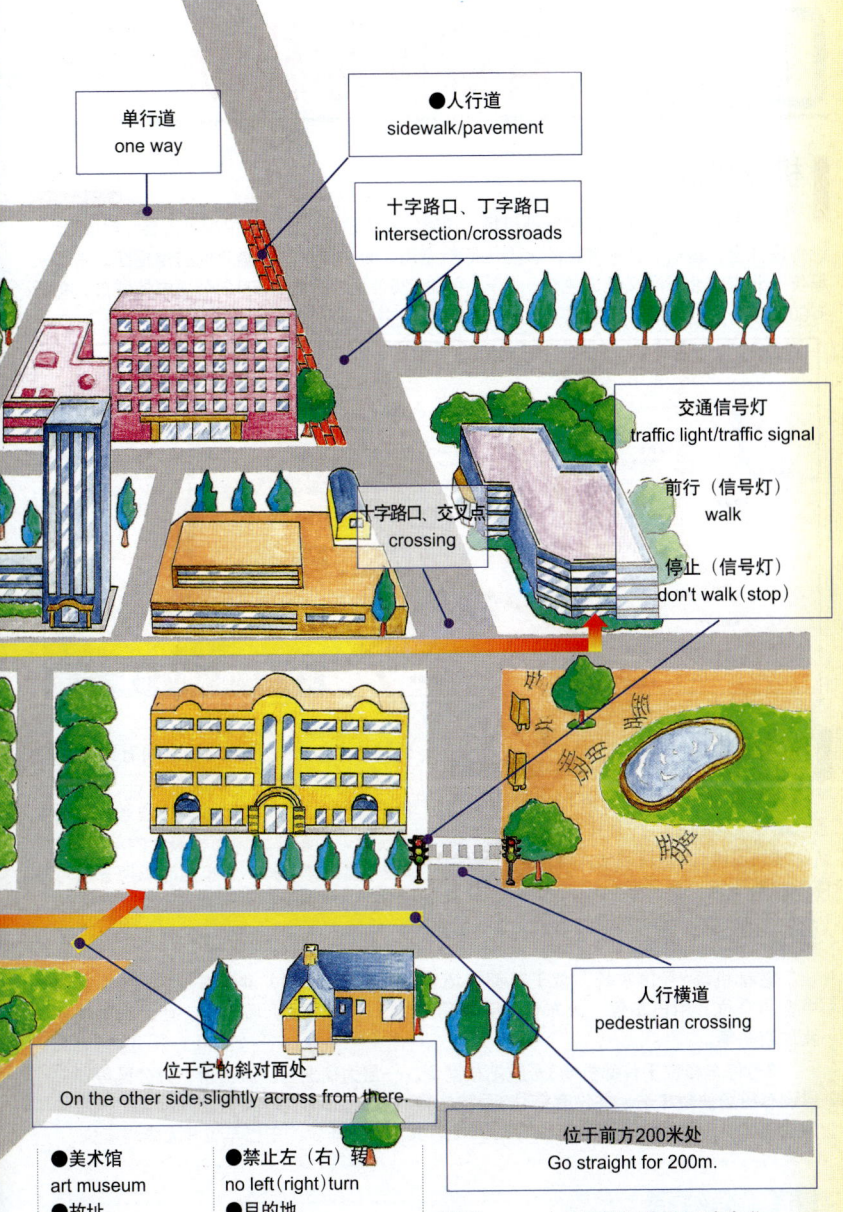

机场指南 北京首都国际机场

机场概况

　　北京首都国际机场,简称首都机场,1958年开始启用,是目前中国最重要、规模最大、设备最齐全、运输生产最繁忙的大型国际航空港,是中国民航最重要的航空枢纽。首都机场位于北京东北郊顺义区天竺镇,距市中心25.35公里,通航近200余个国内外城市,每周有5000多个定期航班,是北京乃至全国的重要空中门户和对外交往的窗口。

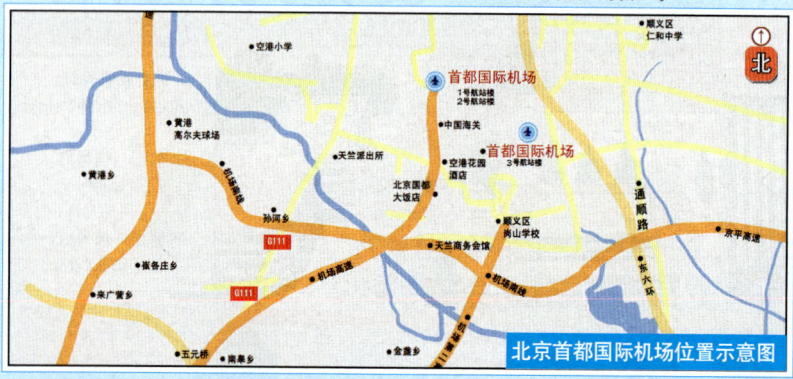

北京首都国际机场位置示意图

航站楼

　　北京首都国际机场共有3个航站楼。1号航站楼规模较小,约有10个登机口。2号航站楼的规模比1号航站楼大得多,可同时停靠20架飞机,并同时承担国内和国际航班的服务。1、2号航站楼之间有乘客连接通道,同时也可乘坐摆渡车互通。3号航站楼于2007年建设完工,规模比2号航站楼更为庞大,目前是国内面积最大的单体建筑。与2号航站楼一样,它也同时承担着国内和国际航班的服务。

停车场信息

　　首都机场1号停车场,位于首都机场1号航站楼正南侧,共有车位约600个,其中含小车位、中巴车位、大车位、无障碍车位,主要停放机场巴士、社会临时车辆及过夜车辆。

　　3号停车楼位于首都机场3号航站楼南侧,一层为商业区、派出所、办公区等;二层设有机场快轨车站,并设有前往3号航站楼的通道。3号停车楼目前开放地下一层作为旅客车辆停放区域,共有车位约3300个,其中含小车位、中巴车位和无障碍车位。

主要航空公司

中国国际航空公司(CA) T3
www.airchina.com　95583
中国东方航空公司(MU) T2
www.ceair.com　95530
中国南方航空公司(CZ) T2
www.csair.com　95539

国泰航空公司(CX) T3
www.cathaypacific.com
4008-886-628
澳洲航空(QF) T3
www.qantas.com.au
800-819-0089

机场交通

机场快轨（东直门—机场）

全长28.1公里，沿途设4个站，到达首都国际机场T3航站楼大约只需20分钟，十分便捷。另外，机场快轨与地铁2号线的东直门站和10号线的三元桥站均有换乘站。

出租车

北京出租车的费用按跳表计算，起步价13元（3公里以内）；超过3公里后，每公里加2.3元。夜间行驶（23:00至次日5:00）计价器会自动加价20%。现在还需要多付2元的燃油附加费。正规出租车上均有发票打印机，下车前记得索取发票，上面有出租公司的电话，若不慎在车上遗失物品还可打电话询问。

机场大巴

有10多条线路，可就近选择停靠站搭乘。北京周边城市的人士，可选择往返于机场与天津、廊坊、秦皇岛、塘沽等城市之间的省际巴士。北京市内巴士统一票价为每人16元，省际巴士则依距离远近价格有所不同。具体线路可参见下表。

市区至机场大巴线路

线路名称	主要途经站点	首、末班时间（机场→市内）
1线（出）	T3航站楼→T2航站楼→T1航站楼→亮马桥→白家庄→大北窑→潘家园→十里河→方庄	7:00至次日1:00，发车间隔不超过30分钟，客满随时发车
2线（出）	T3航站楼→T2航站楼→T1航站楼→北小街桥西→安定门桥西→积水潭桥西→西直门桥南→复兴门桥东→西单	7:00~24:00，发车间隔不超过30分钟，客满随时发车
3线（出）	T3航站楼→T2航站楼→T1航站楼→三元桥→渔阳饭店→东直门→东四十条→朝阳门→雅宝路→北京站	7:00~24:00，发车间隔不超过30分钟，客满随时发车
4线（出）	T3航站楼→T2航站楼→T1航站楼→国际展览中心→西坝河→安贞桥→马甸桥→北太平庄→蓟门桥→友谊宾馆→苏州桥→紫竹桥→航天桥→公主坟	6:50至次日1:00，发车间隔不超过30分钟，客满随时发车
5线（出）	T3航站楼→T2航站楼→T1航站楼→小营→亚运村→学院桥→中关村	6:50~24:00，发车间隔不超过40分钟，客满随时发车
6线（出）	T3航站楼→T2航站楼→T1航站楼→广顺北大街→湖光中街→育慧里→北辰路大屯→大屯→奥运村→亚奥国际酒店	8:00~21:00，发车间隔不超过40分钟，客满随时发车
7线（出）	T3航站楼→T2航站楼→T1航站楼→朝阳公园桥→通惠河北路→永安里东街→广渠门→磁器口→珠市口→菜市口→广安门外→西客站南广场	7:20~24:00，发车间隔不超过30分钟，客满随时发车
8线（出）	T3航站楼→T2航站楼→T1航站楼→白坊→天通西苑→回龙观东大街→回龙观西大街→回龙观→上地大厦→上地信息产业区	8:00~21:00，发车间隔不超过40分钟，客满随时发车
9线（出）	T3航站楼→T1航站楼→T2航站楼→北关站→西大街→北苑路口→翠屏北里→太阳花酒店	7:00~24:00，发车间隔不超过30分钟，客满随时发车
10线（出）	首都机场→广渠门→肿瘤医院→玉蜓桥→北京南站北出口	9:30~21:30，发车间隔不超过30分钟，客满随时发车
11线（出）	T2航站楼→T1航站楼→T3航站楼→窑洼湖桥北→小武基→亦庄北环西路→泰河站	每日18:00由机场发一班车

机场常用电话

机场投诉：010-64541100-9
机场服务热线：010-64541100

医疗急救站

T1航站楼：010-64540999
T2航站楼：010-64591919
T3航站楼：010-64530120

失物招领

T1航站楼：010-64540110
T2航站楼：010-64598333
T3航站楼：010-64530030

上海浦东机场

机场指南

机场概况

上海浦东机场与北京首都国际机场、香港国际机场并称为中国三大国际航空港。机场位于浦东新区的江镇、施湾、祝桥滨海地带，距市中心约30公里。目前，浦东机场中外通航公司已达到48家，通航60多个国内城市、90多个国际城市，是中国重要的对外交往的窗口之一。

浦东机场位置示意图

航站楼

上海浦东机场共有两座航站楼，两座航站楼之间有通道可互通，也有免费机场摆渡大巴，非常方便。

主要航空公司

中国国际航空公司（CA）
HP www.airchina.com
☎ 95583

中国南方航空公司（CZ）
HP www.csair.com
☎ 95539

新加坡航空（SQ）
HP www.singaporeair.com
☎ 021-62887999

中国东方航空公司（MU）
HP www.ceair.com
☎ 95530

国泰航空公司（CX）
HP www.cathaypacific.com
☎ 4008-886-628

澳洲航空（QF）
HP www.qantas.com.au
☎ 800-819-0089

机场交通

地铁

可以选择乘坐地铁2号线（绿色）到达或者离开浦东国际机场，不过，需要在广兰路站进行换乘。注意，2号线地铁在机场与广兰路站之间的运营时间为6:00~22:00，每8.5分钟发一趟，乘坐很方便。

磁悬浮（龙阳路地铁站—机场）

车票单程每人50元和往返每人80元（普通票）。运行时间为6:45~21:40。每日19:02前，发车时间为15分钟一趟；19:02后，发车时间为20分钟一趟。

 Airport Guide

地面公交

也可以利用地面公交到达或者离开浦东国际机场。目前，浦东国际机场共有大巴专线8条，外加浦东机场环一线和浦东守航线，乘坐也是很方便的。具体线路可参见下表。

地面公交线路

线路	主要途经站点	首、末班时间（机场→市内）
1线（出）	T1航站楼→T2航站楼→虹桥机场T2航站楼	7:00~23:00
2线（出）	T1航站楼→T2航站楼→城市航站楼(静安寺)	7:00~23:00
3线（出）	T1航站楼→T2航站楼→龙阳路地铁站→打浦路→肇嘉浜路天平路→银河宾馆	7:00~23:00
4线（出）	T1航站楼→T2航站楼→德平路浦东大道→五角场→运光新村→鲁迅公园	7:00~23:00
5线（出）	T1航站楼→T2航站楼→洋泾港桥→东方医院→延安中路成都北路(下行单向)→上海火车站	7:00~23:00
6线（出）	T1航站楼→T2航站楼→龙东大道科苑路→龙阳路地铁站→张杨路东方路→老西门→延安中路石门一路→延安西路华山路→安化路定西路(中山公园)	21:00~24:00
7线（出）	T1航站楼→T2航站楼→川沙路华夏东路→上南路华夏西路→上海南站	7:30~23:00
8线（出）	T1航站楼→T2航站楼→当局楼→海天三路启航路→交通队→海关仓库→航油站→东方航空→河滨西路卡口→机场保税区→金闻路闻居路→祝潘公路川南奉公路→千汇路南祝公路→南祝公路周祝公路→南祝公路祝成路→南祝公路卫亭路→盐仓→人民公路城东路→南汇汽车站	7:00~19:30
机场环一线	T1航站楼→T2航站楼→当局楼→公安分局→指挥部（非高峰站）→海关仓库→航空公司→施湾→航城园	8:00~19:15
守航线	T1航站楼→T2航站楼→龙阳路地铁站→东方路张杨路→东方医院（浦东大道）→浙江中路（延安路人民广场）→石门一路（延安路）→华山路（延安路静安寺）→虹许路（延安路）→虹桥机场T1航站楼	23:00后至当日航班结束后45分钟

出租车

公里数	日间(5:00~23:00)	夜间(23:00至次日5:00)
0~3公里	14元（含1元燃油费）	18元
3~10公里	2.4元/公里	3.1元/公里
10公里以上	3.6元/公里	4.7元/公里

机场常用电话

机场问讯：96990
失物招领：021-68346324/68340417
机场投诉电话：021-68347575
行李寄存：021-68346324/68340076

候机楼广播电话：021-68346523/68346234
机场售票电话：021-68346465/68346466/68346467

广州白云国际机场

机场指南

机场概况

广州白云机场始建于20世纪30年代,现位于白云区人和镇与花都区新华街道交界处,距广州市中心约28公里,是我国著名的航空枢纽机场之一。白云机场目前与30多家航空公司建立了业务往来,已开通国内、国际航线110多条,通航国内外100多个城市,在我国民用机场布局中占有举足轻重的地位。

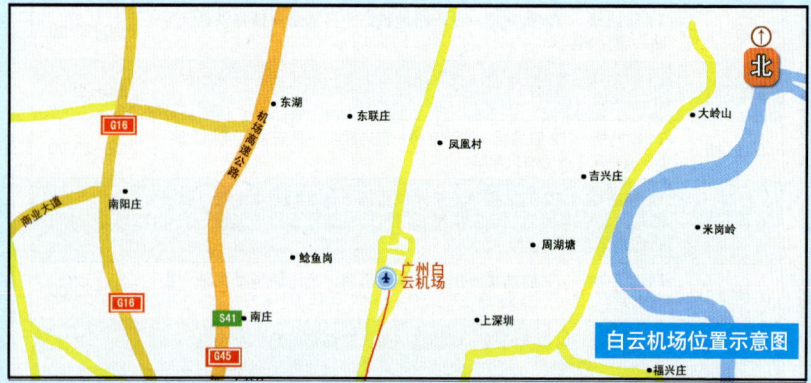

白云机场位置示意图

航站楼

广州白云国际机场航站楼包括地上3层及地下1层。其中,1层为到达层、接机大厅和商业层,2层为到达夹层,3层为出发及候机大厅,地下1层则通往地铁、停车场和机场酒店。

机场交通

机场大巴

机场大巴有两种:空港快线与机场快线。1~4号大巴为空港快线,5~10号大巴为机场快线。同时,机场还有前往周边城市的直达班车,乘坐很方便。

地铁

乘坐地铁3号线的北延伸段(体育西路至机场南站),可往来于机场与市区之间。机场地铁位于航站楼地下1层。

出租车

机场设有两处出租车搭乘处,分布在航站楼两侧。一般从市区前往机场费用相对比较高,要100多元。

机场常用电话

航班查询台:020-36066999
机场投诉电话:020-36066315
机场民航售票处:
　　020-86130088(国内)
　　020-86130099(国际)
咨询电话:020-86137273
航站楼急救站:020-36062664
空港快线查询:020-86122102
行李寄存台:020-36066854
机场行李查询:
　　020-36066763(国内)
　　020-36066790(国际)

旅行信息[澳大利亚篇]

入境事宜…………………	p.404
归国指导…………………	p.406
国内交通…………………	p.408
酒店生活…………………	p.418
用餐建议…………………	p.420
购物建议…………………	p.422
节庆活动…………………	p.424
事故预防…………………	p.426
医疗救护…………………	p.428
澳大利亚的历史…………	p.430
原住民的文化……………	p.432
精品景点索引……………	p.434
最新信息追踪……………	p.437

澳大利亚的门户——悉尼、墨尔本等4座城市

入境事宜

入境流程

到 达
▼
入境检查
▼
行李的领取
▼
海关检查

位于机场内的旅客咨询中心。在这里可以免费获得地图、观光指南手册。

从中国去往澳大利亚

在机场结束出境检查之后，这才算是真正的起程。登机之后，首先将随身行李放入位于座位上方的行李架内，或者放在自己的座位下面。然后，阅读放置在座位前面的座椅袋中的飞机内部示意图，确认洗手间、紧急避难出口的位置。在飞机起飞之前，乘务员会向大家说明紧急时刻的逃生避险方法。即使是外国的航空公司，机上也会有会说中文的乘务员。

如何度过飞机上的时光

当飞机起飞、开始水平飞行后，提醒乘客系上安全带的信号也会随即熄灭，不久就开始提供餐饮服务，当用餐完毕之后机内便开始播放电影，以上就是一般情况下飞机上固定的服务模式。到达澳大利亚的飞行时间为7~12小时。在这段旅程当中，您可以小睡一会儿，也可以阅读飞机上的杂志、旅行指南来进一步了解澳大利亚。在飞抵澳大利亚之前，轻松愉快地度过这段时光。

填写入境卡

在抵达澳大利亚之前，请别忘记提前填写好入境卡。在填写时请使用英文。入境卡会在飞机上分发给乘客。（参见p.405）

抵达澳大利亚

澳大利亚的门户、拥有国际机场的共有8座城市。从国内起飞的直达航班，飞往悉尼、布里斯班、墨尔本、珀斯这4座城市。航班的到达时间因城市而异，既有清晨到达的也有夜间到达的。澳大利亚和中国的时差较小，所以在选择航班时只要确保不会因时差的影响而感觉不适就行。在到达的机场结束入境检查之后，才算是正式地进入澳大利亚。

到 达

牢记即使飞机着陆了，在它还未完全停稳之前不要从座位上站起来。在下飞机之后，乘坐机场区间巴士或其他交通工具前往航站楼接受入境检查。大多数情况下，都会有工作人员进行引导，万一找不到路的话，只要朝着写有"Arrival"字样的标志走即可。

检 疫

由于澳大利亚是一片孤立的大陆，所以澳大利亚的检疫（Quarantine）非常严格。在进入航站楼后，首先看到的就是检疫服务台。

入境检查

接下来就是入境检查（Immigration）了。排队等候检查，当轮到自己时，向审查官出示护照和签证及入境卡、归国的机票等证件，并回答一些诸如入境的目的、逗留时间等简单问题就OK了。

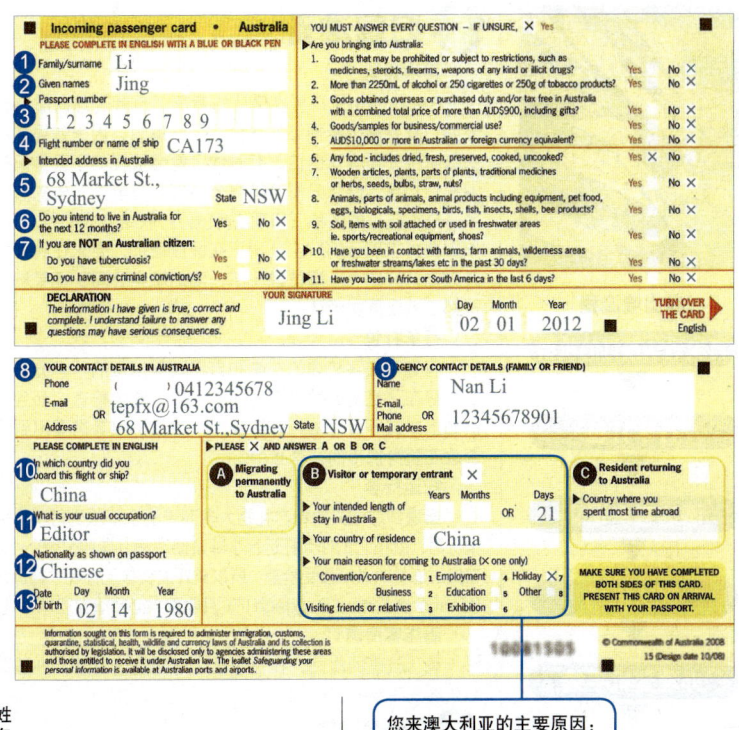

① 姓
② 名
③ 护照号码
④ 航班号码或船号
⑤ 停留在澳大利亚的地址
⑥ 今后的12个月内是否打算住在澳大利亚?
⑦ 如果您不是澳大利亚公民:
　您是否有结核病?
　您是否因刑事犯罪而被判过刑?
⑧ 您在澳大利亚的联系资料
　电话／E-mail／地址
⑨ 您在澳大利亚的紧急联系人(家人或朋友)

您来澳大利亚的主要原因:
1. 出席会议　　5. 教育
2. 商业　　　　6. 展览
3. 探访亲友　　7. 假期
4. 就业　　　　8. 其他

姓名／E-mail、电话或地址
⑩ 您是在哪个国家搭上这班飞机或船的?
⑪ 您的职业?
⑫ 您护照上的国籍
⑬ 出生年月日

行李的领取

前往行李领取处（Luggage Claim，也称Baggage Claim），从写有所乘飞机的航班号和出发地的转盘处领取行李。

海关检查

可免税带入澳大利亚的物品仅为成人每人酒类1125毫升、香烟250根或250克，除身上所佩戴的物品之外最多可携带价值900澳元（未满18岁的儿童为450澳元）的物品。严禁携带食品进入，原则上禁止带入乳制品、鸡蛋、水果、蔬菜、肉类、加工食品及动植物。

遗失行李

有时候也许会出现不管您在行李领取处等多久，仍看不到行李出来的情况。如果遇到这种情况，您应该去位于行李领取处的服务台寻求帮助，向工作人员出示寄存行李时所拿到的半票，并告知您的姓名、居住地址、行李箱的特征等信息。当机场找到您的行李后，会将其送到您所入住的酒店。

结束了愉快的旅行之后，可别懈怠了归国的准备工作

● 出境流程

- 再次确认预订的机票
- ▼
- 行李打包
- ▼
- 酒店客房退订
- ▼
- 到达机场
- ▼
- 办理登机手续
- ▼
- 办理出境手续
- ▼
- 搭乘飞机

GST的退还

海外游客在购物时要支付GST，亦即消费税（参照p.423）。游客只有在一家商店购物达到300澳元以上且符合其他规定条件的，在其归国时方可申请退还所交的消费税。请仔细确认规定条件的详细内容。

归国准备

再次确认

Reconfirm是指再次确认的意思，也就是您向航空公司表明"我要乘坐所预订的飞机"这一意向。因为如果您不再次与航空公司确认的话，有时候可能会被视为不乘坐而被取消预订。再次确认只需给航空公司打一个电话，告知您的姓名、搭乘航班的名称（日期/航班号）、联络方式即可。此外，不需要再次确认的航空公司正在慢慢增加，要求在购买机票时先确认好即可。顺便说一下，澳洲航空公司、捷星航空公司都不需要再次确认。

行李打包

将寄存在飞机内的行李和自己随身携带的行李分开。由于寄存在飞机内的行李在机场必须接受安全检查，而且还会被贴上封缄等会无法打开。因此，请将护照等需要用到的东西放在随身携带的行李当中。

托运行李

当遇到您购买的特产礼物太多而无法全部放进行李箱中等情况时，就把它们作为托运行李邮寄回去吧（参照p.385）。但是在经过海关时必须接受检查，所以请在发货单上标明"托运行李（Unaccompanied Baggage）"，且收件人必须填自己本人姓名。

酒店客房退订

确认航班的时间，在留有富余时间的情况下，办理退订酒店客房手续。

在机场

办理登机手续

在各个机场，找到自己所乘坐的航空公司的服务台，出示护照和机票，办理登机的相关手续。寄存行李也是在这个时候。工作人员会将您所搭乘飞机的登机牌交给您，请妥善保存，避免遗失。另外，虽然规定需要交38澳元的澳大利亚出境税，但这个费用已经包含在您的机票当中了，不须重复缴纳。

出境检查

向检查人员出示您的护照、签证、机票及已经填写完毕的出境卡和登机牌。当工作人员在您的护照上盖上DEPARTED的印章之后，手续就完成了。

在机场内购物

在完成出境检查后，到出发之前的这段时间您可以自由支配。在国际机场设有免税商店，您还可以在免税店购物。另外，如果需要的话，可在外币兑换处将剩余的澳元纸币兑换成人民币。

搭乘飞机

在飞机起飞前30分钟到达登机牌上所写的登机口。有的登机口可能会离得很远，需要花一些时间，因此请提前到达登机口，以免造成延误。

再次跨越赤道回到北半球
回到阔别已久、令人怀念的祖国

 回中国

在飞机上,从澳大利亚各个城市回到中国,需要较长的时间。虽然旅途劳累,但要回到自己的祖国,还是会让人兴奋的。

 到达中国

检验检疫

飞机降落后,首先是检验检疫流程。有发热、呕吐、黄疸、腹泻等各种不适症状的入境旅客,请主动向检验检疫官员申报。

入境审查

中国游客凭有效护照证件即可入境。请自觉排队等候检查。

领取行李

入境审查结束后,可前往行李旋转台提取托运行李。如果行李没有出来,可手持行李托运牌向工作人员求助。提取行李后还要接受海关检查。

海关申报

如果携带需向海关申报的物品,要填写申报单,选择"申报通道"通关;如果没有,直接选择"无申报通道"通关。

●出境以后的流程

 在飞机上

 到达机场

 入境检查

领取行李

海 关

回到家

禁止进境物品

各种武器、仿真武器、弹药及爆炸物品;伪造的货币及伪造的有价证券;对中国政治、经济、文化、道德有害的印刷品、胶卷、照片、唱片、影片、录音带、录像带、激光视盘、计算机存储介质及其他物品;各种烈性毒药;鸦片、吗啡、海洛因、大麻及其他能使人成瘾的麻醉品、精神药物;带有危险性病菌、害虫及其他有害生物的动物、植物及其产品;有碍人畜健康的、来自疫区的,以及其他能传播疾病的食品、药品或其他物品。

●**旅客携带进境物品限量说明**

第一类物品:衣料、衣着、鞋、帽、工艺美术品和价值人民币1000元以下(含1000元)的其他生活用品。自用合理数量范围内免税,其中,价值人民币800元以上,1000元以下的物品每种限一件。

第二类物品:烟草制品、酒精饮料,除特别规定的情况(来往港澳地区)外,免税香烟400支,或雪茄100支,或烟丝500克;免税12度以上酒精饮料限2瓶(1.5升以下)。

第三类物品:价值人民币1000元以上、5000元以下(含5000元)的生活用品,按具体规定征税。

※以上资料请事先再次确认国家相关部门的详细规定。

国内交通

在广袤的澳大利亚选择飞机当做移动工具

主要的国内航空公司
澳洲航空集团（捷星航空）、
澳洲境内航线（Qantas Link）、
区域快线航空（Regional Express）、维珍蓝(Virgin Blue)航空、虎航（Tiger Airways）

澳大利亚国内的联系方式
澳洲航空
☎+61(2)9691-3636
捷星航空
☎+61(3)8341-4901
维珍蓝航空
☎+61(7)3295-2296
虎航
☎+61(3)9335-3033

国内航空路线

在拥有广大国土面积的澳大利亚，即使是国内移动，一般也选择乘坐飞机。东西横贯澳大利亚大陆的悉尼至珀斯间的航班，飞行时间约为4小时，跟火车和汽车相比，乘坐飞机能够大大节约移动的时间。大型航空公司的澳洲航空集团、维珍蓝（Virgin Blue）航空、虎航（Tiger Airways）等，除有飞往各大主要城市的航班之外，还有赛斯纳等轻型飞机飞往那些未登入旅游指南书内的小城市。航线遍布国内各个城市，且航班次数也很多，同时还有面向海外游客的打折制度。

飞机的搭乘方法

在澳大利亚，国内航线的机场称为国内机场（Domestic Airport）。在国际机场，国际航线和航站楼与国内机场有许多不同之处需要注意。请至少在出发前30分钟前办完所有的手续。

便宜的运费

如果您要去拜访多个城市的话，使用各个航空公司发售的打折机票等会比较省钱。虽然打折机票上写着"套票"，但是它并不是周游票，而是一种打折联运票。打折机票适用于所有海外游客（海外定居者）。此外，还有一些价格非常便宜的航空公司，可以事先确认一下。

澳洲航空的打折机票

寰宇一家：赴澳大利亚和新西兰的通行证

(Oneworld Visit Australia & New Zealand Pass)

"寰宇一家"，是由10家航空公司联合组成的航空集团。若出发时在中国国内乘坐的国际航线为"寰宇一家"的加盟航空公司的话，则可享受该项服务。依据澳大利亚国内航线

飞往各大城市所需时间和各条路线的最低运费（A$） 　　　　调查时间：2009年11月

始发	目的地	所需时间	航空公司	运费(A$)	始发	目的地	所需时间	航空公司	运费(A$)
悉尼	布里斯班	1小时30分	DJ	59~	布里斯班	凯恩斯	2小时20分	JQ	89~
	黄金海岸	1小时20分	DJ	49~		墨尔本	2小时20分	DJ	99~
	凯恩斯	3小时	DJ	129~		堪培拉	1小时50分	DJ	99~
	堪培拉	50分	DJ	55~		阿德莱德	2小时35分	DJ	99~
	墨尔本	1小时30分	JQ	39~		达尔文	4小时	DJ	149~
	阿德莱德	2小时10分	DJ	79~	凯恩斯	墨尔本	3小时15分	DJ	139~
	达尔文	4小时25分	JQ	169~		达尔文	2小时25分	JQ	119~
	珀斯	4小时45分	DJ	179~		珀斯	5小时55分	JQ	249~

JQ=捷星航空、DJ=维珍蓝航空
※航空税收、燃油附加费等另外计算，运费在没有事先通知的情况下有时也会发生变动。

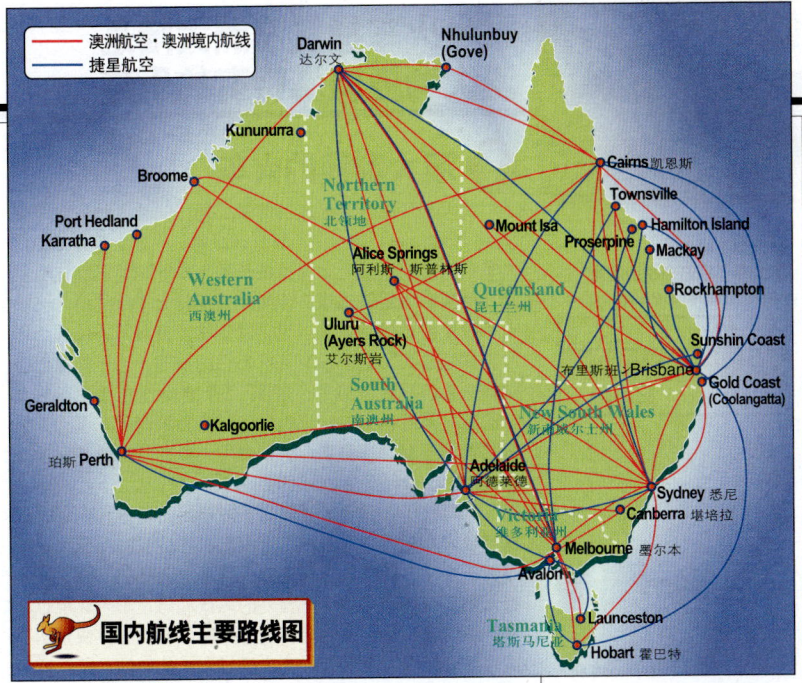

国内航线主要路线图

的使用距离和使用区间，票价被划分为5种。在乘坐时，所使用的区间必须在2个区间以上，且需要出发之前在国内提前购买。

〈票价的一个例子〉
区间A（飞行距离 0~480英里）成人185澳元、儿童139澳元
悉尼—墨尔本、悉尼—布里斯班
区间B（飞机距离 481~750英里）成人250澳元、儿童188澳元
悉尼—阿德莱德、悉尼—霍巴特
区间C（飞机距离 751~1010英里）成人295澳元、儿童222澳元
布里斯班—凯恩斯、布里斯班—墨尔本
区间D（飞机距离 1011~1650英里）成人355澳元、儿童267澳元
凯恩斯—艾尔斯岩、凯恩斯—悉尼

Flexi Saver
可以低廉的价格买到澳大利亚国内特定路线的机票。

咨询及预订
澳洲航空免费预订电话（座机专用）：800 819 0089
　　　　　　　　　　　　 （手机专用）：400 888 0089
服务时间：周一~周五9:00~17:00

格外价廉的运费
在澳大利亚全国范围内飞行的捷星航空、维珍蓝航空等折价航运费格外便宜。建议您充分有效地利用这些折价机会。但它有"购买机票之后则无法退还费用"的制度制约，因此须特别注意，还可考虑直接从网上预订。

Oneworld加盟航空公司
美国航空公司（American airlines）、英国航空公司（British airways）、国泰航空公司（Cathay pacific）等。

在网站上确认时刻表
澳洲航空在因特网上有专属的网页，从这里您可以了解到最新的时刻表和票价等信息。
澳洲航空
http://www.qantas.com.au
捷星航空
http://www.jetstar.com
维珍蓝航空
http://www.virginblue.com.au

国际航线的转乘
按规定，即使是乘坐国际航线到达后，直接在那里转乘航班去往其他城市，也必须接受一次入境检查和海关检查等检查项目。当完成所有的手续之后，再次寄存行李，然后办理国内航线的相关登机手续。另外，悉尼机场和布里斯班机场等机场的国际航线航站楼和国内航线航站楼之间会相距2~3公里，需要乘坐机场区间巴士移动，这一点需要注意。

乘坐火车横贯澳洲大陆是澳大利亚旅游特有的乐趣

● 周游价格表
澳大利亚铁路纵横游套票
(Austrail Flexi Pass)

经济型价位	
15日	A$862.40
22日	A$1210

 澳大利亚的火车

澳大利亚的长途火车由国营公司——澳大利亚铁路局（Rail Australia）统一进行管理和经营。平原上笔直延伸的火车铁轨、在铁轨上驰骋的长长的火车等画面虽然在电视及其他媒介上经常出现，但如果只是将火车单纯地作为移动手段来考虑的话，可以说它的价格太高且不方便。之所以这样说是因为它既没有飞机那么的快速，也不能像巴士那样一直坐到城市的中心地带。假如乘火车从悉尼前往珀斯的话，需要花上3夜4天的时间，而且除购买车票之外还得花费一些餐费。再者，由于每周大概就只有数趟车次在运行，对于日程安排也会有限制。

然而，尽管它有上述那么多的不足，但是人们还是难以割舍火车旅行。穿越一个个山脉，在广袤的平原上尽情驰骋的火车，能够让您切身感受到澳洲大陆的广博，充满着无限的激情和活力。车窗外的风景壮丽，车内环境也非常舒适的话，那么乘坐火车的过程将会变成一件快乐的事情。另外，因为需要在火车内度过漫长的时间，所以同时也会有更多机会跟其他的游客成为朋友。所有这些就是火车旅行的魅力之所在。

 火车的种类

澳大利亚的长途火车，配备有能让漫长的旅程舒适度过的各种完善设备，而且运行速度较为适中。每辆火车都根据路线来命名，旅客可以很轻松地辨识。顺便说一下，行驶于悉尼和阿德莱德之间的为Indian Pacific；行驶于悉尼与布里斯班之间的为Melbourne XPT；行驶于墨尔本与阿德莱德之间的为The Overland；行驶于阿德莱德、阿利斯•普林斯和达尔文之间的为The Ghan；行驶于悉尼和布里斯班之间的为Brisbane XPT，等等。

火车的设施

头等票 单人卧铺单间、双人卧铺单间。每个房间均有淋浴设备、洗脸台、洗手间。其舒适度可与酒店媲美。

度假票 房间面积大小和头等票差不多，但洗手间、淋浴设备等设施为每节车厢共用的。而且它是双人间，所以如果是1个人预订的话，那就要与别人同住一个房间了。

旅游车票 这里不是卧铺，而是在一侧设立的2个躺椅坐席。而且还设有脚踏。淋浴设备、洗手间等设施也是每节车厢共用的。

其他特征 头等票用餐是在特设的火车餐厅，旅游车票为自助餐或其他形式，每个级别的车厢度过旅程的方法都不同。这就是火车旅行。根据线路的不同，有的火车上还配备有卡拉OK、酒吧等设施。好好地去体味一下各条线路的特色吧。

火车路线图

🟠 周游票

如果您想彻底体验一下火车旅行的话,建议您购买周游票。纵横澳大利亚全境的,是澳大利亚铁路纵横游套票(Austrail Flexi Pass)。

除此之外,还有仅限在特定路线或特定州内不限乘坐次数的通行证等各种各样的套票。这些套票可以在当地的旅行社或主要火车站购买。

澳大利亚铁路纵横游套票 (Austrail Flexi Pass)

有效期为6个月。因为每使用一天就计算一天的使用日(如,有效期为15天的车票,可以不必连续15天都使用),所以对于长期停留澳大利亚慢慢旅游的游客来说,这是一个可以灵活使用的便利票种。它分为有效期为15天和有效期为22天的两种套票。

东海岸发现之旅套票 (Eastcoast Discovery Pass)

这是往返于墨尔本和凯恩斯之间的经济型的(二等)、不限乘坐次数的一种套票。它只可同一方向乘坐,有效期为6个月。

Backtracker铁路周游票 (Backtracker Rail Pass)

可随意乘坐,包括布里斯班、冲浪者天堂、墨尔本在内的区域内的火车和公共巴士。但是都仅限为经济型的。有效期分为14天、1个月、3个月、6个月四种。

火车探险之旅套票 (The Rail Explorer Pass)

在有效期的6个月内,可随意乘坐Indian Pacific、The Ghan、The Overland等火车。价格为690澳元。学生、背包客还可享受打折优惠。

东海岸发现之旅套票
墨尔本—凯恩斯
500.50澳元
悉尼—凯恩斯
410.50澳元
墨尔本—布里斯班
220澳元
悉尼—布里斯班
130澳元
凯恩斯—布里斯班
280.50澳元

Backtracker铁路周游票
有效期14日　217.80澳元
有效期1个月　250.80澳元
有效期3个月　272.80澳元
有效期6个月　382.80澳元

库兰达高原火车
(Kuranda Scenic Railway)
能够轻松体验到高原火车旅行的是从昆士兰州的凯恩斯开往位于郊区的库兰达的观光火车。透过由内燃机车牵引着的木质火车的车窗,能够欣赏到一幅由广阔的田野、森林、悬崖峭壁组成的雄伟壮观的风景画。每日有2趟运行(周六只有1趟)。单程37澳元。(参见p.136)

主要的铁道路线和价格（A$）

（2008年1月）

路线	所需时间	运营日期	头等票 A$	度假票 A$	火车名称
悉尼—珀斯	62小时40分钟	周三、周六	2008	1362	Indian Pacific
珀斯—悉尼	67小时30分钟	周三、周日		716	
悉尼—阿德莱德	24小时10分钟	周三、周六	694	501	
阿德莱德—悉尼	24小时15分钟	周二、周五		308	
阿德莱德—珀斯	38小时30分钟	周四、周日	1514	1036	
珀斯—阿德莱德	43小时15分钟	周三、周日		458	
阿德莱德—阿利斯·斯普林斯	25小时25分钟	周三、周日	1019	656	The Ghan[※1]
阿利斯·斯普林斯—阿德莱德	21小时55分钟	周四、周日		358	
阿德莱德—达尔文	53小时10分钟	周三、周日	1973	1312	
达尔文—阿德莱德	52小时10分钟	周三、周六		716	
阿利斯·斯普林斯—达尔文	23小时30分钟	周一、周四	1019	656	
达尔文—阿利斯·斯普林斯	23小时10分钟	周三、周六		358	
悉尼—堪培拉	4小时16分钟	每日	79.55	56.50	Canberra XPT
堪培拉—悉尼	4小时18分钟				
布里斯班—凯恩斯	30小时20分钟	周二、周四、周日	416.90	265.10	The Sunlander
凯恩斯—布里斯班	30小时20分钟	周二、周四、周六		212.30	
布里斯班—凯恩斯	30小时20分钟	周四、周日	761		昆士兰号
凯恩斯—布里斯班	31小时25分钟	周二、周四、周六			
悉尼—布里斯班	14小时10分钟	周三、周五	134~146	110	布里斯班 XPT
布里斯班—悉尼	14小时25分钟			90	
墨尔本—阿德莱德	9小时40分钟	周二、周三、周五	134	90	The Overland
阿德莱德—墨尔本	11小时	周二、周四、周六	134	90	
悉尼—墨尔本	11小时5分钟	每日	154~	110	悉尼XPT 墨尔本XPT
墨尔本—悉尼	11小时5分钟				
悉尼—冲浪者天堂		每日	142	115	
墨尔本—堪培拉	9小时2分钟	每日			堪培拉XPT
堪培拉—墨尔本	9小时57分钟			91.13	

※所列的票价当中，价格高的为卧铺、低的为座票。Indian Pacific、The Ghan、昆士兰号的一等卧铺包用餐。
※1 阿德莱德—悉尼间的为Indian Pacific号。

乘坐全速列车(Tilt Train)游览东海岸

它是2003年6月开始通车运营的，约运行24个小时走完布里斯班与凯恩斯之间海岸沿线的最先进的列车。虽然它只设有座票，没有卧铺，但是即使坐很长时间也不会觉得难受。因为在每个座位上都装有可以看电影、听音乐的视听设备，而且它还装有240伏特的电源，所以笔记本电脑也能够连接使用。布里斯班至凯恩斯之间，价格为294澳元。

如果想要节省交通费
就选择长途巴士吧

 ## 澳大利亚的长途巴士

对于长时间在澳大利亚旅游的游客来说非常受欢迎的，是几乎连接了澳大利亚广阔大陆的各个城市和旅游胜地的长途巴士（也称为Coach）。几小时，甚至是几天都在长途巴士中"摇晃度过"的旅行，想必一定能够让您对澳大利亚的广袤重新有个更加正确的认识。但是乘坐巴士的话，需要事先进行预订。在本地游客大增的夏季假日季节会非常拥挤，请注意尽早预订。

巴士的种类

大型长途巴士公司Greyhound Australia的路线遍布澳大利亚整个大陆。它不仅覆盖范围广，而且有多趟车次，非常便利。另外还有诸如路线覆盖塔斯马尼亚全岛的Tasimania Redline Coach等，仅限在特定区域内运营的小型巴士公司。对于长期旅游者来说较为便利的是，这些长途巴士公司有"在有效期内，在规定的线路内，可以无数次地上车下车"的各种各样的周游票（Bus Pass）。建议您充有效地且有区分性地利用这些周游票，度过一个愉快的旅途。

 ## 巴士的乘坐方法

乘车之前必须进行预订。这是澳大利亚巴士旅游的基本常识。可以在当地的旅行社、巴士车站（Transit Centre）、资讯中心等地预订。在您到达的当天预订需要乘坐的巴士是最简单的做法，也可通过电话预订。在预订时，将"乘车日期、乘坐巴士名称、出发地点、目的地、姓名及身份证号码"告知对方。预订情况均由电脑管理，所以可当场确认是否还有空缺的座位。

车票

车票分为仅对当日预订班次有效的普通车票和长时间有效的周游票。无论哪一种车票都可从旅行社或在巴士车站购买。

乘车

如果是大型巴士车站，则应大概提前30分钟到达服务台。在那里寄存行李并领取行李票。若行李丢失时，必须出示该行李牌半票，因此请妥善保管。如果是小型巴士车站的话，大多数情况下都是由司机进行简单的手续办理。只要不错过巴士，稍微提前一点到达即可。

行车途中

车子会按照既定的路线朝着目的地行驶且每隔2小时~5小时会停下来，让乘客们在Tea Shop休息15分钟~30分钟。另外，有的还会在Rest Shop或Meal Stop等地方停车一个小时左右（不超过1小时）。如果是长途巴士的话，车内基本上都会设有洗手间。

主要巴士公司的联络方式
Greyhound Australia
☎1300-473-946
（全国通用、8:00~18:00、周六、周日~16:00）

在网站上确认时刻
Greyhound Australia长途巴士公司在因特网上有专属的网站。可从网站上下载路线图、时刻表等，还可在网上预订。
http://www.greyhound.com.au/

巴士路线图
(Greyhound Australia)

周游票 (Bus Pass)

Greyhound Australia的主要周游票

Greyhound Australia长途汽车公司有既定路线和根据乘车距离进行选择这两种具有代表性的套票。各种套票都可以通过增加费用，参加去往乌卢鲁、卡卡杜等景点的团体旅游。即使想要去规定区域以外的地方，价格也会相对比较便宜。

澳洲探险套票 (Aussie Explorer Pass)

既定路线、不限乘坐次数的套票。乘客从23条路线中选择自己要乘坐的路线，然后购买车票。虽然在3个月～12个月的有效期内不限使用天数，但是同一条路线最多只可乘坐2次。有历时365天周游澳大利亚一圈的路线和历时183天环游澳大利亚各大主要城市的路线。还有往返于悉尼和墨尔本之间的较短路线，也可作为单程票来使用。

公里套票 (Kilometre Pass)

根据乘车距离来确定购买价格的套票。从2000公里~20000公里，以1000公里为计量单位来确定乘车距离。虽然在购买时必须确定您的乘车距离，但其优点在于有效期长达12个月。这对于选择火车、飞机为移动工具，并将巴士作为连接工具的游客来说，非常具有利用价值。

其他通票

日票 (Day Pass)，规定了乘车期间的套票，分为3天、5天、7天、10天、20天、30天等6种类型。

数日套票 (Multi Day Pass)，从开始使用之日起在一定期间内不限乘坐次数的套票。每个使用期间都有移动距离的限制，分为3天（1000公里）、5天（1500公里）、7天（2000公里）、10天（3000公里）等6种。

公里套票的价格
2000公里／382澳元
3000公里／539澳元
4000公里／687澳元
5000公里／799澳元
6000公里／905澳元
7000公里／1032澳元
8000公里／1154澳元
9000公里／1270澳元
10000公里／1382澳元
11000公里／1487澳元
12000公里／1588澳元
13000公里／1684澳元
14000公里／1775澳元
15000公里／1862澳元
16000公里／1946澳元
17000公里／2025澳元
18000公里／2100澳元
19000公里／2172澳元
20000公里／2239澳元

澳洲探险套票(Aussie Explorer Pass)的主要路线

澳大利亚全国 (All Australian)

网罗全国各大主要城市。3407澳元（365天全年有效）

澳洲西部探险 (Western Explorer)

以西部和中部的主要城市为中心。982澳元（有效期为183天）

澳洲亮点 (Aussie Highlights)

从东部向中部，巡游于澳大利亚东部和中部的主要城市。2122澳元（365天全年有效）

迷你旅行 (Mini Travellers)

沿着东海岸的路线。367澳元（有效期为45天）

最佳西部城市 (Best of the West)

以西部和中部的主要城市为中心。2241澳元（365天全年有效）

最佳内陆城市 (Best of the Outback)

以中部的主要城市为中心。989澳元（有效期为183天）

巴士旅游小建议

虽说咱们不知道乘过多少次的巴士了，但长时间的巴士旅程还是会让人感觉疲惫。只要有一件卷起来可以当做枕头用的外衣或薄的毛毯，旅途就会变得轻松许多，所以建议您上车前事先准备一件这样的物品。而且，不知道是因为澳大利亚人很怕热还是因为其他什么原因，大多数情况下巴士的冷气都开得过冷，所以如果携带一件外套或薄的毛毯还可保暖。

另外，长途巴士会在行驶途中停下来休息几次，请在下车休息时仔细确认好"出发时间和巴士的停靠位置"再离开。毫无疑问，像护照及其他贵重物品必须随身携带着下车。有的巴士车站可免费使用淋浴设备，在使用前需确认一下。洗个澡清清爽爽地继续旅行吧。

巴士大概所需的时间
●从悉尼出发
→布里斯班 17小时
→黄金海岸 16小时
→凯恩斯 45小时
→墨尔本 14小时30分
→阿德莱德 22小时
→阿利斯•斯普林斯 42小时
→达尔文 64小时
→珀斯 72小时

●从凯恩斯出发
→墨尔本 55小时
→阿德莱德 64小时
→阿利斯•斯普林斯 34小时
→达尔文 39小时
→珀斯 103小时

汽车租赁

🔴 租赁汽车的租借方法

如果您想能够如愿以偿地租到自己期望的车辆，那么事先的预约非常重要。在租借时，请仔细考虑好期望的汽车种类、租借天数、同行人数、租借的场所和归还的场所（路线），然后提前向租赁公司提出申请预约。

汽车租赁公司　如果该汽车租赁公司在中国设有分公司的话，也可在中国国内进行预约。当地也有许多中小型的汽车租赁公司。但是就车辆的水平、对乘客中途放弃租借的应对处理能力等方面来说，还是在各地设有许多据点的大型租赁公司比较灵活、方便。

年龄上的限制　原则上要求租借者必须年满25周岁。需要向各个租赁公司咨询。

所需证件　驾照英文公证件和为了证明身份的护照。另外，如果没有信用卡的话，需要支付相当一笔数目的现金作为保证金，或者有时候会因为没有信用卡而无法租到汽车，因此信用卡为必需品。

预约　预约最好尽早办理，在出发之前请完成预约。当您临时需要租借汽车时，您可以直接去营业所办理租借手续，或者咨询酒店的礼宾部或前台工作人员。

保险　大多数情况下，汽车保险（对人、对物）都包含在租借费用当中了。此外，工作人员还会问是否加入C.D.W（车辆免责制度）和P.A.I（搭乘者意外伤害保险），如果您加入该项保险的话，双方都签订一份合同会比较安心。签订合同只需签个名字即可。

🔴 租赁汽车的价格

租赁的价格取决于所租车辆的种类、租借天数、行驶距离、地域等因素。因此您需要仔细地考虑好是在城市市区使用还是在内陆地区使用、是否会在中途弃车、是否需要婴儿座椅等。费用计算方面，包含时间、距离、使用的燃油费、车辆损坏补偿保险金、搭乘者保险金、发生事故时的修理费等项目。

🔴 交通情况

在澳大利亚是左侧通行、右驾驶座，这对于中国人来说正好相反，有一定难度，需要一个适应过程。仪表的刻度为km/h。

交通规则　就限制时速来说，住宅区约为时速40公里、城市市区约为时速60公里、郊区约为时速100公里。交通规则对于酒驾、违章停车、系安全带（还包括后排座位、婴儿座椅等）的管制非常严格。另外，需要注意的是在被称为"Roundabout"的环形交叉路的十字路口，是没有信号灯的，必须优先让右侧进入的车辆通过。在澳大利亚，比较少见的是新南威尔士州限制人数的行车道。如果车内没有乘坐标志牌上所写数字以上的人数的话，就算是违反交通规则。

汽车租赁公司国内咨询处
AVIS 400 8821119
Hertz 021-6085 1000

另外，在旅行社也可很简单地办理好租赁汽车的预约。

当地露营车的租赁
● Thrifty Rent Car
乌卢鲁（艾尔斯岩）
☎08-8956-2030
阿利斯·斯普林斯
☎08-8952-9999
● Maui Rental
☎1300-363-800（澳大利亚国内）
悉尼 ☎02-9700-8799
凯恩斯 ☎07-4032-2065
布里斯班 ☎07-3630-1153
阿德莱德 ☎08-8234-4166
墨尔本 ☎03-8379-8767
达尔文 ☎08-8981-0911
阿利斯·斯普林斯 ☎08-8952-8049
珀斯 ☎08-9277-1000

标志

临时停车

禁止进入

禁止左/右转弯

限制时速

让路

禁止停车

前方有人行横道

前方有Roundabout

汽车的加油方法

在澳大利亚,大多数加油站都采用自助式加油方式。自助式加油分为预付款方式和尾欠方式,一般来说,尾欠方式大多数情况下都是用户记住自己所使用的机器编号,或记住所加的汽油量,然后去加油站服务台自己申报付款。燃油的种类分为无铅汽油、含铅汽油和柴油。就价格来说,一般呈现出城市市区比较低,而内陆地区比较高的趋势。在内陆地区等市中心以外的地区,有时途中会出现"距离下个城市200公里"的标志牌,所以除了汽油补给以外,还应尽量提早补充食物和饮用水。

自助加油方式的操作程序

①将汽车停在加油站,如果选择预付款方式的话,就须先支付燃油费,并将所使用的机器编号告诉店员。
②从机器上取下加油喷嘴,将控制杆调至ON。
③将加油喷嘴插入加油口,握住手柄,机器就会开始自动加油。在油箱达到灌满状态的同时,控制杆会自动跳上去,停止加油。
④结束加油后,将喷嘴放回机器上。
⑤如果采取预付款方式有找零的话,工作人员会退还。如果采用尾欠方式,则可通过自己去服务台申报、店员进行核对、机器上打出付款条等方法来确认加油量再付款。

租赁汽车价格预估

小型手动汽车	60澳元
标准型汽车	70澳元
全尺寸汽车 (Full-size car)	75澳元
面包车/小型货车 (Minivan)	95澳元

摩托车租赁

如果想亲身感受澳大利亚雄伟的自然风光的话,建议您不妨骑着摩托车来一次摩托车旅行。在澳大利亚驾驶摩托车,需要出示中国国内的驾照、英文公证件、护照、信用卡(用于抵押)。为了预防意外事故,请一定加入保险。可以租借也可以BYPAC(购买、驾驶、回国时转手出售),如果是短期使用的话选择前者较为合理,长期使用的话则后者比较划算。

租赁价格大概为6小时100澳元(根据摩托车种类和等级,价格会有所不同)。既有由租赁店来计算行驶距离的,也有不限行驶距离的,在签订合约时应认真核对详细条款。

加油站的外观与中国的一样。且设有大型招牌,从远处就能够看见。

在核对确认燃油的种类之后再进行加油。无铅汽油为Unleaded,含铅汽油为Leaded,柴油为Disel。

将加油喷嘴插入加油口,握住手柄,机器就会开始自动加油。当油箱达到灌满状态时机器会自动停止加油。

加油站禁止吸烟等使用烟火的行为,这是毫无疑问的,另外加油站内还禁止使用手机,禁止使用专用容器以外的容器加油。

酒店生活

充分有效利用旅行途中的"家"——酒店的设施与服务

东海岸沿岸的度假酒店内设绝对可以称得上是一流的游泳池

● 酒店生活

旅行目的地酒店的选择非常重要。酒店的舒适度会直接影响到旅行的质量和心情。在出发之前请确认好要入住怎样的酒店，到达该酒店之后马上了解一下其设施和服务如何。

客房的居住感觉如何？首先确认一下客房的面积、内部灯光照明情况、周边景色、浴室可否随意使用等情况，如果有问题，则向前台或者客房部提出。在有的情况下，酒店可以帮您更换房间。接下来，确认酒店的公共设施如何。例如：大堂休息室、餐厅、游泳池、商店、购物街等。当然您也可根据自己的情况和喜好来安排确认事项的先后顺序，充分有效地使用酒店提供的各种设施和服务，度过一段舒适快乐的酒店生活。

酒店入住与客房退订

酒店入住 如果是旅游团的话，那么旅行社的旅游陪同人员会替您办理好入住手续；如果是个人的话，可先将行李寄存在大堂服务生那里，去接待处在住宿卡上填写您的姓名、房间号等信息。住宿费方面，汽车旅馆等类型的旅店有的要求预付住宿费，但通常情况下都是在退房时支付。在大型酒店，即使是用现金支付，多数情况下还是会要求客人提交信用卡来代替保证金。另外，即使持有在中国已支付费用的票据，但考虑到会产生电话费等额外追加费用，有的酒店可能还是会要求出示信用卡。办理完入住手续之后，大堂服务生会送您到所住的房间，所以请先将房间号告诉他。

客房退订 在收银台处办理客房退订。当您希望服务人员将您的行李从房间运到大厅时，请用内线电话致电服务台。在收银台处归还房间钥匙，在您告知工作人员您的房间号后，工作人员会打印出您的住宿费、房间服务费、电话费等费用清单。只要是有一定档次的酒店，都可以用现金、旅行支票、信用卡等付款。在退订客房时，人会比较多，因此要留有充裕的时间提前从房间出来。在退订客房后，如果不会立即离开城市，可将行李暂时寄存在酒店。

● 酒店设施

公共设施

接待处 (Reception) 别名前台。这是可以称之为"酒店的门面"的部门。办理入住手续及设施引导等服务。

收银台 (Cashier) 办理兑换及客房退订手续等。

礼宾部 (Concierge) 可以形象地比喻为酒店"跑龙套"的。美味餐厅的介绍及预约、旅游团的申请、购买音乐会门票等，为客人办理各种各样的手续。当拜托他们代办比较困难的事情时，原则上要给一点小费。

小费该给多少？

在澳大利亚基本上不需要给小费，给小费的情况真的就如它的字面意思一样，是一点心意。虽然没有规定说要给小费，但是如果您把房间弄得很脏或者拜托服务生办一些额外的事情的话，多少还是会想给一点小费的。关于小费给多少，如果是让服务生帮忙搬运沉重行李的话，每件行李小费为1澳元；拜托服务生提供客房服务的话，小费大概为全部费用的10%左右；拜托礼宾部办理某些事情时，根据手续的繁简情况，小费一般为1~5澳元。

这对于观赏海景来说再好不过了。

有许多酒店的客房还附带有阳台，

在公共场所,要特别注意礼节(左)。洗发精及护发素等一次性用品,游客可带走留做旅游纪念品(右)。

其他 餐饮设施、购物街、商务中心等配套设施。在大型酒店或度假酒店,还会设有赌城、游泳池、健身设施、网球场等。

客房内部

钥匙 分为插卡式钥匙和传统的钥匙两种类型。插卡式钥匙,将卡插入房门上的插卡槽中,当门锁被打开之后转动门把手即可。如果是自动锁闩式的客房,经常会发生将钥匙遗忘在里面就直接离开房间,被反锁在门外的情况,需要特别注意。

保险箱 在壁橱等地方设置有室内保险箱。基本上都是由顾客给保险箱自行设定几位密码。可以将护照、机票、预备的现金等重要物品放在保险箱内。即使是在室内没有保险箱的酒店,也可将重要物品寄存在收银台的保险箱内。无论是哪一种,在退订客房时,千万不要忘记将其拿出来。

电话 酒店的相关咨询,可使用内线电话来联络。酒店内部的内线号码都是规定好了的,例如,前台分机号为1、客房服务分机号为5、外线为9等。客房内电话的号码写在电话机或者电话使用说明书当中。国际电话的拨打方法请参见p.383。

浴室 浴室内为客人准备了毛巾、洗发水、香皂等洗浴用品及吹风机等。要将浴帘的下摆放入浴缸中使用。有的浴缸上面还有可从一面墙壁移到另一面墙壁之间的晾衣绳。

其他 桌子上一定会放置一本酒店的使用指南。里面会有各项设施、服务、客房服务的目录说明和使用指南等,入住时可稍微浏览一遍。电视方面,有的酒店设有有线电视,有的可以收视中国电视台。在迷你吧内放有各种酒和饮料等。喝完之后在清单上写明您所喝的东西,费用退订客房时一并结算。您可以将"请勿打扰(Don't disturb)"牌挂在门把手上,也可使用床边的专用按钮来表示。电压为 240/250V。

酒店的服务

客房服务 由服务生将餐饮送至房间的服务。可通过内线电话来点菜,但是早餐需在头一天晚上将其写在菜单表内并挂在门外。

叫醒服务 虽然大多数的客房内都有闹钟,但同样也可以让酒店提供叫醒服务。需要提供该服务时,请致电酒店的接线员或者前台。有的酒店还可通过按钮来设定。

洗衣服务 将衣物放入壁橱或抽屉中的洗衣袋内,交给客房服务部洗涤。熨斗等工具也可从客房服务部借到。在有些酒店,客房内会配备熨斗。

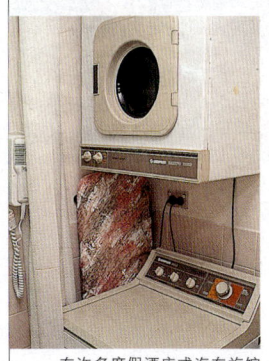
在许多度假酒店或汽车旅馆都配备有投币式洗衣房。不用特意叫洗衣服务,省事又方便。

真心导游

进入客房后首先收拾行李

可能有的旅客会将行李放置在行李箱中置之不理,把行李箱当做衣柜来使用。虽然这样做比较省事,但如果您特意为参加晚宴而准备的衣物因揉放在一起而变得满是褶皱的话,就有点不雅观了。所以建议您即使是短期逗留,也要将衣物整理出来放入房间内的壁橱当中。这样做的话,购买的特产和礼物等装起来就很方便了,也不容易压坏。况且整理行李也不会花费很多时间。所以在进入客房后,请首先整理一下您的行李。

从咖啡厅到一流餐厅
饱享澳大利亚的美食

用餐建议

餐厅推荐

去澳大利亚旅游,一定要品尝的是从南太平洋打捞上来的新鲜味美且分量十足的海鲜料理。澳大利亚是一个畜牧业发达的国家,因此这里的牛肉、羊羔肉等肉类料理非常有人气。另外,澳大利亚还是一个移民国家,所以这里的中国菜、意大利料理、印度料理等餐厅极为丰富。同样还可以品尝到法国料理、西班牙料理、日本料理、泰国料理等各个国家的美味。餐厅的营业时间,一般是午餐为12:00~15:00,晚餐为18:00~凌晨3:00。在周六和周日,许多餐厅会推出早餐和午餐并在一起的早午餐来代替午餐。

另外,在海滩公园或内陆地区等地方,用烧烤的方式来品尝烤肉和野菜的美味,也是澳大利亚的特色风景之一。您不妨去超市购买一些食材,体验一下野外烧烤的乐趣吧。

餐厅的种类

烤肉 烤肉大多是中国人非常熟悉的。在澳大利亚老澳们经常食用的有澳洲牛肉和羊羔肉,有的地区,鳄鱼肉、袋鼠肉等烤肉也列入了菜单当中。

海鲜 海鲜当中排在第一位的是大龙虾。西澳州产的大龙虾最为出名,但在悉尼及凯恩斯等主要沿海城市也都可以品尝到。悉尼名为"岩牡蛎(Rock Oyster)"的牡蛎,昆士兰州的河蟹、小龙虾、鲱鱼也都是名产。与炸薯条和热蔬菜搭配着吃美味十足。

中国菜 从小型外卖店到正宗的大型餐厅,中国菜的餐厅种类特别丰富。特别是外卖店,不论是大城市还是小乡村,在任何地方都可以看到它的影子。当想念米饭的味道时,它能够带给您慰藉。在悉尼、墨尔本等地还有唐人街。

民族特色料理 澳大利亚还有许多印度、泰国、越南、墨西哥料理等餐厅。其正宗的口味和合适的价位深深吸引着众多游客。

日本料理 以对身体健康有益而著称的日本料理也非常受澳大利亚当地人的喜爱。虽然价格会稍微有些贵,但是以拥有50多家日本料理店的悉尼为例,在澳大利亚的各主要城市绝对会有日本料理餐厅。

咖啡厅 澳大利亚有自助式的咖啡区、连锁的快餐店等,还有许多设立在海岸沿线地区的咖啡厅,那里的风景格外美丽,您不妨在海边观光散步的时候去那里休息片刻。

酒吧 也许澳大利亚是受到英国占领时代的影响,这里的酒吧特别多。您不妨去那里品尝一下各地的名产啤酒或澳大利亚自产的葡萄酒。有的酒吧同时还提供午餐和晚餐服务。

预订的方法

高级餐厅或非常热门的餐厅最好提前预约。尤其是在人

菜单的分类

冷盘(Appetizers)。主菜之前的开胃菜。有时也将沙拉和汤类归入该项中。不需要每人都点一份冷盘,大家可以一起食用。

主菜(Entrees)。包括肉类料理、海鲜、蔬菜料理等种类,有的餐厅会将其划分得非常细。有的餐厅还会将其表示为单点的菜。

餐后甜点(Desert)。包括咖啡、蛋糕、冰激凌等。在大多数餐厅都不设专门的甜点菜单,口头向服务生说明要点什么即可。

餐厅的小费

基本上是不需要给小费的,但在高级餐厅或者点了一些特殊的料理时,客人一般会把总费用10%~15%的小费放在桌子上。

店内的氛围以及地理位置等都是餐厅的魅力元素之一。附带露天阳台的咖啡馆、同时提供料理的室内咖啡餐厅等种类五花八门。

多拥挤的周末,提前预约会比较有保障。只需通过电话,把您的姓名、用餐日期和时间、用餐人数等信息告知对方即可。如果您不放心自己预订的话,可拜托酒店的礼宾部代为预约。如果您要取消预约的话,也别忘记了打电话告知对方。

着装与礼仪

前往酒店的主餐厅或高级餐厅时需要注意着装打扮。要求男士穿夹克佩领带,女士穿着连衣裙或套装等。一般的店虽然没有这么多要求,但还是要尽量避免在晚餐时间穿着吊带式女背心加短裤、沙滩凉鞋等太过于随便的服饰。 在餐厅不要随便入座,在入口处告知服务生用餐人数等待服务生的安排和引导。在用餐过程当中,须注意尽量不要大声说话,同时还要严格遵守禁烟的礼节。

菜单

菜单通常分为冷盘、主菜和餐后甜点等类别。另外,有的餐厅还会根据蔬菜、肉类、海鲜等食材种类来划分菜单,并将推荐菜单另外附录。

点菜的顺序

首先点饮料,然后再研究料理的菜单。有的餐厅其饮料菜单和餐后甜点菜单是分开的。用餐结束后,服务生会过来询问是否需要餐后甜点。

结账付款

用餐结束之后,告诉在餐桌服务的服务员埋单,原则是在餐桌上结账付款,而不需去收银台付款。除现金结算外,大多数酒店都可用旅行支票或信用卡付款。在高级餐厅用餐时,别忘记给小费哦。在使用信用卡付款时,因为还有"小费栏"这一项,需要在其中填写金额,然后再签字。

可自带饮料的BYO

在澳大利亚,小型餐饮中心有可自带酒水的规定。这是从是否有酒类销售许可证衍生出来的,如果店的招牌或者门楣等处写有"BYO"字样的话,那就是"可自带酒水"的标志。BYO 是 Bring Your Own(带来自己的东西)的缩写。相反,"我们有酒水"的店,则会写 Licensed(有销售酒类的许可证)。在 BYO 餐厅,啤酒或葡萄酒等都可以让餐厅帮忙冰镇,还可使用餐厅的杯子。有的店不收取自带酒水的费用,也有的店会以开瓶费等名目收取 1~2 澳元的费用。不论是哪一种,都可以自带自己喜欢的牌子的葡萄酒,且非常省钱、划算,好好地利用一下吧。

料理英语
牛肉 (Beef)
Ribs　肋骨处的肉
Sirloin　牛腰肉
Filet　里脊肉
Round　牛大腿肉
羊肉 (Lamb)
Neck　羊颈部肉
Shank　羊后小腿肉
Rib Loin　带骨的腰肉
Leg　羊大腿肉
鸡肉 (Chicken)
Breast　鸡脯肉
Fillet　鸡里脊
Liver　鸡肝
Wing　鸡翅
猪肉 (Pork)
Loin　猪腰部的肉
Side Pork　猪大腿肉
Spareribs　排骨
Leg　猪小腿肉
海鲜 (Seafood)
Abalone　鲍鱼
Squid　乌贼
Flounder　比目鱼
Prawn　明虾
Salmon　三文鱼
Scallop　扇贝
Tuna　金枪鱼
Clab　螃蟹
蔬菜 (Vegetable)
Carrot　胡萝卜
Garlic　大蒜
Capsicum　辣椒
Spinach　菠菜
Onion　洋葱
Ginger　生姜
烹饪用语
Backed　烘焙
Boiled　煮/焯/烫
Chilled　冰镇/冷冻/冷藏
Grilled　烤
Seasoned　调味

快要回国时请不要慌张 特产礼物要有计划地购买

购物建议

营业时间和休业日
商店的营业时间,平时为9:00~17:30,周六为9:00~12:00。一般情况下,周日和节日期间大多数商店都休业各个州有所差异)。在游客众多的大城市,也有许多商店挂着全年无休的招牌。另外,有的城市每周都设有一次深夜购物日(Late Night Shopping Day),在那一天营业时间会延迟到21:00。

澳大利亚葡萄酒
最近全世界掀起了一股葡萄酒潮流,且人气不断攀升的是澳大利亚葡萄酒。用自然环境优越的澳大利亚大地上生长出来的葡萄酿造出来的葡萄酒,能够闻到太阳的味道,水果风味是其特色之处。虽然也有许多游客购买它作为特产礼品送人,但是超过4瓶以后就要征收关税。且其难题在于运输起来有点沉重。(参见p.20)

澳大利亚葡萄酒并不是特别出名,可能是因为它主要是在国内消费,很少出口国外。

购物推荐

澳大利亚特产礼物
澳大利亚的物价比较低,在这里可以用相对较为便宜的价格买到好的东西。在特产方面,产自澳大利亚的蛋白石、羊皮大衣、袋鼠及考拉等的毛绒玩具等非常有名。近年来,产自南澳大利亚的葡萄酒的人气也不断高涨。因为食品及珍稀动物产品都纳入了检疫、进出口管制的对象范围之内,所以在购买时需要注意。请提前查询我国相关部门对携带进境的动植物及其产品等的详细规定,如需相关部门审批许可和澳大利亚当地官方出具的检疫证书,则需事先做好准备。

澳大利亚的土特产品
向女性朋友推荐的是蛋白石。其种类大致分为白色和黑色,且颜色越深成色越好。如果想要有一点冲击力的话,不妨购买土著艺术产品。曲形飞镖、T恤、绘画等,从小小心意的小特产礼物到适宜当做室内装饰的美术作品,品种丰富齐全,应有尽有。另外,以袋鼠、考拉等为主题的礼品也是澳大利亚所特有的。毛绒玩具、小配件等,琳琅满目。

食品方面,澳大利亚产的使用澳洲坚果制作而成的巧克力、牛肉干等非常流行。实际上澳大利亚才是澳洲坚果的原产地。肉类的话,可在特产专卖店或机场等地购买,但在购买时必须确认其有检疫标志。在机场还设有出售冷藏保存的牛肉、大龙虾等的商店。

购买名牌
澳大利亚也有众多服饰品、陶瓷品等欧美高级品牌专卖店,价格比国内购买便宜是其魅力之所在。凭借其时尚前卫的图案花样而非常有人气的Ken Done、Coogi、Weiss Art等澳大利亚品牌也值得一逛。

与中国尺寸的差异
澳大利亚人的体格比亚洲人的体格高大,所以在购买洋装时需要注意尺寸大小。即使同样都是S码,澳大利亚的会比中国的S码大。而且生产厂家不同,其制作工艺也不尽相同,所以请尽量在试穿之后再购买。澳大利亚的鞋子也很便宜,然而遗憾的却是很少有小码的。

购物中心
在澳大利亚各个城市都有购物中心。从杂货店到高级品牌专卖店,种类丰富多样。且购物中心都设有咖啡馆、餐厅等,您可以在那里逛上半天甚至是一整天。

促销
促销活动都是在换季时间。因为澳大利亚和北半球的季节是相反的,所以澳大利亚春季商品促销时间为11月、

●悉尼具有代表性的购物中心与百货超市●

大卫琼斯
(David Jones)

这是一家会让人感觉到高级感扑面而来的老字号百货超市。在这里购物是一种身份的象征。

湾畔购物中心
(Harbourside Shopping Centre)

约有200家店铺入驻的巨大购物中心。每到周末或节假日期间，这里的人流量会非常大。（参见p.87）

维多利亚女王大厦
(Queen Victoria Building)

它是代表着悉尼的购物中心。它拥有令人联想起维多利亚时代的美丽建筑外观。（参见p.86）

夏季为2月、秋季为5月、冬季为8月左右。

免税

在机场及城市中的免税店，除有烟草、酒类等免税品外，还有澳大利亚特产礼品。而且可能会有能够说汉语的工作人员，您可以放心挑选。

在免税店购买商品时，必须出示护照和回去的机票。进口商品不需要缴纳关税，而澳大利亚特产礼品的销售税也被免除了。因为免税品在回到中国机场时需要进行商品检查，所以在购买时不要忘记向商家索要相关票据。

关于申请退税

根据消费税GST（Goods & Service Tax）的相关规定，包括剧院、博物馆等的入场费、餐厅的饮食费等，凡是在澳大利亚国内消费的任何商品或服务都必须缴纳10%的税费。

该GST，有一种名为"游客退税计划"的制度。即，离境前30日内，在一家商店购买了300澳元以上商品的旅客，可以申请退还所缴税金的制度。但是，能够退还税金的仅限带入飞机内的行李和身上穿的衣服。在购买时店家会给您Tax Imvoice(税金申请书)，在回国时请不要忘记向位于机场出境区的TRS服务台出示该申请书。

在澳大利亚也有各种欧洲名牌产品的专卖店

加入了土著艺术元素的工艺品

节庆活动

**澳大利亚人特别喜欢节日
一年当中会有许多大型活动**

狂欢节是一个非常欢快热闹的大型节日

请从澳大利亚政府旅游局网站上获取相关活动信息
http://www.australia.com

每年的定例活动和节假日

活动
在澳大利亚,每年都会举行各种各样的节庆及大型活动,这也是其热情开朗的国民性的一种表现吧。既有全市都为之兴奋的大型纪念节日,也有仅在一小片地区举行的纪念活动,无论到哪里都非常欢快热闹。这些节庆和活动非常受游客们的欢迎。

庆典(Festival)
在悉尼、墨尔本等城市举行的全市规模的娱乐盛典,有音乐会、戏剧、街头艺术等,使整座城市化为一片欢乐的海洋。

运动赛事
以在各地举行的帆船竞赛为开端,F1、超级跑车赛车运动、网球联赛、马拉松、高尔夫冠军赛、橄榄球锦标赛等,澳大利亚每年都会举行丰富多彩的运动大会。

其他
比较少见的是,2月末~3月举行的同性恋狂欢节。这一节日诞生的契机是30年前同性恋者为了伸张保护他们的权利而举行的游行活动。

节日
澳大利亚的节日分为全国统一的节日和各个州独自的节日。节日日期主要安排在新年、圣诞节期间等,且尽量不与周六、周日重合。但须注意有的州也会将周日(主要为周一)挪到节日当中。

澳大利亚主要的大型活动

2010年1月~12月

12月26日~1月1日 悉尼—霍巴特帆船竞赛(悉尼—霍巴特) 这是世界三大帆船竞赛之一。在悉尼与霍巴特之间举行。

1月1日 珀斯杯(珀斯) 富有人气的大型赛马比赛。

1月9日~30日 悉尼节(悉尼) 在悉尼的各个地方举行音乐会、戏剧、运动赛事等各种形式的活动项目。

1月18日~31日 澳大利亚网球公开赛(墨尔本) 盛夏的高温空气和独特的开放感是其魅力所在。这是唯有季节与北半球相反的澳大利亚所特有的大赛。

2月21日~3月6日 同性恋狂欢节(悉尼) 世界各地的同性恋者来此参加狂欢。

2月26日~3月14日 阿德莱德艺术节(阿德莱德) 偶数年份举行的艺术盛典。

3月5日~8日 蒙巴节(墨尔本) 大规模的户外节庆日。在亚拉河附近举办焰火大会、表演等活动。

3月24日~28日 国际花卉园艺展(墨尔本)。

3月25日~28日 F-1澳大利亚大奖赛(墨尔本)。

3月28日 澳大利亚铁人三项（悉尼）全世界28个国家的选手参加该项比赛。是铁人比赛的世界锦标赛，在麦加里港举行。

4月1日~14日 悉尼皇家复活节展（Sydney Royal Easter Show）基督教的复活节期间，在霍姆布什湾举行的大型节日活动。

7月4日 黄金海岸马拉松比赛（黄金海岸）。

9月中旬 （2009年为9月4日~12日举行）皇家阿德莱德展（阿德莱德）农业和贸易相关的博览会。

9月19日 悉尼马拉松（悉尼）。

9月11日~10月10日 Floriade国际花展（堪培拉）。

9月1日~30日 国王公园野花节（珀斯）。

11月2日 墨尔本杯（墨尔本）将全世界的赛马迷牢牢钉在电视机前的空前赛事。

12月31日 除夕庆祝活动New Year's Eve Celebration（悉尼）21:00和0:00，在悉尼海港大桥上会举行盛大的焰火晚会来庆祝新年的到来。

（以上信息取自2009年11月。仅供参考。）

澳大利亚主要的节日

2010年
★为全国统一的假日

- **1月 1日** ★新年。
- **1月 6日** 德文港杯。
- **1月26日** ★澳大利亚国庆节。
- **3月 1日** 劳动节（西澳州）。
- **3月 8日** 8小时劳动纪念日（塔斯马尼亚州）。
- **3月 8日** 劳动节（维多利亚州）。
- **3月 8日** 堪培拉日 纪念堪培拉设定为首都之日（首都特别区）。
- **3月 8日** 阿德莱德杯（南澳州）。
- **4月 2日** ★耶稣受难日。
- **4月 3日** 复活节后的星期四。
- **4月 5日** ★复活节后的星期一。
- **4月 6日** 复活节后的星期二（塔斯马尼亚州）。
- **4月26日** ★澳新军团日。
- **5月 3日** 国际劳动节（北领地）。
- **5月 3日** 劳动节（昆士兰州）。
- **6月 7日** 澳大利亚建国周年纪念日（西澳州）。
- **6月14日** 女王诞生日 英国女王的生日（除西澳州以外的地区）。
- **8月 2日** 银行假日（新南威尔士州）。
- **8月 2日** 野餐日（北领地）。
- **8月11日** 皇家昆士兰展览日（仅昆士兰州布里斯班市内）。
- **9月27日** 女王诞生日（西澳州）。
- **10月4日** 劳动节（新南威尔士州、南澳州、首都特别区）。
- **11月2日** 墨尔本杯（仅维多利亚州墨尔本市）。
- **11月26日** 德文港展览日（塔斯马尼亚州）。
- **12月25日** ★圣诞节。
- **12月27日** ★节礼日。
- **12月28日** 宣告日 领土宣言纪念日（南澳州）。

事故预防

即使是为了延续快乐的旅行也应注意避免事故、保护人身安全

中国驻澳大利亚大使馆
15 Coronation Drive, Yarralumla, ACT 2600
0061-2-62734780
0061-2-62735848
E-mail：chinaemb_au@mfa.gov.cn

中国驻悉尼总领事馆
39 Dunblane Street, Camperdown, NSW 2050, Australia
0061-2-85958002（护照、签证、公证、认证等证件办理咨询）
0061-2-85958029（领事保护与协助）

中国驻墨尔本总领事馆
75-77 Irving Road, Toorak VIC 3142
0061-3-98220604（证件办理咨询）
0061-3-98043271（侨务、领事保护）

中国驻珀斯总领事馆
45 Brown Street, East Perth, WA 6004, Australia
0061-8-92220333
0061-8-92220302,
0061-0416132339（领事保护与协助）

中国驻布里斯班总领馆
Level 9, 79 Adelaide Street, Brisbane, QLD4000
07-32106509-200（领事侨务）
0406318178（领事保护）

预防问题、事故

虽然在旅行途中难免会遇到一些问题或事故，但也必须有一个限度。如果只是被锁在自动锁门的酒店客房外或浴缸当中的水漫出来导致行李被湿透等类问题的话还好；万一碰上诸如护照、机票、钱包丢失或被盗，驾驶租赁汽车出了交通事故或被卷入犯罪等严重事故问题的话，不仅会让人扫兴，而且旅行也会被迫中断。

即使是在与其他海外国家相比相对比较安全的澳大利亚，据说近年来犯罪率也在上升。专门瞄准对旁人缺乏防备心理的亚洲人，实施诈骗、抢劫、盗窃等行为的案件也时有发生。虽然没有必要太过于紧张而导致神经兮兮，但还是应该把避免事故和问题放在第一位。

防范对策

在酒店　当客房有陌生人来访时，请不要立即开门，而要从"猫眼"里确认之后再决定要不要开门。或者隔着门铰链与对方说话也可以。另外，即使是大厅，也不可放心地将行李放在那里置之不理，同样需要加强戒备。

在街道上　在不熟悉的街道上，一边看着地图一边慢慢转悠，这仿佛是在告诉犯罪分子"我是游客哦"。因此，在出酒店之前请将地图牢牢地记在脑海里，注意尽量避免在人前一直看地图。在使用英语时，也要自信地、大胆地说。当不明白时，一定要明确地说"I don't know"；当拒绝别人的时候就明确地说"No"。

另外，万一碰上强盗等遭受损失时，抵抗或追赶犯罪分子的行为是非常危险的，要牢牢记住把保障生命安全放在第一位。

防范心得　①深夜尽量不要单独一个人走夜路。在夜间外出时，要结伴且选择人多明亮的路。②尽量避免携带手提包等行李。即使携带了也应将其经常放在手边。在机场、酒店、餐厅、商店也一样。护照等贵重物品请务必放在酒店的保险箱中。

问题、事故应对处理方法

一旦遇到事故时，他人不一定会向你伸出援助之手。因此必须掌握一些自己能够应对事故发生的知识。

丢失/被盗

护照　如果没有护照的话就无法回中国。万一护照不慎丢失的话，应该携带当地警察局颁发的遗失/被盗证明、护照用的照片3张（同时准备好其他的材料，可参考中国驻澳大利亚大使馆网站相关提示）去中国驻澳大使馆或领事馆，

在逛街时，请尽量选择行人较多的地方。

办理申请重新发放护照或旅行证的相关手续。

旅行支票（T/C） 联系发行该旅游支票的公司，办理申请重新发放的手续。为了重新发行旅游支票，需要提供使用者的信息和已使用的T/C副本或记录。另外，关于未使用的部分，必须事先在持卡者签名栏内签名，这是条件。（参见p.382）

信用卡 联系发卡公司，办理停卡手续。因为需要提供卡号和有效期，所以您平时最好将其记录下来，以防万一。关于重新发卡，各个发卡公司的情况都不相同。

机票 若将机票遗失，须重新购买。正价购买的机票可以回到中国之后申请退款，但是廉价机票大多数是无法退款的。

一般的行李 有时候在机场、餐厅等地方，在视线稍微离开行李的短暂期间内就会碰到行李被盗或行李放置在身边却被偷的意外事故。虽说贵重物品不离身是铁则，但是万一丢失的话，应首先报警。在向保险公司索赔携带物品损失保险金的时候，需要向保险公司出示警察局办理的遗失/被盗证明。

如果被卷入犯罪当中 即使小事也要及时报警，这一点非常重要。因为觉得不是大事情，所以没有报警，这样的行为只会助长犯罪。可通过酒店工作人员的帮助或通过其他方式向警察报警并汇报情况。

信用卡公司联系方式
VISA ☎1-800-555-648
Master ☎1-800-120-113
AMEX ☎1-800-132-639
DINERS ☎1-800-360-060
JCB
　悉尼☎1-800-194-555
　黄金海岸☎1-800-194-000

大自然并非完美无缺

澳大利亚内陆地区属于干燥地带。特别是在气温上升的12月~2月期间，容易发生丛林火灾，所以在有的地方明确挂出了"严禁烟火（Fire Ban）"的警告。在挂出严禁烟火的禁烟区，如公园内，也禁止进行烧烤活动。另外，澳大利亚的海域常年波涛汹涌，且流速很快。水面上部和下部的温差很大，存在引起心脏骤停的危险，需要特别注意。

与中国国内联系

谁也无法预知在旅游地会发生什么事情。有可能会碰到生病、事故等意料之外的事情。那些时候，肯定会有必须与中国的家人联系的情况。即使遇到紧急情况的可能性不大，也应该提前了解掌握紧急时刻的联系方式、电话的拨打方法等。从澳大利亚往中国国内打电话，可在公用电话亭、酒店客房、普通的电话等处，采用直接拨号的方法来拨打。

※往中国国内打电话、发信件的方法请参见p.385

医疗救护

提前了解疾病、受伤等的应对方法

警察、急救车、消防车
当你拨通000后，会有接线员，请将警察（Police）、救护车(Ambulance)、消防车(Fire)等您想要拨打的对象告诉接线员，他会为您接通。

医疗体制

澳大利亚的医疗体制大致可分为普通医生（General Practitioner）和专家医生(Specialist)两种，另外还设有医院(Hospital)。一般在家中生病或者受伤时，首先接受被称为"家庭医生"的普通医生的诊察，如果病情严重的话再被介绍给专家医生。

对于游客来说，在生病或受伤时，提供救助的主要是普通医生和设有急诊室（Casualty Department）的医院。在各个地方都有能用汉语沟通的医院和医生。如果是中档规模以上的酒店，大多数会与普通医生签订合约让其担任酒店医生之职，在受伤等需要急救的情况下，会由急救车送往急诊室。药品可以在药店购买，但是由于医药分工的原因，需要提供医生的处方。如果是一般的感冒药或肠胃药的话，则不需要提供处方。

急救车

救护车(Ambulance)基本上都是收费的。虽然在有的州居民可免费叫救护车，但是游客都必须缴纳所有费用。费用标准跟出租车的收费一样，划分得很细。另外，由于澳大利亚国土面积广阔，所以还有使用飞机来运输病人的空中救护(Air Ambulance)。

翻译服务

在移民国家的澳大利亚，会说英语的居民很多，会提供医生与患者直接的免费口译服务。覆盖澳大利亚全国的TIS（Translating and Interpreting Service），通过电话来进行翻译，即使是游客也可享受该服务。虽然它是24小时提供服务的，但有时候找到翻译者也需要花费一定的时间。除此之外，在各个州也都设有口译服务机构。

牙科

一般不把牙科医生称为Dr.,而是称为Dentist。据说看牙科是为了预防蛀牙而去看的，治疗牙齿则完全采用预约制。治疗费也非常昂贵，如果海外旅行意外保险当中不包括牙科治疗，最好在旅行之前在国内治好。

需要记住的英语医疗用语

咳嗽	Cough	受伤	Injure
恶心	Nausea	血型	Blood Type
哮喘	Asthma	感冒药	Cold Medicine
头痛	Headache	阿司匹林	Aspirin
神经痛	Neuralgia	肠胃药	Stomach Medicine
蛀牙	Decayed Tooth	安眠药	Sleeping Pill
胃炎	Gastritis	发烧	have a fever
食物中毒	Food Poisoning	感觉发冷	feel chill
腹泻	Diarrhea	胃痛	have a pain in stomach
骨折	Fracture	扁桃腺发炎	tonsils are swollen
扭伤	Sprain	牙痛	have a toothache
烧伤	Burn	视线模糊	have bleary eyes

救生员

在海上运动盛行的澳大利亚，保护人们远离来自大海的危险的救生员Surf-Life Savers发挥着重要作用。他们拥有强健的体魄，被称为海上精英或海上英雄，也是澳大利亚儿童们所崇拜和向往的对象。

在拥有黄金海岸等许多海滩度假村的昆士兰州，有多达59个救生员俱乐部和约2.3万名救生员。他们充当志愿者活跃在各个海岸。这些俱乐部的历史比较久远，开始于1902年。救生员会密切关注波浪的高度及天气状况等，拯救溺水者，在危急时刻甚至与鲨鱼搏斗。要绝对遵守救生员的提醒和警告。另外，为了应对紧急时刻，游客请自己学会并记住人工呼吸的方法。

救护车的呼叫方法

拨打紧急电话号码000，然后说"Ambulance Please"，并将自己所处的位置告知对方。当没有加入海外旅行意外保险时，需要自己负担救护车的基本费用。

※救护车的基本费用范例（各个州的收费都不同）
新南威尔士州16公里　169澳元
西澳州　　　　　　　475澳元
南澳州　　　　　　　595澳元

嘴对嘴人工呼吸的方法

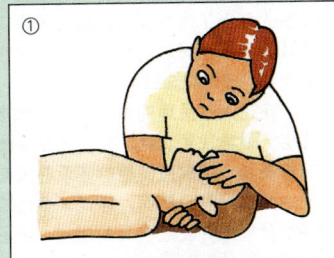
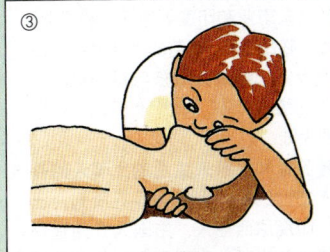
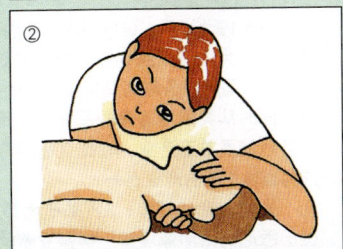
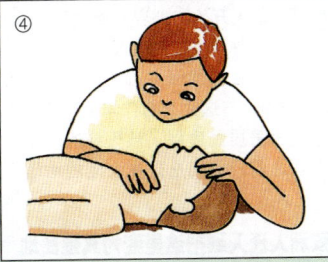

①将手放在受伤者脖子后面，并将受伤者的脖子向上托起，以确保其呼吸道顺畅。
②将脸凑近对方的嘴，确认其是否还有呼吸。
③捏住对方的鼻子吹气。最初的5次左右要快速吹气，接着每隔4~5秒吹一次气。
④在进行人工呼吸过程中，用手摸一下紧靠腭下的颈部动脉，确认脉搏情况。

■海滩上的标志

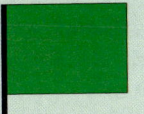
可游泳

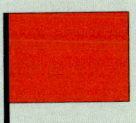
禁止游泳

仅可在红黄旗子之间的区域游泳

游泳时需要多加小心

澳大利亚的历史

🌐 土著居民的大陆

澳大利亚大陆在2世纪时就被当做"未知南方大陆（Terra Australis Ineognita）"画入了希腊人托勒密绘制的地图当中。因此，澳大利亚的存在是早在远古时代就被人们所发现了的。然而，这块大陆开始登上世界史却是在经历了1000多年漫长的历史之后。

就像在哥伦布发现美洲大陆之前，美洲大陆上定居着美洲印第安人一样，这片大陆上也生活着原住居民——土著人。据说土著人开始定居在这片大陆上是在距今约4万年前的第四冰河期的中叶，在当时的海平面比现在的海平面低200米左右的时候，他们从东南亚和印度等地区迁移至此。在那之后，在距今2万年前的融冰时期，由于海平面上升，这片大陆被与世隔绝，成为一片"沉默的大陆"。他们也无法再迁移到其他的大陆。

靠着狩猎和采集来生活的土著人的存在，进入15世纪后才开始为外界所知。巴布亚人、印度尼西亚人、中国人开始造访澳大利亚北部地区，在那里进行简单的交易。这也是土著人开始为外界知道的开端。在那之后，欧洲白人也开始踏入这片大陆，并占领了这里。在被欧洲人占领之后短短500年的时间内，与这片大陆共同生存了几万年之久的土著居民遭到了被灭绝的悲惨命运。在这之前，他们是这片大陆的地地道道的"主人"。

🌐 从欧洲人迁入到把这里变为其殖民地

在大航海时代的1606年，设立了东印度公司的荷兰人开始前往新几内亚方向进行探险活动，来到了约克角半岛。据说这是欧洲人第一次发现澳大利亚。在那之后，从1616年~1622年，荷兰人对澳大利亚西海岸进行勘察，并将其命名为"新尼德兰（新荷兰）"。

接下来，在1641年荷兰人塔斯曼发现了塔斯马尼亚岛和新西兰。他们在当地进行勘察，慢慢地对当地的情况有了比较明确的了解。但是荷兰人所寻求的是香料、黄金等物品，而在这块大陆并没有找到他们想要的这些物品，因此荷兰人失去了对这片土地的兴趣。

在那之后经过了1个多世纪，奉命进行天体观测和澳大利亚探索的英国海军詹姆斯·库克乘坐"奋进号（Endeavour）"，于1770年到达了澳大利亚大陆的东南海岸。在详细勘察了东海岸一带地区的情况之后，他将这片土地命名为"新南威尔士"，并宣告它是英国的领地。1776年在美国独立战争中战败的英国，必须重新寻找一个替代美国的流放地。这块大陆便被迫成为那块流放替代地。

1788年初，阿瑟·菲利普总督率领的船队乘载着700多名流放者、200多名士兵及其家人登上了悉尼大陆。这一天是澳大利亚成为英国殖民地的第一步。现在它是澳大利亚的建国纪念日。

在迁入殖民地的最初，由于自然环境恶劣，很难找到食物，以及天花等疾病的肆虐蔓延，流放殖民地的建设并没有像预期的那么顺利。然而，通过采取给流放者分配开垦地并发放农具的措施，殖民地的建设也慢慢地开展起来了。

进入19世纪后，这里出现了新的动向。1803年，为了排挤觊觎着塔斯马尼亚岛的法国，英国又宣告塔斯马尼亚是它的领土，与此同时从英国派遣来的军官，开始着手在当地发展羊毛产业。在此之后羊毛产业成为当地主要的产业之一。

另外，在1813年，3名采矿者发现了位于悉尼的西部像墙壁一样叠立着的大蓝山山顶上的通道，以此为开端，之前只是停留在沿海地区的殖民地国家开始向内陆地区寻求新天地。在先行者和探险家当中，虽然也有不少人在与广大的沙漠斗争时丢掉了性命，但是巴克和威尔斯这两个人物从1860年~1861年，用2年时间完成了从南部的内陆地到北部的卡本塔利亚湾这一纵贯大陆的壮举。至此，澳大利亚大陆的全貌开始逐渐变得明确起来。

顺着这一时代的潮流，在1825年塔斯马尼亚和西澳州开始从新南威尔士独立出来，此后，1851年维多利亚州独立，1859年昆士兰州也相继独立。包括南澳大利亚在内的6个殖民地在1850年颁布了《澳大利亚殖民地政府法》，它是现在的联邦法的框架。

1847年，将流放者流放到新南威士州的活动被废止，截至1868年最后一艘流放船，新南威士州流放者的总数达到了16万多人。

⬢ "淘金热"和白澳政策(White Australia Policy)的抬头

1851年，在位于悉尼西部的巴瑟斯特城发现了黄金，由此掀起了一股"淘金热"浪潮。转瞬间，在黄金的强大吸引力之下，来自世界各国的移民蜂拥而至。在1850年这里的人口还仅有40多万，在短短的10年内，这里的人口急剧膨胀到了114万人以上。继巴瑟斯特之后，在维多利亚州的巴拉瑞特也发现了金矿，而且由于这里是一个巨大的黄金矿脉，所以大量的淘金者又迅速流入了这里。这些淘金者大多是因为赌博而导致倾家荡产的人或是无赖、懒汉等，慢慢地他们开始觉醒了，意识到自己是金矿开采的劳动者。在1854年，他们发动了反对资本家和官僚的"尤里卡栅栏事件"，这是导致社会变动的一个大的契机。

由于"淘金热"而导致的人口增加，最终发展成了对非欧洲血统移民的排挤运动，并在各个殖民地开展限制移民的会议。白人占有优越地位的"白澳政策"开始抬头。6大殖民地也纷纷向英国本土提出要求自治，终于在1901年1月1日澳大利亚联邦诞生了，且将墨尔本设定为临时首都。

此后，1926年澳大利亚从英国获得了自治权，在翌年的1927年将位于墨尔本和悉尼之间的堪培拉定为首都。

⬢ 白澳政策(White Australia Policy)的终结和澳大利亚的发展

从19世纪后半期开始，白澳主义色彩越演越烈，导致在500多万人口当中，英国血统的移民及其子孙竟然占了一大半以上。然而，在第一次世界大战期间，作为英国联邦澳新军团的一员参战的澳大利亚义勇军，在1915年的加利波利之战当中遭受重创，约有6万人战死。另外，在第二次世界大战期间，由于遭到原日本军的"达尔文轰炸"及使用特殊潜艇作战的"悉尼港突袭"，又出现了3万人以上的战死者。由于几度战争的摧残导致人口减少许多，因此战后澳大利亚开始慢慢地接受来自东欧、南欧、中东诸国的移民，至此白澳政策在实质上被废止了。

新移民的迁入给澳大利亚带来了新的能源和劳动力。来自各个国家的移民开始在这片土地上种植从本国带来的甘蔗、葡萄、香草等多种多样的农作物，伴随着这些移民的迁入和定居，澳大利亚的人口逐年增加，到1959年，人口已突破了1000万。

1988年，新国会大厦建成、布里斯班召开世博会，为庆祝建国200周年，澳大利亚全国各地还纷纷举行各式各样的庆祝活动，从这些不难看出，澳大利亚对未来的发展有着坚定不移的信心。

⬢ 能够接触到历史的景点

海德公园营房（Hyde Park Barracks）它位于悉尼的海德公园内，是向人们介绍流放者们的悲惨生活的博物馆（参见p.73）。

大会堂（City Hall）这是一栋建在布里斯班的乔治国王广场内的石筑建筑。内部设有美术馆和博物馆等（参见p.170）。

旧墨尔本监狱（Old Melbourne Goal）过去的监狱现在作为博物馆对外开放。保留着当时的绞首台、单间牢房等遗迹（参见p.294）。

库克船长的小屋（Captain Cook's Cottage）它位于墨尔本菲茨罗伊园林内，那里还树立着库克船长的雕像（参见p.293）。

艾尔斯故居博物馆（Ayers House）在19世纪末期，这里曾经是南澳州州长亨利·艾尔斯的官邸，现在作为博物馆对外开放（参见p.331）。

珀斯铸币厂（Perth Mint）该铸币厂建于1899年，是澳大利亚最古老的铸币厂。在那里游客还可以参观钱币等的铸造过程（参见p.348）。

住过的詹姆斯·库克曾经居住过的坚固的石砌房屋

原住民的文化

大地的居民——原住民

据说原住民早在约4万年前就开始在澳大利亚大陆上居住生活。在西方白人入侵这里的17世纪之前，有着黑色皮肤、身怀神奇力量的他们自古就在这里生息繁衍，与澳大利亚这片大陆共生存。

他们的身影和足迹遍布澳大利亚全境，以部落为单位过着群居生活。据说他们分为500多个部落，语言也多达200种以上。虽然一般来说为了获得水源和猎物，原住民都过着迁移生活，但是生活在绿树繁茂的平地或山中的原住民会搭建小房子，过着群居生活等。原住民的生活样式也多种多样。过着流动生活的是居住在内陆地区的原住民。要想在恶劣的自然环境中生存下来，迁移生活是最好的方法。这是他们在漫长岁月当中总结和学会的经验。

文化的土壤

有着"祖先"崇拜的原住民，伴随着他们共同生活流传下来的梦幻故事（Dreaming Story）和传说，相当于基督教圣经中保留着的许多发生在天地始创时代的各种逸闻。

在这个世界刚诞生的时候，在大地中沉睡的祖先神灵醒来了。祖先神灵在黑暗当中首先创造出了太阳，然后创造出人类、动物、植物等其他生命，最后创造了整个世界。完成了创造工作的祖先神灵将接下来的照顾、管理工作托付给了人类之后，又再次潜入大地之中，与万物化为一体了。所以，世界上的所有事物都是祖先神灵的化身。如，岩石、树木、低洼地等，凡是显示着他们足迹的地方都是"圣地"。

"Dreaming Story"既有在各个部落内流传的传说也有从其他部落流传而来的传说。没有文字的原住民，以老人给儿童讲故事的方式将"Dreaming Story"代代口头流传下来，并通过舞蹈、歌谣、绘画等表现它的内容。如果去"体格特别魁梧的女人蹲下来喝水时压出来的大低洼地"的话，就可以找到水喝；如果沿着"两个少年一边吵架一边走过的路"的话，就可以到达目的地等；原住民将他们的祖先在4万年漫长时间中培养出来的智慧、地图、科学、规范等所有的一切，都表现在了故事当中。在土著语中，睡着时所做的"梦"，以及"故事"、"传说"，也跟"Dreaming Story"是一样的单词。但是对于他们来说，"Dreaming Story"已经超越了单纯的神话，认为那就是原住民的现实生活。

另外，据说所有的人类都是带着属于自己的固有的"Dreaming Story"来到这个世界的。这里所说的"Dreaming"，是指与那个人及其部落有着特殊关系的动物或自然，如，在有袋鼠的"Dreaming"的地方出生的儿童则将袋鼠奉为祖先，一生都不许杀戮或者食用袋鼠。而且据说以某个圣地作为"Dreaming"出生的儿童必须一生守护那个地方。

在内陆地区生活的智慧

据说对大自然的各个角落都了如指掌的原住民，在广大的平原上可辨别能够食用的对人体有益的植物，还会寻找生活在土壤中富含营养的蜜蚁窝，或者即使没有特定的标志也能够到达目的地。以在澳大利亚内陆被称为"Outback"的荒凉平原当中寻找水源的方法为例。早上他们会喝草上的露水，白天则将名为沙漠橡树的含有许多水分的树根挖出来解渴。如果受伤了，他们会捕捉某种蚂蚁，用手掌将其捣成糊，当做杀菌剂来使用。

他们的狩猎方法也各式各样。大家所熟悉的应该就是曲形飞镖了。这是一种投出去后会成弧线状返回的武器，据说它是以原住民某个部落的名字命名的。有了这个武器就可以将人手无法触到的鸟类、动物等一举击倒。

此外，虽然没有弓箭，但是他们会使用一种名为"Woomera"的标枪来捕鱼等。更为有趣的是，他们还会模仿动物的叫声来捕捉猎物。例如，模仿蛇"咻咻"的声音将巢穴中的小动物驱赶出来；用奇妙的口哨声将泥土中的螃蟹、寄居蟹之类引诱出来等。虽然原住民掌握了多种狩猎方法，但是他们只是为了生存，并不会过度捕猎。他们尊重所有的事物，因为他们觉得所有这一切都是受"Dreaming"引导的。据说对于许多死于这片荒凉地区的殖民入侵者而言，这里像是地狱，但对于原住民们来说，这里却是给予他们许多恩惠的大地。

土著艺术与迪吉里杜管

土著人以素描画描绘创世神话，并以独特的歌舞等予以表现。在澳大利亚北部阿纳姆地的断崖及艾尔斯岩、塔斯玛尼亚岛等地的风穴、洞窟中所描绘的岩石画面上，从动物图案到丰富运用圆与旋涡状花纹的抽象图案应有尽有。人们认为它们表现了祖先及精灵们的姿态。20世纪70年代，第一个被介绍到世界上的土著艺术是将原本用手指画在沙子及岩石上的东西表现在画布上。运用各种颜色的沙子自由奔放地创作绘画，在当时的美术界得到了很高的评价，也给现代艺术世界带来了强烈的冲击。以纤细的点和线描绘出的图画隐含了极高的艺术性，甚至被毕加索评价为"人类可以作出的最纤细的线的艺术"。

另外，他们在举行歌舞晚会（澳洲部族为庆祝胜利或其他地盛事而举行的宴会）时将红白两色的黏土涂料涂在身上，并使用传统乐器"迪吉里杜管"进行伴奏，以歌舞仪式演绎创世神话。迪吉里杜管是指将中间部分遭到白蚁侵袭而变空的尤加利树切成1米~2米的长度后，在相当于管口的部分涂上蜂蜡等物而制成的乐器。颤动嘴唇吹进气息后便会在内部产生共鸣，发出如从地底下传来的声音。传说如果将耳朵贴在迪吉里杜管上面，便可听到精灵的声音。迪吉里杜管是土著居民不可或缺的乐器。

原住民的现在

现在，原住民人口约为46万人。17世纪，英国等欧洲国家白人入侵澳大利亚时，原本推测有30万~100万的原住民人口，由于受到大规模的虐杀及霍乱、天花等西方传来的疾病的肆虐，原住民急剧减少至6万人。虽然政府也为原住民制定了一些社会福利政策，但是社会环境并不能称得上良好。在悉尼等大城市，可以看见他们像流浪汉一样潦倒的身影，虽说内陆地区是保护区，但是在因矿山开采而荒芜不堪的土地上，他们几乎是无法再回到以前的那种生活状态了。

但是，他们保护自身文化的运动却坚定不移。在他们当中有些人甚至自发成立团体。在团体中，大家不是说英语而是用其自己的语言来说话，并继续延续原住民传统的生活方式。在他们长期运动斗争的努力之下，有的圣地被归还给了他们。圣地是一片任何部落以外的人都不准踏入的区域，游客自不用说。因为在那片圣地当中，存在着一个延续了4万年的文化——祖先神灵创造了世间万物，包括人类、动物。这个世界上存在的任何事物都共享同一个精神世界"Dreaming"。

能够邂逅原住民的景点

乌卢鲁 (Uluru) 它是土著居民最大的圣地。这里有一块海拔达348米的巨大岩石，被称为"地球的肚脐"（参见p.243）。

奥尔加岩群（卡塔·楚塔）(The Olgas) 由无数圆形屋顶形状的岩石组成的岩石群。距离"风之谷"也很近（参见p.247）。

卡卡杜国家公园 (Kakadu) 被原始自然覆盖的占地面积广大的一座国家公园。园内保留着原住民的壁画遗迹（参见p.262）。

悉尼博物馆 (Museum of Sydney) 这里除有与悉尼历史相关的展览外，还有许多有关原住民的生活、文化方面的展览（参见p.72）。

能够发出精灵般美妙声音的民族乐器迪吉里杜管。

土著艺术画廊 (Aboriginal Fine Arts) 位于达尔文市的一家经营土著艺术作品的画廊（参见p.257）。

贾普凯土著文化公园 (Tjapukai Aboriginal Cultural Park) 该公园坐落在凯恩斯周边地区。在这里您可以接触到各种原住民文化（参见p.134）。

INDEX

精品景点索引

■A■
阿德莱德赌场…………………………… 28
阿德莱德古宅…………………………… 237
阿德莱德植物园………………………… 331
阿恩多夫………………………………… 324
阿盖尔百货商店………………………… 72
阿拉伦中心……………………………… 237
阿利斯·斯普林斯沙漠公园…………… 242
阿扎克广场……………………………… 170
艾玛公园动物园………………………… 25
艾尔斯故居博物馆……………………… 331
艾尔斯岩(卡塔·楚塔)………………… 247
艾勒里溪谷……………………………… 242
安萨山…………………………………… 236
奥赖利…………………………………… 190
奥兰多葡萄酒…………………………… 327
奥米斯通峡谷…………………………… 242
澳大利亚博物馆………………………… 77
澳大利亚国立美术馆…………………… 313
澳大利亚蝴蝶保护区…………………… 137
澳大利亚荒野奇观……………………… 199
澳大利亚雷普尔公园…………………… 85
澳大利亚主要动物园…………………… 25
澳大利亚体育学院……………………… 314
澳大利亚战争纪念馆…………………… 314
澳洲世界………………………………… 224

■B■
巴拉曼迪溪谷…………………………… 263
巴拉瑞德………………………………… 299
巴罗萨河谷……………………… 23、324、326
巴特里角区……………………………… 365
巴伦河……………………………… 130、137
白日梦岛………………………………… 156
拜伦海湾………………………………… 191
班古鲁·班古鲁山脉…………………… 352
邦迪海滩…………………………… 80、81
北黑德…………………………………… 83
北领地博物馆/美术馆………………… 256
北悉尼…………………………………… 79
贝达拉岛………………………………… 154
本迪戈…………………………………… 299

边境骆驼农场…………………………… 237
滨海艺术中心…………………………… 132
滨水地区………………………………… 75
波浪岩……………………………… 346、352
波奴鲁鲁国家公园(班古鲁·班古鲁山脉)…352
波诺隆野生动物公园……………… 25、366
波瓦理旅客咨询中心…………………… 263
玻璃屋山………………………………… 224
伯里·格里芬湖………………………… 313
伯利黑兹………………………………… 192
菠萝园…………………………………… 224
布兰普顿岛……………………………… 158
布勒山…………………………………… 291
布罗德沃特……………………………… 190

■C■
长岛……………………………………… 156

■D■
达令港…………………………………… 74
大凯佩尔岛……………………………… 159
大洋路…………………………………… 298
袋鼠岛…………………………………… 328
袋鼠角…………………………………… 168
丹特里国家公园…………………… 129、134
道格拉斯港……………………………… 134
德文港…………………………………… 370
邓克岛…………………………………… 154
东伯恩特公园(亚历山大湖)………… 256
东伯恩特战争博物馆…………………… 256

■E■
鳄鱼主题公园…………………………… 256

■F■
发电厂博物馆…………………………… 77
非凡石…………………………………… 329
菲茨罗伊岛……………………………… 153
菲茨罗伊园林…………………………… 292
风车小屋………………………………… 348
疯狂水世界……………………………… 204
佛列克植物园…………………………… 134
弗雷泽岛………………………………… 16
弗里曼特尔……………………………… 350

■G■
格莱内尔格海滩………………………… 332
公主剧院………………………………… 293

古尔本谷	23
孤松考拉保护区	25、174
斯托里桥	175
国会大厦	313
国家海事博物馆	75
国王公园（珀斯）	27、348
国王十字	78

■H■

汉弥尔顿岛	157
海德公园	74
海德公园营房	73
海登	346
海门岛	155
海狮湾自然保护区	328
海底世界（布里斯班）	225
海洋世界（悉尼）	82
海洋世界（黄金海岸）	202
豪勋爵岛	17
赫德岛	19
赫伦岛	160
黑山电信塔	314
亨格福德高地	22
亨特谷	22
亨特谷奶酪公司	22
猴子米亚海豚度假村	346
蝴蝶谷自然公园	267
华纳兄弟电影世界	196
环形码头	70
皇家娱乐中心	29
皇家剧院（珀斯）	347
皇家剧院（霍巴特）	365
皇家空中医生服务基地	235
皇家墨尔本动物园	296
皇家塔斯马尼亚植物园	27、366
皇家植物园（墨尔本）	27、296
皇家植物园（悉尼）	27、72
黄水湿地	264
火车博物馆	267

■J■

吉姆吉姆瀑布	263
贾普凯土著文化公园	134
尖峰石阵	346、352
杰拉尔顿	346
旧阿利斯电报站	237
旧财政部大楼（墨尔本）	292
旧风车小屋	170

旧墨尔本监狱	294

■K■

喀斯喀特酿酒厂	364
卡卡杜国家公园	17、262
卡塔卡塔钟乳洞	267
卡斯尔雷街	73
凯恩斯博物馆	132
凯恩斯区画廊	132
凯恩斯热带雨林动物园	134
凯恩斯野生动物穹顶	132
凯瑟琳博物馆	267
凯瑟琳溪谷（尼特米鲁克）	266
康拉德丘辟特赌场	192
科金顿格林小王国	314
科莫楼	296
克莱德尔山	370
库胡努考拉公园	349
库克船长的小屋	293
库兰宾自然动物公园	193
库兰达	136
库兰达鸟世界	137
库兰达文化艺术品市场	137
库萨山	173
昆士兰演艺中心	172
昆士兰博物馆	170
昆士兰海事博物馆	173
昆士兰美术馆	172

■L■

拉明顿平原	190
莱特将军瞭望台	332
兰斯林大沙丘	353
朗塞斯顿	370
老"汗"号火车博物馆	236
乐园乡村	193
雷斯特角赌城	366
利奇菲尔德国家公园	268
林德曼岛	158
卢纳公园（墨尔本）	296
卢纳公园（悉尼）	67
格林岛	153
伦敦巷	348
罗特内斯特岛	346、351

■M■

马丁广场	70
马姆卡拉湿地	263

INDEX

马塔兰卡温泉……………………267
玛格丽特河…………………………23
玛斯格烈普夫人岛………………161
麦当劳群岛…………………………19
麦克威廉姆山快乐庄园……………22
麦夸里岛……………………………19
麦夸里夫人岬角……………………72
曼利美术博物馆……………………83
蒙格湖……………………………348
梦幻世界…………………………200
明迪尔海滩黄昏市场……………255
莫顿岛……………………………168
墨尔本博物馆……………………295
墨尔本瞭望台……………………293
墨尔本中心区……………………294
墨尔本水族馆……………………294
穆尔拉巴…………………………225

■ N ■
纳尔逊山…………………………366
南阿利盖特河……………………264
南岸公园…………………………172
南澳州博物馆……………………331
南澳州美术馆……………………331
南邦国家公园……………………346
南莫尔岛…………………………156
牛津街………………………………79
纽斯特德屋………………………173
努萨………………………………225
诺尔兰吉岩………………………263

■ P ■
帕丁顿………………………………79
皮特街商业中心……………………73
珀斯现代美术馆…………………347
珀斯铸币厂………………………348

■ Q ■
旗舰拱门…………………………329
囚犯礼拜堂和刑事法院…………365

■ S ■
萨拉曼卡广场……………………364
赛特探知馆………………………349
三姐妹巨岩…………………… 52、84
桑克蒂厄湾………………………193
鲨鱼湾………………………………19
生姜厂……………………………224

圣玛丽亚大教堂……………………76
圣帕特里克大教堂………………292
圣乔治大教堂……………………347
使馆区（堪培拉）………………314
双湾…………………………………78
双子瀑布…………………………263
市政厅大楼（悉尼）………………75
市政厅（布里斯班）……………170
斯蒂芬斯港…………………………52
斯坦德利峡谷……………………242
斯特拉德布鲁克岛………………191
斯图尔特镇监狱…………………237
索菲特礁石赌场……………………28

■ T ■
塔朗加动物园…………………25、79
塔利河……………………………130
塔姆柏林山…………………190、192
塔斯马尼亚博物馆和美术馆……364
塔斯马尼亚海事博物馆…………365
塔斯马尼亚原始国家公园…………17
坦达尼亚国家土著民文化研究所……332
唐加拉……………………………346
唐人街………………………………77
特里尼蒂入河口…………………131
天鹅河谷……………………………23
天鹅钟塔…………………………349
土著文化中心……………………264
土著艺术文化中心………………235
托尔默瀑布………………………253

■ W ■
威兰德拉湖区………………………18
维多利亚女王市场…………291、294
维多利亚国家美术馆………291、295
维多利亚艺术中心…………291、295
乌比尔岩…………………………264
乌卢鲁（艾尔斯巨岩）……19、243

■ X ■
西澳州美术馆……………………347
西澳州水族馆……………………349
希尔兹大街（凯恩斯）…………124
希勒斯维尔野生动物保护区……281
悉尼博物馆…………………………72
悉尼海港大桥………………………71
悉尼歌剧院……………19、68、72
悉尼游客中心…………………70、71

悉尼水族馆	75
悉尼塔	67、76
悉尼天文台	71
蜥蜴岛	152
现代美术馆	71
辛普森峡谷	241
新南威尔士州州立美术馆	73
星城	28、76
星光剧院	235

■ Y ■

亚尔达拉酒庄	327
亚尔伦巴酒庄	327
亚拉河谷	276
岩石区	70
扬加拉残骸	150
伊丽莎白海湾之家	78
伊莉特夫人岛	161
印度洋—太平洋水族馆	255

尤里卡大厦	293
犹太博物馆	78
约翰•弗林纪念教堂	237
跃出水面的鳄鱼	264

■ Z ■

珍珠展览馆	255
植物园（布里斯班）	27、172
中部澳大利亚博物馆	235
中部澳大利亚航空博物馆	237
中央海岸	85
中央车站（悉尼）	74
中央市场（阿德莱德）	332
州国会大厦	292
棕榈湾	130

IMAX影院（悉尼）	76
QUESTACON（国立科技中心）	313
4X啤酒工厂	175

最新信息追踪

西班牙移民的梦中花园
帕罗奈拉公园极富人气

在凯恩斯的南部，Innisfail郊外的郁郁葱葱的热带雨林中，来自西班牙的移民霍生•帕罗奈拉从1929年起用了6年时间，与朋友们一起创建了一座西班牙格调的小城。虽然乘坐公共交通工具无法抵达这里，但是即使通过参加旅行社等途径也一定要去那里看一看（参见p.129）。

http://www.paronellapark.com.au

在令人向往的澳大利亚
世界遗产地举办婚礼

一生只有一次的婚礼当然要在特别喜欢的地方举行才够完美。在澳大利亚的众多城市中，悉尼、凯恩斯和黄金海岸最富有人气。在悉尼庄严的大教堂、在世界遗产的大堡礁（邓克岛）、在艾尔斯岩举行的结婚仪式，一定会成为您一生的美好回忆。还可以穿着婚纱抱着可爱的考拉拍照留念，澳大利亚特有的婚纱照拍摄方案也广受好评。

乐游全球丛书 翻译委员会

丛书翻译统筹
　　潘寿君

翻译审订（以音序排名）
　　陈燕生　程长善　侯　越　潘寿君　王　怡
　　谢立群　张文颖　张志军　周　洁

翻译成员（以音序排名）
　　陈　晨　迟晓春　董娜娜　宫　静　郭攀霞　郭文雅　韩佳梅
　　黄叶清　黄奕纬　凌　艳　刘东婧　刘　芳　柳慕云　罗芳芳
　　满新茹　潘　丽　裴　玺　任二青　王丽珠　吴媛媛　徐　超
　　徐　琳　徐珊珊　阎婷婷　杨　欢　张静超　张　楠　张亚林
　　张　永　张　玉　赵　丽　钟萍萍　周　微　宗文玉

Staff

Producer	斉藤欽哉 Kenny SAITO
Editors	(株) ガンザオーリ GuanZahori Co.
	川原惠一 Kenichi KAWAHARA
	佐藤和紀 Kazuki SATO
	小森孝志 Takashi KOMORI
	チャーリー長内 Charlie OSANAI
Writers	辻　由起子 Yukiko TSUJI
	ティナ田中 Tina TANAKA
	田畑則子 Noriko TABATA
	夏実恭子 Kyoko NATSUMI
	安則浩子 Hiroko YASUNORI
	森田奈緒美 Naomi MORITA
	千葉征徳 Masanori CHIBA
	須藤桃子 Momoko SUDO
	八木沢由香 Yuka YAGISAWA
	三浦たまみ Tamami MIURA
	塩谷拓三 Takumi SHIOYA
	松本明子 Akiko MATSUMOTO
	橋本香織 Kaori HASHIMOTO
Photographers	小砂景敏 Kagetoshi KOSUNA
	鈴木　圭 Kei SUZUKI
	杉山友隆 Tomotaka SUGIYAMA
	野澤雅史 Masashi NOZAWA
	淵崎昭治 Aki FUCHISAKI
Designers	ビット BIT
	パレット・ハウス Palette House
	西垣聡子 Satoko NISHIGAKI
	エディア EDIA DESIGN CO.
	Dアトラス D-Atlas
	オムデザイン OMU
	道信勝彦 Katsuhiko MICHINOBU
	菅　知子 Tomoko KAN
	岡本倫幸 Tomoyuki OKAMOTO
Illustrators	髙尾　斉 Hitoshi TAKAO
	根津修一 Shuuichi NEZU
Cover Designer	鳥居満智栄 Machie TORII
Map Production	(株) 千秋社 Sensyu-sya
	(株) ジェオ GEO
Map Design, Graphic Map	(株) チューブグラフィックス TUBE
	木村博之 Hiroyuki KIMURA
Editorial Cooperation	森高由美 Yumi MORITAKA
	林　弥太郎 Yataro HAYASHI
	Jack FAGHANI
	John MILANESE
	Jay SAMARAKOON
	川崎英子 Hideko KAWASAKI
	(有) ワイ・ワン・ワイ Y-ONE-Y
	(有) ハイフォン Hyfong Inc.
	髙砂雄吾 Yugo TAKASAGO
Special Thanks to	オーストラリア政府観光局
	Australian Tourist Commission
	ヴィクトリア州政府観光局
	Tourism Victoria
	クイーンズランド州観光公社
	Queensland Tourist & Travel Corporation
	西オーストラリア州政府観光局
	Western Australian Tourism Commission
	南オーストラリア州政府観光局
	South Australian Tourism Commission
	ニュー・サウス・ウエールズ州政府観光局
	Tourism New South Wales
	ノーザン・テリトリー政府観光局
	Australia's Northern Territory Tourist Commission
	タスマニア州政府観光局
	Tourism Tasmania

北京市版权局著作权合同登记图字：01-2011-1615
审图号：GS（2011）1844号

总策划：刘　权
执行策划：陈凤玲
责任编辑：张　毅

WAGAMAMA ARUKI series：（オーストラリア）

Copyright © 2010 by Jitsugyo no Nihon Sha, Ltd. All rights reserved.Original Japanese editions published by Jitsugyo no Nihon Sha, Ltd.This Simplified Chinese edition is published by arrangement with Jitsugyo no Nihon Sha, Ltd, Tokyo, Japan through Tuttle-Mori Agency, Inc., Tokyo, Japan in association with Eric Yang Agency Beijing Representative Office,Beijing.

图书在版编目（CIP）数据

澳大利亚 / 实业之日本社海外版编辑部编著；张文颖，张楠，黄叶清译 .—北京：旅游教育出版社，2013.1（2014.3）
（乐游全球）
ISBN 978-7-5637-2401-7
Ⅰ.①澳… Ⅱ.①实…②张…③张…④黄… Ⅲ.①旅游指南—澳大利亚 Ⅳ.①K961.19
中国版本图书馆 CIP 数据核字（2012）第 085446 号

乐游全球
澳大利亚
实业之日本社海外版编辑部　编著
张文颖　张楠　黄叶清　译

出版单位：	旅游教育出版社
地　　址：	北京市朝阳区定福庄南里1号
邮　　编：	100024
发行电话：	（010）65778403　65728372
	65767462（传真）
本社网址：	http://www.tepcb.com
E-mail：	tepfx@163.com
印刷单位：	北京利丰雅高长城印刷有限公司
经销单位：	新华书店
开　　本：	880 毫米 ×1230 毫米　1/32
印　　张：	13.75
字　　数：	533 千字
版　　次：	2013 年 1 月第 1 版
印　　次：	2014 年 3 月第 2 次印刷
定　　价：	75.00 元

（图书如有装订差错请与发行部联系）

陪你走遍蔚蓝星球的每一个角落!

乐游全球丛书

1. 《德国》
2. 《英国》
3. 《美国西海岸》
4. 《法国》
5. 《澳大利亚》
6. 《香港、澳门》
7. 《台湾》
8. 《韩国》
9. 《泰国》
10. 《加拿大》
11. 《意大利》
12. 《西班牙》
13. 《瑞士》
14. 《新加坡（附新山、宾坦岛）》
15. 《新西兰》
16. 《越南》
17. 《荷兰、比利时、卢森堡》
18. 《土耳其》

乐游全球丛书
旅行会话 系列

1. 《英语》
2. 《韩语+英语》
3. 《欧洲5国语》
4. 《泰语+英语》

乐游全球丛书
跟团游 系列

1. 《欧洲》
2. 《英国》
3. 《澳大利亚》
4. 《韩国》